U0043621

大學館

梁國樹◎著

梁國樹財經政策建言集 3

經濟發展政策建言

遠流出版公司

梁國樹財經政策建言集 3

經濟發展政策建言

作者／梁國樹

主編／侯金英

責任編輯／張清溪・陳博志・湯清玲

發行人／王榮文

法律顧問／王秀哲律師・董安丹律師

著作權顧問／蕭雄淋律師

印刷／優文印刷股份有限公司

初版一刷／1998 年 7 月 1 日

ISBN ／ 957-32-3531-5（平裝）

定價／ 500 元

行政院新聞局版臺業字第 1295 號

版權所有・翻印必究　Printed in Taiwan

（缺頁或破損的書，請寄回更換）

Since 1975

出版發行／遠流出版事業股份有限公司

台北市汀州路 3 段 184 號 7 樓之 5

郵撥／ 0189456-1 電話／ 2365-1212 傳真／ 2365-7979

Kuo-Shu Liang's Economic Policy Recommendations 3 : Taiwanese Economic Development Policy
written by kuo-Shu Liang
edited by Ching-Ing Hou Liang
Copyright ©1998 by Ching-Ing Hou Liang
Published in 1998 by Yuan-Liou Publishing Co., Ltd., Taiwan
All Rights Reserved.
7F-5, 184, Sec. 3, Ding-Chou Rd., Taipei, Taiwan, R.O.C.
Tel:(886-2)2365-1212 Fax:(886-2)2365-7979

YLib
遠流博識網

http://www.ylib.com.tw
E-mail:ylib@yuanliou.ylib.com.tw

序

　　先夫國樹一生以研究改革經濟政策，特別是以台灣的經濟發展策略為職志。在學校任職期間，他不僅仔細分析各類經濟問題，也常對政府提出建言。出任公職期間，政策研究佔去他更多的時間。

　　一九八八年之後，他更承李登輝總統之命，經常向李總統提出各類政策建議。當時向李總統所提出的這些建議並不是全由國樹個人撰寫，而多半是由多位學者共同參與討論草擬撰寫而成。例如陳昭南、劉泰英、薛琦、許嘉棟、陳博志和朱雲鵬等諸位先生就經常參與這項工作；另外也有許多學者專家從事較短期性、或針對特定問題直接間接參與或協助這項工作。在報告初稿完成之後，國樹總是還再三斟酌修訂，才送呈李總統。

　　這一批報告可以說是國樹和共同參與這項工作之學者專家關懷國事的心血結晶。由於政策建議難免涉及對人、事、物的褒貶，有些建議在被採行之前也不宜公開，因此這些政策建議從未直接發表。如今，國樹已過世兩年，他的學生們希望將這些報告出版，一方面紀念他們的梁老師，另一方面，也為這一段國樹和他們當時盡心盡力思索國家發展方向，苦口婆心勸導國家政策的日子留下一個記錄。為此，我再次翻閱當年的這些報告，國樹當年日夜為這些建議討論思考之情景猶如在眼前；其中有些建議雖然已事過境遷，有些已被政府採行，但大多至今仍極具參考價值。

　　國樹一生論著甚多，但他不曾出版過自己的論文集，因為他關心的不是自己的著作或名位，而是國家政策的改善。我希望這些建議的出版不僅能提供研究者及社會大眾對我國經濟問題與政策的瞭解，也希望這些建議中政府仍未做到的部份能逐步實現。我相信這也是國樹最大的心願。

　　本書之編輯出版，必須感謝中央銀行許梅英小姐與游淑雅小姐長期的資料整理，以及台大經濟系在張清溪主任領導下，所有助教、組員與許多研究生幫忙校稿，尤其湯清玲小姐負責協調任勞任怨。遠流出版公司王榮文先生應允出版，林月麗與張月妃小姐的打字排版，也一併致謝。

侯金英　謹序

1997 年 9 月

[梁國樹財經政策建言集3/經濟發展政策建言]
目　錄

第三部分　福利、勞工、土地、環保、高鐵、其他

第一部分

經建計畫

評佛瑞曼對中共四次演講及
經濟改革之看法

1989年2月

　　佛瑞曼 (M. Friedman) 的論文包括1980年9月訪問中國大陸時, 對中共的四篇講稿及針對趙紫陽經革政策的評論。前者論及: (1) 貨幣的神秘性, (2) 貨幣與物價膨脹, (3) 80年代的西方世界, 以及 (4) 如何在中央計劃經濟下運用價格機能。作者以其一貫的自由主義精神, 旁引博徵反覆說明市場經濟之利與管制經濟之弊。其中對有關貨幣數量學說及對80年代能源價格與美國物價走勢的看法, 與事後的演變極為符合, 尤凸顯作者獨特之洞察力, 對我國當前金融情勢也有警惕作用。以下分別摘要各文, 並加評述。

一、評介佛氏論文

1. 中共經改

作者根據其對許多開發中國家經濟發展過程之研究, 認為中共經改之重點應包含: (1) 終止控制匯率, 建立自由的外匯市場並由市場決定匯率, (2) 終止通貨膨脹, (3) 儘速全面解除對個別物價與工資之管制, (4) 以分權及私經濟取代中央控制之集權經濟及國營事業。作者分別舉印度管制外匯失敗以及香港自由經濟成功的例子, 說明外匯管制之弊。在控制物價膨脹上, 他首重貨幣供給的控制, 尤其是限制藉貨幣發行來融通政府赤字以及「人民銀行」之放款。在放寬物價管制上, 則強調只要維持貨幣緊縮政策, 因此所引起物價之一次上漲, 並不

是物價膨脹, 反而有助於物價趨於穩定。在目前中國大陸普遍存在的價格雙元體系, 容易導致腐化及浪費。至於私經濟的特色, 則在於能充分反映成本, 以及提供誘因。這幾乎是每一個經濟發展成功的國家所必須具備的條件。不過, 只靠私經濟是不夠的, 它還要有開放而競爭的市場。南斯拉夫初期的成功是得利於私經濟, 但後來經濟上所遭遇的困難主要在於未能進一步民營化 (privati-zation), 特別是未能建立所有權移轉制。這對中共當前的經改頗具啓示作用。

2. 貨幣的神秘性 (the Mystery of Money)

貨幣令人困惑的論題, 乍看起來, 似乎極爲單純, 但從實際經驗加以判斷, 對非貨幣學者而言, 貨幣卻非常令人困惑 (simply baffling)。其原因來自: (1) 貨幣對個人而言是一種財富, 但對國家整體而言則否; (2) 它本身的價值是虛構的, 是基於人們對它的信賴, 信賴別人會接受它成爲交易的媒介, 因此貨幣數量的有限性是非常重要的; (3) 貨幣具有極爲廣泛的影響力。

　　在說明了貨幣數量學說之後, 作者指出, 將物價膨脹歸諸於石油危機是不對的。德、日兩國雖然完全依賴進口能源, 但在第二次能源危機時, 其物價上漲較美國爲低即爲一有力的證明。此外, 在貨幣供給不變的情況下, 能源價格的上升只是能源相對其它商品價格而上升, 其他商品價格會下跌, 一般物價水準應維持不變。能源危機如果導致物價膨脹, 則因爲貨幣當局在面對油價上漲時, 爲免於對生產帶來干擾並產生失業現象, 增加貨幣供給以爲因應。同樣道理也適用於將物價膨脹歸諸於工會的政治力量或聯合壟斷兩項因素。工會力量的突然提升, 或聯合壟斷程度突然加強, 雖然不會造成物價的持續上升, 但卻可能將貨幣增加所累積的物價上漲壓力加以引發, 而點燃物價上漲。對於結構性物價膨脹, 佛氏也認爲藉補貼或保護等誘因來促成產業結構改變或發展, 將進而導引物價上漲的看法, 同樣混淆了相對價格變動與物價水準上升兩者間的關係。

3. 貨幣與物價膨脹

戰前的蘇俄與德國, 戰後中國大陸及拉丁美洲的例子均指出, 超級通貨膨脹往往對當時之社會與政治制度帶來很大的衝擊, 甚至動搖其基礎, 而通貨膨脹的根本原因是供給了超量的貨幣。根據貨幣數量學說, 在正常情形下, 貨幣流通速度取決於制度性因素, 受經濟發展環境與制度的影響, 長期會緩慢下降。不過, 在貨幣數量大幅成長的情況下, 由於物價上升, 貨幣的持有成本增加, 促使貨幣流通速度大幅上升, 貨幣需求大增。在這種情形下, 即使再擴大貨幣供給額亦不足以因應, 終至貨幣制度崩潰。

撇開超級物價膨脹不談, 在60與70年代, 美、德、日、英、巴西的例子都清楚地顯示貨幣供給額與消費者物價兩者間有非常穩定的關係。若就貨幣供給額相對於實質國民生產毛額比例與消費者物價的關係而言, 日、港、澳、紐、新、馬、泰、菲、印尼、韓以及我國的經驗都顯示, 兩者之間具有密切關係。

從增加貨幣供給到引起物價上漲, 其過程遠比一般想像的要迂迴。增加貨幣供給通常不會立即引起物價上漲, 它會先使貨幣流通速度減緩, 即人們願意保有更多的貨幣。當人們查覺到其所保有的貨幣餘額超過預期水準時, 便開始增加支出。因此短期內, 生產可能會增加。這現象甚至會產生一種假象, 認為增加貨幣供給額有刺激生產的效果。然而由於需求增加, 終必引起工資與物價的上升。簡言之, 貨幣供給增加反映於物價上升的部份, 將大於反映於產出增加的部份。此時, 持有貨幣的成本因物價上升而增加, 原先趨緩的貨幣流通速度開始倒轉, 對物價進一步形成不利的影響。尤其當各別商品在尋求其本身的合理價位時, 一股不穩的情勢隱然形成, 甚至抵消了原先刺激生產的效果。此一迂迴的反應過程, 更由於物價上漲具有短期利益, 常掩蓋了長期的禍害。這是短視的貨幣政策以及物價膨脹一再重演的原因。惟有當物價上漲變成公眾的關心時, 才會採行嚴格控制貨幣供給的政策。美國在1980年面臨此一轉捩點。因此, 他預期美國在此後10年會有一較平穩的物價走勢。

物價上漲的原因是貨幣供給過多, 但何以貨幣會超額供給? 在金本位時期,

貨幣供給常受發現新礦或冶金術進步的影響, 但是在信用貨幣時期, 政府支出過多是一主因。原先政府支出所需款項靠稅收來籌措, 政府對大多數人民課征租稅, 以支付少數人民的津貼, 不致遭遇太多困難。不過, 愈來愈多的人民接受津貼, 則增稅將遭到抵抗。於是政府與議員便發現藉發行通貨來融通政府支出的方便。更多的通貨發行本身即表示更多的收入。而且通貨膨脹又透過租稅的累進性質增加稅收。這使得物價膨脹有課稅之實, 而無課稅之名。美國過去20年來的情形正是如此。

抑制物價上漲的方法首重控制貨幣供給, 但必須付出代價, 即使短期內會發生景氣衰退的現象, 也應在所不惜。若不採取行動, 則長期所造成的失業會更為嚴重。因此, 所謂抑制物價在短期內會造成失業的抵換現象 (trade-off), 並非問題的核心, 重點是在於短期輕微的失業與長期嚴重失業間的選擇。

抑制物價最壞的辦法是直接控制物價及工資。歷史上從未出現過成功的例子。另一個同樣錯誤的想法是想藉鼓勵增產來平抑物價。不過, 因其效果極微, 事實上不會成功。一個較可行的辦法是逐步減少政府支出及貨幣供給額增加率。此外, 為緩和物價上漲所帶來的衝擊, 可將工資或契約予以指數化 (index-ation)。簡言之, 對物價膨脹的事前預防重於事後治療。

4. 80年代的西方世界

戰後美國是超級強國, 但在70年代相形式微, 德、日兩國經濟快速成長。70年代西方國家主要的問題是停滯膨脹, 其原因有三: (1) 政府規模太大, 介入太多, 阻礙了生產的擴張。(2) 物價膨脹造成不確定性, 不利生產。(3) 能源危機, 而且由於政策錯誤, 延長了其影響的時間與層面。

對1980年, 作者認為可能是一個轉捩點。首先民眾過去認為政府可以解決問題, 但現在過於龐大的政府反而被認為是一個問題。在美、英、日、德、法, 民意傾向於緊縮政府支出與貨幣供給。然而在轉型的初期, 會有2至3年的困難期, 在此之後經濟才會在一較平穩的基礎上成長。

在70年代, 日本的表現令人稱道。在1973年日本的物價上漲率超過20%, 其後都能控制在5%以下。美國在80年初, 一度高達18%的物價上漲率, 無疑有利於雷根的競選。

在能源問題上, 一方面由於消費者節省能源以及開發能源代替品, 石油需求減少; 另一方面, 原油供給增加, 預期在未來4至5年, 經物價調整後的世界原油價格會大幅下降。

處於80年代的最後1年, 回顧9年前佛氏對80年代的預期, 有令人驚異的正確性。80年代西方國家的經濟係歷經2年的衰退後, 步入穩定成長。政府對經濟的干預大幅減少, 尤其將國營事業民營化更是蔚為風潮, 油價也如所預期大幅下降。對不少專家學者而言, 這是當時所未曾預料的。

5. 在中央計劃經濟下市場機能之運作

中央計劃型經濟想引進市場經濟, 其最大的障礙是試圖將價格從傳遞訊息以及提供誘因的功能中分離出所得分配功能。在 Lange-Lerner 的理念中, 他們預期國營事業透過經理人的指揮, 可以扮演自由市場競爭的角色。此一嚐試的最大錯誤在於風險的承擔無法給予適度的報償, 使得經濟發展最大的原動力 — 創新 — 無從發生。同一問題, 事實上也適用於南斯拉夫的改良型經濟制度。南國准許小企業 (雇用5人以下者) 私有, 全國70%的農地也是私有, 大企業則由工人所擁有。後者的根本問題是財產權不能移轉, 無法產生資本市場, 嚴重阻卻了個人承擔風險的意願。因此, 建立私有財產制, 使財產權可移轉, 是整個經濟改革最後必須突破的防線。否則經濟終難維持長期持續的成長。

二、研析與建議

1. 對中共經濟改革之體認

佛氏對大陸經濟情勢演變的看法頗具啓示性。首先就大陸物價變動而言, 由於

大陸商品價格長期居於嚴格控制下, 並無所謂價格機能。就1952–76的資料而言, 國民所得平減指數與流通貨幣之間的關係不大 (R^2 為0.26), 但就1977–86的資料而言, 則兩者間具有高度相關 (R^2 為0.97)。因此中共近年來的物價膨脹現象雖然與採行諸多經濟改革措施有關, 如1984年的「城市價格體制改革」, 調整部份原料及產品價格;「按勞分配」原則調整工資; 維持各種補貼政策, 增加支出。不過, 基本上, 中共近年來貨幣供給額快速上升, 1986年的成長率高達43.25%, 藉以融通出口與各項支出, 再加上大幅貶低幣值, 直接助長物價上漲的趨勢。簡言之, 中共今天想解決物價問題, 除了必須控制貨幣供給外, 還必須忍受因此所帶來的調整及失業問題。中共目前尚難同時達成穩定與成長兩項目標。

2. 我國的物價與貨幣供給

(1) 結構性物價膨脹

在我國過去的經濟發展過程中, 產業結構有相當幅度的改變, 但物價仍算平穩, 主要原因是政府對產業結構改變並未做太大之干預, 著重農工兩業的平衡發展, 對出口的獎勵以補貼為主。由於出口部門效率較高, 因此並未損害生產效率, 同時達成成長與物價穩定。韓國的產業結構改變則較我國快, 其製造業中重化工業比重於80年代已超越我國, 但重化工業發展多賴政府融資, 該項利率補貼占國民生產毛額比例於1970年代, 估計達10%, 明顯不利於所得分配, 並造成「結構性膨脹」現象。(有關中韓產業結構比較, 見附表1, 資料引自 Hong 1987)。

(2) 當前的貨幣供給與物價情勢

我國經濟從1985年底開始復甦, 到目前已持續了3年。同期間由於新台幣實質有效匯率低估, 造成大量貿易順差 (見附圖1), 貨幣供給額又大增 (過去3年 M_{1B} 年增率分別為47.67%、38.25%以及30.08%), 對物價構成潛在壓力。不

過, 審視前3年 (1985–1987年), 躉售物價甚至下跌 (平均每年下降3.06%), 消費者物價平穩 (平均每年僅上漲0.35%)。究其原因主要受進口物價下跌的影響, 此一趨勢與新台幣升值以及國際重要商品原料價格下降, 尤其是油價大幅下跌關係密切。惟去年的物價情勢, 躉售物價水準自去年1月達到谷底後, 即一路回升。去年12月較前年同月比較, 已上升1.0%; 若與去年1月比較, 則升幅達2.4%。消費者物價的情形亦復如此。去年12月較前年同月比較升幅為1.1%, 若與去年1月的數字比較, 則升幅為2.8%。綜合觀察, 價格波動情勢已經出現, 這些數字還不包括過去兩年來房地產及股票價格飆漲的情況。因此, 近年來常被懷疑的貨幣供給額的大幅增加會造成物價膨脹的說法, 仍具有它的普遍性及正確性。

目前台灣所處情勢非常類似佛氏所說的貨幣流通速度的轉振點。換言之, 台灣在過去三年貨幣供給大幅成長, 而物價未相應波動是因為流通速度減緩所致。不過, 如附圖2所示, 貨幣供給額與物價變動之間經過一段時差有密切的關係。而且貨幣所得流通速度減緩的趨勢, 似乎到了1987年第二季即達到轉振點。當物價開始蠢蠢欲動時, 持有貨幣的成本會上升, 而減低持有貨幣的意願。一旦流通速度開始增加, 則對物價的衝擊將立即顯現。而且近年勞工意識之高漲顯然受過剩流動性所導致之房地產與股票價格鉅幅上漲之影響。這些資產價格之高漲, 導致勞工之不滿情緒, 產生新光與台達等公司之勞動爭議。

建議:

(1) 為沖銷過剩流動性, 截至1988年12月底, 央行所發行乙種國庫券、定期存單及儲蓄券餘額共計高達7,608億元。此外, 央行收存郵政儲金轉存款、合庫所收基層金融機構轉存款及四家專業銀行所收郵政儲金部分轉存款共計5,771億元。沖銷操作所累積之餘額既然如此龐大, 央行藉傳統貨幣政策工具以收縮信用已變成極為困難。去年12月間央行雖調整銀行

各種存款準備金比率及信託投資公司信託資金準備率, 但今年農曆年關
資金情況仍較往年寬鬆。由此可見, 在未來一段期間, 央行已不易控制
貨幣供給額於適當水準。除了傳統貨幣政策工具以外, 政府宜採行適當
措施改變民間目前持有資產的組合型態, 以降低流動性。具體的方法便
是順應國營事業民營化的世界潮流, 儘速將各公營事業採股票上市方式,
全部或部份移轉民營, 以吸收民間資金, 取代發行公債來融通公共支出。

(2) 新公共設施與環保投資宜儘量開放並鼓勵民間投資經營。

(3) 有關科技移轉與研究開發投資之建議, 擬另行簽報。

(4) 站在邁向21世紀的長期觀點, 為籌措社會福利之充實所需財源, 租稅改
革之基本構想亦擬另行簽報。

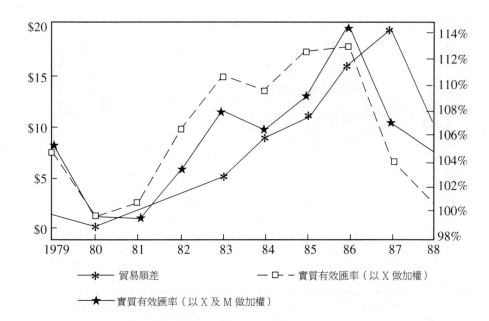

資料來源: 1.《台灣統計資料報告》, 1988 (中華民國經建會)。
　　　　　2. 洪 (1987)。
　附註: *X*: 出口 *M*: 進口。

附圖1　貿易順差和實質有效匯率 (REER): 1979–1988

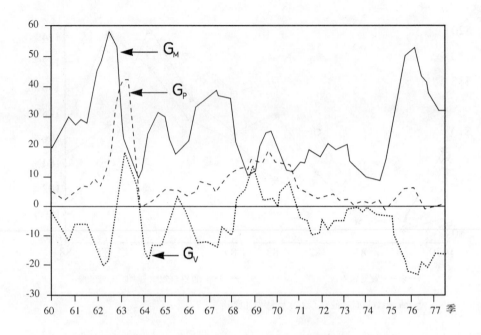

附圖2 貨幣供給額 (G_M), 貨幣所得流通速度 (G_V)
與 GNP 平減指數 (G_P) 變動之關係

附表1　製造業產出的百分比比較

產業別		1965	1971	1975	1981	1985	1986	1987
食品、飲料及菸草								
	Taiwan	34.8	20.9	18.8	15.5	15.0	13.6	12.7
	Korea	26.5	24.6	21.2	14.8	12.2	10.9	10.1
紡織、服飾及鞋類								
	Taiwan	15.0	18.0	15.8	17.0	17.2	17.8	17.0
	Korea	19.8	17.5	22.0	21.3	15.2	14.2	13.3
輕工業、總額*								
	Taiwan	51.2	50.7	46.7	40.0	39.6	39.6	37.8
	Korea	61.8	54.7	51.6	47.2	34.7	32.2	30.4
化學、石油及煤礦								
	Taiwan	17.4	20.8	21.3	26.0	27.0	25.0	24.3
	Korea	15.0	23.5	21.8	15.4	24.1	22.9	21.1
非金屬礦產品								
	Taiwan	6.5	4.5	4.7	3.7	3.0	2.8	2.8
	Korea	6.7	6.0	5.6	5.0	4.1	3.8	3.7
金屬及金屬產品								
	Taiwan	2.2	2.9	3.5	9.7	9.3	9.1	8.9
	Korea	5.0	4.7	4.7	9.8	9.0	8.6	8.4
機械、設備及鍛造的 金屬產品								
	Taiwan	13.3	21.2	23.7	20.5	21.0	23.4	26.2
	Korea	11.5	12.2	16.3	22.6	28.1	32.5	35.0
重工業、總額								
	Taiwan	49.8	49.3	53.3	60.0	60.4	60.4	62.2
	Korea	38.2	45.3	48.4	52.8	65.3	67.8	69.6

資料來源: 1.1965, 1971及1975 的資料來自 Scitovsky (1986, 頁186)。
　　　　　2.《工業產出統計月報 — 中華民國台灣地區》(統計部門, 經建會, 1988, 4 月)。
　　　　　3.《經濟趨勢月報》(經濟計劃院, 韓國漢城, 1988, 6 月)。
注意事項: *包括木材及木材製品, 印刷品, 紙及紙製品, 和雜項產品。

參考文獻

Hong, Wantack (1987) "Export-Oriented Growth and Trade Pattern of Korea," *Trade and Structural Change in Pacific Asia*, eds., Colin I. Bradford Jr. and William H. Branson (Chicago: University of Chicago).

Scitovsky, T. (1986) "Economic Development in Taiwan and South Korea, 1965–1981," *Models of Development*, ed., Lawrence J. Lau (San Francisco: ICS Press).

「開創經濟新局, 奠定富裕平等的經濟體制」應有的政策搭配

1990年6月

　　我國台灣地區過去40年快速的經濟發展, 使我們從貧窮中不斷壯大經濟實力, 普遍提升一般生活水準, 建立起對未來經濟發展的信心; 我們所累積的財富促使其他國家重新評估我國在國際舞台上應扮演的角色。然而當我國經濟邁向21世紀, 繼日本之後在亞洲要變成第二個工業化國家時, 我們的經濟與社會卻因過去經濟發展的成功而面對前所未有的各項問題與挑戰。我們所面對的主要問題包括: 對外與對內經濟失衡, 環保問題, 勞工問題與房地產, 股票等資產價格的飆漲, 以及大陸經濟交流等問題。尤其最近幾年超額流動性所導致的投機風潮四處擴散, 資產價格大幅度上漲, 造成社會財富的集中與所得分配的不均。金錢遊戲的盛行扭曲人力的配置, 敗壞工作倫理與社會風氣。從經濟面看來, 社會治安的惡化甚至與資產價格的飆漲、金錢遊戲的盛行有關。因此, 我們應釐清問題的癥結所在, 針對形成問題的短期與長期因素, 以及彼此間的關聯性提出整套方案, 訂定優先順序, 切實執行方案, 以便對各種經濟社會問題做根本的解決。

　　為「開創經濟新局, 奠定富裕平等的經濟體制」, 經濟結構應該從總體與個體兩個層面加以調整。個體經濟調整主要依據動態比較利益原則, 加速技術移轉, 發展高附加價值產品, 促進產業升級。至於總體經濟調整, 必須維持穩定的經濟金融環境, 整體規劃國土的利用開發, 維持經貿的適度成長, 強化國際合作。為順利推行總體的與個體的經濟結構調整, 提出下列建議謹供參考。

一、改善投資環境

1. 安定金融外匯情勢

短期措施:

(1) 貨幣政策往往變成「太遲而且太猛 (too late and too big)」。央行貨幣政策應該避免信用過度放鬆與過度緊縮的交替現象。

(2) 為免金融機構資金繼續流入股市與不動產投機, 金融機構, 尤其信用合作社與信託投資公司放款之內容應嚴格加以檢查, 避免其違背健全經營之原則。

(3) 順應外匯市場供需情勢, 央行應減少對外匯市場的干預, 以免升值也強力干預, 貶值也強力干預, 徒然讓外匯投機者不勞而獲, 國內信用情況因此而做不正常的波動, 影響貨幣管理的有效性。錯誤的干預將要付出很大的代價。

(4) 資金大量外流的當前情況下, 每年每人匯入及匯出款之上限, 宜同時調整為200萬美元。必要時, 對大額匯出款應調查其資金來源。

(5) 儘早開放綜合證券商及銀行從事證券融資及融券業務。

(6) 適度開放外國人投資國內證券。

長期措施:

(1) 央行與財政部應儘早取得共識, 全盤修正管理外匯條例, 改採「原則自由, 例外管制」的法律架構, 並建立誠實申報的制度, 增列在非常時期得恢復局部外匯管制的規定。

(2) 過去兩年來金錢遊戲盛行, 股價飆漲, 嚴重損害勤勞的工作美德。未來股市應依照前呈「健全資本市場之建議」, 採取整套方案, 建立現代化的法律與制度架構, 促使其健全發展, 以協助經濟結構的轉型, 提升我國國際形象, 加強對未來我國經濟發展之信心。

2. 改善金融與租稅體制

短期措施:

(1) 加強事前有效的監督與預防性規定, 促使金融機構發揮自主精神, 保持健全經營之原則。

(2) 充實金融機構資本, 健全財務結構。

(3) 股市趨穩以後, 民股佔較大比率之公營銀行宜儘速民營化, 以提高其營運效能, 加速推動金融的國際化。

(4) 誘導地下經濟活動合法化, 並予嚴格規範。

(5) 研究有效辦法, 防杜個人以證券交易作爲逃漏贈與稅與遺產稅之工具。

(6) 儘速修改「中央與地方財政收支劃分法」, 促進地方的平衡發展。

(7) 建立財稅資料庫, 並加強財稅系統與相關系統間的資訊交流, 以確實掌握課稅資料, 互相勾稽, 防止逃漏。

長期措施:

(1) 金融自由化與國際化, 涉及制度改革以及金融市場效率之提升。因此, 政府必須扮演重要的角色, 儘早採取整套方案, 促使貨幣與資本市場健全發展。

(2) 參考賦稅改革委員會之研究建議, 擬訂稅制改革之整套方案, 以達成稅制合理化之目標。

3. 有效處理勞工、環保問題

短期措施:

(1) 修改勞基法, 使其眞正成爲勞動條件的最低標準。

(2) 嚴格執行修正後的勞基法與已通過之勞資爭議處理法, 使勞資之談判或對抗循合法途徑, 而非私下動輒訴諸罷工或關廠。

(3) 修改工會法, 培養負責的勞工領袖。

(4) 政府主管當局宜儘速建立污染者付費及補償制度, 組織公正的仲裁團體, 確實執行污染管制及懲處工作, 不容由民間逕行圍堵或停機。

(5) 加強公營事業與大型企業之污染防治。

(6) 鼓勵企業回饋地方, 化解地方之反對力量。

長期措施:

(1) 籌設全國總工會聯合研究所, 廣泛從事國內外經濟、社會與勞動問題的調查與分析, 借鏡工業化國家的經驗, 推廣國內外成功的勞資關係廠商的做法, 重建和諧的勞資關係並提出政策性建議, 以促進勞工生活水準的提升。

(2) 重點發展環保工業

4. 抑制土地投機並紓解工業用地取得困難

短期措施:

(1) 積極開發工業區, 使民間投資者能取得建廠所需土地。

(2) 適當調整土地公告現值, 使之儘量接近市場價格。

(3) 縮小土地增值稅率之累進差距, 或改採比例稅率並提高稅率, 以利土地長期開發。

(4) 金融機構辦理土地融資, 須確認其土地利用計劃之具體內容, 嚴格審查土地之購置目的, 價格之妥當性, 以及完成土地利用計劃之能力。

(5) 各金融機構應加強並充實土地融資之複審體制, 嚴格審查土地融資之續貸案件, 並就土地利用計劃之進行情況定期提出報告, 嚴格加以評估。

長期措施:

全面檢討國土開發計劃, 妥善規劃土地之使用, 以同時滿足農業、保護區、都市與工業之需要, 並落實分區使用原則。

5. 加速公共建設, 充實基本設施

短期措施:

(1) 都市邊緣中低收入階層密集區之道路、排水、學校、公園與其他社區公共設施應予儘速改善。

(2) 以預售房屋信託方式興建國民住宅社區, 充實公共設施, 供無自用住宅民眾購買, 安定其生活。預售房屋憑證持有人在取得房屋前, 須定期繳付定額存款, 以減輕購屋時之負擔。

(3) 已擬訂之交通、電訊、環保、油、電等投資計畫, 應設法儘速完成。

長期措施:

訂定建立現代化產業新城市之目標, 使這些新城市之各種設施均達到工業化國家之水準, 以做為帶動整體產業升級之主力。

二、加速產業結構調整

1. 促進產業升級, 推動工業與服務業均衡發展

短期措施:

(1) 全面取消不必要的對國內市場之投資限制, 促使市場開放; 金融服務業之自由化尤應優先進行, 儘速發展台北為國際金融中心。

(2) 鼓勵民間參與公共投資, 舉凡各項公共建設如道路興建、環保投資、大型購物中心與休閒設施之設立, 從規劃、發包到執行, 均可委由民間辦理。

(3) 積極推動銀髮計劃, 聘請國外資深技術人員, 加速技術移轉。

(4) 智慧財產權應予保護, 以促進技術移轉與產業升級。

長期措施:

(1) 獎勵投資條例屆滿後以擬議中之「促進產業升級條例」取代, 應充分把握校正市場失靈現象的原則, 由以往對特定產業之扶植改為功能性之獎勵。該條例應列入政府協助產業升級之下列工作項目:

人才培育與再訓練之積極推動;

明定原則協助研究開發, 技術移轉, 以及提供一般通用之技術研究;

繼續獎勵高科技創業投資。

(2) 我國經濟在世界經濟所扮演的角色應加以明確地定位, 把握現階段經濟發展的比較利益所在, 提高政府的領導品質, 讓民間企業充分了解未來政府經濟、金融政策的基本方向。

(3) 參考工業化國家之發展經驗, 就經濟發展型態與經濟發展策略做最好的選擇, 法律與制度架構以及意識型態做必要的調整。

2. 加強協助中小企業解決困難

短期措施:

(1) 強化經濟部中小企業處、中小企業銀行、中小企業保證基金、省屬行庫中小企業聯合輔導中心與生產力中心之功能, 給予中小企業融資、管理和技術上之輔導, 促使其升級。

(2) 全面推展店頭市場之發展, 增設創業投資基金, 促使中小企業引進新技術, 改善其經營體質。

(3) 國內外匯銀行應廣泛設立海外分支機構, 對從事海外投資的中小企業提供融資及其他金融服務。

(4) 為便利進出口廠商, 尤其中小企業規避匯率風險, 央行宜儘速重建遠期外匯市場。

長期措施：

　　徹底整飭治安，透過宣傳和教育，重建我國國民之勤勞精神與工作倫理。

3. 調整農業發展政策

短期措施：

(1) 鼓勵合併出租，委託經營等方式擴大農業經營規模，並允許農企業法人以購買、租賃、委託、合作方式取得農地，從事農業企業化經營。

(2) 提高農業相關產業之服務水準。

(3) 鼓勵生產合作社與廠商共同投資，將農產品直銷超市及外銷，縮小產地與零售或外銷價格的差距。

長期措施：

(1) 加強對特定農業區之公共投資，改善生產及生活環境，防止農地污染。

(2) 提升農業技術研究單位之層次，並增設生化、遺傳工程等現代化科技之應用研究所。

(3) 建立完善的國內外農業資訊系統。

(4) 預先公告農產品逐步自由化的時間表，縮小國內外價格差距，促使農業走向知識密集的經營。

三、因應政經情勢變化，開創經貿新局

1. 合理規範海峽兩岸經貿關係

短期措施：

(1) 透過有組織的民間管道，建立解決兩岸商務糾紛的方法。

(2) 結合國內較大規模投資者的力量, 利用大陸當前亟需外匯的時刻, 爭取合理的投資條件。政府可宣佈在大陸放棄以武力解放台灣, 不反對我國重返國際組織之後, 主動採取積極方法協助大陸經濟發展。

(3) 以負面表列的方式明確列舉不可前往大陸投資之項目。

(4) 建立誠實申報制度, 並在香港建立金融據點, 對誠實申報廠商提供貿易金融及其他方面的協助。

長期措施:

(1) 進一步檢討國內產業自由化政策, 有效解決台灣投資環境惡化問題。

(2) 加強技術的研究與開發, 把工業的核心留在台灣。

2. 因應國際經濟新情勢, 拓展對外經貿關係

短期措施:

(1) 促進貿易自由化, 依照事前公佈的時間表逐步開放國內市場, 以表示維護自由貿易的誠意, 並預先做好重返國際經濟組織之準備。

(2) 擴大國際經濟合作發展基金, 對外承諾我國將承擔更多國際責任, 對發展中國家提供適當的援助。

(3) 選擇適當時期, 擴大公營事業股票上市, 所取得之資金, 部分用以籌措公共建設所需資金, 部分用以海外投資發展基金, 有計劃地從事海外投資, 促進產業與貿易結構的調整。

長期措施:

(1) 積極參與生產過程之國際分工, 透過產業內貿易 (intraindustry trade) 的擴張, 促進產品的多元化與市場的分散。

(2) 台灣是亞太經濟體系中的重要一環。爲促使台灣經濟與亞太經濟形成有機的相互依存關係, 加速國內產業與貿易結構的調整, 除了貿易關係以

外，應加強投資與技術關係。

(3) 對日貿易逆差之縮小，應由主管官員與專家學者共同設立工作小組，就我國產品輸入日貨依存度，高附加價值關鍵零組件替代進口之可行性，我國出口產品價格與非價格競爭力應如何提高等問題加以分析，提出具體的改進建議，切實加以執行。

3. 福祉社會之建立

短期措施：

(1) 學習工業化社會之經驗，改善生活環境，建立福祉社會的基礎。

(2) 加速推行稅前改革，冷卻金錢遊戲熱潮，改善所得分配情況。

(3) 全民健康保險之實施，應了解保險係相互合作、分擔風險的制度。政府的主要職責在於建立制度，監督其合理經營。若保險費收入不敷支出，則次年度費率應依一定公式自動加以調整，以確保財務之健全。

長期措施：

(1) 福祉社會要維持其活力，必須以經濟的穩定成長為前提。

(2) 改進教育制度，培養勤勞負責，而且富於自主精神的國民。

(3) 現有公營保險體系，應定期逐步整合為單一體系。

從當前經濟情勢看「國家建設六年計畫」應有的重點

1990年10月

一、當前的經濟情勢

從長期的觀點來看產業部門的發展, 台灣過去的經濟發展大致屬於平衡發展的型態。在1950及1960年代, 台灣的農業與工業之間維持平衡發展。在製造業部門, 各產業成長的速度雖不同, 但彼此間差異的程度遠較韓國爲低。在物價波動上, 大部份時間極爲平穩。但是在整體經濟的直接投資與社會間接投資, 即基礎投資 (infrastructure investment) 方面, 則傾向於先集中投資於直接生產部門。待生產事業快速擴充, 對社會基本建設, 如交通、電訊、電力等構成強勁的需求, 進而造成供應不足的現象後, 才擴大間接投資。譬如在1950及1960年代電力供應一直不足, 而1970年代初北高地區港口及交通的擁塞, 都顯示公共投資的落後。這種不平衡發展型態的優點是容易避免錯誤的投資, 而且當基礎投資一旦完成時, 就可立即發揮作用, 能提高資本的使用效率。但如果在一段時期社會基礎投資嚴重落後, 則必然妨礙當時的生產及投資, 進而降低經濟成長率。台灣當前的經濟問題之一就是社會基礎投資的嚴重不足, 已影響一般生產活動的正常運作, 並導致我國國民生活品質與經濟發展未能配合的問題。

經濟發展的目的是爲了提高人民的生活水準, 生產是達到這個目的的手段。過去由於在傳統上偏重生產及出口, 因此對生產所造成的社會成本多未能重視, 對新台幣匯率也傾向採低估的做法, 以鼓勵出口。結果是環境污染問題日趨嚴重, 生活品質趨於惡化。至於在一段期間內刻意壓低新台幣匯率的結果是

造成貿易鉅額出超, 偏高的貨幣供給額成長率以及物價膨脹潛在壓力的加強。為疏解此一情勢, 新台幣被迫大幅度升值。貨幣政策又太遲而太猛 (too late and too big), 貨幣市場利率鉅幅波動, 股價暴漲暴跌。當前國內景氣衰退程度超過鄰近國家, 而金融證券市場的運作不正常, 主要原因即來自過去對匯率及出超問題未能及早採取因應措施。過去升值的方法, 推動公營事業民營化的速度以及增加公共投資方面政府的政策頗有可議之處。

一個國家長期的經濟發展通常會伴隨著明顯的結構轉變。處在不同的發展階段, 會有不同的經濟及產業結構。台灣的經濟結構在1980年代中期以前一直以擴大第二級產業為主, 第一級產業則相對萎縮。至於第三級產業占國民生產毛額的比例則大致維持不變 (在45%左右)。這種發展型態與日本不完全相同。日本的經濟發展固然也以第二級產業為主, 但第三級產業卻一直穩定成長。在1950年日本第三級產業占國民淨生產比例為42.2%, 1963年為50%、1987年繼續提高到61.5%。從此看來, 台灣在長期發展過程中, 對第二級產業的依賴程度較日本為高, 而第三級產業則相對落後, 未能發揮其應有的功能, 尤其在金融保險、社會及政府服務等方面均屬較弱的一環。

二、國家建設六年計畫的檢討

目前由經建會研擬中的「國家建設六年計畫」大致確定的七項政策目標是: (1) 繼續提高國民所得, (2) 養成國民普遍守法習慣, (3) 重整經濟社會秩序, 謀求全面均衡發展, (4) 建立疏暢良好的交通秩序, (5) 防治公害, 改善環境品質, (6) 使犯罪率大幅下降, (7) 國民身心健康在優良生活環境下獲得良好的維護。此外, 在六年計畫中頗具重要地位的國土綜合開發計畫中, 也列出了三項目標, 分別是: (1) 支援產業發展所需的資源配置, (2) 促進地域間的均衡發展, (3) 提高生活品質的硬體及軟體建設。至於計畫的詳細內容則由各部會就本身職掌, 提報各類具體計畫, 彙報至經建會, 再透過預算編審、執行及考核過程, 以

落實整個計畫。綜觀此一計畫提出的時間、性質及內容, 具有配合總統六年任期, 凸顯當前建設重點, 並提出明確的目標, 以召示國人共同以赴的意義。但基於對當前一般經濟情勢的體認, 以及政府所擬六年計畫的架構, 擬提出下列看法, 謹供參考。

1. 雖然計畫中所提的各項建設目標, 已針對當前經社情勢, 承諾有所作為。但各項目標之間仍有重疊, 最終目標、中間目標乃至政策手段之層次混淆以致無法凸顯重點的現象。如原計畫目標 (2) 養成國民普遍守法習慣, 及使犯罪率大幅下降, 應屬目標 (3) 重整經濟社會秩序中的一環。至於 (4) 建立流暢良好的交通秩序, 以及 (5) 防治公害, 改進環境生活品質, 應為「謀求全面平衡發展」目標下具體的做法。至於目標 (1) 繼續提高國民所得及 (7) 國民身心健康在優良生活環境下獲得良好的維護, 則過於一般化而看不出重點。事實上, 原計畫所列的七項目標以及國土綜合開發計畫目標, 均可在「重整經濟建設秩序, 謀求全面平衡發展」的大目標之下, 再予整理, 以求層次清晰明確。

2. 政府經建計畫的性質在混合型經濟體制下固然以指標性 (indicative) 為主, 但對於政府預算之編製以及支出則具有約束性。惟對於民間支出部份, 則為預測性 (predictive)。事實上, 許多的公共投資宜由民間推行。在六年計畫中, 應予重視民間投資部份。儘管政府有責任糾正市場的失靈 (market failure), 國家建設計畫必須在經濟自由化與國際化的大前提下, 設法建立市場發揮正常功能的環境, 提振民間活力。

3. 六年計畫屬中期計畫, 如何有效運用龐大的外匯存底、如何引進外來勞工、兩岸經貿關係如何發展、經濟的國際化如何推行、我國經濟在世界經濟舞台上應處於何種地位、對外投資應如何規劃、貿易摩擦如何處理等問題, 均應納入計畫範圍。

4. 目前計畫的編製方式似仍以彙總各部會所提方案為主, 為避免浪費以及形成以後政府財政的負擔, 如何評審各計畫之投資標準 (investment cri-

teria) 宜事先規劃。

5. 當前值得注意的經濟情勢, 包括: 服務業部門, 尤其是金融保險業的相對落後, 衰退產業的轉型, 以及民營化未能落實等。如何在六年計畫中, 將這些原屬於產業發展的重大方案列入, 亦為應予考慮的重點。

建議	說明
1. 國家建設六年計畫以「重建經濟社會秩序, 謀求全面平衡發展」為主, 將其他目標分別納入這兩大目標以下, 以凸顯主題。	目前的計畫目標多有重疊, 混淆之處, 層次不夠分明。國家建設六年計畫的構想, 政策目標、政策手段, 建設計畫的評估準則, 總體政策與產業政策之配合原則, 均應交代清楚, 以建立全民的共識。
2. 根據計畫目標, 民間參與投資的可行性, 各項投資所能達到的社會效益, 如促進所得分配公平, 以及籌措資金的方式等, 應擬訂評估各項計畫的準則, 妥為評估各項計畫。	為避免各行政部門所提計畫過於浮濫, 宜事先規劃評估要點。又此次六年計畫強調重建經社秩序, 因此有關各計畫的社會面分析也宜一併考慮。六年計畫應兼顧經濟與社會效益, 致力於生活品質的提升。
3. 除了公共工程與個別產業投資計畫以外, 六年計畫中宜納入的重要計畫包括:	
(1) 將台北發展成為亞太地區重要的國際金融中心, 以及倉儲旅運中心。	參考其他國家經驗, 應儘速建立現代化的法律與制度架構, 以推動金融國際化及加強服務業發展。
(2) 持續推動國營事業民營化政策。	過去推動民營化工作成效不彰。
(3) 在區域規畫中, 台糖所持有農地之使用宜一併規劃, 或專案規劃。	
4. 六年計畫的財源的籌措, 應站在國家資源總供需的觀點, 注意物價的穩定。細部計畫應求一致性與互補性。	政府預算之分配與公共建設計畫之推行, 應特別注意政府各部門以及中央與地方的協調與配合。

六年經建計畫的經濟影響

1990年12月

一、背景與問題

近年來我國公共建設普遍不足, 成爲人民生活品質改善的限制, 而且對外貿易呈鉅額順差, 資本流出, 資源供外國使用。六年經建計畫旨在擴大公共投資, 改善人民生活素質, 同時擴大國內需求, 縮減貿易順差, 方向十分正確。不過, 目前擬議中的六年計畫, 其預計擴張公共支出之幅度, 我國經濟能否承受, 是否將產生不良的副作用? 方向即使正確, 如果幅度過鉅, 對於經濟的健全發展仍將有不利影響。

　　擬議中的公共 (含政府與公營事業) 支出共8兆8,000億元, 其中土地徵收與補償費大約2兆餘元, 社會安全福利及醫療網等軟體設備與移轉支出大約1兆餘元, 餘5兆元爲固定資本形成。如此鉅額的公共投資之擴張可能產生之問題如下:

1. 總體經濟結構調整幅度難以承受

今年國民生產毛額預估爲4兆3,500億, 未來六年經濟成長率假設爲每年7%, 加上預計物價上升率每年4%, 則六年國民生產毛額以名目值表示, 共計約38兆1,700億元。

　　由表1可以看出, 民間消費佔國民生產毛額的比率自1961年起逐漸下降,

表1 名目國民生產毛額 (GNP) 的構成

單位: %

	民間消費	政府消費	固定資本形成				存貨變動	出口	進口	貿易額差	國外要素所得	合計
			總計	政府	公營事業	民營						
1961	67.95	19.27	16.22	2.28	5.71	8.23	3.77	14.01	21.11	−7.10	−0.12	100.00
1962	67.62	20.04	15.09	2.17	5.11	7.80	2.74	13.63	18.97	−5.34	−0.14	100.00
1963	64.16	18.81	15.30	2.04	4.85	8.43	3.00	17.94	19.09	−1.15	−0.13	100.00
1964	63.07	17.44	14.58	2.17	3.53	8.88	4.14	19.98	19.22	0.76	0.02	100.00
1965	63.55	16.90	16.98	2.14	3.54	11.29	5.74	19.36	22.36	−3.00	−0.17	100.00
1966	61.20	17.37	19.08	2.19	4.67	12.23	2.15	21.86	21.58	0.28	−0.08	100.00
1967	60.08	17.54	20.63	2.30	5.73	12.61	4.03	22.19	24.24	−2.05	−0.22	100.00
1968	60.07	17.90	22.02	2.42	6.55	13.05	3.13	24.35	27.21	−2.85	−0.27	100.00
1969	57.92	18.41	22.16	2.69	6.63	12.84	2.37	26.91	27.64	−0.72	−0.13	100.00
1970	56.38	18.29	21.67	2.91	6.36	12.39	3.90	30.37	30.42	−0.05	−0.18	100.00
1971	54.08	17.26	23.25	2.76	7.35	13.14	3.00	35.58	33.12	2.46	−0.05	100.00
1972	52.04	16.05	23.71	2.59	7.78	13.33	1.93	42.25	36.01	6.24	0.02	100.00
1973	50.43	15.20	24.93	2.37	7.08	15.48	4.16	47.22	41.92	5.30	−0.03	100.00
1974	54.49	14.10	28.52	3.33	9.00	16.19	10.67	43.94	51.69	−7.75	−0.03	100.00
1975	57.45	15.87	31.27	4.35	12.59	11.33	−0.73	39.86	43.15	−3.29	−0.57	100.00
1976	52.47	15.30	27.85	4.68	10.60	12.58	2.92	47.85	45.68	2.17	−0.71	100.00
1977	51.80	15.64	25.80	5.33	7.72	12.75	2.47	49.22	44.32	4.91	−0.62	100.00
1978	50.30	15.20	25.84	4.15	8.01	13.67	2.43	52.50	46.04	6.46	−0.24	100.00
1979	50.53	15.42	28.08	3.97	8.72	15.39	4.80	53.30	52.17	1.13	0.03	100.00
1980	51.56	15.93	30.66	4.50	10.47	15.69	3.19	52.61	53.80	−1.19	−0.14	100.00
1981	52.27	16.20	28.00	4.28	9.15	14.57	2.03	52.20	50.15	2.05	−0.55	100.00
1982	52.77	16.88	25.85	4.44	8.72	12.68	−0.62	50.15	45.00	5.15	−0.04	100.00
1983	51.61	16.18	22.75	3.72	7.08	11.95	0.69	52.98	44.35	8.63	0.15	100.00
1984	50.22	15.70	20.95	3.49	5.32	12.14	0.97	55.63	44.55	11.08	1.07	100.00
1985	50.16	15.88	18.54	3.52	4.45	10.57	0.20	53.33	39.75	13.58	1.64	100.00
1986	46.70	14.45	17.69	3.36	4.22	10.11	0.57	56.69	37.38	19.32	2.41	100.00
1987	46.76	14.11	18.85	3.25	4.15	11.45	1.21	56.41	39.34	17.07	2.01	100.00
1988	49.24	14.78	20.22	3.70	3.81	12.71	2.54	53.40	42.64	10.76	2.46	100.00
1989	52.00	15.64	21.15	4.38	4.30	12.47	0.83	48.84	40.76	8.08	2.30	100.00
1990	52.99	17.12	21.69	5.27	5.27	11.15	−0.18	46.44	40.36	6.08	2.31	100.00

至1986年達到最低,其後逐年回升,今年預估將達52.99%。由於6年經建計畫中之土地補償與社會移轉支出高達3兆餘元,難免對民間消費有進一步刺激效果。最保守的估計,未來六年民間消費支出佔國民生產毛額為55%,即20.99兆元。

表1同時顯示,政府消費佔國民生產毛額比率自1987年起上升,今年預估為17.12%。由於六年國建之執行,需要各級政府密切配合,此比率在未來不可能下降。保守的估計,未來六年此比率為17%,亦即政府消費計約6.49兆元。

民間投資佔國民生產毛額比率在1980年代低檔盤旋,投資意願低落。去年我國製造業固定資本形成毛額佔國內生產毛額與製造業所產生的國內生產毛額之比率分別為17.7與6.3,而日本在1988年這兩種比率分別為39.8與11.6,韓國亦分別為29.2與9.6,皆遠超過我國目前的水準。為了促成產業升級,我國民間投資之比率應當提高。最保守的估計,未來六年此比率提高至12%,亦即民間投資計約4.58兆。

表1同時顯示,存貨變動佔國民生產毛額比率大小不一。假設未來6年與過去10年 (1981年至今年) 平均水準相當,則為0.71%,合0.27兆元。國外要素所得淨額佔國民生產毛額比率假設維持今年預估的水準不變,即為2.31%,合0.88兆元。

國民生產毛額扣除上述各項預估支出,再扣除公共投資5兆元,將產生500億元之逆差,佔國民生產毛額約0.12%。這是6年總數。如果貿易順差不是在明年立刻轉為0.12%的逆差,而是自今年預估的6.08%逐年直線式下降,1996年貿易逆差佔國民生產毛額比率將達到4.38%。自今年起到1996年的6年間,貿易淨出超佔國民生產毛額比率由6.05%下降到 −4.38%,計下降10.43%。

自1986年至今年的4年間,貿易順差確實下降了約13%,但這是大幅升值與廠商擴大對外投資的結果。如果未來6年要使順差比率再下降10%,等於10年之間共計下降23%。無論從我國過去的歷史來看,或從其他國家發展的經驗來看,都是巨大的變化,經濟恐難以承受。

從國際收支來看, 去年和前年分別有74和82億美元的長短期資本流出, 今年僅上半年即達87億美元。假設未來6年平均每年移出80億美元, 6年將達480億美元, 外加貿易逆差約19億美元, 合計我國銀行體系國外資產淨額將減少約500億美元, 對於我國未來的債信, 應付突發性國際政經情勢變化的能力, 以及國家風險評等將有不利影響。

2. 政府債台高築影響財政健全

移轉性支出不計入國民所得之固定資本形成之內, 但考慮公共支出之財源時仍需併入討論。同時未來6年支出預估尚應包含非計畫性資本支出約9,180億元, 合計共需財源9兆7,758億元。

根據目前初步估計, 此財源中8,542億元可由經常收支盈餘支應。出售公營事業股票等政府資產可獲得1,700餘億元, 歲計剩餘可使用1,300億元左右, 公營事業自籌1兆4,000餘億元, 特種基金或工程受益費可支用8,700餘億元, 其餘共計6兆3,000億元需發行公債。

目前公債餘額約1,900億元, 短短6年間增加32倍, 利息不計, 將於1996年底達到該年名目國內生產毛額約81.7%, 超過美國目前的43.7、日本的60.3與韓國的10.8。這種情況極有可能動搖財政收支健全的基礎, 為未來的經濟發展和社會安定, 投下不可知的變數。

報載政府有關單位表示, 6兆3,000億元公債發行之後, 公債餘額將僅佔1997年度國內生產毛額的15.4%, 恰約為上述數字81.7%的5/1至6/1之間, 恐為存量與流量觀念混淆, 以致設算不正確而極端偏低的數字。

如果公債發行額逐年直線式增加, 六年平均餘額將為3兆3,400億元, 以年息9.75%計算, 利息負擔每年3,260億元, 勢必債上加債, 使公債總餘額到1996年還超過當年國內生產毛額的81.7%, 更加動搖財政收支的健全基礎。

3. 利率可能上升, 排擠民間投資

不論是發行公債, 或由公營事業自籌, 均表示政府的債務增加。此種政府債務的巨幅上升, 應如何吸收, 係必須慎審檢討的問題。

以舉外債方式籌措財源, 在目前國際金融環境下並不易推行。大舉外債, 必然影響國家債信與發行條件。如果舉外債兌換新台幣, 勢必加重通貨膨脹壓力, 因此, 發行公債主要視本國金融體系吸納公債的能力而定。

目前貨幣供給額以 M_2 表示約為6兆元。假設每年成長12%, 至1996年底為11.84兆元。政府債務即使只計算公債, 目前約1,900億元, 至1996年底, 利息不計, 將如前所述達到6兆4,900億元。是以 M_2 對公債比率將由目前的31.58倍, 遽降至1996年底的2.82倍。如果貨幣乘數大致不變, 表示民間財富保有形式中貨幣與公債之比率, 需作同樣倍數的巨幅調整。

很難想像利率不需上升, 即可達到此種財富保有形式的調整。事實的演變可能使公債愈來愈難脫手, 不得不削價求售, 也就是聽任利率上升。後者勢必對民間投資有不利影響, 產生「排擠效果」, 民間投資佔國民生產毛額比率將持續低迷。

我國民間投資低迷, 固定資本形成比率遠低於日、韓, 已如前述。在韓國及其他亞洲新興工業國極力促使產業升級之際, 如果我國民間投資受到排擠, 產業升級落後, 將嚴重影響我國產品在國際市場的競爭力。

4. 物價上升勢所難免

如果排擠效果不大, 民間投資佔國民生產毛額之比率維持在前述的12%, 則六年貿易逆差平均佔國民生產毛額比率必須為前述的0.12%。不過, 在實際運作上, 公共投資增加促使順差減少, 並不是像百分比加減那麼簡單, 而要透過一定的調整途徑。

在匯率保持穩定、國民所得穩定成長、外國所得與物價保持過去上升趨勢的前提下, 公共投資擴張促成順差下降的最重要管道, 就是我國物價的上升。順差下降幅度愈大, 我國物價就必須上升得幅度愈大。以前述六年間順差下降

10%而言，物價上升的幅度恐將超過目前年增加率4%之預估數，對於維持經濟的安定將有不利影響。

5. 就業結構之調整幅度甚大，恐難順利達成

順差下降，代表我國的貿易財產業，包含出口業與進口競爭業，將持續萎縮，而非貿易財業如營造業與服務業，將進一步擴張。勞動力能否順利地自前者移往後者，完成產業結構的調整，是六年計畫能否成功的關鍵。

　　以六年順差減少10%的變動幅度而言，要完成上述調整並非易事。如果製造業釋放出來的勞動不能順利地轉至營造、水電、煤氣、運輸倉儲和其他服務業就職，勢必發生失業現象，屆時不但經濟成長目標無法達成，還會衍生社會問題，值得警惕。

二、政策建議

建議	說明
1. 將六年計畫固定資本形成支出控制在4兆以內或更低。	為了減緩總體經濟結構與勞動力配置之調整幅度，防止物價過度膨脹，以及減少利率上升對於民間投資的排擠效果，六年計畫之資本形成支出最多應以順差比率自今年6%，逐年降低至1996年平衡 (等於零) 為限。
	如經濟結構之調整以此為目標，六年平均貿易順差比率應為 2.53%，較前述 −0.12% 上升 2.75%。公共投資之比率應隨之下降，成為國民生產毛額之 10.45%，合3兆9,900億元。事實上，在目前連年出現巨額資本移出的情況下，到 1996年貿易順差為零，即表示國際收支將呈逆差。我國特殊的國際處境，是否容許國際收支長期呈現逆差，應加進一步檢討其非經濟面的影響。

建議	說明
	再者, 假設固定資本形成減少1兆零1百億元後, 土地補償等移轉性支出相應減少6,700億元, 故政府公債共減少發行1兆6,800億元, 到1996年底, 利息不計, 公債餘額將為4兆8,100億元, 仍佔該年國內生產毛額之60.57%, 超過美國比率, 亦遠超過韓國比率。
	如果再加上利息, 與政府向金融機構借款, 政府之總負債尚不止上述數目。近年來為了籌措公共設施保留地徵收經費, 地方政府向金融機構借款, 已構成沈重財政負荷。日後這些負荷還要上升幾十倍, 各級政府有無能力承擔, 實不無疑問。
	由此觀之, 六年計畫固定資本形成若為4兆元, 仍然偏高, 最好能再降1至2成, 以3兆2,000億至3兆6,000億元為度, 俾使公債餘額比率不致偏高, 影響財政健全基礎。
2. 密切注意利率、民間投資與物價之走勢, 逐年檢討計畫支出額度。	由於韓國和其他新興工業國正大力進行產業升級, 我國的進度如果落後, 後果不堪設想。民間投資是產業升級的最主要催化劑, 不容被排擠或壓抑。
	相對於民間投資的急迫性而言, 公共投資項目中總有輕重緩急之分, 應當仔細地篩選, 避免盲目擴大公共投資, 使得一些無緊急性的投資對有急迫性的民間投資造成排擠。
	有鑑於此, 政府應逐年對未來年度之計畫性支出以及民間投資受影響程度作檢討。如果後者受到不利影響, 前者之幅度應即予以縮減。同樣的道理亦適用於物價。計畫執行期中, 某年物價上升率超過4%時, 應即檢討其後計畫之執行方式與幅度。
3. 密切注意就業狀況, 適時予以轉業輔導。	六年計畫執行之後, 營造業、其他基本建設業與服務業對勞動的需求將上升。製造業對勞動之需求必須下降。如果各項

建議	說明
	製造業所釋放的勞動不能順利轉業, 將造成構造性的失業問題。政府除檢討公共投資幅度與執行速度外, 應擴大轉業訓練服務, 以促成就業結構之順利調整。
4. 積極鼓勵民間參與公共投資。	自償性、規模適中與不涉及國防安全的公共投資, 政府應開放並鼓勵由民間投資經營, 以減輕政府行政與財務的負擔; 政府只需採取適當的管制和監督措施即可。
	準此原則, 教育方面可減少公立大專院校之新設, 轉而鼓勵私人興學, 開放私立學校之設立; 交通方面, 若干路線可開放給國內外廠商經營, 政府僅需在服務品質和票價上善盡監督與管制之責即可。

三、結語

六年計畫之方向正確, 已如前述。但是目前擬議中的支出額度, 對於經濟的衝擊過大, 難以承受, 恐將揠苗助長。以經建會擬議中的規模加以推行, 並主要藉發行鉅額公債的方式籌措資金, 勢必動搖國家財政的健全基礎, 並嚴重影響國家債信。而且公共投資過去固然做得太少, 但矯枉過正, 又會變成「太遲而太大 (too late and too big)」, 執行上必然遭遇許多瓶頸, 浪費國家資源。如果依照以上四項建議, 適當縮減幅度, 並就各項公共投資依照一定的投資標準、評估優先順序, 並保留逐年檢討與調整的彈性, 將可興公共投資之利, 防公共投資之弊, 真正達到提升經濟發展程度, 改善人民生活品質的最終目的。

對六年國家建設計畫之建議

1991年1月

一、問題背景

六年國家建設計畫是關係我國未來長期發展的重大政策。因此，六年國建計畫草案公開之後，引起了極多的注意與討論。這項計畫的總目標及四大政策目標十分正確。不過，為使計畫更為完善，計畫的細節部份仍有待加強。

國家經濟計畫乃至一般廠商的經營規劃或個人的理財和消費決策，都有一個共同的原則，那就是在有限的資源限制下，要把資源做最有效的運用，以得到最佳的結果。如果資源是毫無限制，這些計畫或規劃都沒有必要，也不會有經濟問題。可惜一國的資源有限。因此，我們就不得不認清資源之限制，而在事前根據我們的發展目標來規劃資源最有效的運用，以求儘量得到最佳的結果。基於這種觀點，六年國家建設計畫必須加強對資源限制的估計，並進一步檢討各種具體發展目標的優先順序，以及深入分析各項建設計畫的效率。故本報告擬對六年國家建設計畫的建議，分成資源、財源之限制、具體發展目標之選擇、執行方式之分析、以及計畫書內容之修訂等四部份來檢討。

二、建議事項

建議	說明
甲. 資源與財源之限制	
(1) 目前所訂公債發行目標過高, 宜大幅調低。	計畫草案擬發行普通預算公債 3 兆 9,558 億元, 特別預算 2 兆 3,986 億元, 金額龐大。草案中說明六年後公債餘額佔 GDP 之比率僅 25.6%, 低於美、日甚多。這項估計引起學者甚多評論。因為草案中估計 1996 年之 GDP 僅 8 兆 1,485 億元, 故即使不考慮現有公債餘額, 光前述擬發行之公債即達 1996 年 GDP 之 78%, 高於美、日之水準甚多, 似非我國之政經條件所能承受。原來計畫中的 25.6%, 僅指中央政府依普通預算發行之公債佔 GDP 的比例。惟只算這類公債餘額不恰當。因為從人民購買公債的能力和意願來看, 任何單位發行之任何種類之公債都是公債。而從政府財政負擔能力來看, 這些公債大部份也都須政府負責還本付息。
	就特別預算發行的公債來說, 這類預算雖然原則上可能具有自償性, 但其自償性並不是必然的。中山高速公路當時只有部份財源是借來的, 而至今部份仍無法償完本金。六年國建計畫中的許多特別預算計畫甚至尚未經精確的成本效益或投資報酬率分析, 能否獲利尚屬不十分確定, 其中甚至亦有一些將來可能會基於其它政策目標或經營管理問題, 而出現類似以往鐵路局長期虧損的情況。故特別預算的建設仍有不少最後可能不具自償性。外國在計算其公債負擔時, 也未把可能具有自償性的公債排除在外, 故計畫草案把這一部份公債負擔排除在外, 並不恰當。
	計畫草案中只計算中央公債比例的做法, 在一般分析上頗為常見, 但在我國目前情況, 這種做法仍不恰當。一般分析只用中央公債的主要原因是資料的問題。地方公債及地方政府稅收資料通常較難取得, 故較少被納入分析中。省政府業務常和中央政府重疊, 稅收遠不及其支出, 以致財政上完全依賴中央之補助。即使不管省政府已有數千億負債, 就六年計畫草案中由省政府依普通預算發行之公債 1 兆 6,374 億元而言, 其

建議	說明
	六年後每年之利息負擔即可能達 1,600 億元以上，省政府的稅收甚至付利息都不夠，更不可能負擔其他經費或還本。故省政府的負債最後仍將是中央的負擔，不宜排除不計。

事實上，美、日地方公債的比例都不像六年計畫草案中那麼高。過去 10 年中，美國地方新發行公債金額在中央公債金額三分之一以下，日本則在十分之一以下，而美國與日本地方稅收卻都超過國稅的一半以上。在這種情況下，地方公債不會成爲中央的負擔，和我國的情況並不相同。若把美、日所有公債一起計算其佔 GNP 之比例，也將低於六年國家計畫草案之所有公債佔 GNP 之比例。

即使不管財政負擔及政治顧慮，單就金融面來看，這樣龐大的公債之發行恐怕也非金融市場所能吸收。公債是金融資產的一種，人們是否願意持有這麼多公債，要看人們到底將持有多少金融資產，以及這些金融資產中有多少比例要以公債來持有。

先從比例來看，目前我國 M_2 約有 6 兆，假使未來六年國際收支及政府收支恰好平衡，而金融體系每年放款的增加或信用的創造，大致上維持以往長期水準爲 GNP 的 7%，則六年後 M_2 可達 8 兆 7,000 億元，和國建計畫草案要發行的 6 兆 3,000 億公債相比，公債對 M_2 的比例達 72%。而日本金融機構以外所持有之所有公債對 M_2 的比例僅約 13%，美國亦僅約 50%。故除非國際收支有大幅順差而使 M_2 增加，或者國內多創造信用，或者公債大量由金融機構購買且不減少其他信用之擴張，否則依美、日的比例看來，要人們持有那麼多公債，恐怕必須大幅度提升利率。然而在大量增加公共支出，且對外投資仍持續進行，則未來國際收支不可能呈現鉅額順差。而增加對民間或對政府創造信用的辦法，則可能造成物價上漲之壓力。因此，由金融資產比例來看，要發行這麼多公債，而在短短六年內由約 2% 的公債對 M_2 比例，提高到 72%，顯然有困難。

綜合上述分析，計畫草案中的 6 兆 3,000 億公債發行恐非我國政治、經濟及金融市場所能承受，宜向下調整公債發行金額。

建議	說明
(2) 計畫中應提出其他財源估計值, 不可未加估計即認為有甚多其他財源。	計畫草案中提到, 若有其他財源可用, 則所須發行之公債即較少。然而其他政府財源恐怕幫助不大。草案中假設政府經常帳剩餘為零, 故經常帳剩餘若為正, 則可以減少發行公債。然而草案並未估計公債利息支出的增加。事實上, 若發行 6 兆 3,000 億之公債, 則 1996 年之公債利息支出將達 7,000 億元, 而可能使當年政府經常收支短絀。故草案中經常收支平衡的假定並非很「保守」。

其次, 即使經常收支有剩餘, 也仍須用於一些未來在六年國建計畫中之其他政府資本支出。這些部份的支出在草案中未加估計, 故無法推估其金額。

草案中也主張出售公營事業股票可減少公債發行。這是多數人所贊成的做法。但據台灣經濟研究院之估計, 可出售之公營事業及公有財產僅 1 兆左右, 若再扣除公營事業民營化時所須負擔之員工資遣費與退休金等費用, 所得收入勢將更低。更何況民營化能否及時推行, 政府是否將因員工或民意代表之壓力而繼續保有較多股份, 皆仍有疑問。為使這項財源更為可靠, 主管單位應就民營化之進度及可支配之收入做更精確之推估。

至於草案中不須發行公債, 而在普通預算中由事業單位及基金自籌財源的支出, 其籌款方式仍可能以減少繳庫盈餘、發行債券、向金融機構借款等方式辦理, 其對金融面之影響類似政府發行債券與借款的影響, 其對社會資金乃至政府財政都將構成壓力。

總而言之, 其他財源有些雖值得探究, 但應提出較精確之估計並檢附其影響。

| (3) 為免外匯存底大幅下降, 短期間內不宜造成貿易鉅額入超。故建設支出不宜過大, 而造成貿易入超。 | 雖然目前我國擁有鉅額存匯存底, 許多人也主張動用外匯存底來從事國內建設, 但全部外匯存底只值 2 兆新台幣, 而我國在可預見的未來, 基於產業發展及結構調整的需要, 仍然要投資國外, 資本帳自由化以後, 資金也可能繼續外流。故若貿易收支平衡, 資本帳的逆差將可能使外匯存底下降。這種下降甚至可能引發貶值之預期, 而造成更多資金之外流及外匯存底之銳減。這種現象萬一發生, 對我國債信及國際地位將有不利影響, 更不利於達成將台北發展成區域性金融中心的另一政策目標, 應儘可能避免。 |

建議	說明
(4) 在不造成入超的前提下，草案中的計畫支出不宜在六年內完成。	依據草案對1996年的推估，六年國建計畫應不會造成貿易入超，然而草案中並未列出分年的支出金額，也未說明8兆5,000億的總支出金額中，到底有多少是不直接使用經濟資源的移轉性支出，因此我們無法精確查證六年國建支出是否確實不會造成貿易入超。不過，在幾種合理的推估下，如此龐大規模的支出都很可能造成貿易逆差，故在避免貿易入超的前提下，國建支出金額也有必要刪減。 支出增加是否會造成貿易入超，最簡單的分析方法是用國民所得支出面的恆等式來分析。依定義，國內生產毛額恆等於國內各項最終支出總額加上貿易收支的出超金額。故當國內最終支出超過國內生產毛額時，即會產生貿易收支的入超。國內最終支出可區分成民間消費、民間投資、政府消費以及政府投資等四大項。目前政府及公營事業投資約佔 GNP 的10%，而貿易出超仍達 GNP 的6%，故若民間消費、民間投資以及政府消費佔 GNP 的比例不變，政府及公營事業投資增加到 GNP 的16%，乃至17%，仍可避免貿易入超。 假設未來六年 GNP 每年實質成長7%，物價每年上漲4%，則六年合計 GNP 為38兆1,720億元，其16%為6兆1,075億元。故初步看來，只要國建計畫的8兆5,000億中有2兆3,000億以上是不直接使用經濟資源的移轉性支出，即購買土地、補償費，或者救濟金等之支出，即可避免入超。 但問題卻不是那麼單純。這些移轉支出以及全部發行公債之利息，雖然皆不算在政府消費與投資之中，卻成為人民可支配所得之一部份。而且這兩筆移轉收入合計將高達這六年所得之10%左右。因此可支配所得之大量增加，極可能使民間消費對 GNP 的比例提高。如果其他消費行為不變而新增之移轉收入中有5分之1 (這是很保守的估計) 用於消費，則民間消費對 GNP 之比例將增加二個百分點，而使貿易收支變作入超。移轉收入中被用來消費的比例愈高，則入超就愈大。國建計畫草案中並未列出移轉支出的金額。計畫草案中何以能得到不會造成入超的結果，值得再進一步查證。

建議	說明
	其次在計畫草案中認爲民間投資佔 GNP 的比重將提高。而目前我國製造業投資佔製造業產值的比例不僅低於我國以前之水準，也低於日本和韓國的水準。故爲了促使產業升級和經濟的進一步發展，民間投資的比例確須提高。當民間投資比例提高時，除非把前述公共建設金額降低，否則貿易將呈入超。
	此外，若政府除六年國建計畫支出以外，尚有一些其他未包括在前述計算中之投資支出，這些投資支出也將使全部政府投資更多，而造成入超。
	總而言之，在仔細分析之後，草案中的支出水準極可能造成貿易入超。如果將民間投資由目前佔 GNP 之 12% 增加到 15%，各項移轉支出一共僅增加民間消費佔 GNP 之比例爲 54% (接近去年的水準)，而政府消費佔 GNP 的比例則維持目前之 17% (低於草案之估計)，則爲避免經常帳之逆差，政府及公營事業不含移轉支出的各項投資以及新增政府消費項目 (不管是否屬於國建計畫) 僅可佔 GNP 之 14%，亦即六年合計不得超過 5 兆 3,400 百億。民間消費若增加更多時，投資金額尚須減少。
	以上分析係以年平均無入超爲目標。若支出是逐漸增加，則平均無入超仍代表後期會有逆差。這項逆差也可能引起貶值的預期等惡果。故爲避免入超，建設經費宜向下調整。
	特別值得提起的是，計畫草案中 1996 年的公共支出佔 GNP 之比例亦僅達 30.7%，和本報告的估計相同。計畫草案中所欠缺的，如前所述，並未說明爲何 8 兆 5,000 多億的建設支出經費中，爲免貿易呈現逆差，政府投資與消費支出不得超過 5 兆 3,000 多億的檢討分析。若照計畫草案第一冊第 12 頁的用語「政府固定投資每年實質成長 15.5% …… 政府消費 …… 實質成長率年平均爲 7.3%。公共支出合計佔國民生產毛額比率將自 1990 年的 27.4% 提高至 1996 年的 30.8%」來看，支出比例似乎分年逐漸增加，因此 1996 年以前各年公共支出佔 GNP 的比例似乎還要更低，公共投資總支出將小於前述 5 兆 3,000 億甚多，而它和計畫草案總支出金額間的差距將超過 3 兆

建議	說明
	2,000億。若採用計畫草案中所提到的支出平均成長率為各年成長率, 則六年公共投資合計僅4兆7,190億, 比本報告估計的可能投資限度還低。於是, 草案中認為不會造成入超, 也不會遭遇資源限制。但若採信這個投資金額, 則隱含六年國建計畫的支出中, 移轉支出高達4兆4,500多億, 恐非事實。計畫單位應提出更可靠的數據來說明草案中支出金額和投資佔GNP的比例有如此大之差距的原因。
	同樣值得說明的是, 這項資源並不因為增加的支出是屬於投資或消費而有所差異, 因為它們都一樣使用了國家資源。故除非其中的消費支出代替了以往消費支出的項目, 否則新增的政府消費將使政府消費佔GNP之比例提高, 和投資比例提高一樣遭遇資源限制, 也同樣有造成入超的效果。同時這些公共投資即使讓民間投資, 除非因此減少或排擠了其他民間投資, 否則也一樣不能排除資源限制及入超的憂慮。而排擠民間投資卻是我們所不樂於見到的結果。
(5) 為避免資源在短期內, 大幅移用造成物價上漲或失業現象, 公共支出的增加和減少都不宜太快, 故這項計畫不必在六年內做完後即予停止。	雖然各種資源原則上可在不同部門間移動, 但若公共支出忽然大增, 而吸收了大量資源, 則可能使這類資源價格大漲, 使原來使用這些資源的其他部門遭遇經營上之困難, 並使其他部門中與這些資源配合的其他生產要素遭遇失業的危機。反之, 當公共部門支出忽然減少時, 其原先使用之資源也可能因短期內轉業的困難, 而面臨失業的威脅。
	就整個經濟而言, 這些變動雖然有一部份可能表現為貿易收支的增減, 但因為有不少資源屬於非貿易財, 其供需不平衡並不能直接透過進出口量的增減來調整。故公共支出的巨幅變動, 可能造成不必要的經濟波動。我們不宜把太多建設集中在這六年中做完。
乙. 具體發展目標之選擇	
(1) 產業升級在目前的重要性絕不下於大部份公共建設, 故國家建設計畫一方面為避免使用太多經費而造成對民間投資的排擠效果, 必須依前幾項建議而	我國目前公共建設不足, 故為提升人民生活品質, 大幅從事公共建設確屬必要。但我們卻也不必急於在六年內把幾十年來沒有做好的公共建設一口氣都要做好。如甲項建議所述, 短期內公共支出增加太多確會造成資金或資源不足的現象。而這種現象除了前述種種缺點之外, 它也將使資金及部份資源之成本大漲,

建議	說明
降低其總金額，另一方面也要在建設目標上，優先推動能促成產業升級的建設。	而使民間投資受打擊而萎縮。結果，過多的公共支出即可能違反了六年國建計畫中「厚植產業發展潛力」這項重要的目標。因為絕大部份的產業升級都要靠對資本、人力或者技術的投資來達成，民間促進產業升級的投資若被公共支出排擠，則產業升級的速度將因而減緩。
	以我國目前的處境來看，產業升級的速度如果減緩乃至停滯，其對我國前途的傷害將相當深遠。因為其他落後地區已大力推動其經濟發展，如果我們不儘速使產業升級，則現有產業將因競爭力的下降而獲利能力下降，國民所得的成長也將偏低，進一步追求升級的能力將受到限制。
	我國經濟已有逐漸被韓國超越的跡象。我國若被韓國大幅超越，而失去開發中國家領先者之地位，則更難受到國際間的重視，得到國外協助而促進產業升級的機會也將因而減少。因此現在若不促成產業升級，將來要使產業升級，甚至要率先成為已開發國家，都將變得更為困難。我們不可忘記，許多落後國家都有不錯的公共建設，但因為產業無法升級，而長期停留在落後的階段。我們不可認為現在先做公共建設，以後再求產業升級，而是兩者必須同時兼顧。
	為了兼顧生活品質的改善及產業升級，六年國家建設計畫金額應該大幅縮減，以使民間部門仍有足夠的資金來增加促進產業升級的投資。而在各種現在或未來必須做的公共投資中，除了應先進行環境保護和改善交通等影響生活品質最大的投資之外，也應優先考慮其它可以促進產業升級的建設計畫。例如配合工業區的開發，而建設一些生活環境可以達到先進國家標準的小型新工業都市，即可以吸引許多高科技產業及技術人才在國內發展。同時這也將給其他地區帶來改善生活品質的信心和示範效果。六年國建計畫在這方面的規劃宜進一步加強。
(2) 為配合六年國家建設計畫，重建經濟社會秩序、謀求全面平衡發展的目標，財富分配的平均和公	國家建設計畫的施行將使許多地區土地利用價值大幅提高。如果沒有適當的土地政策配合，則這項建設有可能像田中首相所推動的「日本列島改造計畫」一樣，造成土地價格的暴漲，而使財富分配更為不平均。

建議	說明
平應是計畫的重要原則。依照這原則不僅要在建設計畫的安排上考慮區域的平衡，更必須在法律及制度架構上做適當的調整，以使建設的利益歸全民共享。其中最重要的當然是漲價歸公的原則。	除了各種建設之外，國家建設計畫中也要讓不少土地變更其原有用途。這些建設及變更用途之地點的選擇，將對土地利用價值有極大的影響。如果我們不能在法制上先落實漲價歸公的精神，使建設的大部份利益歸全民共享，則各地區必將為各項建設的地點爭論不休，許多利益團體更可能介入其中，而不僅使建設方式不能做最有利於社會的選擇，建設的利益更可能大部份歸於少數特權利益團體者所有。這一來將使我們的財富分配不僅不平均，而且不公平，經濟社會秩序也將更為混亂。
	如果能做好漲價歸公的法制，例如確實對所有土地課徵合理的增值稅、或者採取土地重劃、區段徵收，以及在變更土地使用限制時，依地區及變更之內容而課徵一定比例的土地等方式，則可以使土地投機及利益團體操縱建設方向等問題大為減少。而漲價歸公的結果也可以給土地被徵收者得到更合理的補償，以減少其抗拒心理，而使公共建設更易推展。故這類法制的修訂，應列為國家建設計畫中最優先辦理的工作。
(3) 在資金限制下，各區域不必立即要全面發展。建設計畫應該提供一個全面發展的藍圖，但未來六年應以點線的發展為主，不必強求全面的建設。惟有直接和生活有關的環保建設，宜普遍地進行。	在資金及資源限制下，不可能六年中將全台灣的建設提高到先進國家的標準。但我們既然想在最短期間內成為已開發國家，就不應該普遍做一些尚達不到已開發國家標準的建設，而10年後又要全面重做。實際上台灣土地面積不大，來往也已甚方便。我們如果能做好漲價歸公而使建設的利益歸於全民，同時又使人民相信這些建設會繼續下去，十幾年內就可遍及各地，則我們就不必採取全面的建設，而是集中力量來發展一些點和線，把這些地方一舉建設到一流已開發國家的標準，然後逐漸推展到其他地區。其實這樣的發展方式，可能比全面的二流建設更能鼓舞民心及提高國際形象。這些很快達到已開發國家水準的地方，也使我們更能吸引國外的科技人才和產業來促進我們的產業升級和經濟發展。
(4) 為配合西部沿海地區的利用，第二高速公路在西部地區的路線宜考慮西移，或把沿海快速道路改為高速公路。	目前計畫中的高速鐵道和第二高速公路都和現有的縱貫鐵公路及中山高速公路均集中偏山區，而沿海地區則僅有快速道路計畫。但西部沿海地區是台灣最廣闊的平原，其未來發展潛力極大。而目前這些地區落後且人口密集度較低而地價較廉。故該一地區頗適合做

建議	說明
	爲優先建設的地點，因爲其土地取得成本及障礙都較低。六年國建計畫已有基礎和離島工業區等構想。但以其廣大平原之長處，實可考慮建立一些工業、商業以及住宅區都達到已開發國家標準的中小型新工業都市或科技工業城，而做爲其他地區發展的模範。故在考慮平原地區的發展潛力之後，可考慮沿海建設高速公路。
(5) 六大都會區除台北及高雄之外，不必採取單一市中心區的集中發展方式，而可考慮採多中心的分散發展方式。故除台北、高雄之外，應暫不考慮都會區內之捷運系統。但台北及桃園地區間可有捷運路線連絡。	單一市中心地區的發展方式造成之交通負荷甚大，台北、高雄發展已久，較難改變，且台北做爲政治、金融、行政中心的性質也較難分散發展。但其他都會區則可採多個市中心區的發展方式，一方面減輕交通負荷，另一方面也較接近「都市鄉村化」之理想。因此其捷運系統並不須急於興建。
(6) 生活圈中型都市之發展策略不必選擇現有的中型都市，而應選擇地點適中、交通容易配合，且地價較低之地區建立現代化服務業。	計畫草案中擬就各生活圈選擇現有中型都市，加強其建設而充實其服務機能。然而這些中型都市現有之水準距離現代化之理想甚遠。現代化服務建設不僅須重頭做起，且因現有建設及居民的妨礙，以及都市地價較高等因素，在這些都市從事建設的成本將遠高於在較小鄉鎮、村落乃至農地從事建設的成本。而事實上這些現有中型都市以往的發展和以往歷史因素有關，其位置未必是由生活圈的自然地理環境來看最爲恰當。在六年國建計劃期間旣然有許多建設要進行，自然不必勉強配合以往的都市。較好的做法應該是在自然地理位置適中，土地取得困難較小的地區裡，選擇能在新舊交通路線配合下使區內民衆都容易來往的地點，建立新的現代化生活圈服務都市。這些新都市當然也可能配合前述新工業都市或新交通路線來發展。故草案中配合舊都市的做法宜加以適當修改。
3. 執行方式之分析	
(1) 以往行政院已核准之所謂延續計畫應重新評估其必要性，而不是已核准就非做不可。	延續性計畫雖然過去已經核准，但現在有更多大建設加入的結果，有些以往已核准的計畫即可能變成沒有必要。故已核准之計畫仍應重新檢討。例如高速鐵路、第二高速公路、以及縱貫鐵路之改良是否有必要同時進行，實應深入檢討。

建議	說明
(2) 大型計畫在執行前須有進一步的效益評估以及民眾意見調查。各項計畫評估時並應考慮各項相關計畫將同時進行的事實，否則每項單獨評估可能有利的計畫，相互競爭資源及市場的結果卻可能全部要虧損。	大型計畫若未深入評估，則不僅可能造成浪費，有些以自償爲原則的計畫也可能因無法還本而加重政府財政負擔。至於和民眾利益、生活環境、以及心理感受較深的計畫，除了民意機關的意見之外，也應考慮民意的反應，多加溝通，以免建設的結果反而招來民怨。
(3) 由於實際經濟成長率及可取得之資金，畢竟因國際情勢等外在因素而無法精確估計，故除必定要達成的主計畫之外，可準備一些小型可以隨時動工之備用計畫，並排定其優先順序，而在資金有剩餘時，或主計劃之推動遭遇困難時，儘快依序動工。	雖然未來資金無法精確預估，但這並不是表示我們不能有備用計畫。主計畫的目的即在資源限制下擬訂最適當的資源分配。而備用計畫則是增加主計畫的彈性，以使最後的結果能配合實際情勢的發展而做適當調整。
(4) 在可能範圍內多利用國際標、民間投資，以及外人投資來從事建設。計畫中應把可採這些辦法的建設儘量明白列出，以便民間部門推動。至於本質上不必乃至不宜由政府負責的建設，如學校及部份醫療設施，更應該解除或修正現有法制，而由民間投資。	一些工程若由國際知名廠商承包，則其內部 監督及維持商譽的做法將可保障工程品質，而且減輕監工負擔。民間乃至外國人投資可減少政府財政壓力。外人投資又可減少對外匯供給的壓力。故這些方式都值得鼓勵推廣。
4. 計畫書內容之修訂	
(1) 計畫書中多項資料應更爲具體，以利正確決策之選擇與評估。	計畫書中應補充的資料至少包括下列各項：
	(1) 各年 GNP 及其中主要項目，包括政府與民間的消費與投資等資料的預估值。
	(2) 各項建設計畫分年支出總金額，以及其中投資、各類移轉支出、以及政府消費分別所佔的金額。

建議	說明
	(3) 各年政府經常收支的預估值, 包括公債利息支出的預估值。
	(4) 各項估計所隱含的物價上漲率。草案中只提及消費者物價, 是否假設各項物價皆探同樣的估計值不得而知。
(2) 計畫書中有疑義的資料應多予以更正。	由於計畫匆促提出, 其中部份資料或有疑義, 或來源不明, 或可能引起誤解, 在定案前應儘可能更正。

三、結語

六年國建計畫草案最重要的問題在於支出與公債發行過於龐大, 支出內容不夠明確, 部份計畫效益評估有待補充。經建會的首要工作在於估計經濟可負擔之程度, 而降低計畫金額。而且爲求計畫之完善可行, 主辦單位應多提供資料和各界交換意見, 不必急於短期內修訂完成。六年國建計畫如果不做適當的修正與重新評估各項計畫, 而在資源限制下訂定優先順序, 則可能步田中首相「日本列島改造計畫」之後塵, 過度高估我國經濟的潛在成長率以及行政效率, 造成公共部門的過度擴張, 土地投機, 物價膨漲以及龐大的財政赤字。大規模國家建設的政治號召固然有其意義, 但建設計畫之擬訂不能違背總體經濟學的基本原則, 而且應該借鏡國外推動大規模公共投資之經驗與敎訓, 並不應該單純地強調, 要建設就要大大地花錢, 發行鉅額公債。

國建六年計畫總資源及資金限制

1991年4月

一、總資源限制

依經建會修正後之估計 (見附表1), 六年國建期間國民儲蓄毛額佔 GNP 之29.3%, 民間投資佔12.5%, 政府及公營事業投資佔13.8%, 尚有3%的超額儲蓄, 故總資源不致成為國家建設之限制。然而, 這項資料含有若干值得注意的問題:

第一, 附表1所示政府及公營事業投資佔 GNP 之比例為國建六年計畫中之投資佔 GNP 的比例。不包括在國建計畫的其他政府及公營事業投資應不在少數。

第二, 附表1所示民間投資佔 GNP 的比例大約和過去六年的平均相同, 而過去六年卻是民間投資意願偏低的時期。若民間投資因公共建設及其他投資環境改善而增加, 則總資源不足的可能性即會增加。目前我國製造業投資僅佔 GNP 之6%, 韓國卻超過9%, 日本一向超過10%。為了增加國內生產能力及促成產業升級, 民間製造業投資的目標宜提高到10%以上。

第三, 附表1似乎高估國民儲蓄毛額佔 GNP 之比例。依經建會之估計 (附表2), 六年國建期間民間儲蓄達 GNP 之23.1%。唯由附表2可發現, 以往近30年中民間儲蓄只有1973、1986及1987年超過 GNP 之23%, 而這三年都是經濟出人意料之外的繁榮, 以致來不及充份調整消費支出所致。未來六年因經濟成長率維持在7%左右, 這種高儲蓄率的情況似不可能出現。何況六年中政

府購買土地、拆遷補償費、公共債務利息支出, 以及其他移轉性支出可能超過
GNP 之5%, 而這些支出將使民間可支配資金及消費增加, 民間儲蓄也將因而
減少。

　　綜合上述分析, 六年國建期間若各項建設皆照計畫推行, 則總資源可能不
足。而目前之計畫若低估投資金額, 而須追加預算時, 資金需要更爲增加。事
實上即使不考慮上述問題, 而完全依照經建會之估計, 只要投資預算追加25%,
超額儲蓄即會消失。然而以往預算之追加多以倍數計算, 故未來須審慎控制預
算之估計及執行。

二、公共部門資金限制

資金限制和資源限制並不完全相同。依修正後之經建會之估計 (附表3), 六年
國建計畫須發行公債或出售公營事業股票來做財源者約1兆1,000億。但此一
估計金額宜進一步加以深入的檢討。

　　第一、附表3可能高估經常帳剩餘。依其數字, 六年中經常帳剩餘高達 GNP
之6.6%。然而依主計處之國民經濟動向統計季報, 1990年政府經常收入佔
GNP 之23%, 而經常支出爲 GNP 之19.1%, 經常帳剩餘僅 GNP 之3.9%。
經建會的估計數字 (見附表4) 和主計處數字有所差異的原因, 除了一些計算基
準上的差異以外, 附表3中之資料係以曆年制的 GNP 資料除會計年度的收支
所致。而由於政府經常收入通常在一、二季較多, 因此經建會在估計上的錯誤
對經常收入占 GNP 之比例低估的程度較小 (1990年實際上高估經常收入),
而經常支出則在全年中較爲平均, 因此經建會的估計會造成低估經常支出。於
是, 經建會高估了經常帳剩餘占 GNP 之比例。

　　第二、六年國建期間即使依經建會的估計最多只發行1兆1,000億之公債,
六年間須增加之利息支出約3,000億元, 而六年國建1兆9,000億經常帳支出
中, 至少有7,000億全民健康保險支出並非傳統政府經常帳支出項目 (見附表

5)。僅這兩項支出即會使經常支出之增加約占 GNP 之2.6%, 若依1990年度的數字 (經常帳剩餘占 GNP 之3.9%) 推估, 經常帳剩餘將僅剩 GNP 之1.3%, 即約5,000億元, 低於經建會之估計達2兆之多, 公債發行將在3兆5,000億元以上 (經建會原估計1兆1,000億, 加上2兆, 再加上2兆之利息約5,000元)。更何況六年國建計畫1兆9,000億的經常支出中, 除全民健保之外尚有多少屬非傳統性支出, 可能使經常支出占 GNP 之比例提高, 經建會並未予估計, 同時前述不包括在六年國建計畫的政府及公營事業投資之財源也尚無著落。故即使不考慮預算追加之問題, 政府資金不足之程度也遠高於經建會之估計。有關單位宜提出更切合實際之估計。

　　第三、依據附表3, 公營事業的投資係由公營事業自籌解決, 但國營事業不足之資金除非由國外借款, 仍須由國內金融市場提供, 將形成對金融市場之壓力。公債發行, 公營事業借款, 以及公營事業股票之出售, 對金融市場有何衝擊, 應深入研究。而公營事業若減少盈餘繳庫, 則前述經常收支剩餘亦將進一步減少, 甚至無法收支平衡。

　　總而言之, 經常帳剩餘之高估, 可能是經建會低估資金需求的主要原因所在, 經建會應提出更詳細資料, 以做成更精確的估計。六年國建計畫應先估計金融市場能承受之程度, 再決定要執行多少計畫, 以免政府及公營事業借款太多, 形成太大之資金壓力。

三、結語

國建六年計畫總資源及資金限制, 關係到計畫之有效執行。經建會常以十項建設推行期間之數值與六年國建計畫相比較。不過, 十項建設推行期間, 外匯受到嚴格管制, 金融尚未自由化。在目前外匯管制已大幅度放寬, 金融自由化已有相當程度進展的情況下, 如不能維持總體經濟的穩定, 則金融市場將呈現更大的不穩定性 (volatility)。政府如不審慎檢討總資源及資金限制, 則匯率與利

率將呈現較大幅度的變動, 計畫之執行必遭遇很大困難。因此, 為有效推行國建六年計畫, 政府應 (1) 審慎控制預算之估計與執行, (2) 經建會之估計顯然高估政府經常帳剩餘。六年國建計畫應避免政府及公營事業借債過多, 對民間投資需要發生排擠效果 (crowding out effect)。

附表1 投資及儲蓄占 GNP 之百分比

單位:%

	國內投資毛額占 GNP % (1)	政府及公營事業投資占 GNP % (2)	民間投資占 GNP % (3)	國民儲蓄毛額占 GNP % (4)	超額儲蓄占 GNP % (5)
1975年	30.5	17.6	12.9	26.7	−3.8
1976	30.8	16.4	14.4	32.3	1.5
1977	28.3	14.3	14.0	32.6	4.3
1978	28.3	12.7	15.6	34.4	6.1
1979	32.9	13.0	19.9	33.4	0.5
1980	33.8	16.4	17.4	32.3	−1.5
1981	30.0	14.8	15.2	31.3	1.3
1982	25.2	13.2	12.0	30.1	4.9
1983	23.4	10.9	12.5	32.1	8.7
1984	21.9	8.8	13.1	33.8	11.9
1985	18.8	7.9	10.9	33.6	14.8
1986	17.1	6.7	10.4	38.5	21.4
1987	20.1	7.5	12.6	38.5	18.4
1988	22.8	7.4	15.4	34.5	11.7
1989	22.3	8.7	13.6	30.8	8.5
1990	21.5	10.5	11.0	29.5	8.0
1975–1981年平均	30.6	15.0	15.6	31.8	1.2
1982–1984年平均	23.5	11.0	12.5	32.0	8.5
1985–1990年平均	20.4	8.1	12.3	34.2	13.8
六年計畫期間平均	26.3	13.8*	12.5	29.3	3.0**

資料來源: 經建會編製提供。

* 完全不考慮民間參與投資。

** 超額儲蓄占 GNP 比率至1996年降為1.7%。

附表2 國民儲蓄毛額占 GNP 之百分比

單位:%

	國民儲蓄毛額 (1)	政府儲蓄 (2)	公營事業儲蓄 (3)	民間儲蓄 (4)
1963	19.0	1.5	3.8	13.7
1964	20.3	1.7	4.2	14.4
1965	20.7	2.6	3.7	14.4
1966	22.2	2.5	3.2	16.5
1967	23.1	2.5	3.8	16.8
1968	22.4	3.8	4.5	14.1
1969	23.8	4.8	5.2	13.8
1970	25.6	3.6	4.6	17.4
1971	28.8	4.2	4.2	20.4
1972	32.1	6.5	4.0	21.6
1973	34.4	6.2	3.0	25.2
1974	31.5	8.3	3.5	19.7
1975	26.7	7.1	4.0	15.6
1976	32.3	8.3	4.5	19.5
1977	32.6	7.8	4.3	20.5
1978	34.4	8.6	4.4	21.4
1979	33.4	9.4	4.2	19.8
1980	32.3	7.9	4.9	19.5
1981	31.3	6.6	4.7	20.0
1982	30.1	5.1	5.1	19.9
1983	32.1	5.6	5.4	21.1
1984	33.8	5.7	6.1	22.0
1985	33.6	5.2	5.6	22.8
1986	38.5	4.3	4.9	29.3
1987	38.5	6.3	4.3	27.9
1988	34.5	7.2	4.4	22.9
1989	30.8	7.8	3.7	19.3
1990	29.5	5.4	3.3	20.8
1975–1981年平均	31.8	7.9	4.4	19.5
1982–1984年平均	32.0	5.5	5.5	21.0
1985–1990年平均	34.2	6.0	4.4	23.8
六年計畫期間	29.3	2.8	3.4	23.1
六年計畫期間合計 (新臺幣億元)	112,603	10,779	13,078	88,746

資料來源: 經建會編製提供。

附表3 國家建設六年計畫公共建設總經費概估

單位: 新台幣億元

總計		82,000
一、	屬於政府經常性支出 (文教科、社會福利、醫療保健)	19,000
二、	資本支出	63,000
	1. 固定投資	52,000
	公營事業 (自籌)	21,000
	政府	31,000
	2. 購買公共建設用地	11,000
三、	政府資本支出及其財源	
	1. 固定投資＋購買用地	42,000
	2. 財源	42,000
	(1) 政府經常帳剩餘	25,000
	(2) 鼓勵民間參與投資	6,000
	(3) 出售公營事業股票與 　　處分其他公產及借款	11,000

資料來源: 經建會編製提供, 1991年3月23日。

附表4 各級政府財政收支占 GNP 之百分比
(1978–1990年度決算數)

單位: %

	實質收入			歲出			經常收		
	經常 收入 (1)	資本 收入 (2)	實質收 入合計 (3)	經常 支出 (4)	資本 支出 (5)	歲出 合計 (6)	支剩餘 (1)−(4) =(7)	餘絀 (8)	彌補後 之剩餘 (9)
1978	21.2	0.7	21.9	13.3	9.6	22.9	7.9	−1.0	0.7
1979	22.5	0.6	23.1	12.9	8.4	21.3	9.6	1.8	2.7
1980	22.0	0.9	22.9	14.4	8.8	23.2	7.6	−0.3	1.6
1981	22.2	1.2	23.4	15.0	9.6	24.6	7.2	−1.2	0.2
1982	22.9	1.0	23.9	15.9	10.1	26.0	7.0	−2.1	−0.2
1983	21.3	0.6	21.9	15.9	7.8	23.7	5.4	−1.8	0.2
1984	21.2	0.6	21.8	14.5	7.4	21.9	6.7	−0.1	0.7
1985	21.1	0.5	21.6	15.2	7.2	22.4	5.9	−0.8	0.5
1986	19.4	0.6	20.0	14.8	6.8	21.6	4.6	−1.6	0.1
1987	19.1	0.6	19.7	13.5	6.6	20.1	5.6	−0.4	1.4
1988	20.6	0.8	21.4	13.6	7.4	21.0	7.0	0.4	2.8
1989	22.3	0.8	23.1	14.6	17.1	31.7	7.7	−8.6	3.2
1990*	23.9	0.9	24.8	16.1	10.5	26.6	7.8	−1.8	0.9
1978–1981年平均	22.0	0.8	22.8	13.9	9.1	23.0	8.1	−0.2	1.3
1982–1984年平均	21.8	0.7	22.5	15.4	8.5	23.9	6.4	−1.4	0.2
1985–1990年平均	21.1	0.7	21.8	14.6	9.3	23.9	6.5	−2.1	1.5

資料來源: 經建會編製提供。1990年度為決算初步估計數。

附表5　國家六年計劃中屬重要經常性費用較高之公共建設計劃

計劃名稱	金額 (億元)
1. 台灣地區農業發展方案	750
2. 農業科技發展與試驗	360
3. 農地利用綜合規劃	94
4. 加強森林經營管理	171
5. 改善農產運銷與山地農業	222
6. 河川整治與治山防洪	613
7. 改善各縣國小教育等文教計劃	2,967
8. 補助住宅建設與停車場	664
9. 科技發展計劃	1,181
10. 醫療保健計劃	790
11. 全民健康保險	7,277
12. 農民健康保險	400
13. 其他	3,394
合計	18,883

資料來源: 經建會編製提供。

強化國家觀念之建議

1991年10月

一、問題背景

台灣地區是全球最開放, 亦即最國際化的地區之一, 不僅各項產品的進出口對總產值的比例遠高於世界上大多數其他國家, 人民出國求學、考察、洽商、觀光乃至移民的比例也極高。這種高度開放的特徵, 以及以後存在的一些國內問題, 使人們對國家和鄉土的感情和認同似嫌過於薄弱, 而可能妨礙了我們未來的生存和發展。

近年國人對外投資的發展可說是重要的一個例子。許多產業因為台幣升值和工資上漲等因素, 而對外投資以維持其國際競爭力; 另外有些廠商則為了執行其全球化產銷策略, 而有必要對外投資。但這些對外投資中都有許多一去不再回頭, 甚至也有基於一己的利益, 不惜採取危害國內經濟的做法, 未必把根留在國內。這種現象背後的原因之一, 即是許多人士對國家和鄉土的認同不夠, 只要自己略有利益, 便不願基於國家整體利益的考量, 而改變其自私的做法。這種利之所在不顧一切去做的想法和言論, 以及商人無祖國無國境 (borderless) 的態度, 在企業界中比比皆是。想移民外國的人也常以其自己家族的舒適, 甚至以對本土失去信心為其行動的基礎。同樣地, 人才之外流, 社會之脫序, 乃至於常見許多人際衝突, 其實也都和人民缺乏一體感有關, 有必要加強民眾對國家和鄉土之感悟和認同來加以改善。

國家與鄉土認同之加強並非靠喊口號或做宣傳即可達成。如果國家和社會

成功地達成它所該承擔的責任, 發揚本土文化和習俗的特性, 則人民對國家和鄉土的認同與情感便可增加。這種認同感, 自然也能加強國民的一體感, 而使我們的廠商更願意把根留在國內, 也使我們在海外的人才更願意回國就業促進產業結構的轉型, 我國發展的前景便更為樂觀。把人民留住的策略, 可以說是王道, 它遠比威脅利誘企業把根留在國內的做法更為根本而重要。

二、建議事項

建議	說明
1. 政府應加強其服務人民, 提供各種公共財的功能, 特別是應加強下列數項工作以求重建經濟社會秩序, 謀求全面平衡發展:	國家傳統的重要功能之一是國防或軍事力量的維持, 以防止外國的侵略。然而在今日世界裡, 外來侵略的可能性因最近世界局勢的演變而逐漸減少。中共的威脅可說是目前軍事上唯一重要的可能敵人。可是基於民族的感情、私人利益、以及中共的策略, 國內許多人在這方面的敵我意識已逐漸淡化。某些人士在對抗國內異議人士時過份強調中共軍事力量的做法, 也使許多人失去國防上對抗中共的信心。而許多人缺乏國家認同, 以為可以一走了之, 甚至樂於依附對岸的想法, 更使他們不須再重視國家的國防功能。在這種情況下, 國家的國防功能雖然尚須加強, 強調國防卻無法做為目前提升國人對國家認同的唯一主要途徑。要提升人民對國家的認同, 我們尚須大幅度加強國家在其他方面的功能, 亦即提供人民各種必要的公共財和公共服務, 以滿足人民的需求, 而使人民即使由私人功利的觀點也覺得在這片鄉土上值得來努力。
(1) 繼續加強整頓治安	生活乃至生命的安全是人民最重要的基本需求之一, 而近幾年來治安的敗壞已經使人民不分貧富皆感到嚴重的威脅。若治安無法儘速改善, 實在無法期望那些備

建議	說明
	受威脅的人民堅持留在本土。至於治安的改善, 不該只依賴嚴刑峻法。我們應該加速政治和司法的改革, 以掃除各種特權橫行、司法不公正、以及政治力量包庇非法, 甚至爲了贏得選舉而與黑道掛勾等現象。
(2) 開放大學之設立, 改善教育制度	目前移民外國者中, 大多數公開宣稱的理由都是爲了子女的教育。而教育方式的偏差也不僅影響未來人才的供給, 更會造成未來人民習性和人格上的缺陷, 而傷害了民族未來發展的基礎。教育改革的問題甚多, 但大學的窄門實在是目前絕大多數教育問題的根源。若能開放新大學之設立, 鼓勵民間捐資興學, 則在升學壓力降低之後, 各級教育將可趨於正常化, 同時也可以滿足人民接受更多教育的願望, 而提供我國邁入先進國家行列所需的高級人才。
(3) 改善投資環境, 以滿足企業發展的需求	如果國內環境無法滿足企業發展的需求, 企業自會尋求對外發展。對於工資上漲, 環保標準提高, 勞工安全規範合理化等配合經濟成長所必須做的改變, 以及爲了安定總體經濟所需的匯率適度升值及金融適度緊縮等政策, 自不能爲了滿足企業家基於私利所做的要求而加以讓步。無法適應上述改變及政策的企業, 應該隨經濟的進步而外移或淘汰。但對於法令不合時宜、產業用地不足及地價偏高、公共設施不足、智慧財產權缺乏保障, 以及不利於產業發展的市場失靈現象等問題, 政府應力求改善, 以使企業有更合理的發展環境。有關投資環境改進之具體做法, 已呈報多篇報告。
(4) 迅速檢討土地政策, 防止土地投機, 以平抑房價並避免財富分配繼續惡化	對中低所得的人民而言, 房地產價格的上漲是場噩夢, 它不只使許多人無法達成擁有自己房屋的夢想, 而造成無恆產則無恆心的現象。許多人甚至負擔極高的房租

建議	說明
	而仍然常受到房東下令搬家的威脅。這種現象再加上地價飆漲造成地主不勞而獲與社會財富分配更趨不均的結果，難免在中低所得階層中產生反社會的傾向。於是，我們須以合理的土地政策來滿足人民居住的需求，以增加人民對國家的認同。有關土地政策的具體建議，曾呈報「對土地政策之建議」。唯六年國建有關的土地政策有待檢討並儘速加以定案。
(5) 加強對最貧困階層的救濟	政府固然應加強各種社會福利及救濟措施，但以政府的財力，並考慮國外社會福利政策的弊病，目前應以對最貧困階層之救濟為首要任務，以滿足其基本的生活需求。至於其他社會福利政策則宜量力而為，各項社會保險更不宜由政府補貼。目前國內屬於貧困的人民尚多，同時由此產生許多社會問題 (如雛妓)，雖賴慈濟功德會等民間機構加以救濟，但全面解決問題應是政府的責任。
(6) 其他生活環境及交通等公共建設和公共財的提供，應予改善	政府若能做好各種公共財的提供，以分別滿足不同社會階層的需求，則人民自然覺得住在這裡是較好的選擇，而對國家產生較大的認同。人民和國家之間的關係已逐漸走向類似一種自由契約之形式。一個國家提供的服務和公共財不能滿足人民的需求，則人民將會減輕其國家認同，甚至會移民國外。
2. 給人民一個國家長遠發展的共同方向和希望	儘管前述由公共財之提供引申出之功利因素甚為重要，基於過去的歷史因素以及鄉土觀念，多數人民仍有相當程度的國家認同。若人民對國家的未來發展有共識和期望，人民的一體感和國家認同就會加強。不過，除了攏統的「成為先進國家」之口號外，似乎看不出重要而清楚的其他國民共識或共同希望。六年國建計劃本來是一個建立共同希望的機會，但主辦單

建議	說明
	位只想用原則性與口號性的宣傳手段以替代清楚地說明數據，充分公開規劃與個別計劃內容的態度，以及土地制度不良造成投機炒作乃至特權操縱建設的可能性，皆使其凝聚共同希望的功能大打折扣。爲建立共同希望，六年國建計劃應儘速重新檢討，提出絕對可以辦到，且爲人民所希望，符合人民利益的具體建設計劃，以建立人民的共同期望。至於統獨之類國內尙未建立共識的問題，則應予淡化，而保持彈性，不宜預設強硬之立場或做爲不可改變的目標，而引發不必要的衝突。
3. 發揚本土文化和風俗	在未來世界經濟更進一步統合之後，語言、 文化風俗的差異可能是國民感情或國家差異的主要因素。以往國內對本土文化風俗加以有形無形的壓制或鄙視(例如許多媒體習慣把本土宗教活動視爲迷信和浪費)。今後應反過來培植和發揚本土文化和風俗，但不限於傳統的文化和風俗，以逐漸培養人民間更進一步的一體感。
4. 改革各種制度，特別是加速政治之民主化	不合理的制度使人民因爲對制度的不滿而減少對國家的認同。不民主的政治更使國家或政府成爲與人民對立。眞正的民主使人民擁有各級政府及其決策權，人民自然會更關心公共事務，也更會形成一體感。
5. 發揮民間各類組織的功能	國父曾主張利用各種宗族團體和家鄉團體，由小團體的團結逐漸擴充到全國的團結，以恢復民族主義。目前社會情況雖有不同，但正如國父所主張，宗族團體、獅子會等社會團體具有廣大的人際關係，增進人民間之感情。如果各類人民團體能更普及於社會各階層，則人民間的疏離感減輕，人民的一體感和對國家社會之認同感將加強。雖然政府不必勉強扶植各種

建議	說明
	人民團體, 但政府至少不宜干擾人民團體的發展。而且政府若能以適當的法律和制度, 讓公寓或社區住戶共同管理其相關的公共事務, 以減少社區內的可能衝突, 並培養社區內人民的共識與感情, 則這種社區或社團的認同感也將逐漸使人民更具有對國家、鄉土和同胞的認同。
6. 消除學校敎材及一般人觀念裡大國強國才好的帝國主義式思想, 而改爲各國都有其特長, 能給人民幸福就是最好的理念。	以往強調大國強國思想的結果, 使部份人對本國失望, 甚至使一些人對中共產生幻想。在目前國際新情勢下, 國家大小漸不重要, 能提供最好的公共財和公共服務, 人民生活水準最高, 相處最融洽, 才是最好的國家。

行政改革芻議

1992年3月

近年來我國經濟快速成長, 人民生活水準不斷提昇, 相對地對於政府服務品質的要求愈來愈高, 政府需要不斷地提高行政效率, 才能滿足人民的需求; 此外, 目前實施中的六年國建計畫, 也需要政府提升行政效率, 才能順利推動。在此背景下, 全面檢討政府行政效率, 並作適度地調整, 有其必要。本報告第一節介紹日本行政改革的經驗, 第二節將針對我國的現況加以分析, 並提出建議。

一、日本行政改革的經驗

近年來日本曾進行兩次大規模的行政改革。第一次改革起因於第一次石油危機所導致的經濟和財政危機, 自1970年代中期開始推動; 主要方向是由1980年成立的「臨時行政改革推動審議會」規劃, 具體計畫則由各行政機關負責執行, 有許多目前仍在持續實施中。第二次改革起因於日本在國際上地位日漸加重, 以及國民生活品質有待提升, 自兩年前開始推動, 目前仍在積極規畫之中。縱觀兩次行政改革, 其主要目的在於解決以下各項問題:

1. 財政重建

1970年代中期日本經濟受到第一次石油危機的衝擊, 陷入戰後以來首次的負成長 (1974年的實質經濟成長率為負0.2%)。該國政府為克服經濟不景氣, 遂

大幅擴大公共投資, 以刺激景氣的復甦, 政府財政支出大幅增加; 在此同時, 早年在高度成長、財源豐富時期所實施隨物價波動而調整之年金制度, 也導致財政支出的大幅膨脹。而在稅收方面, 則反而因不景氣而大幅減少, 其中受到不景氣影響的法人稅更是銳減。在財政支出大幅增加而財政收入減少的情況下, 政府的財政收支產生大幅赤字, 只能靠發行國債來彌補。

　　1975年日本的國債發行額從上一年的2兆日圓倍增到5兆日圓以上, 1978年突破10兆日圓, 1980年更創下14兆2,000億日圓的新紀錄, 被稱為「舉債」財政。

　　雖然增稅可以減少國債的發行, 但卻會引起國民的強烈反彈。此可由1979年10月間自民黨提議課徵一般消費稅而造成全國大選的慘敗即可得知。另外削減財政支出也有很大的阻力, 對代表地方利益的國會議員來說更是難以容忍。因此, 如何減少國債的發行、不增稅而又能確保財源乃成為當時日本財政改革最大的課題。

2. 公營企業的改革

日本行政改革的另一個重大課題是公營企業的改革。日本公營企業的規模相當龐大。1980年, 從業人數高達145萬人, 其中日本國有鐵道公社員工40萬人, 日本電信電話公社員工33萬人, 在經費及管理上造成很大的困難, 有實施人員合理化的必要。

　　此外由於許多制度上的因素, 例如有關經營上的基本事項均受國會或政府之干預, 公營企業無經營自主性, 經營責任不明確, 導致無法有效經營, 進而造成嚴重的虧損現象。其中日本國有鐵道公社每年約虧損1兆8,000億日圓, 即平均每一國民須負擔15,000日圓的「經營虧損」, 其情況之嚴重可見一斑。在此情況下, 徹底改革公營企業的經營型態成為十分必要。

3. 改善國民生活品質

目前日本 GNP 的規模已佔全世界 GNP 的一成以上, 且是世界最大的資產
大國, 但這種經濟成果卻未必完全與國民生活品質的提升相配合。其主要原因
之一, 即在於日本的行政基本上是偏重於生產面及企業面所致。過去日本的行
政對於日本的繁榮貢獻很大, 但今後行政面的首要目標必須在於提升國民生活
品質。

4. 善盡國際社會責任與道義

日本已是世界主要「經濟大國」之一, 但在國際社會中卻一直採取不積極的被
動姿態, 未能率先主動積極善盡國際責任與道義, 廣受世界各國的嚴重批評。
日本若無法實現與世界共存共榮, 則將難以繼續維持國內的繁榮, 因此必須積
極主動協助解決國際社會的各種問題, 並推動日本社會、經濟的國際化, 實現
對全世界開放的社會、經濟體系。有鑑於此。日本必須儘速檢討國際化的基本
方向, 推動行政改革, 以建立能夠善盡國際道義與責任的行政體系。

5. 突破縱斷面之行政體系

目前日本的官僚機構依然是縱斷面的行政體系, 在這種缺乏橫斷面連繫的官僚
體系下, 很難建設一個「具有魅力與活力的高齡化社會」。90年代所必要的政策
必須要所有部會的職掌表裡一致才行。例如高齡者及女性的就業問題必須要由
勞動省及厚生省共同推動, 家庭自動化必須要由通產省及郵政省共同推動, 而
土地問題很顯然係涉及國土廳、建設省、大藏省及自治省等各政府機關。如果
各機關均像以前一樣, 以縱斷面的理念, 依各自立場或意識施政, 將無法建設
上述所謂具有魅力與活力的日本社會, 因此必須要實施行政改革, 使各機關不
要再拘泥於過去各自爲政的理念, 而改以具有一貫體系的理念, 共同推動國家
政策。

　　日本政府基於上述課題與背景, 於1980年10月24日向國會提出「臨時行
政調查會設置法案」, 並於1980年11月28日經國會審議通過, 正式依該法成

立「臨時行政改革推動審議會」，開始推動實施日本的行政改革。當時的「臨
時行政改革推動審議會」下設四個審議委員會，第一是行政改革理念審議委員
會，第二是中央各部會統合或裁撤審議委員會，第三是地方自治改革審議委員
會，第四是公營企業及特殊法人改革審議委員會。這次的行政改革對於日本的
財政重建與公營企業的民營化扮演相當重要的角色。在財政重建方面，行政改
革理念審議委員會所決議的基本理念是推動「沒有增稅的財政重建」，後來經
由大藏省根據該基本理念擬定具體改革政策落實推動，結果使長久以來被稱爲
「舉債」財政的國債依存度由過去的超過20％以上，降至目前的10％左右。在
公營企業改革方面，則主要推動公營企業的民營化。公營企業及特殊法人改革
審議委員會於1982年5月決議把國鐵等三個公社民營化以後，在1986年4月
正式完成日本電信電話公社與香菸專賣公社的民營化，並在1987年4月完成
國鐵分割民營化。

　　上述「臨時行政改革推動審議會」所屬的四個審議委員會於1983年3月15
日完成改革規畫之後解散。經過6年多之後，日本政府復於1990年10月31日
成立國民生活品質改革審議委員會、世界中的日本審議委員會及公正與透明的
行政手續改革審議委員會等三個審議委員會，積極推動第二次行政改革。

　　國民生活品質改革審議委員會中所進行審議的課題包括：

1. 消除東京圈一極集中與提高地方活力的問題；

2. 土地與住宅問題；

3. 整建社會基本設施之問題；

4. 確立高齡化社會的社會保障制度及雇用制度；

5. 地區社會的發展方向；

6. 公共管制及公共服務的基本方向；

7. 國內外價差問題；

8. 教育問題；

9. 文化問題。

世界中的日本審議委員會所進行審議的課題包括:

1. 對外政策;

2. 危機管理;

3. 政府管制的國際化;

4. 政府開發援助及地球環境維護等對外貢獻問題。

公正與透明的行政手續改革審議委員會所進行審議的課題包括:

1. 行政手續的國際化;

2. 行政手續的透明化;

3. 行政手續的效率化。

根據日本過去的行政改革經驗顯示, 凡經過「臨時行政改革推動審議會」審議後的決議事項, 均能透過立法或將相關的法律修訂, 以及經由各有關部會的密切配合與積極推動而落實實施。因此日本推動行政改革的經驗, 值得我國進一步加以研究參考。

二、我國行政改革芻議

對照上述日本行政改革之經驗, 我國現階段是否亦有必要進行行政改革? 答案應是肯定的。許多促使日本當年進行改革的因素, 在我國已經出現:

1. 政府財政收支轉趨困難

過去多年以來政府經常帳收支均有相當大的餘額, 1990 會計年度餘額即達3,200億元, 佔該年國民生產毛額之 7.74%。但是這種情況已經產生逆轉, 主計處資料顯示, 1991 會計年度政府經常帳剩餘已銳減至 539 億, 1992 會計年度

預計僅爲569億，1993年爲914億。推行六年國建計畫所需的資本支出大幅擴增，既無法由經常帳剩餘支應，只能不斷增加公債發行，1991會計年度已發行1,894億公債，1992會計年度預定發行3,150億公債，往後1993至1997會計年度總共預計發行公債約3兆5,000億元。年底公債餘額佔國民生產毛額之比率，預計將由1991會計年度的6.98%逐年遞增至1997年度的45.48%。

公債遲早要償還，政府及公營事業向銀行之借款亦須償還。如果不能另闢財源，只能以增稅方式防止政府財政之進一步惡化。但是增稅將對政府有極不良之政治後果。前述日本執政的自民黨險因計畫課征消費稅而下台，即爲最明顯的例證。如果要防止類似情況在我國發生，政府必須立刻進行行政革新，將不必要的支出加以縮減，將可以增闢的財源予以增加，以平抑政府預算赤字，防止財政危機之發生。

2. 政府的組織和人員有調整的必要

過去多年以來，我國的政治、經濟狀況已發生很大的變化。在這種變化之下，政府本身功能的定位，亦產生很大的變化，新的政策不斷地推出，舊的政策有些不再繼續，有些則作大幅的調整。不過，在機構及人員方面，政府卻常未作同方向的調整，新機構的業務不斷擴充，人手不足，可是舊有機構的業務即使已不存在或大幅縮減，人員卻仍然存在，造成了機構之間有相當大的勞逸不均現象。此種新機構人員無法擴充，業務過於繁忙，而舊機構卻人浮於事之現象，不但使得政策推行速度減慢，而且也加重政府財政負擔。事實上，前述政府經常帳剩餘大幅下降的最主要原因之一，就是近年來人事費用的大幅擴張。在這種情況下，確有必要對政府機構人員作大幅度的調整。

3. 政府一般行政效率有提高的必要

隨著時代進步及國民生活水準的提高，人民對政府的期望和要求也越來越高，過去政府一般行政效率雖有進步，但其速度仍無法配合人民的期望，有必要全

盤檢討。如果能利用行政改革, 將行政效率大幅提高, 將可產生下列三項立竿見影的效果; (1) 改變政府的形象, 增加人民對政府的滿意程度。(2) 政府的行政效率提高後, 可用更少的人辦更多的事, 大幅度節省人事費用。(3) 行政效率提高, 政府政策才可落實; 尤其目前政府推動六年國建計畫, 如行政效率低落, 計畫將延後, 而且預算會不斷追加, 讓社會難以承受。一般大眾目前對六年國建的期望非常高, 如有嚴重的落後, 大家會失望。同時六年國建計畫經費已龐大, 如因行政效率低落, 而要追加經費, 將對政府目前已經困難的財政狀況, 產生雪上加霜的效果。

4. 公營事業民營化應儘速進行

公營事業民營化是世界各國普遍的發展趨勢, 我國過去幾年也的確在推行, 問題在於推行速度太慢, 而且推行的作法常與民營化的本意不符。目前擬議中的公營事業移轉民營條例, 將整個事業價值的大部分均分配給員工, 與公營事業屬全民共同所有之本質相悖, 而且大幅降低了民營化的價值。現階段公營事業民營化的速度和作法, 有必要加以全盤檢討, 以期在合理條件下儘速完成公營事業民營化。公營事業之民營化若能成功, 可產生以下各種良好效果: (1) 財政上可進一步改善。政府預算赤字的來源中, 有一部分的原因是對公營事業虧損的補貼, 對目前許多虧損中的公營事業而言, 往往不是市場對其經營業務沒有需求, 而是事業在公營的架構下無法發揮效率, 易流於浪費。民營化後, 經營效率提高, 即可逐年降低虧損, 減輕政府財政負擔。(2) 很多公營事業提供的服務與人民生活息息相關, 屬於非常重要的服務, 但某些公營事業除了經費虧損以外, 提供服務的品質也日益低落, 影響一般人民生活的品質。鐵路服務就是很明顯的例證。公營事業民營化後, 服務水準提高, 對整個社會將有莫大的幫助。

5. 國民生活素質有待提升

過去幾十年來, 我國經濟成長率位居世界前茅, 國民所得水準不斷提高, 但是

無可諱言的，國民生活品質提高的速度，比不上所得增加的速度，尤其這幾年更爲明顯。舉凡環保、治安、交通……等，都是影響生活素質的重要因素，但這些方面都產生很大的問題，使得我們的所得水準愈來愈高，但生活素質的改善，仍然不明顯。長此以往，將影響人民對社會的向心力。爲了促進全民對社會產生向心力，達到經濟發展提升人民福祉的最終目標，政府必須採行措施來提高人民的生活素質。過去政府也做了許多事情，但結果還不盡理想，有必要藉由全盤性的行政改革，檢討造成生活素質不夠高的原因和瓶頸，並予以一一化解。

6. 應藉行政改革以提升民間投資意願

過去幾年以來，民間投資一直處於低落的情況，最近雖已好轉，但不論以長期水準而言，或以目前產業升級所需要的汰舊換新而言，均仍屬不足。與此形成鮮明對比的是廠商的對外投資行爲；對外投資金額愈來愈大，資本不斷外移。針對這種現象，如不做全盤的檢討與規劃，對經濟與產業的長期健全發展將有不利的影響。造成民間投資意願低落的原因很多，其中最常被提及的有三個因素：(1) 政府行政品質低落。人民在許多投資案件及法令執行上，經常遇到困難，有時困難的主要來源是政府行政部門；此若屬實，表示官僚體系不但不能幫助企業界解決問題，反而本身製造問題，成爲阻力。這當然是一件迫切需要改革的事。(2) 有些法令窒礙難行，影響民間投資意願，勞基法即是一例，需要政府設法修訂，以誘發投資意願。(3) 台灣地區生活素質不高，尤其是治安仍有待改善，部份潛在投資者因此不願在國內投資，反而出走異鄉。不論對上述任何一項原因而言，行政革新均有迫切的需要，它不但可以解決官僚體系本身行政效率低落的問題，亦能促成生活素質的改善，從而吸引更多的投資人，將根留在國內，積極推動產業升級。

7. 善盡國際社會責任與道義

經濟快速成長的結果, 已使我國在世界的經濟舞台上佔有重要的地位。例如外匯存底世界排名第一, 貿易額亦名列前茅。在此種情況下, 除了拓展外交領域外, 更需善盡國際道義與責任, 重新思考我國在國際經濟中扮演的角色。具體而言, 我國宜由以下兩個方向規畫今後的工作重點: (1) 藉雙邊貿易談判, 與貿易對手國建立共識, 全盤檢討本身貿易制度, 以求符合 GATT 的規範, 積極加入包含 GATT 在內的國際經濟組織。國際經濟組織如 APEC 及 PECC 的活動, 亦應積極參與。(2) 推動各項外援計畫。如何有效發揮海外經濟合作發展基金之功能, 積極援助開發中國家、善盡國際道義與責任, 使我國國際地位持續提高, 亦是當前亟需探討的課題。

　　基於以上 7 個因素, 我國在現階段進行一個通盤的行政改革, 有迫切的需要。

　　本報告建議行政改革宜具有以下各特質與重點:

建議	說明
1. 由總統府仿傚日本成立行政改革委員會, 邀請有名望、能力的公正人士出任委員, 以推動行政改革事宜。	由於行政革新本身牽涉到人事、預算和法令, 而在現今五權憲法的架構下, 立法院對法案及預算有審核權, 司法院對法令有解釋權, 考試院對人事有任用及掌管的權力, 監察院對決算有審核權, 是以行政革新牽涉全部五院, 在此種狀況下, 行政改革委員會宜設於總統府。
2. 參考日本行政改革的架構, 推動改革。在上述的行政改革委員會之下可設置若干委員會, 分別針對個別的問題, 從事行改革。在我國目前狀況下, 可考慮在第一階段先成立六個委員會, 從事改革和規畫:	
(1) 行政組織與效率改革委員會	主要目的在於將政府機關和人員作全盤的調整, 消除勞逸不均的現象, 提升整體行政效率, 同時也可以節省政府不必要的人事費用支出, 讓政府經常帳的剩餘增加。此外, 此委員會尚可透過政府行政程序的精簡, 政府人事制度的改進, 以及政

建議	說明
	府本身培育人才方法的改進, 有效地落實政府政策的推行。我國不可變成過度被管理的社會 (an over-governed society), 政府應提升行政效率, 儘可能避免政府失靈 (government failure) 情況發生。
(2) 財政改革委員會	主要目的在於針對進行中之六年國建計畫做更好的財政規畫, 也對日後公債還款方式作通盤檢討, 務必使政府儘量在不大幅增加稅負的狀況下, 安然渡過財政難關, 使得一般民眾可享受到六年國建計畫的成果, 而不致於因政府的財政困難而遭受很大的拖累。
(3) 國民生活品質促進委員會	主要的功能在於針對影響國民生活素質的幾個重要因素, 設定具體改善目標及達成這些目標的策略和方法, 包括時間表與具體施行步驟, 以提高國民生活素質。
(4) 公營事業民營化委員會	在此委員會下, 針對個別事業設立委員會, 專事推動個別事業之民營化。許多公營事業包括鐵路在內, 都應透過此方式, 通盤解決員工補償及經費上的問題, 早日達到民營化的目標。
(5) 促進民間投資意願委員會	這個委員會最主要的功能是確實找出目前影響民間投資意願的不利因素, 然後依重要性將優先順序排列出來, 再設計策略和方法來排除這些不利的因素。
(6) 國際合作促進委員會	主要目的在於促進經濟自由化和國際化的推行, 以利我國加入國際經濟組織, 提升在國際社會中的影響力。
3. 無論是最上階層的行政改革委員會或是其下所屬的各別委員會, 主要功能都在於制訂政策; 政策一但制訂後, 必須由政府行政機關切實執行。	在個別委員會提出基本政策和方向後, 下一步即由政府相關單位, 放棄本位主義的對立爭論, 根據此政策指導原則, 訂定細部具體施行計畫, 確實推動, 並列為政府內部追蹤考核的重大項目。在改革方案定案, 並由行政機構照時間表執行後, 委員會即可解散。

成立亞太營運中心的意義及做法

1992年12月

一、前言

當前的國際經濟情勢正在快速改變。一方面, 區域經濟整合 (regional economic integration) 的趨勢正方興未艾。歐洲單一市場擬在明年 (1993) 開始運作, 儘管蒙上陰影, 歐市經濟統合是不可避免的趨勢。今年簽約的北美自由貿易區協定 (NAFTA) 正在等待三國國會的批准。亞太地區雖然在政經發展條件上差異頗大, 但是彼此間的經濟關係卻日益密切, 區域內貿易與投資快速擴張。這些發展使得全球經濟逐漸成為歐洲, 北美和東亞三足鼎立的態勢。另一方面, 隨著交通、資訊科技的快速發展, 以及在全球自由化趨勢的大環境下, 國際間的投資活動更加活絡。這種企業全球化 (globalization) 的現象, 明顯地表現在跨國公司 (transnational corporations) 的迅速興起。根據統計, 在1970年代中期, 全世界有一萬多家跨國公司; 在1990年, 增加到35,000家, 其營業總額高達4.4兆美元, 接近美國1988年4.8兆美元的國民生產毛額。在1960年代, 美日跨國公司在亞洲四小龍 (台灣、南韓、香港、新加坡) 的投資, 對當地經濟助益匪淺。而後起之秀的泰國、馬來西亞、菲律賓以及晚近中國大陸南部沿海等地區, 同樣得利於這種國際投資活動。近年來我國在此一地區的投資則尤為醒目。

　　回顧國內的經濟情勢, 台灣在80年代中期以後, 曾經歷了前所未有的改變與挑戰。首先, 貿易巨幅順差導致台幣大幅升值, 再加上工資的快速上漲, 促使

勞力密集的產業陸續移往東南亞和大陸地區。留在國內的企業則必須力求產業和技術的升級。產業和技術升級的努力雖有若干成效，但有待進一步的努力。另一方面，龐大的儲蓄和外匯存底卻因國內的投資環境不盡理想、法律規定陳舊過時、勞動和土地成本上升、基礎設施不足等諸多因素而未能有效地移轉成國內投資。這些國內不利的因素加上東南亞和大陸正極力吸引外資，形成國外投資熱絡，國內投資意願不振的強烈對照。而且外來投資自1989年的高峰 (24億美元) 之後即逐年滑落。如何扭轉此一趨勢，使外資繼續進入台灣，帶來工業生產所需的高科技、管理技術與經營理念，並提升金融、資訊、運輸等服務業的內涵和效率，將決定台灣是否能繼續成長的重要課題之一。

盱衡當前世界經濟情勢，跨國公司前往投資之區位必須是在生產、行銷、管理、研發、金融和法規上具有綜合優勢的地點。跨國公司則根據本身各自營運的特質，在多種因素的考量之間，有所選擇。台灣在多次國際投資環境的評估中皆能名列前茅，甚致超越工業化國家，顯示在國外投資人的眼光中，台灣仍是亞太地區令人矚目的地區。在這個基礎上，配合日益興起的國際投資活動，全球三大經濟區域的形成，台灣是否有可能成為跨國公司在亞太地區的營運或利潤中心，將取決於兩項前提: (1) 跨國公司是否有成立地區性營運或利潤中心的需要; (2) 在亞太地區，台灣的條件是否優於其他地區。對我國而言，推動成立地區性營運中心有那些成效與意義，是本報告探討的重要內容。

二、區域營運與利潤中心之意義

區域營運中心 (Regional Operation Center) 的基本構想是將一個跨國公司的營運決策由中央集權轉變成分權 (decentralization)，然後經由區域營運中心來統籌規劃該地區的業務，並負責其成敗。這種決策管理方式有幾項優點: (1) 由於該中心位處區域之樞紐地位，對於區域內資訊的獲得、處理，更有效率。這在跨國公司營運範圍日趨龐大，區域性業務日益繁多的情況下，其優勢

將更爲明顯。(2) 將決策行爲區域化可以促進區域內業務更緊密的合作和支援,包括發展出輻射型轉運系統 (hubbing system), 以減低各地的存貨、增進運輸的時效、縮短維護和技術支援的時間與費用。(3) 由於區域營運中心更能掌握該地區的商情, 對於新市場的開發、原有市場的維持, 都有事半功倍之效。這些成效在一個快速成長、變化的地區更爲明顯。

區域利潤中心 (Regional Profits Center) 的構想, 是建立幾個獨立的區域性利潤中心, 母公司則變成握股公司 (holding corporation), 擁有各區域性中心公司的股權。這種管理方式的優點包括: (1) 由於區域性業務及績效可在區域中心清楚地表現出來, 促使區域性業務的規劃、支援、合作更爲緊密, 因而提高效率。　(2) 由於區域的業務和績效獨立, 各地區的投資人可單獨投資此區域利潤中心, 並降低融資成本。(3) 當利潤中心股票上市時, 會產生資本利得 (capital gains), 母公司可用於擴充或分散業務。例如將亞太地區的利潤中心公司股票上市, 可帶給母公司大量資金。尤其當各區域獲利情況有顯著差異時, 該效果特別明顯。

三、台灣的區位優勢

在台灣設立亞太地區區域營運或利潤中心, 台灣所具有的優勢條件如下:

(1) 位在亞太地區的中心地位, 包括在地理上、文化上和經濟上的優勢。

在地理上, 台灣位處東北亞和東南亞之連接位置, 並西鄰中國大陸。在經濟快速發展的東亞地區, 台灣正處於中心的位置, 在交通、運輸和通訊上的考量對台灣相當有利。在文化上, 台灣具有多元中國文化之特性。除了使用國語 (Mandarin Chinese) 外, 民間普遍使用的閩南語也廣泛流通於大陸閩南、新加坡、菲律賓、印尼和馬來西亞的華僑之間。台灣在政治發展上的成就不但受到肯定, 也成爲「台灣經驗」的一部份。在經濟上, 台灣已經成爲亞太地區的重鎮。它和香港 (大部份轉口進入中國大

陸)、東南亞國協 (ASEAN) 的貿易量快速增加, 對東南亞和中國大陸
的直接投資則名列前茅。這些頻繁、緊密的貿易、投資關係, 加上台灣與
本區域文化上的關連性, 使台灣成爲跨國公司經營亞太市場一個理想的
中心地點。

(2) 台灣與西方的連結關係

從1950年代開始, 台灣和美國即建立起密切的多元關係。早期的
美援, 到後來大量留美學生回國, 對於西方文化和語言的掌握有很大的
幫助。台灣和日本的歷史淵源, 亦有助於取得日本的資訊和了解其市場。
近來台灣大幅改善和歐洲的關係, 赴歐留學人數日增, 加強了台灣和歐
洲的關係。台灣與西方國家密切的往來, 使其成爲跨國公司在亞太地區
良好的中繼站。

(3) 堅強的國內經濟

自1950年代以來, 台灣平均實質經濟成長率達9%。近來成長率雖
趨緩, 但仍維持在6%以上, 並以國內需求爲主要的成長來源。未來幾年,
國內需求預測將以8%的速度成長。隨著「六年國家建設計劃」的展開,
社會基礎設施將大幅改善。此外, 社會民主化和經濟自由化、關稅暨貿
易總協定 (GATT) 之加入、以及國營企業民營化等措施, 都將使投資
的軟體環境獲得進一步的改善。再者台灣與香港、新加坡比較, 並不是
一個轉口港 (entrepot), 也不僅是一個服務業的中心, 它擁有堅強、完
整的工業基礎, 能成爲工業生產的營運中心。在利潤中心方面, 台灣可貴
的大量外匯存底和高儲蓄率, 能提供必要的資金。台灣一貫歡迎外資的
態度, 以及持續推動的外匯、金融及證券自由化的政策, 再加上各種法規
和投資環境的改善, 都能增強台灣成爲一個區域利潤中心的條件。

(4) 跨國企業以台灣爲基地的發展現況與展望

英商卜內門公司 (ICI) 在桃園觀音工業區斥資3億美元建立 PTA
紡織原料工廠, 並爲其亞太地區之生產中心。美國杜邦公司 (Du Pont)

以台灣為基地, 並以台灣的管理與技術人員管理指揮中國大陸的產銷活動。荷商飛利浦公司則在去年宣佈將四大電子產品 (燈具、半導體、電子零組件、視訊體) 的技術轉移到台灣, 並將成立「飛利浦亞太地區照明生產及技術支援中心」。此外, 如前呈「改進國內航運業重大投資案的檢討與建議」所提, 美商飛遞航空 (Federal Express) 計劃於中正機場成立其「太平洋轉運中心」, 刻正尋求我國政府之支持與配合。德國賓士集團於今年11月中旬宣佈, 將競逐我國高鐵工程, 並願意與工研院等機構合作, 以台灣為其進軍亞洲之基地。

四、結論與建議

考量國際政經發展的大趨勢, 國內正大幅改善各項軟硬體的投資環境, 而兩岸關係又正處在不確定, 但又快速發展的時刻, 如能提供一套制定基本財經政策的架構與思考的方向, 應有其意義。簡言之, 建立台灣成為亞太營運中心具有下列意義:

(1) 可落實政府一貫追求的自由化、國際化財經政策。

(2) 可突破大陸經濟開放對我產生的虹吸作用, 降低經貿往來之風險, 並在東亞與北美兩大經濟圈之間扮演槓桿傳承的角色。

(3) 能充份發揮我對大陸及東亞投資已有的優勢, 提升國內企業的國際化, 避免產業的空洞化, 把企業的「根」留在國內。

基於上述理由, 提出下列建議:

建議	說明
1. 在政府、社會及學術界建立共識, 推動建立地區營運中心的構想。	建立地區營運中心涉及經濟、交通、內政、財政、央行的職掌, 並非任何一部會能竟全功。

建議	說明
2. 責成相關單位, 從促進人、資本、資訊、技術流通的觀點, 儘快修改相關法規, 塑造建立「中心」的環境。政府行政部門應以前瞻性、國際性觀點, 限期切實改進當前行政上諸多管制措施, 相關法令必須符合國際慣例。	中心的基本功能是提升流通的效率, 包括人力、資本、技術、資訊的流通。

對改進國建六年計畫可行性之建議

1993年3月

一、問題背景

國建六年計畫可說是近年世界上最具規模的建設計畫之一。此計畫自提出以來，深受國內外人士之矚目，對振奮國內人心及提升國際關係有不少之貢獻。然而由於計畫之擬定較為倉促，自計畫草案提出以來，國內即有許多不同之見解，而計畫開始執行至今，不少問題也逐漸顯現。因此，政府須對計畫內容及其執行方式再加研究，以期計畫更為可行。

　　有關國建六年計畫的批評和問題甚多，除了前呈報告曾提出的多項建議之外，一般報紙雜誌皆有不少討論。國策中心、中央研究院經濟研究所、以及中國經濟學會也曾舉辦過研討會來加以討論。這些眾多的意見有些部份相當一致，有些部份則較為見仁見智。如果要主管機關在短期內充分考慮這些建議來更新國建六年計畫，則最後反而未能把握重點而做出適當的決定。因此國建計畫的改進宜著重少數幾個重點。本報告就其中幾個應加注意的事項提出建議。

二、建議事項

建議	說明
1. 以目前的計畫和制度，政府資金確實不足，必須選擇部份項目優先進行，以及改	在國建六年計畫草案剛提出時，前呈報告即指出政府資金不足，而公債發行額將會

建議	說明
變執行的方式。	太高的問題, 後來其他單位及學術界也紛紛提出這種看法。由於經建會估計的財源中列了2兆5,000億元之經常帳盈餘, 而實際上在計畫提出時我國財政經常收支已幾無盈餘, 去年更是勉強才維持政府經常收支的平衡, 故至少這一部份財源已無著落。且若以發行公債來彌補部份資金之不足, 則如前呈報告所指出, 公債總發行額將超過人民購買意願及未來政府財政所能負荷的程度。故各項計畫優先順序之選擇及執行方式之改變有其必要。
2. 優先順序之選擇相當困難, 宜就其規劃及成本效益再做深入之研究。而且執行方式能否順利, 利益是否回饋社會亦應做為主要判斷標準。	在資金有限的情況下, 選擇計畫的優先順序來進行建設是一種很合理的做法。然而很多計畫的優先順序因不同角度和不同假設而會得到不同結果。因此, 優先順序的討論往往變成公說公有理, 婆說婆有理的爭執。更何況國建計畫公佈已有兩年多, 各項計畫在各地已形成特定的利益, 如今若要取消任何計畫項目, 必將引起利益集團之強力反彈, 而民意代表和地方公職人員即使明知整體利益下之優先順序, 也不可避免須為其選區不符整體利益之建設爭取到底。畢竟開出去的支票不易收回。不過, 有些計畫項目的規畫過分粗糙, 有些項目也可能和整體發展目標不相符合, 而有些計畫則可以有更理想之替代方案。這類計畫項目皆可以藉再深入規劃為理由而延後執行。至於其他項目, 則可依第四項建議之辦法, 由各地方競爭以排列優先順序, 並充分回饋社會。
3. 對地方有利之公共建設應就公共建設所在地, 進行大範圍之區段徵收, 促使建設之利益更平均分配給當地居民, 政府並可取得更大面積之土地, 以充實建設經費。	土地徵收不僅是國建計畫的重要成果, 也是執行上的主要困難所在。而建設帶來的地價暴漲和財富不合理之重分配, 更是公共建設計畫最主要的側面效果。這項側面效果使建設之路線和地點規劃受到很大的特權壓力, 甚至使計畫無法做合理的規劃。目前在經費和執行能力限制而

建議	說明
	可能要延緩部份計畫時, 這種土地投機的側面效果將使政府的合理調整面臨更大的抗拒, 故宜以大面積之區段徵收減少土地投機者之利益。利益愈大之地區, 徵收面積應該愈大, 由此而使建設地點鄰近的地主不致得到太大之不合理利益。徵收面積之加大又增加政府分得之土地及利益。至於建設地點鄰近之地主雖會不滿, 但更外圍之地主因加入分配而得到利益, 故可成為制衡中心地區地主的力量。而在地主之不滿不易撫平時, 第四項建議所提方法可以讓地主自己決定要選擇有限的利益還是要全部利益拱手讓人。
4. 地點不十分確定之建設項目, 政府宜先提出構想中的若干地點及要求之土地面積與條件, 再讓有意競爭之各地區自行提出全部相關土地皆願意區段徵收的承諾, 然後就已承諾之地點挑選建設地點。	這項做法就和中正大學建校時之做法相同, 以地方之自願競爭來取代強制徵收。只要區段徵收面積夠大, 這項做法應不致於造成僧多粥少的局面。而若擔心此種局面發生, 則可再讓地方自行提出更多回饋社會的辦法, 來做為競爭之條件。
5. 高速鐵路之新站, 以及新市鎮之興建, 皆可採用上述各地先自行承諾區段徵收的辦法, 而對提出完整承諾之地點, 儘可能給予機會。	目前高速鐵路的規畫仍有甚多值得改進之處, 宜配合整體國土發展的方向再加改進。唯高速鐵路若能和日本新幹線一樣有適當的快慢車搭配, 則甚至可做到每縣皆有站 (但小站可能每數班車才停一班), 故不難依各縣之承諾增加車站。內政部所擬新市鎮之都市規模太大, 和多位國外學者討論的結果, 皆認為由政府規劃成功數十萬人口新市鎮之可能性甚低, 澳洲的坎培拉可能是極少數成功的例子。故國建計畫宜優先發展中小型而附有工商業區, 且公共設施及生活水準可和工業化國家相比之新市鎮。這類中小型新市鎮之數量並不必加以限制, 提出承諾的地點都可以讓他們有機會從事建設, 而以市場力量來決定發展的數量, 以及各地地主或地方得到之利益。
6. 區段徵收除以被徵收地點土地發還之外,	距離建設地點較遠之地區, 或交通路線所

建議	說明
可用部份較高價值之土地的所有權加以發還或做爲補償。	經之地, 若簡單地以被徵收地點之土地發還四成, 則民衆可能遭受損失而不願接受, 故須搭配發還一些未來可能較爲繁榮之土地。但因偏遠地區地主所能分到的繁榮地區土地不大, 不能做爲單獨的地主, 故宜以土地證劵或持有土地之公司的股權來代替。前呈報告曾建議高速鐵路以這種辦法取得土地, 但據報導, 交通部有人認爲這種辦法須修法, 故主張不能採行。實際上若政府把取得之部份可能較爲繁榮之土地交給公司, 而以公司股票做爲收購部份應由地主領回之土地的保值工具, 則不必修法即可進行。
7. 鼓勵民間投資公共建設雖可解決部份財源問題, 但必須導正銀行資金流向投資生產性用途, 以減輕對民間生產性投資可能導致的排擠效果。	由民間投資公共建設是常被提到且可行的辦法。不過, 政府鼓勵民間投資公共建設, 則民間原先可用於生產性投資之資金可能有一部分會被吸收。爲減少對民間生產性投資可能產生的排擠效果, 如前呈報告所建議, 應導正資金用途。尤其爲加強銀行承做生產性投資放款, 把產業之「根」留在國內, 促進產業升級, 財政部與中央銀行可考慮訂定各銀行儲蓄性存款之一定比率必須承做中長期計畫性融資。如未達此下限, 則在銀行業務考績上加以扣分, 或限制其業務範圍, 以收實效。

「提振民間活力, 繼續推動
國家建設」要點

1993年3月

近年來國內外的政經情勢一直在相互激盪而快速改變, 不斷面對新的挑戰。美、日、德三大工業國正力圖走出經濟衰退的陰影, 邁向復甦。美國柯林頓政府的綜合經濟政策意圖藉此扭轉其經濟體制中長期衍生的一些不利的結構因素。環顧國內經濟的發展, 雖然多項總體指標仍屬穩健, 但不容諱言在這段期間, 有許多情勢的發展, 其不利的層面與影響不斷浮現。值此社會企盼求新求變之情甚殷之時, 行政院特頒布本要點, 在妥善規劃開發利益的分配, 不增加政府的財政負擔, 效率與公平兼顧, 並凝聚全民共識, 把「根」留台灣的原則下, 提振民間活力, 鼓勵民間參與國家建設, 以建立和諧而有活力的社會。

1. 妥善規劃開發利益的分配, 以不增稅、不依賴公債發行為原則, 鼓勵全民參與國家建設的推動

   (1) 建設所導致的土地增值與財富重分配將做妥善規劃。政府擇定土地開發之地點, 將實施廣大範圍之區段徵收, 促使開發利益為更多的當地居民共享, 政府取得更大面積的土地, 以充實建設經費。

   (2) 為便於區段徵收, 將在不同地點擬定開發計劃, 凡地方政府能協助順利完成徵收者, 優先選擇為開發計劃之實施地區。

   (3) 政府以區段徵收取得的土地與未來變更地目之增值利益, 與民間業者合作開發, 或委由民間開發。合作對象或民間業者的選擇, 除須提出完整的開發計劃 (包括國民住宅之興建) 外, 依業者回饋開發

利益予政府之比率以標售開發權之方式爲之。

2. 擬定務實可行並符合社會公平的土地政策

(1) 維持穩定的金融環境、放寬農地使用限制、妥善辦理國土規劃與改善交通建設, 以穩定地價, 減少炒作, 並以區段增收、市地重劃與綜合開發計劃等手段, 達成土地漲價歸公的目的。

(2) 採行土地公告現值與實價課徵併行之雙軌制, 對涉嫌土地投機炒作、利益輸送及變更土地用途賺取鉅額土地增值利得者, 依實際成交價格課徵土地增值稅, 其餘仍依公告現值課稅。公告現值在5年內調整爲市價八成以上爲目標。

(3) 持有土地期間愈久者, 適用較低土地增值稅率。

(4) 建立制度化、公開化、透明化之土地交易制度以利稽徵機構掌握土地的實際成交資訊。

3. 導正資金流向, 擴大承做對生產性投資之融資

(1) 財政部與中央銀行會同訂定國內金融機構儲蓄性存款中必須承做中長期計劃性融資之最低比率。若未達此下限, 則在業務考績上加以扣分或限制其業務範圍。

(2) 經主管機關核准之重大國建計劃聯貸案不受對單一客戶授信總額與外債餘額之限制。

(3) 經金融機構同意辦理中長期計劃性融資之股票上市及公開發行公司盈餘轉增資或現金增資案, 簡化申請與審查手續, 限期核准。

(4) 對銀行法第32條「銀行不得對其持有實收資本總額3%以上之企業爲無擔保放款」做例外規定, 允許開發銀行對其新創科技投資事業做無擔保授信, 以扶助其發展。

(5) 金融政策以維持物價穩定爲首要目標, 嚴格控制貨幣供給額增加率, 密切注意資金流向, 維持穩定的金融環境。

4. 提升生產自動化，協助環保投資，培養民間研發能力，促使科技生根

(1) 繼續辦理自動化與環保設備投資優惠融資。

(2) 政府相關研發機構針對勞委會開放外籍勞工項目，訂定優先順序，研發或引進自動化技術，選擇示範工廠加以推廣，逐步解決勞工不足問題。

(3) 建立政府或相關研發機構研發績效之考核及評鑑制度。

(4) 工技院之研發計劃應切實與產業界之實際需要配合，特別重視生產自動化與環保技術之研發。

(5) 加強國防科技與民間企業之配合程度。

(6) 設立研究開發相對基金，訂定優先順序，直接補助工業界之研究開發計劃。

(7) 落實智慧財產權之保護。

5. 以務實的態度推動兩岸關係的穩定發展，提升在國際經濟社會中的地位

(1) 以「立足台灣、胸懷大陸、放眼世界」的觀點，依國統綱領順序推展兩岸關係，並集思廣益，妥擬各階段具體方案，相互合作交流，相互學習，培養和平共處的經驗，假以時日，達成統一的最終目標。

(2) 責成相關單位，從促進人、資本、資訊與技術交流的觀點，限期修改相關法令以符合國際慣例，塑造建立亞太區域金融、交通、資訊、科技以及營運中心的環境，以突破兩岸經貿關係開放後，對資金與資源所發生的虹吸作用，降低經貿往來之風險，並在東南亞與北美兩大經濟圈之間扮演槓桿傳承之角色。

(3) 政府與企業共同努力發展關鍵性高科技零組件以縮減對日逆差，並對中共與東南亞國協國家保持技術上的領先地位，把企業的「根」留在國內，避免產業空洞化。

(4) 落實自由化財經政策，儘早加入關稅暨貿易總協定。

6. 推動行政革新, 提升民間投資意願

   (1) 推動行政組織與效率的革新, 調整行政組織架構、職掌分工與員額, 消除勞逸不均的現象, 改進人事制度, 提升政府行政效率, 節省人事經費。

   (2) 推動法令合理化, 修正現行法規中不合時宜、窒礙難行之現行法規, 建立邁向工業化社會的完整法規體系。

   (3) 推動公營事業民營化, 適度修正民營化條例及相關規定, 排除各公營事業民營化所遭遇之特殊困難, 並訂定各類民營公用事業管理辦法, 制定合理之費率, 並監督維護其服務品質。

「振興經濟方案」的檢討與建議

1993年7月

一、前言

政府提出「國家建設六年計畫」後, 由於計畫內容多有未經詳細評估者, 加上規模龐大, 執行上履見瓶頸。再加上政府財政支出膨脹太快, 而國外經濟復甦步伐緩慢, 不但政府部門有必要針對當前的經濟環境重新評估, 提出對策, 而且民間企業也企盼政府在此時能有所做為。日前行政院提出的「振興經濟方案」, 可說是針對此一情勢發展的具體回應。該方案涵蓋面甚廣, 有「執行事項」及「預定進度」, 並將成立12個專案小組, 負責推動, 研擬相關措施, 確有「耳目一新」之感。基於該方案的重要性與迫切性, 本報告先對該方案做一概括性的檢討, 再提出建議。

二、方案的一般性評估

一般大型的方案與計畫, 首重一致性、周延性, 但也要層次分明, 最後, 則要有執行的意願與企圖心。如此, 計畫、方案始具可行性。根據這樣的評估標準, 行政院所提方案大致符合上述標準。

1. 方案的一致性

首先, 在一致性與週延性上, 於「土地問題」方面, 方案延續了過去討論很多的釋放公有地、農地供工商界使用的大方向, 同時顧及對現有工業區使用情形進行調查。這種從供給面著手, 但同時顧及到是否有不當使用, 以及重視工業區安全綠帶的做法, 堪稱允當。尤其在大方向上, 成立專案小組, 修訂「國土綜合開發計畫」, 更可進一步檢討土地使用政策一致性的問題。

在金融政策上, 該方案在顧及金融、物價穩定的原則下, 導正資金使用途徑。在限業限量引進外勞的政策下, 擴大對廠商從事自動化投資的低利融資以及投資抵減獎勵與輔導, 是正確的做法。在金融及外勞政策上, 附帶了一些條件, 更可以說是政府負責的表現。

在兩岸問題上, 方案中強調, 兩岸經貿政策, 除有政治上重大顧慮外, 依市場法則處理, 應算是「明確」的原則。

2. 方案的層次安排與可行性

此一方案與前「草案」比較, 特色之一就是較為精簡, 且有輕重緩急之分。譬如在土地政策上, 提出了修訂「國土綜合開發計畫」。金融政策不強調「寬鬆政策」, 政府部門推行行政革新等, 政府明確地把握了大方向與大原則。

此一方案的另一特色在其可行性, 與政府的執行決心, 明列了各執行事項的「預定進度」。另成立12個專案小組, 更以「政策會報」總其成, 顯示政府執行方案的決心。在預定進度中有多項列為當月內完成。對延宕多時的國營事業民營化問題, 也明列完成時間表。對投資高科技事業、對企業融資, 增加投資扣抵比例等均明列可動用金額, 或詳細數字, 對社會大眾、與民間企業顯示政府執行的決心, 應具說服力。這也是與「六年國建計畫」不同之點。

三、方案仍待檢討補強之事項

在土地政策方面, 如何將開發利益回饋社會, 如何按國外一般的做法, 藉溫和

漸進的租稅手段, 逐步達成地盡其利, 避免掠奪式的投機, 未見提及, 是美中不足。在開闢工商綜合區的做法上, 在工業住宅用地已大量開發, 並足夠使用後, 可考慮大幅減少土地使用限制。國內目前對土地使用頗多限制, 違背市場法則, 應予改進。

在引進外勞政策上, 目前雖屬限業、限量引進。但寬鬆的外勞政策必然延緩廠商推行生產自動化步調。而引進外勞的社會成本則隨時間必將逐漸顯現。政府對外勞政策不是建立預警制度的問題, 而且確實做好管理、追縱, 並密切注意其對社會的衝擊。

政府在兩岸經貿方面, 已準備進一步開放半成品進口。此一政策若確定, 則解除了「加工出口區」的進口限制。在加強對大陸投資台商的輔導以及引進大陸科技及人才方面, 方案中僅提及由外貿協會在大陸成立服務站。面對大陸經濟過熱, 全面緊縮信用的當前情況, 如何降低大陸投資熱潮, 並切實輔導台商, 宜提出具體的措施。

方案中擬成立的12個專案小組, 其中涉及產業技術問題者包括「產業技術研發專案評估小組」、「工業合作專案小組」、「國防科技技術移轉服務中心」、「產業技術服務團」、「產業技術顧問會」、「中小企業輔導工作會報」等六項, 其中部份小組或中心功能與現有機構、組織多有重覆, 是裁併後者, 或將小組功能合併、簡化, 值得商榷。

四、結論與建議

行政院推出的「振興經濟方案」, 顧到內容的一致性、周延性, 層次安排與可行性, 頗能符合當前政策需要。不過, 在下列問題上仍有待進一步補充。

「振興經濟方案：提升民間活力
重點推動建設」草案架構

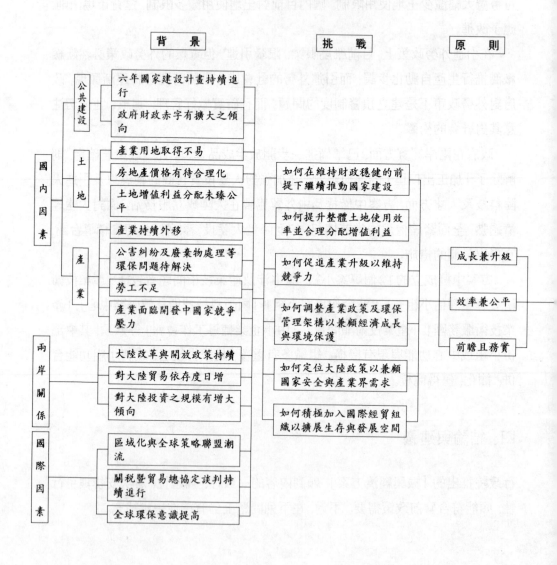

背　　景

挑　　戰

原　則

公共建設
- 六年國家建設計畫持續進行
- 政府財政赤字有擴大之傾向

土地
- 產業用地取得不易
- 房地產價格有待合理化
- 土地增值利益分配未臻公平

產業
- 產業持續外移
- 公害糾紛及廢棄物處理等環保問題待解決
- 勞工不足
- 產業面臨開發中國家競爭壓力

國內因素

兩岸關係
- 大陸改革與開放政策持續
- 對大陸貿易依存度日增
- 對大陸投資之規模有增大傾向

國際因素
- 區域化與全球策略聯盟潮流
- 關稅暨貿易總協定談判持續進行
- 全球環保意識提高

挑戰
- 如何在維持財政穩健的前提下繼續推動國家建設
- 如何提升整體土地使用效率並合理分配增值利益
- 如何促進產業升級以維持競爭力
- 如何調整產業政策及環保管理架構以兼顧經濟成長與環境保護
- 如何定位大陸政策以兼顧國家安全與產業界需求
- 如何積極加入國際經貿組織以擴展生存與發展空間

原則
- 成長兼升級
- 效率兼公平
- 前瞻且務實

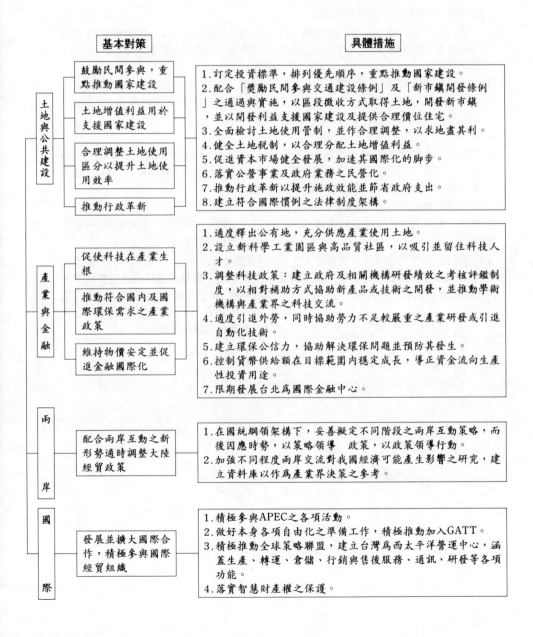

基本對策	具體措施

土地與公共建設
- 鼓勵民間參與，重點推動國家建設
- 土地增值利益用於支援國家建設
- 合理調整土地使用區分以提升土地使用效率
- 推動行政革新

1. 訂定投資標準，排列優先順序，重點推動國家建設。
2. 配合「獎勵民間參與交通建設條例」及「新市鎮開發條例」之通過與實施，以區段徵收方式取得土地，開發新市鎮，並以開發利益支援國家建設及提供合理價位住宅。
3. 全面檢討土地使用管制，並作合理調整，以求地盡其利。
4. 健全土地稅制，以合理分配土地增值利益。
5. 促進資本市場健全發展，加速其國際化的腳步。
6. 落實公營事業及政府業務之民營化。
7. 推動行政革新以提升施政效能並節省政府支出。
8. 建立符合國際慣例之法律制度架構。

產業與金融
- 促使科技在產業生根
- 推動符合國內及國際環保需求之產業政策
- 維持物價安定並促進金融國際化

1. 適度釋出公有地，充分供應產業使用土地。
2. 設立新科學工業園區與高品質社區，以吸引並留住科技人才。
3. 調整科技政策：建立政府及相關機構研發績效之考核評鑑制度，以相對補助方式協助新產品或技術之開發，並推動學術機構與產業界之科技交流。
4. 適度引進外勞，同時協助勞力不足較嚴重之產業研發或引進自動化技術。
5. 建立環保公信力，協助解決環保問題並預防其發生。
6. 控制貨幣供給額在目標範圍內穩定成長，導正資金流向生產性投資用途。
7. 限期發展台北為國際金融中心。

兩岸
- 配合兩岸互動之新形勢適時調整大陸經貿政策

1. 在國統綱領架構下，妥善擬定不同階段之兩岸互動策略，而後因應時勢，以策略領導　政策，以政策領導行動。
2. 加強不同程度兩岸交流對我國經濟可能產生影響之研究，建立資料庫以作為產業界決策之參考。

國際
- 發展並擴大國際合作，積極參與國際經貿組織

1. 積極參與APEC之各項活動。
2. 做好本身各項自由化之準備工作，積極推動加入GATT。
3. 積極推動全球策略聯盟，建立台灣為西太平洋營運中心，涵蓋生產、轉運、倉儲、行銷與售後服務、通訊、研發等各項功能。
4. 落實智慧財產權之保護。

建議	說明
1. 土地政策中宜加入建立公平、合理、可行的租稅政策，以及確保土地開發利益由全民分享，並簡化土地管理與限制。	目前土地改革中仍缺與此相關的政策說明或宣示。
2. 不宜放任引進外勞，並密切注意引進外勞對社會產生的衝擊，甚至可限制引進外勞的期間。	引進外勞應視為產業短期調整措施，不是長期解決勞力不足的基本做法。
3. 成立推動「亞太區域營運特區」的構想與成立「亞太區域營運中心」二者不完全相同。設立特區之構想宜審慎評估其利弊得失。	特區之構想，是否與政治上或大陸政策之未來發展有關連，宜提出明確之說明。
4. 責成相關非政府機構，擴大收集大陸科技或人才資訊，加強不同程度的兩岸交流對我國經濟可能產生的影響之研究，建立資料庫以做為產業界決策之參考。	如資策會、生產力中心，以及其他財團法人均可在大陸成立附屬單位，負責上述業務。
5. 簡化、合併方案中擬成立的專案工作小組。	層次分明，負起責任，切實推動，方案才能達到預期效果。
6. 以合併公司營利事業所得稅與個人所得稅方式取代對重要科技事業之創立或增資採5年免稅或投資抵減。	「促進產業升級條例」已取消針對產業別獎勵措施。鼓勵科技產業的重點應在分擔風險，降低成本。若經營成功，繳稅應不是重大關鍵。全面改善投資環境宜從全面簡化並降低稅率著手。

建立「生命共同體」的經濟意義

1993年7月

在一個多元化、開放、且快速變遷的社會, 成員之間容易出現不同的意見, 利益也不一致, 但是在彼此協調與融和之後, 社會群體間若能維持一定程度的向心力與凝聚力, 也就是一種休戚與共, 同舟共濟的共識, 則多元化可轉化成社會進步的原動力。因此, 多元化是社會進步的助力, 而不是阻力。

一個現代化的經濟體, 由各種不同的部門組成。各部門之間在分配有限的利益時, 彼此所持的立場, 常發生對立的情況而不相融和。譬如產業上、中、下游之間的關係、勞工與雇主、污染物的排放與受害者, 生產者與消費者的利益, 通常是你增我減, 並不協調。對這樣一個錯綜複雜的關係, 透過市場經濟的運作卻可將利益的分配, 做到雖然不能讓每一個人都滿意, 但卻可以讓大多數人所接受。更重要的是, 自由經濟或市場經濟體系, 能讓每一個人發揮所長, 整體經濟因而有活力與開創力, 並得以成長。而且在經濟持續成長的前題下, 大家共同努力, 一起來做一個更大的餅, 然後分享, 比爭食一個有限的餅, 比較容易解決分配問題。這也就是說, 我們乘坐的這一條船必須讓每一船員發揮所長, 不斷更新設備, 以提高生產力, 使每一船員均能分到更大的利益, 以增強這一條船的穩定性。

成長雖然有利於解決分配的問題, 但成長會提高人們期待的標準, 使得人們變得比較不容易滿足, 進而增加分配的困難。這種不滿的情緒一旦擴大, 最後一定會傷害到凝聚力, 成長不但會緩慢下來, 整體經濟甚至會出現倒退的現象。一個原本共榮互利、欣欣向榮的社會, 因凝聚力的消失而不再進步, 再經由

分配問題所引發的不滿與混亂，最後可能分崩離析，經濟體系中的各部門，社會中的各成員，由於生命互相依存，自無一能避開這個風暴。

台灣過去快速的經濟成長，在成長、所得分配的平均與社會的安定三者之間一直形成良性的循環。因此，在台灣社會的每一個成員，從過去到現在儘管其角色與想法有所差異，但是生命與利益休戚相關。大家同樣生活在一條船上，共享安定與繁榮。但是這種情形近年來已有所改變。首先，在政治層面，所出現的一些不安、不穩的現象，係在推動民主改革的過程所必須面對的新的挑戰，政府必須發揮其領導力，儘早建立新的遊戲規則，尋求新的共識，設法將不安的情況控制在可忍受的範圍，絕不可讓彼此的生命有密切連帶關係的這一條船翻沈。爲建立新的制度，將決策流程公開化、透明化，擴大社會的共識與參與，求同存異，是全民努力的方向。這樣我們這一條船才能有可遵循的明確的海圖，穩定航行。

在經濟的層面，當前社會上最大的不滿來自土地開發利益未能由社會大衆所共享。土地的價值在需求面來自於它所提供的勞務的多少，便捷的程度或地點；在供給面則來自於它的稀少性。台灣快速的經濟發展大大地提高了土地的需求面的價值。但在另一方面，由於國土規畫、農業問題、都市及週邊土地的使用管制，以及土地的課稅制度等均未能及早或適時修正，卻營造了一個有利土地投機的環境。在景氣繁榮時，土地的價格飆漲，必然對社會財富的分配與秩序的維護帶來重大的傷害。

土地問題若未能在供給面獲得疏解，在投機面予以壓制，則最後由於土地價格的高漲，必然不利生產與投資活動。若土地的投資利益並非來自本身的努力，而投資的機會也不均等，則這種投機活動必然會傷害到一般人的工作倫理與意願。對長期經濟成長的影響莫以此爲甚。在短期，由於房屋建築的過度投資，空屋率居高不下，是一種明顯的資源的浪費；但另一方面，居住的品質卻未見普遍改善，整個社會發展乃呈現出一種極不協調的狀況。而且政府過去的重大工程建設對土地仍多採發放現金徵購，少用區段徵收方式，這樣的做法本身容易造成土地投機的風潮，不爲不愼。如果土地開發利益不能爲全民所共享，社會

財富的集中與所得分配的不均將促使一些人對經濟現象採取單純的二分法, 以不道德與不正的訴求造成社會成員中的嫉妬與對立 (jealousy and hestility), 損害社會的和諧, 與同舟共濟的共識。

　　過去四十多年來, 在台灣這塊土地上的人民早已孕育出生命共同體的情操。但這種感情仍須在制度與政策面多加注意, 並用心去維護, 特別應該設法使土地開發利益為全民所共享。生命共同體創造了台灣經濟的奇蹟。我們須要用同一個信念去創造民主政治上的奇蹟, 與另一個經濟成長的高峰。

發展台灣成為亞太營運中心
的意義與可行性

1993年10月

一、前言

當前國內、外的經濟情勢正在快速的變化, 其中在國際方面, 以區域經濟的整合與跨國企業的蓬勃發展最為明顯, 而兩者之間也有密切的關係。在國內經濟方面, 則以80年代中期之後, 由貿易順差所引起新台幣的大幅升值, 再加上勞工與環保意識的抬頭, 國內工資的持續上升與土地價格不合理的上漲, 均不利投資, 更損及傳統出口產業的國際競爭力。國內產業的對外投資乃蔚為風潮, 並引起「產業空洞化」的疑慮。在此情況下, 如何積極改善國內投資環境, 有效提升投資意願, 並促進產業升級, 根留台灣, 是政府施政的當務之急。

在80年代政府的財經政策一直以自由化、國際化、制度化為最高指導原則。在具體措施上, 政府在工業發展政策, 貿易保護政策, 匯率及金融管制方面, 也確實朝此目標邁進。但不可諱言, 當前政府的許多法規、做法, 或行政效率距一個開放的經濟, 或國際先進國家做的標準仍有差距。如何訂定一個具體目標, 落實自由化、國際化的構想, 是一個制定政策時得思考的方向。

過去30年來, 外人投資對台灣的經濟有積極肯定的貢獻。近年來隨著前述國內外經濟的改變, 外資本身的角色、功能也在不斷地調整。其中有一個趨勢就是外資利用台灣在地理位置、生產條件、穩定的物價、國內市場潛力、等因素, 而逐漸將台灣的投資發展成為其亞太地區營運, 包括生產、研發、人力支援等的中心。但是若能進一步將此一區域營運中心的範圍有效地擴大, 配合台灣

產業已建立的網路，外匯市場的實力，甚至文化及政治民主化的條件等，進而掌理到此一地區的管理、行銷、融資、訓練、資訊收集、決策等功能，則具有下列意義：

(1) 可進一步吸引外資，引進技術，有利產業升級。

(2) 是具體落實自由化、國際化的經濟政策。

(3) 能有效將國內產業「根」留台灣。

(4) 在快速發展的大陸及東南亞經濟與北美及歐洲經濟體之間，扮演一個中介傳承的角色，對台灣長期的發展應屬最為有利。

　　因此，推動「亞太營運中心」的構想，並不只是為了創造另一波吸引外資的高潮，它的積極意義是針對國內外情勢的發展，利用自己已有的發展優勢，藉此機會檢討國內的法令規章、硬體設施，居住及人文環境等，一舉將台灣建設成一個更開放，真正符合國際規範的經濟社會。

　　基於此一構想，日前曾完成了一份研究報告，評估台灣成為區域營運中心或利潤中心所需的條件與應有的做法，以下介紹該評估的部份結果。

二、成立區域營運或利潤中心的條件

要選定一個地方設立區域營運或利潤中心，必然是該地方符合了一些客觀的優勢條件。這些條件概分成四大類，分別包括了：

(1) 該地點之「區位和經社條件」是否合宜？包括其地理位置是否適中，政治、社會、文化條件是否適宜，居住環境是否優良，其經濟腹地是否廣大？

(2) 該地點之「交通與通訊」等設施是否良好？包括航空，海路與陸路運輸服務是否優良，具競爭力？電訊、郵政以及金融服務是否具有效率？費用是否合理？

(3) 該地點之各種「生產因素」是否具競爭力? 即其科技和一般人力之提供是否充份? 辦公和一般用地之取得是否方便? 科技水準和產業網路是否能夠? 價格是否有利?

(4) 該地點之「法制與行政」是否適合需要? 即其財經法規是否完備, 並能有效執行? 其行政效率是否優良, 合於現代國際企業之需求? 稅制誘因是否對企業具吸引力?

　　不同功能的區域營運中心 (生產、研發與技術、行銷、利潤), 對於上述各種條件的需求程度會有所不同。大體上各區域營運中心對各種條件的需求強度如表1。由表1可得到幾項結論:

(1) 成爲一個區域「生產」中心者, 最重視「生產要素」, 其次是「區位與經社條件」與「交通與通訊」。

(2) 成爲一個區域「研發與技術」中心者, 則以「法制與行政」最爲重要,「區位與經社條件」次之。

(3) 成爲一個區域「行銷」中心者, 則以「交通與通訊」最爲重要,「法制與行政」次之。

(4) 成爲一個區域「利潤」中心者, 或「區域總部」時,「法制與行政」極爲重要,「區位與經社條件」和「交通與通訊」次之, 但是要求的水準也很高。

　　由此看來, 同一個地點要同時成爲各種功能的區域營運中心並不容易。除了生產中心以外, 其他三種中心對於「法制與行政」的要求均高。因此, 如果在「法制與行政」的整體條件上無法取得優勢時, 不易成爲生產以外功能的營運中心。

三、台灣設立區域營運中心的區位與經社條件

台灣和香港與新加坡的評比結果如下:

表1　成立不同區域營運中心所需的條件

	生產	研發與技術	行銷	利潤 (區域總部)
(1) 區位與經社條件:				
地理位置	3	3	5	4
政治條件	3	3	2	3
文化、社會條件	2	4	4	5
居住環境	2	5	3	5
經濟腹地	5	3	5	4
平均	3.0	3.6	3.8	4.2
(2) 交通與通訊:				
航空運輸	3	4	5	5
海路運輸	4	2	5	3
陸路運輸	4	3	4	3
電訊郵政	2	4	4	5
金融服務	2	4	5	5
平均	3.0	3.3	4.6	4.2
(3) 生產要素與條件:				
科技人力	3	5	3	4
一般人力	5	2	3	3
辦公用地	4	3	5	5
一般用地	5	2	2	1
科技水準	3	5	3	2
產業網路	4	4	1	1
平均	4.0	3.3	2.8	2.7
(4) 法制與行政:				
財經法規	2	4	4	5
行政效率	2	3	5	5
稅制誘因	3	4	4	5
平均	2.3	4.3	4.3	5.0

(1) 地理位置

　　台灣和香港都比新加坡接近亞太地區的經濟地理中心, 尤其是中國大陸
的巨大經濟潛力使得新加坡的位置偏南。香港九龍由於和中國大陸相連,
有空運、海運、公路和鐵路四種方式和大陸直接連絡, 地理位置較台灣更
佳。因此, 條件優勢依序爲香港、台灣、新加坡。

(2) 文化與社會條件

新加坡和香港皆爲國際都會, 英語普遍通行, 其多元性和國際性超越台灣。但若考慮中國大陸市場時, 台灣和香港的語言、文化, 以及投資經驗又勝過新加坡。因此, 在文化與社會條件優勢應該是台灣和香港領先了新加坡。

(3) 居住環境

台灣的交通狀況和環境污染使它明顯落於新、港之後。但是台灣居民之友善、居住空間大過香港; 休閒和觀光資源又強過新、港。綜合而言, 居住環境以新加坡超越台灣, 台灣又領先香港。

(4) 政治條件

由於香港有1997年大限, 因此政治條件顯然最弱, 由英商大量撤離即可證明。台灣雖然和中國大路的關係逐漸和緩, 但總不及新加坡遠離中共威脅, 和海峽兩岸採取等距外交, 最爲穩定。因此, 政治條件之優勢次序以新加坡領先台灣, 再領先香港。

(5) 經濟腹地

以1992年的各國地區經濟力 (GNP) 爲準, 香港爲914億美元, 新加坡爲276億美元。台灣爲2,105億美元, 東協各國爲3,739億美元, 中國大陸爲3,930億美元。如果將東南亞當成新加坡的腹地, 則新加坡經濟力擴大爲3,739億美元。若將大陸視爲香港的腹地時, 則其經濟力擴大爲4,800億美元左右。而台灣因爲國家統一綱領之政策限制, 無法直接三通。若以大陸經濟之一半視爲台灣之腹地時, 則台灣經濟力擴大爲4,000億美元左右, 介於前兩種組合之間。因此, 經濟腹地上以香港領先台灣, 再超越新加坡。

綜合而言, 在區位與經社條件方面, 三地之優勢相當接近。平均而言, 台灣和香港皆以些微之差距領先了新加坡 (依次得分爲4.2, 4.2, 4.0)。

表2 台、港、新三地在區位與經社條件上之優勢

	地理位置	文化社會條件	居住環境	政治條件	經濟腹地	平均
台灣	4	5	4	4	4	4.2
香港	5	5	3	3	5	4.2
新加坡	3	4	5	5	3	4.0

資料來源: 取自研究報告。

1. 台灣設立區域營運中心的交通與通訊條件

(1) 航空運輸

在航線網路上, 新加坡直飛之城市 (109個) 最多, 香港次之 (95個), 台灣最少 (43個)。每天航次亦類似, 分別為318班, 284班和196班。在營運量上, 香港機場年出入旅客2,200萬人, 新加坡機場年出入旅客1,800萬人, 中正機場則為1,100萬人。機場之設施和服務以新加坡樟宜機場最為傑出, 連續多年獲得「世界最佳機場」之獎項。台灣中正機場次之, 但已不敷使用; 香港啓德機場則候機室更為擁擠, 跑道過度使用。在機場服務費率上, 以中正機場最高, 香港次之, 新加坡最為低廉。而在機場之獲利績效上, 是 (則) 以中正機場最佳, 香港次之, 新加坡居末, 正好和服務費率之高低相互一致。綜合而言, 以新加坡機場最具優勢, 香港和台灣落後。世界競爭力報告對三個機場之滿意度評分分別為97.8, 72.9, 71.4。

(2) 海路運輸

在營運能力上, 台灣的高雄港有102個碼頭、台中29和基隆40, 合計有171個碼頭, 超過香港的72和新加坡的80。但是貨櫃裝卸量台灣三港在1992年合計6百多萬個 TEU (重量噸), 已經落後港、新。香港為中國大陸南方之轉口港, 新加坡為東南亞之轉口港。香港船舶進出在1991年達26萬艘次, 新加坡為7萬艘次, 台灣三港合計近5萬次。而香港平均每船次貨物裝卸量為0.4千公噸, 新

加坡爲1.47千公噸, 高雄爲7.28千公噸。這充份顯現了港、新轉口港之特色。在港口服務費率上, 以1992年中, 一艘25千公噸的船舶進港停舶爲例, 在台灣四個國際港的收費爲270千元台幣, 雖然低於釜山 (279千元) 和神戶 (291千元), 但顯著地高於新加坡的182千元和香港的144千元新台幣。價差分別達到48%和87%。若以「優先停泊」方式停靠基隆港時, 則更需額外付12萬元台幣, 使基隆港收費達超高水準。港口服務效率方面, 我國三大國際港都有港務局所屬的公營碼頭, 其裝卸設施老舊, 故障率高, 裝卸貨櫃之速度平均只有民間租用碼頭之一半 (民營碼頭10小時約可處理27個標準貨櫃效率和新、港相同, 公營碼頭只有13個)。此外, 碼頭工人和港務局之關係不清, 難以處理, 工資偏高, 每人每越在5-10萬元。此外, 港口盈餘績效上我國落後新加坡甚遠。總之, 新加坡和香港之海運服務優良, 台灣有待改進。世界競爭力報告中, 也對三地港口設施評分, 依次爲97.8, 87.7和76.2。

(3) 陸路運輸

台灣的公路網路如果不計耕地、森林和林野時, 其密度爲5,382公里/千方公里, 高於新加坡的4,873, 和香港的1,390公里/千方公里。但是台灣的車輛達330萬輛, 台北縣市有109萬輛, 遠高於香港的39萬輛和新加坡的44萬輛。加上新、港兩地皆有便捷之地下鐵, 使得台灣或台北都會的陸路運輸系統負荷過度。台灣每公里公路的 (四輪) 車輛負荷在1991年爲169輛, 台北都會區高達851輛, 遠高於香港的253輛和新加坡的149輛。此外, 台北都會另有200萬輛的摩托車, 全台灣有923萬輛, 使得路上交通情況更爲惡化。世界競爭力報告評定新、港、台三地道路基礎設施符合商業需要程度之得分依次爲95.7, 65.2和53.8。馬來西亞也以70.3領先台灣。在鐵路運輸方面, 縱貫鐵路經常超賣, 而普通列車又乏人搭乘。目前一年虧損100億台幣, 營運績效低落。世界競爭力報告將新、港、台之鐵路基礎設施分別評分爲69.8, 68.4和53.3。總之, 在陸路運輸服務方面, 三地之優劣次序爲新加坡最優, 香港次之, 台灣居末。

表3 台、港、新三地在交通與通訊條件上之優勢

	航空運輸	海路運輸	陸路運輸	電訊郵政	金融服務	平均
台灣	4	4	3	3	3	3.4
香港	4	5	4	4	5	4.4
新加坡	5	5	5	5	4	4.8

資料來源: 同表2。

(4) 電訊與郵政

新加坡的電訊服務內容最為先進、完整, 香港次之, 台灣再次之。在費率上, 以完全民營的香港最低, 新加坡較高, 台灣最高。在盈餘績效上, 新加坡近5年來用人減少20%, 盈餘卻增加了三倍。台灣用人增加了20%, 盈餘停滯不前, 使得電信局每員工盈餘數不升反降, 不似新加坡以倍數上升。在每元固定資產盈餘上, 台灣更只有新加坡的六分之一。郵政是台灣績效較佳的一項公營事業。除了投遞效率優於「民間郵局」以外, 獲利績效也不錯。郵局分佈密度在世界名列前茅。不過快捷郵件量不如新、港。綜合而言, 電訊與郵政仍是以新加坡領先香港, 再領先台灣。

(5) 金融服務

這是台灣在基礎設施上, 落後港、新差距最大的項目。台灣的服務內容較港、新為少, 尚無期貨市場, 市場之交易量也小。又要受許多管制和限制的影響, 使得台灣儘管有較大的國內經濟和外匯存底, 但無法建立活潑的金融市場。比較而言, 香港最具優勢, 新加坡次之, 台灣落後。

綜合上述5項之評估, 三地在交通與通訊類條件之比較如表3。

2. 台灣設立區域營運中心的生產因素

(1) 科技人力

在科技人力的數量上, 不論是由「高等教育機構數」,「高等教育就學數」,「自然科學就學數」, 或「專門及技術性人員」來看, 台灣所擁有的數量都是香港和新加坡的八倍以上。但是在「適用工程師滿意度」上, 卻僅以57.6分領先了新加坡的56.6和香港的36.7。原因是新加坡以良好的生活環境和優良的待遇引進大量的外籍科技人才。但是在主要工程師的待遇上, 臺灣平均比新加坡低了40%左右, 顯示使用台灣的高科技人力仍具優勢。因此, 在科技人力上, 三地之優勢次序依序為台灣、新加坡、香港。

(2) 一般人力

台灣在一般人力的供應上超過港、新數倍之多。但由於台灣經濟景氣, 失業率低於港、新而且較少使用外籍勞工, 製造業的名目工資率最高, 在1991年以每月784美元超越了新加坡的611美元和香港的543美元。若以每人生產力調整, 以台灣為準, 則台灣仍以784美元高於香港的708美元和新加坡的502美元。因此, 一般人力的條件優勢依序為新加坡領先香港, 而台灣居末。

(3) 辦公用地

在1992年中, 台北、香港、新加坡三地市中心區辦公室的月租金每平方公尺分別為22–34, 59–65和54–69美元。台北平均只有港、新的一半, 優勢相當明顯。而且預期在台北的捷運開始營運之後, 優勢會更為強化。因此, 在亞太營運中心所需的辦公用地上, 優勢依序為台灣領先了港、新兩地。

(4) 一般用地

一般認為台灣幅員遠大於港、新, 因此在一般用地上必然比港、新較具優勢。但是由於台灣大量的土地用於農業和水源保護, 轉用不易, 使得工商業用地之價格並不見得特別低。以楠梓加工區標準場房為例, 每平方公尺為268美元 (1樓), 低於新加坡的最低價430美元和香港的最低價1,923美元。但是中壢工業

區的1,485美元雖然仍舊低於香港最高價4,600美元, 但是卻高於新加坡最高
價590美元。因此, 台灣在一般用地上的優勢並非絕對的。不過, 由於「振興
經濟方案」中將迅速釋出16萬公頃的農地, 應會強化台灣一般用地上的條件優
勢。總之, 在一般用地條件上, 優勢次序以台灣領先新加坡, 再超越香港。

(5) 科技水準

這也是台灣享有優勢的一個項目。無論由科技研發投資, 或成果 (獲得專利數)
上, 台灣都遠遠領先了港、新。這也是在1992年世界競爭力報告中, 台灣在14
個開發中國家中唯一名列第一的項目。該報告中將新加坡列為第二, 香港第四。
目前, 台灣海外科技人才回國服務者逐年增加, 可以預期台灣的這種優勢將繼
續保持。

(6) 產業網路

台灣1990年製造業生產毛額佔 GNP 的34.4%, 領先新加坡的29.5%和香港
的17.2%。製造業各種行業產值一般也都大幅超越了港、新, 顯示對產業的支
持能力最強。少數受到挑戰的是石油和煤, 新加坡的65億美元產值和台灣66
億美元相當。而新加坡電機電子的179億美元也對台灣295億美元構成威脅。
香港的精密器械28億美元超越了台灣的18億美元; 而成衣服飾的82億美元則
大幅超越台灣的36億美元。新加坡在電子和石化的優勢也反映在該國目前已
經有的22家「區域總部」中, 有8家 (36%) 為電子業, 6家 (27%) 為石化業的
事實。這顯示台灣在爭取成立「亞太營運中心」時, 在電子和石化業將和新加
坡產生激烈競爭。總之, 在產業網路上, 台灣仍然最具優勢, 新、港落後。

　　表4綜合了三地生產要素的優勢。

3. 台灣設立亞太營運中心的法制與行政優勢

(1) 財經法規

表4 台、港、新三地在生產要素與條件上之優勢

	科技人力	一般人力	辦公用地	一般用地	科技水準	產業網路	平均
台灣	5	3	5	5	5	5	4.7
香港	3	4	3	1	3	2	2.7
新加坡	4	5	3	2	4	2	3.3

資料來源: 同表2。

表5 台、港、新三地財經法規比較

	台灣		香港		新加坡	
	得分	排名	得分	排名	得分	排名
金融機構之法律規範	61.9	8	68.3	4	87.7	1
智慧財產權之保護	53.3	7	59.3	5	78.2	1
環保法規和企業競爭力相容性	50.0	12	69.0	4	79.7	1
政府對企業之控制與扭曲	54.8	5	80.7	1	60.3	2
反托拉斯法規能防範不公平競爭	45.7	6	50.0	3	57.8	1
公共部門契約對外國競標者開放度	67.6	5	92.9	1	79.7	2

資料來源: 同表2。

表6 台、港、新三地行政效率之比較

	台灣		香港		新加坡	
	得分	排名	得分	排名	得分	排名
政府的清廉度	46.7	5	65.8	2	93.8	1
政府不受利益團體扭曲政策	41.0	6	56.8	2	76.3	1
經濟政策能應付新經濟環境	65.2	4	64.5	5	84.4	1
政府的透明度	53.3	4	43.9	6	66.6	1
政治體制能適應經濟挑戰	41.4	4	35.5	6	69.7	2
政府雇用和解雇作法具有彈性	64.3	8	84.1	1	81.9	2
政策能夠獲得民衆支持	61.0	4	53.5	6	68.1	2
民衆人身和財產受到適當保護	60.0	5	62.6	3	89.7	1
民衆對司法公正性之信心	49.0	9	67.7	3	77.5	1

資料來源: 同表2。

台灣在三地之中的民主程度最高, 但也使得許多法律的修正和制訂速度緩慢, 趕不上社會需要。加上官僚體系之平均素質未能持續提升, 沿用舊規, 影響執行效率。世界競爭力報告中將台灣這方面的排名在14個開發中國家中名列中後段, 深值警惕。在許多項目上, 台灣甚至落於馬來西亞之後。

(2) 行政效率

本研究的問卷調查, 對於政府將台灣建設爲亞太營運中心的建議中, 首要的一項即爲「減少政府之官僚化, 提高行政效率」, 而非硬體方面之建議。可見行政效率問題之嚴重。世界競爭力報告在這方面的評估結果和外商之建議不謀而合。

在行政效率的評項上, 和財經法規相同, 我國絕大多數項目都落後於馬來西亞, 幾個項目甚至不及泰國。而我國少數幾項領先香港者多少是得力於香港殖民地政治體制之故。台灣在「民衆對司法公正性之信心」排名第9, 顯示肅貪工作不能忽略司法體系。而「政府雇用和解雇作法具有彈性」一項排名第8, 也值得深思與警惕。總結, 在行政效率的優勢次序新加坡領先香港, 再超越台灣。此外, 數據也顯示相對而言, 台灣公務人員並未高於港、新。尤其扣除公營企業之後, 台灣公務人員比例明顯較港、新爲低。因此, 調整公務機關之員額配置, 而非齊頭式的增加或裁員, 可能更爲重要。

(3) 租稅誘因

目前台灣的「促進產業升級條例」已取消五年免稅之優惠, 但在研發投資、自動化和污染防治設備上有部份之稅捐減免。新加坡目前公司所得稅率統一爲31%, 高於我國最高稅率25%。但是取得「先驅地位」(pioneer status) 者可以免稅5年, 並可申請延長到10年。此外, 對於擴大投資有5年免稅, 出口企業 (出口額20%以上) 也有5年免稅, 並可延長到8至15年。對於大型企業而言, 新加坡之租稅優惠頗具吸引力。而在爭取區域營運總部的設立上, 亦提供租稅優惠, 在符合某些條件時即可適用。

表7　台、港、新三地在法制與行政上之優勢

	財經法規	行政效率	稅制誘因	平均
台灣	3	3	4	3.3
香港	5	4	5	4.7
新加坡	5	5	5	5.0

資料來源: 同表2。

表8　台、港、新三地成為亞太營運中心之加權優勢得分

	生產			研發與技術			行銷			利潤		
	台	港	新	台	港	新	台	港	新	台	港	新
區位與經社條件	62	65	57	76	74	74	80	85	71	89	89	84
交通與通訊	52	66	73	54	69	77	79	102	110	70	92	100
生產要素與條件	112	62	77	99	58	73	75	49	62	70	49	61
法制與行政	24	33	35	37	52	55	43	60	65	50	70	75
合計	250	226	242	266	253	279	277	296	308	279	300	320

資料來源: 同表2。

　　香港則以統一的公司所得稅率17.5%, 以及個人所得稅率15%為原則。此外只有折舊抵減之優惠。但由於稅率低, 亦深受許多企業喜愛。在稅制誘因上, 新加坡和香港領先了台灣。

　　因此, 在「法律與行政」上之三地綜合優勢, 評估結果列於表11.7。由平均值看來, 台灣3.3落後香港4.7和新加坡5.0甚多。為台灣成為亞太營運中心的條件中最弱的一環。

4. 台灣設立亞太營運中心之綜合評估

由前述表1之區域營運中心條件要求重要程度乘以表2、表3、表4、表7中三地條件優勢得分之相對應數值, 就得到三地的「加權」優勢得分。歸納其結果, 列為表8。

表9 台、港、新三地區域營運中心兩種評估比較

區域營運中心	本研究評估			外商回卷平均		
生產	台 > 港 > 新			台 > 港 > 新		
	250	242	226	4.0	3.0	2.2
研發與技術	新 > 台 > 港			新 > 台 > 港		
	279	266	253	3.4	3.1	2.5
行銷	新 > 港 > 台			新 - 港 > 台		
	308	296	277	3.7	3.6	2.9
利潤	新 > 港 > 台			新 - 港 > 台		
(區域總部)	320	300	279	3.7	3.6	2.7

資料來源: 同表2。

由表8可見在亞太生產中心上, 台灣具有條件優勢, 領先了港、新。但領先新加坡的幅度並不大。在亞太研發與技術中心上, 新加坡領先了台灣和香港, 但台灣的落後也不太大, 如果快速改善條件, 應屬仍有可為。在亞太行銷中心上, 新加坡領先了香港和台灣, 而台灣的落後幅度不小, 短期內似較不易扭轉局勢。而在亞太利潤中心, 或亞太區域總部上, 則新加坡無疑地領先香港和台灣最大。台灣的落後恐怕必須以中長期努力才能趕上。而細查表8, 可以發現台灣的落後主要來自交通與通訊, 和法制與行政兩類條件。

由表9中可以看出, 外商對於台、港、新三地成為亞太營運中心可行性的看法和本研究相當一致。唯一的差異是外商認為在行銷和利潤中心方面, 港、新兩地之優勢異常接近, 而本研究則評估新加坡在香港之上。推測原因可能在於外商受到香港目前的營運中心型態所影響, 未來應該會有所變化。例如宏碁今年就將其亞太行銷總部設於新加坡。

四、建議

建議	說明
1. 法制與行政	
(1) 由「行政革新推動小組」參考新加坡和香港，建立我國各行政機構作業標準與規範，提高行政績效。	由於新、港之行政效率評價最高，應以之為標準，以有效提升我國行政服務水準。
(2) 檢討行政機構業務需要與編制，應有所「增」、「減」。	我國在世界競爭力報告中「政府部門晉用和解雇人員之彈性」項目名列開發中國家第八位。應重視，並力求改進。
2. 區位與經社條件	
(1) 穩定發展兩岸經貿關係，包括：	
(A) 放寬大陸半成品進口。	若能允許較多半成品在大陸生產，再進口組裝，經由合作分工，有利於台灣成為營運中心。
(B) 現階段以「經過第三地間接直航」的方式，縮短交通時間及成本。	目前兩岸間接三通的結果已促成兩地經濟的熱絡發展，可考慮先採變通方式，達成接近直航效果，以增加台灣之條件優勢。
(2) 加強與菲律賓及越南之經濟合作關係。	菲國與越南距離台灣最近，若兩地經濟能夠持續發展，將有助於台灣成為亞太營運中心。
(3) 加強台北成為國際都會的條件：	
(A) 充實台北都會的文化建設，建立「國際藝術中心」。	台北被評為外商「艱苦地區」，宜以更普遍之國際藝術交流來強化其國際性，吸引外商主管樂於來台赴任。
(B) 電信局提供「外語服務」電話。	提供外語服務電話專線，提供緊急服務，加強外人之安全性。
(C) 改善中正機場聯外交通系統。	中正機場聯外道路脆弱，需第2條主幹線。
3. 交通與運輸	
(1) 航空運輸	
(A) 航空站	
(a) 修正航空站編制表，增加「特種站」。	目前之編制表不符需要，無法改進服務效率。

建議	說明
(b) 國際航空站之薪資給付改採「用人費率」。	航空站工作繁重, 待遇卻低於港務人員, 並不合理。
(c) 各航空站自由訂定費率。	航空站費率之制訂不盡合理, 應由航空站本身依需要自由訂定。
(d) 恢復松山機場爲國際機場。	目前中正機場過度使用, 松山機場卻低度使用, 可考慮相互支援。
(e) 將中正、台北和高雄航空站改制爲公司組織, 再予民營化。	主管機關宜訂定時間表逐步推動。
(B) 簽證	
對投資和商務外人之簽證應有更便捷之作法。	外商公司主管或僱員之簽證申請規定含混不明, 應予改善。

(2) 海路運輸營運部份:
變更組織型態, 包括:

(A) 將國際港改隸交通部 (將行政管理與港務業務分開)。	提高港務局位階, 以有效提升港口營運效率。
(B) 港務管理機構改爲公司型態, 再民營化。	新加坡以公司民營型態管理, 成效卓著, 值得仿效。

(3) 陸路運輸組織體系:

(A) 鐵路局規劃民營, 或改制爲國營公司, 再予民營化。	鐵路局營運績效低落、虧損累累, 應該屬於政府優先處理之重大事項。
(B) 台汽公司民營化。	台汽公司績效不彰, 虧損急速上升, 並且無必要公營。

(4) 電訊與郵政組織型態:

電信總局改制, 將管理與業務部門分離, 業務部門逐步民營化。	目前電信局績效逐漸下降, 應以公司化、民營化方式提升服務水準。

(5) 金融服務

組成「台北區域金融中心推動小組」, 積極推動之。	目前金融中心之構並無實際負責之推動單位, 應正式成立小組推動之。

4. 生產要素與條件

(1) 科技人力:

(A) 引進國外及大陸科技人才。	台灣科技人才分佈並不平均, 仍有加強之處。

(2) 一般用地:

建議	說明
(A) 務必於期限內, 妥善釋出農地供工商業使用。	「振興經濟方案」中釋出16萬公頃農地之計劃應給予最高重視。
(B) 公營企業與公家機構所擁有低度利用之土地應妥爲規劃, 開放供社會使用。	許多公有土地目前仍低度利用, 應加以妥善利用。

5. 營運特區

| 根據不同性質的營運中心, 需特別區位條件配合者, 如國際金融中心, 軟體工業區, 航空工業區, 倉儲轉運中心, 或自由港等, 可選擇適當地點, 排除現有法規障礙, 利用民間力量開發之。 | 建立營運中心特區可視爲落實「區域營運中心」的短、中期措施。 |

設立區域營運中心特區之建議

1993年12月

一、問題背景

經建會7月間所提出之振興經濟方案以發展亞太地區營運中心爲兩大政策目標之一。唯如何達成此一目標的具體做法仍有待規劃可行的方案。尤其振興經濟方案在長程發展措施中始擬建立一個區域營運特區，但97即將到來，而上海浦東等地也已積極在爭取做爲亞太地區區域營運中心。爲爭取先機，我國宜儘快設立亞太營運中心特區，不可緩慢規劃甚至一再拖延。各都市吸引區域營運中心之能力有明顯之規模和廣度之經濟 (economy of scale and economy of scope)。因此，等到其他地方發展起來，或97之後香港的情勢穩定下來，我國吸引區域營運中心之能力將大幅下降。

　　區域營運中心的比較特殊的經濟利益包括促進服務業的發展及提供國內更多投資與生產機會兩部份。依先進國家的經驗，一國在走向高度經濟發展階段時，工業在經濟中的比重會相對降低而服務業的比重會提高。換言之，服務業取代工業而成爲領導經濟成長的部門。我國以往工業部門領導經濟成長時，主要是依賴工業中製造業商品出口的成長來帶動整體經濟成長。但由於服務業的國際貿易遠較一般商品困難，而且先進國家發展的服務業有許多是法律、金融、管理、以及技術等均需要較多人才及經驗的高層服務業。因此，我們要發展服務業以配合和領導經濟成長並不像以往發展製造業那麼簡單。國際營運中心本身在性質上屬較高層的服務業，而且其業務上需要法律、金融、旅遊及運

輸等服務業的配合, 由此而帶動高層服務業的發展。區域營運中心又同時具有帶動其他產業的生產和投資的作用。雖然理論上每個產品的各個不同生產階段或各項零組件都可以在成本最低的地方生產, 但要去找成本最低的地方以及和這些地方之聯繫仍須承擔交易成本。因此, 接近決策中心的地方相對地有較多的機會被選為合作或投資生產的地點。如果大型跨國公司把區域營運中心設在我國, 則國內廠商和它們往來或合作的機會即可增加, 國內投資、生產、以及產業升級也因而加速。

就政治上言, 更多跨國企業將區域營運中心設在我國, 也可以使我國與各國及大陸間的經濟關係由雙向轉為多邊, 且可增加其他國家在我國之經濟利益, 而減輕我國經濟過份依賴大陸或其他特定國家所可能帶來的經濟及政治風險。

選擇區域營運中心地點的考慮因素很多。若要吸引跨國公司把區域營運中心設在台灣, 則須設法發揮我們具有的長處或比較利益, 並改進我們的缺點。從理論分析和國外實證研究結果看來, 決定地點的主要考慮因素至少包括下列數項:

1. 營運中心與主要市場和生產基地間往來之方便性。區域營運中心的主要機能是對其管轄地區的部份事務代替總公司做決策, 以爭取時效並做成較符合地區特殊考慮的決策。因此, 區域營運中心與其管轄地區間的往來及資訊必須方便, 否則即失去設立區域營運中心之目的。這種往來的方便性當然要考慮到各地點間營業量的大小。營業量大或較靠近大營業量地區之地點, 被選為區域營運中心的機會較大。

2. 重要公共設施及相關產業之配合。除了和主要市場及生產基地往來之方便性有關的交通和通訊等公共建設之外, 其他公共建設的供給也會影響營運的方便性和成本。營運中心需要金融、法律、會計、管理、以及技術等服務產業, 乃至和公司產品相關的上下游產業之供給和品質, 也都對區域營運中心之成本和成敗有重要的影響, 構成選擇營運中心地點的重要考慮因素。

3. 經濟和政治的安定性。經濟和政治的不安定會增加投資者的風險和成本，而區域營運中心因負責大片地區之業務，故遭遇的風險比一般投資更大，因此而更偏好政治和經濟安定之地區。

4. 職工的品質和供給。區域營運中心的職工大部份要在當地聘用。因此，職工的品質和供給是重要的決定因素。

5. 生活環境品質。雖然大部份職工在當地聘用，但公司仍須將部份高層人員派駐當地，總公司及區域內各營運單位也常有高層人員前往區域營運中心。因此，區域營運中心所在地之生活環境品質是這些高層而具有決策權之人員甚為關心的問題。衛生、交通、治安、購物、餐飲服務、及休閒設施等品質都是被考慮的因素。

6. 政府的獎勵和規範。大型企業的區域營運中心常涉及大量交易，政府的各種獎勵和租稅措施對公司盈利的影響當然是選擇地點的重要因素。法令規範若對經營造成不當之限制，將會減少該地之吸引力。

7. 語言文化的方便。若外語能力之訓練不夠，或其文化風格使訪客不方便，則被選擇為區域營運中心之機會不大。

8. 營運總成本的高低。除了上述各因素之外，土地等因素亦會影響營運之成本，而成本之高低是廠商選擇區域營運中心地點的重要考慮因素。

　　此外，國內人士在討論區域營運中心時往往把生產和運輸等因素考慮進來，而偏重轉運中心以及原料和半成品進口的問題。因此，加工出口區及離島工業區常被想像為區域營運中心特區之可能地點。實際上區域營運中心是可以和產品運輸及加工分離的管理機構，並不必特別考慮海港與工業區之配合。

　　目前香港是東南亞地區最主要的區域營運中心所在，其次是新加坡。東京雖然是此地區最重要之都市和金融中心，但區外廠商將區域營運中心設在東京的反而不多。我國若要吸引區域營運中心之設立，一定要強化我們具有的優點而改善缺點。我們的優點包括下列數項：

1. 台灣本身已經是若干產品的重要市場，爭取這些產品之廠商以台灣為區域營運中心較為容易。

2. 對一般產品而言，大陸和東南亞是快速擴張中的市場，而台灣位於這些快速發展地區及日本的中心地帶，前往此地區內各主要都市的飛航時間多在3、4小時之內。這種地理位置只有香港和馬尼拉可以相比。為充分發揮這種優勢，交通建設和政策均須改進。

3. 我國的產業結構在四小龍中最為完整，大量的中小企業可迅速提供廠商生產上所需之零組件或配合產品。對於在東亞地區有生產基地的跨國企業而言，把區域營運中心及研發中心設在台灣，最能迅速而以合理成本取得各種產品與零組件。

4. 大陸語言文化和台灣相同，東南亞之工商業界也有華人文化背景，故以台灣做區域營運中心較方便和各據點溝通聯絡，也較能做符合地區特性之決策。英語在台灣也甚為普及，且台灣深受西方文化思想之影響。

5. 台灣的技術人才相對豐富，且在國外有不少科技人才可以回國服務，甚至可以利用大陸科技人才。一些擬設置區域營運中心之跨國廠商亦可派遣公司現有的台灣或華裔人才回台參與區域營運中心。

6. 相對於大陸，台灣的政治與經濟較為安定，公共設施及其他服務業也較為齊備。但相對於香港，台灣之各項服務業之水準與公共設施有待提升。

7. 台商的投資遍及大陸和東南亞地區，台灣的貿易商及貿易人才在國際間亦有廣大之銷售網路，位在台灣的區域營運中心可促使策略聯盟，透過台商的銷售網路之締結而增進全區營運。

二、建議事項

建議	說明
1. 發揮台灣優點及減輕弱點之策略主要在於設立區域營運中心特區，這個特區以設	台灣做為區域營運中心最主要的優勢可能是大陸市場。如果在台灣之營運中心

建議	說明
在國際機場附近較爲適當。	不能和廠商在大陸之據點有方便的往來,則只靠政治安定一項微弱的優勢和台灣較先進而完整的生產實力,台灣很難和香港競爭,甚至很難和上海競爭。故發展區域營運中心的策略,首先要減低區域營運中心和大陸聯絡往來的困難。

其次,我們的交通及其他公共建設不如香港,服務業的發展也不如香港,而法規制度對經營的妨礙則大於香港。目前上海在這些條件上雖不如我們,但其對大陸之地理位置、各項成本、以及其都市規模皆具潛在競爭力。而且上海已大規模從事建設及制度改革。因此,我們若要爭取區域營運中心,這些因素皆須大幅改善,並應爭取時效。否則等上海發展起來或香港局勢穩定下來,我們即很難再與它們競爭。

我國很難在短期間從事大量之建設來普遍改善各地區乃至大都市之交通及公共設施。我們也很難在短期內翻修所有不合時宜的法規,有些爲了爭取營運特區所必要的規定甚至也不宜立即適用於全國。此外在現階段的兩岸關係下,我們也不能全面開放兩岸之間的往來以配合區域營運中心的需要。故綜合這些因素,我們若要吸引更多重要企業以台灣爲區域營運中心,最好的辦法是設立一個區域營運中心特區。

在區域營運中心特區裡,我們可以排除一些對發展區域營運中心的不合理的法規,例如在金融方面,我們甚至可以全面試行適用符合於國際慣例之其他金融中心之法規。如果我們將特區建在國際機場附近,則即使我國之交通建設尚未全面改善,交通問題對吸引區域營運中心的障礙也可降低至最小。國外前來區域營運中心的人士可以不必面對機場至島內其他

建議	說明

地區以及市區內的交通問題，而由國內配合區域營運中心的廠商自行配合解決交通問題。

如果把區域營運中心集中在小區域內，則通訊與公共建設不足及土地成本偏高的問題，乃至治安及生活環境問題，都較易解決。這也比短期內要改善全島之公共建設和生活環境來得容易。此外讓區域營運中心特區設在國際機場附近，也可以讓我們較方便放寬外籍人士乃至大陸人士入境到區域營運中心特區的管制。

除了營運所需的種種配合之外，餐旅和購物的方便也是廠商選擇區域營運中心地點的考量因素。設在國際機場附近的區域營運中心特區可以和機場共同建立大型之餐旅、購物、休閒、和娛樂服務區，藉同時服務機場旅客及區域營運中心特區人員以達到規模經濟。這類服務的提供，亦可吸引各航空公司以此機場為轉機中心，而更提高區域營運中心交通的方便性。

綜合這些做法，設在國際機場附近的區域營運中心特區應該是爭取跨國企業來台灣設立區域營運中心，以及發展區域金融中心，以帶動我國經濟發展的捷徑。這種做法可避免短期內全面改革及全面建設的困難，也不必擔心只給某些在台灣設立區域營運中心之企業特別優惠所造成之不公平。目前可開始著手的工作至少包括地點的選擇、特別法規的研擬，硬體建設的規劃，以及本國人進出特區的合理管理辦法。

2. 為了使區域營運中心特區具有足夠的吸引力，對東南亞各地之航空交通必須更為方便，尤其特區旁之機場最好能和大陸之主要都市建立方便之航線。縱使直航未能在短期間內實現，區域營運中心特區之

目前香港每週有233班定期班機飛往大陸35個都市，而由於去年申請台胞證人數達151萬人次，再前兩年亦皆接近100萬人次，其中多由香港進入大陸，故香港前往大陸之班機實際上有一半以上是由

建議	說明
規劃仍需預先做好準備。	台灣旅客所支持。若開放區域營運中心特區與大陸間之航線，則由台灣居民本身之需求即可提供大量之班機，使特區與大陸間之航空交通至少和香港一樣方便。這對以大陸爲重要市場的跨國企業將具有甚大之吸引力。而爲充分發揮此項吸引力，將來航線不應只限上海或任何少數地點，而應遍及大陸20個以上的重要都市。如果只和少數大陸城市通航，則一般人和到香港轉機並沒有方便多少，而我們卻要在答應直航這件事上付出一樣的政治成本。因此，將來談判直航時，一定要堅持一開始就飛往20個或更多之大陸大都市。至於直航與國統綱領不相符合之處，一方面可因這是特區對大陸之直航而做適當說明，另一方面也可籍「主權分立」及「統一之時機及方式須待台灣住民同意」等政治宣示，而消除國內外之疑慮。
3. 區域營運中心特區可以設在中正機場附近或中正機場與台北市之間，特別是可以考慮把桃園軍用機場改爲特區的可行性，以提供充分之土地並增加中正機場之起降容量。	(1) 中正機場已有甚多班機，可使特區迅速得到方便之對外交通。若再規劃新機場，則對大陸以外之航線須經過一段期間後才能建立，且班機兩地分散的結果，不符合對外交通方便的原則。改清泉崗爲民用機場，新建台南機場或擴建小港機場亦皆非短期內所能辦妥。
	(2) 中正機場目前容量雖然接近飽和，但已在擴充中，且若增加大陸航線，則原本前往香港再轉往大陸之民衆改爲直接前往，國內旅客人數並未因此而大幅增加。目前每日25班以上飛往香港的班機亦會減少，對機場所構成的壓力並不大。同時中正機場旁邊之桃園軍用機場重要性不如清泉崗，可在短期內即改爲支援民用。
	(3) 營運中心特區需要法律、會計、金融

建議	說明

等服務業的配合。這些服務業若須重
新建立，則營運特區之發展將遭遇困
難。目前國內具有國際業務能力之這
類服務業都集中在台北。若將營運中
心特區設在台中、台南、或高雄地區，
各類服務業的配合都遠不如台北，而
無法和香港等地競爭。

(4) 國際營運中心雖然須和港口配合，但
並不一定要在一起，只要指揮協調方
便即可。台中雖然有港口，但台中港本
身問題甚多，且台中市離台中港23公
里，台北市離基隆港28公里 (經高速
公路)，離淡水19公里。台中在海港方
面並不比台北有利，台南或離島工業
區則尚無國際港。故以港口配合而言，
只有高雄優於台北。

(5) 國際營運中心也須和生產基地及其他
廠商配合，雖不必在一起，但最好仍能
有方便的交通及較短的距離。離島工
業區及高雄之重化工業，或者加工出
口區之傳統工業都不是最須協調配合
之生產事業。營運中心反而更須和高
科技之生產基地配合，而中正機場和
新竹科學園區間的交通也比其他地區
方便。同時台北也是國內大型企業總
部及跨國企業在台分支機構集中之處，
故特區位在台北附近應較具吸引力。

(6) 把國際營運中心特區定位為決策、協
調、研發、資訊、以及利潤等中心而非
生產或運輸中心之後，營運中心特區
所需之土地並不必很大，台北到桃園
之間可找到適當地點，甚至可利用桃
園軍用機場，而解決土地問題。故特區
不宜設在尚不適合居住或低度開發之
離島工業區等地區。

(7) 由於浦東已展開大量建設，而上海之
地理位置及都市規模乃至國際化之程

建議	說明
	度, 皆使上海極具潛在競爭力, 因此, 我們要爭取區域營運中心, 時效極爲重要。而目前只有在中正機場附近或中正機場到台北之間的地點有現成之機場、民航線、及服務業來配合, 在短期內只要通過特區立法即可開始從事建設並與有意來台設立區域營運中心之廠商洽談, 以爭取時效。
	(8) 將來法規進一步自由化及台北至中正機場的捷運乃至高速鐵路完成之後, 區域營運中心特區很容易與台北結合, 而以國際大都市的型式發揮更大之區域經濟金融中心的功能。屆時上海浦東即使發展起來或香港的情勢安定下來, 台北也仍能和它們競爭。若將特區設在其他地區, 則並不容易發展成大型國際都市。
	(9) 台灣人口較集中在北部, 故爲方便民衆前往大陸, 或爲吸引較多前往大陸之民衆利用特區航線以增加特區對外交通之方便性, 大陸航線亦以在北部起降較爲適當。
	(10) 中正機場或桃園軍用機場做爲大陸航線之機場, 對台灣空防之影響, 宜預先加以審愼的檢討。
4. 下列各項準備工作應立即進行, 以爭取時效:	若延緩規劃, 則無法爭取時效。特區規劃規模並不大, 很多硬體建設可在還未完成全面規劃前即先進行局部建設, 仍不致於造成未來發展的瓶頸。至於目前委託日本麥坎錫公司進行規劃似不宜過份依賴其評估建議, 因爲日本本身沒有爭取到衆多跨國企業的亞太地域營運中心。
(1) 研訂區域營運中心特區條例, 規定特區中排除現有法規, 新訂專用法規。未來特區專用法規之訂定應簡化程序, 以應國際競爭之需要。	

建議	說明
(2) 尋找特區可能設置之地點，並協調取得土地，進行公共建設之規劃與興建。	
(3) 和跨國企業洽談在特區中設置區域營運中心或分支機構的意願。	
(4) 邀請擬前來投資之企業及國內外其他企業規劃投資興建辦公大樓及餐旅、購物、休閒等其他設施。	
(5) 預先做好與中共洽談大陸航線之相關事宜之準備。未來洽談應主張為方便民眾，必須同時建立20條以上航線。	

至於直航與與國統綱領不相符合之處，一方面可因這是特區對大陸之直航而做適當說明，另一方面也可籍「主權分立」及「統一之時機及方式須待台灣住民同意」等政治宣示，而消除國內外之疑慮。

亞太經濟合作會議之發展
與應有之對策

1994年1月

一、前言

亞太經濟合作會議 (Asia Pacific Economic Cooperation) 自成立以來, 從一個原先非常鬆散的組織 (APEC 本身並沒有明確界定其組織型態), 發展到今天, 已成爲在亞太地區最舉足輕重的一項經濟性會議。以去年11月召開的「領袖會議」而言, 在此之前, 實際上已完成系列的「資深官員會議」(Senior Officer Meeting, SOM), 名人小組會議以及部長會議。其中又以「部長會議」所達成的多項實質決議與「領袖會議」後所宣佈的「遠景聲明」, 對未來此一地區的政經情勢發展將產生重大深遠的影響。我國係 APEC 正式的成員, 對此一情勢自應密切注意, 並妥擬對策。

二、APEC 領袖會議的評價

APEC 自成立後到去年11月一共召開了五次部長會議, 舉辦了第一次會員國領袖會議。後者不論在參加的成員, 會議的方式、規模, 甚至在名稱的安排上, 均具特色, 或不循往例。在會議之前, 雖然主辦國美國國內對此會議的期望並不高, 但在會後, 多能從其象徵意義頗濃的多項安排及結果中, 看到其後續的下列可能發展與影響:

1. 美國人民體認亞太地區的重要性以及美國亦屬亞太國家之事實。

2. 亞太地區各成員及國之間的文化背景，政治制度及經濟發展階段差異頗大。APEC 提供了一個可相互聯繫的橋樑，以及針對一些廣泛的議題，做非正式的意見交換。

3. 美國可利用 APEC 取得其提升此一地區生活水準的主導地位，並影響後續的烏拉圭回合的談判。後一想法確已獲致成效。

4. 確定以經濟的競爭逐步取代過去以軍事為主的競爭。

三、我國參加 APEC 的收穫

在 APEC 逐漸從一非常鬆散的組織發展成政府之間層次分明的各級代表會議以後，我國正式成為其會員，並積極參與，且能發揮影響力，當深具意義。事實上，APEC 從當初的設計運作到後來的諸多安排，不難看出美國有意創造出不排除我國的一個新的國際關係運作架構。譬如各成員均以經濟體 (economy) 身份加入，兩岸的地位自然平等。在「領袖會議」名稱上也不用「高峰」或「元首」，並刻意再加上經濟領袖，顯然係針對李總統、香港及馬國元首或最高政府首長無法參加做考慮。事實上，李總統派蕭主委代表出席，與中共江澤民共同出席所有活動，在名稱及參與實質活動上獲得應有的尊重。我積極參加 APEC 活動，所獲致的成果略述如下：

1. 提升我國際地位。此次「領袖會議」係我退出聯合國後，首次參與國際間最高層級的會議，普受國內外媒體重視。

2. 我政府代表在正式場合會唔柯林頓總統。而且由於我出席代表按字母的安排，或其他因素，在諸多場合，克林頓多次有意或無意顯示其個人或美國與我國之關係。中美關係預期會更為穩定與融洽。

3. 我高層政府官員能就近與亞太地區各國相關人士建立私人友誼及溝通管道，對推展往後雙邊關係助益頗大。

4. APEC 所確定的發展方向與運作方式應符合我國利益。在「遠景聲明」
　 中所接櫫的開放、合作精神亦為我政府所持之一貫立場與制定政策的原
　 則。

四、APEC 未來一年的工作計畫

在去年11月第五次部長會議已達成下列協議:

1. 通過貿易投資架構宣言, 確定以合作方式推動區內貿易、投資與經濟的
　 成長, 並同意成立貿易投資委員會, 由韓國代表出任主席。

2. 1994年的主要工作項目包括:

> (1) 致力於簡化關務、建立關稅資料庫、調查區內貿易障礙及認證標
> 　　 準。此外將特別針對如何促進中小企業活動, 烏拉圭回合談判的影
> 　　 響以及名人小組的建議等, 進行研議工作。
> (2) 促請加強海洋維護, 電信及觀光方面的合作。
> (3) 加拿大將於今年3月25至26日舉辦 APEC 環保部長會議。
> (4) 確定1994–97年分由印尼、日本、菲律賓、加拿大負責召開部長會
> 　　 議。

　　針對以上部長會議所達成的協議, 我國在今年 (1994) 將主辦之 APEC 活
動如下:

> (1) 在投資與貿易委員會之工作計畫中, 我國已送出「中小企業發展」
> 　　 工作計畫, 並與美國共同推動該計畫。
> (2) 在經濟趨勢與問題小組, 負責撰寫該小組之「1994年經濟展望報
> 　　 告」。

(3) 在「人力資源小組」下之「教育論壇分組」與「商業管理分組」舉辦兩次研討會。此外在能源小組與電信小組項下, 分別與日本及澳洲舉辦研討會。

(4) 在「觀光」、「海洋資訊」、「能源合作」, 與「貿易推動」小組項下, 爭取主辦小組會議或研討會。

在1994年 APEC 本身的活動則包括:

1. 1994年1月底至2月初在耶加達召開「資深官員會議」, 並可能同時舉行「經濟趨勢與問題」會議。在今年將一共舉辦四次資深官員會議」。

2. 於11月14至17日舉行第六次部長會議, 18至19日舉行領袖會議。

在最近柯林頓總統致函印尼蘇哈托總統的文件中提到在「領袖會議」中倡議並應予繼續討論的事項 (見附件一)。其中有多項係秉持總統指示在會中提出而獲贊同接納者, 如中小企業部長會議, 太平洋企業論壇應有各會員國中小企業代表, 企業自願提供交換計劃以促進人力資源之發展, 以及成立技術移轉交換中心等。由此可見, 我對 APEC 之活動確已有積極的貢獻。

五、結論與建議

APEC 已為我國積極參與國際組織與活動提供一良好的環境。對我當前秉持以經濟實力推動務實外交, 開創一廣闊的空間。如何掌握此一有利的契機, 逐步重返國際舞台, 進而追求國家長期最大利益, 當為目前之重大課題。針對前述分析, 謹提出以下建議:

建議	說明
1. 以堅實的學術基礎, 配合對政策切合實際的闡述, 證以台灣的實際資料, 當能對出席各項會議提出最具說服力的報告。目	

建議	說明
前我政府報告可能以第三項最完整, 第二項次之, 第一項最弱, 有必要依序加強。具體建議如下:	
(1) 各部會應成立或加強諮詢 (顧問、委員) 會議功能, 藉學者專家之參與, 補強前述第一項與第二項的不足。	目前經建會有諮詢委員會, 經濟部有產諮會, 然其組織與運作未臻理想, 宜予加強。今後我國提出之報告應具國際水準。
(2) 爲撰寫「1994年經濟趨勢報告」, 並求愼重, 不宜單獨交由某一研究機構爲之, 以免失之偏頗。經建會宜成立工作小組, 成員由學術、實務及相關決策三個層面代表組成, 經充份研討後撰寫。中間報告又可參考日本之做法, 邀請 APEC 會員國專家學者參與研討, 以便加強學術交流, 並提升報告之學術水準。	日本在前年 APEC 年會中提出「公元2000年亞太區域經濟展望與未來努力方向 (Vision forthe Economy of the Asia-Pacific Region in the Year 2000 and Tasks Ahead)」報告, 曾在通商省成立研究小組, 由一橋大學敎授山澤逸平主持, 其中間報告安排第三屆世界貢獻會議 (Third Global Contribution Seminar), 邀請 APEC 會員國家專家學者參加研討, 就該報告之草稿分章檢討, 會後做必要修改後再正式提年會報告。日本之做法可供我國借鏡。
(3) APEC 部長會議下之各工作小組會議多涉及研究、溝通工作。國內的學術及研究人力應廣加利用。各部會往後參與各項會議, 宜尋求學術界支援, 以顧問或其他身份出席會議。	目前各部會參與 APEC 代表多爲部會本身人員或工商界代表, 學術界人員參與不多。
2. 往後我參與國際活動空間將大爲增加。政府、工商組織與學術團體均應積極培育人才, 加強語言訓練以及處理涉外事物的能力。	
3. 經濟領袖會議將成爲例行年度會議。我當積極爭取由元首出席。 而且鑑於 APEC 活動日趨頻繁、重要, 其他國際組織, 如 PBEC、亞洲開發銀行均尋求與 APEC 建立合作關係。行政院宜加強現有「APEC 小組功能」, 或由經建會負責幕僚工作, 加強溝通、協調與規畫。	就此次蕭主委代表 總統出席「領袖會議」而言, 雖由於議題較一般性, 但相關部門的協調配合仍有待加強。

附件一

APEC Leaders Meeting Initiatives

1. Finance Ministers Meeting-convene a meeting of APEC Finance Ministers to discuss broad economic issues including macroeconomic developments and capital flows.

2. Pacific Business Forum-establish a forum comprised of two private sector representatives (including one representing small and medium business) from each APEC member to identify issues APEC should address to facilitate trade and investment in the region. The forum should present its report in 1994.

3. APEC Education Program-establish an APEC program to develop regional cooperation in higher education.

4. APEC Business Volunteer Program-establish a volunteer exchange program to promote human resource development.

5. Small and Medium Business Enterprise Ministers Meeting-convene a meeting of APEC Ministers involved with small and medium business enterprises to discuss ways to improve the environment for the operation of these enterprisese.

6. Investment Code-develop a ono-binding code of principles covering investment issues.

7. Energy, Environment and Economic Growth-develop APEC's policy dialogue and action plan for conserving energy, improving the environment and sustaining economic growth.

8. Technology Transfer Exchange Center-establish a center to facilitate the exchange of technology and technology management skills among APEC members.

重新釐清對十二項建設所引發的質疑

1994年3月

一、問題背景

與經濟振興方案相配合，行政院最近提出了十二項建設的經濟政策方向和口號。這些政策方向雖然受到許多人肯定，但也引起一些批評。就連院長在元月份總理紀念月會的演講內容來看，這些政策目標正確，對經濟的各個層面也大多能加以照顧。因此，這些政策方向之所以會引起不少評論的主要原因，可能是由於批評者不去瞭解政策的全貌，而有些媒體及部份人士甚至斷章取義以自己的偏見來解釋及批評政策所致。例如連院長在演講中是先強調要積極推動振興經濟方案，然後才提到要推動十二項建設，但有人卻因爲十二項建設中未直接提到工業而誤以爲目前的政策不重視工業的投資與發展。政府的南向政策明顯的是加強南向而非只南向，但一些批評者卻扭曲解釋成只要南向。凡此種種誤解，行政部門有必要將其政策架構做較完整之說明，以免因爲報導及批評之偏差而使人民產生誤解。目前政策架構中應該改進及加強的部份亦應繼續檢討調整。

二、建議事項

建議	說明
1. 政府應利用適當機會明確告訴民眾, 我們的經濟政策目標在於加速結構調整, 厚植經濟實力, 並在國際經濟舞台上扮演更積極的角色, 以求取更大的經濟成就。爲達到這樣的政策目標, 我們必須有全面性之各種政策措施互相配合。	任何國家要進步, 需要在多方面同時改進。我們目前之主要經濟政策目標是促進民間投資, 加速產業升級, 並在國際經濟舞台上扮演更積極的角色。而針對這些政策目標所提出的主要政策措施即是振興經濟方案。我們在制度、技術升級、土地利用、國民福祉、國際關係等方面分別有特定之政策措施的重點。在制度的建立方面, 我們要加速推動經濟自由化與國際化、公營事業的民營化以及建立符合國際慣例的法律規範與制度架構。在提升人力素質方面, 我們有提升人力素質的計畫, 以及改善生活環境以加強人民的向心力並留住更多人才, 吸引更多國外科技人才回國的計畫。政府也要協助國內企業從事高科技產品的研發與技術水準的提升。在土地利用方面, 我們正在推動工商綜合區與新市鎮的建設, 以及其他釋出土地或改善土地利用的政策, 並促使地利共享, 讓土地開發利益回饋全體國民, 以減輕公共建設的財政負擔。在資金方面, 我們有金融自由化及加強對國內生產性投資計劃型融資之政策措施。在國民福祉方面, 我們也要建立全民健保與國民年金保險等制度以及建設國民住宅。在國際經濟舞台上, 今後全球經濟當圍繞在區域經濟整合與貿易自由化的兩大主軸下建立新國際經濟秩序。尤其今年內我們準備加入「關貿總協」, 國內市場勢必進一步開放, 政府將協助減輕對農民與若干產業的衝擊。處在這樣的大環境, 我們一方面要利用台灣在亞太地區所具有的卓越地理位置, 另一方面要掌握此一地區內蓬勃的經貿活動, 並憑著本身已有的經濟資源, 努力把台灣建立成爲亞太營運

建議	說明
	中心, 以協助產業的升級與國際化。我們也要讓更多的外國企業到台灣與國內企業建立策略聯盟, 發展他們在這個地區的經貿關係, 以擴大我們長期經濟發展的空間。在雙邊經貿關係方面, 我們繼續加強與美國、日本的關係, 並以南向政策透過貿易、投資與技術移轉, 推展與東南亞國家的關係, 協助這個地區經濟的持續發展, 加強相互依存關係, 並對兩岸經濟的互動關係產生正面的影響, 促使中共加快經貿制度的改革。
	在上述各項政策有關之公共建設重點加以彙總即是十二項建設。故十二項建設為整體國家經濟政策架構中屬於公共建設的部份, 並非全部的政策。南向政策也只是整體國際化策略中特別加強的一環, 而非國際化策略的全部。我們要以南向政策加強與東南亞國家的合作關係, 促進這個地區的穩定成長。
2. 各項政策重點宜指派特定單位負責推動, 以顯示各項政策措施均不可偏廢, 而各單位也有明確之工作重點。	目前累積的問題甚多, 因此必須各方面同時進行改革。但批評者誤以為全方面即是無方位。將主要政策措施分別指派特定單位負責, 可以凸顯全方位是指各部會都有必須勞力改善的工作重點, 而且必須相互配合。
3. 目前整個政策架構中, 資金流向之導正及金融政策目標較不明顯, 且未予有效推動, 亟待加強。	加強結構調整, 厚植經濟實力, 亟待金融之配合。振興經濟方案中資金優先支援國內生產性投資之政策方向仍未落實, 金融政策也仍未充分發揮安定總體經濟之作用, 資本市場仍有太高之投機氣氛。金融政策應該做較大之變革, 以安定總體經濟並協助國內生活性投資。
4. 在土地政策方面, 地利共享的措施必須落實, 國土規劃亦有待改進。	地利共享的政策措施不僅可以促進財富分配的公平, 且可平抑地價而有助於降低生產及生活成本。有些配合國家建設之地利共享, 土地開發利益回饋全體國民的辦法更可以降低政府推動公共建設之財

建議	說明
	務負擔。目前土地相關政策雖已朝此方向發展, 但在個案上仍遭遇甚大阻力, 未予落實。例如工業用地及工商綜合區等土地使用限制變更之回饋社會部份即加以降低。回饋比例甚至改用代金以減少實際回饋的比例。而各地公告現值調向接近市價的目標也未完全遵行。長期交易制度及稅制的改革以及國土規劃似乎也未見主管機關積極規劃。
5. 六年國建與十二項建設之關係宜做更清楚之交代。	十二項建設是以公共建設為主, 且其項目大部份來自六年國建, 故兩者間之關係可做較清楚之說明, 以免連政府官員間都有不同之說法。目前的政策或可說是六年國建計畫在考慮資金限制及國際環境改變之後的進一步修正, 而十二項建設即是其中硬體部份之新而切合實際的較小規模的計畫。但在軟體部份卻較六年國建有許多改進。
6. 十二項建設中仍有一部份值得再整理, 並加以改進或加強:	十二項建設的內容有部份互相關聯或重疊, 而目前分項列舉, 故將來執行時應特別注意其間之相互配合問題。主管機關可再行整理這些建設內容, 而使其整體關係更為清楚。至於細項建設方面有待檢討的項目分列如下:
(1) 國宅的建設應審慎。	(1) 目前大都市空屋甚多, 故國宅之興建須審慎。而且在政府財政困難之情況下, 民間可做之住宅建設不必由政府來負責推動。
(2) 新市鎮不宜只開發大型新市鎮, 也不宜完全是由政府開發, 而應由民間依市場力量開發中小型新市鎮才能配合未來的產業發展。工商綜合區其實也可擴大小型新市鎮。	(2) 大型新市鎮甚難開發成功。比較能成功且符合經濟發展需要的是, 配合生產事業之新投資而開發之中小型新市鎮。這類新市鎮可由民間負責, 以降低政府財政及行政負擔。麥寮新市鎮即是一個可能成功的例子。目前工商綜合區不能建立與之相配合之商業、服務業、以及教育設施, 而不是完整之新市鎮, 故其協助經濟發展之功能不如

建議	說明
	同樣規模之新市鎮。做這種限制的原因是內政部不願把控制權放出，但內政部又無法提出合理之民間興建新市鎮辦法，故目前發展新市鎮和工商綜合區之做法仍有甚大之改良空間。
(3) 傳統商業區之改革及都市更新和新式購物中心及新建設應同樣受到重視。	(3) 經濟部透過工商綜合區給大型購物中心甚大之獎勵，目前又有給予五年免稅之議，但相對而言傳統商業區之改良卻甚少受到重視。傳統商店常由年老或其他弱勢者經營，其發展或存續對保護弱勢者有重大之社會意義。我們若只獎勵大型購物中心，可能會打擊弱勢者。另一方面，傳統商業區只須對其街道等公共設施或其門面及經營方式做小幅度之改變，即可成為方便美觀之現代化商場，且能配合傳統之生活習慣。舊市區之重建乃至適度改良亦可大幅改善生活環境。故政府應加強這類技術上不難達成，資金負擔較小，且對現有利益分配及生活習慣乃至人群關係和文化皆較不會產生太大衝擊的發展方式，不要只著重建設新市鎮或工商綜合區的部份。
7. 政府不宜做「供給導向」與「需要導向」這種二分法 (dichotomy) 的政策宣示，以避免爭議。我們讚成政府明確地宣示，今後的政策重點不再過份強調有效需要的管理，以延續既有的產業與市場結構。不過，政策宣示採取二分法的做法，在經濟學界容易引起爭論，對一般公眾了解政策目標與政策措施之重點也未必有幫助。	如上所述，今後政策措施的重點在於充實社會資本、推動經濟自由化與國際化、開放市場，以建立透明而有效率的市場，提振民間活力，讓企業家精神能夠充分發揮，以創造未來更寬闊的發展空間。這樣的政策措施的重點，並無創造「供給導向」的用辭加以含蓋的必要。

凝集生命共同體的共識, 實踐並傳播
台灣經濟發展經驗

1994年10月

一、生命共同體的經濟意義

所謂生命共同體, 係指一群個體, 基於其成員對彼此相互影響、相互作用、休戚
與共的體認, 所發展出的群體意識。基於此種意識, 群體成員如能經過協調與
溝通, 對於共同目標的追求達到共識, 對整個群體產生認同, 即能進而共同為
群體目標而努力, 生命共同體便得以生存, 得以發展。

　　生命共同體的觀念有兩個重要特質。第一個特質是, 這個觀念是個人意識
與群體意識的綜合體, 由前者延伸而形成後者。是以, 這個觀念與民主自由的
理念一致, 是由下而上, 由個體而整體, 群體的力量係來自個體的認同與共同
的努力; 個體的努力造就群體的成長, 群體的成長又造就個體的福祉, 群體與
個體相輔相成, 相互為用。

　　第二個特質是, 生命共同體的觀念可適用於各種不同規模, 依不同情境或
條件而產生的群體。任何一個群體, 只要其成員對於禍福與共有所體認而產生
群體意識, 即可形成生命共同體。根據一般人的經驗, 由小而大, 生命共同體的
理念可以由家庭出發, 擴大到社區、鄉里、城市、國家、多數國家形成的區域,
乃至全世界的全人類。是以生命共同體的理念可以由個人生活經驗來體認, 它
是自然的; 這個理念可以自由地延伸和擴展, 而具包容性。

　　由經濟的觀點而言, 生命共同體即為個體基於對經濟上相互依賴、共存共
榮關係的體認所產生的整體意識。以這個意識做基礎, 如能透過協商和溝通,

對於經濟發展的目標、型態、策略、方法和政策達到共識, 則群體成員可對整體經濟的方向與運作產生認同, 共同努力, 使經濟共同體能持續成長, 個別成員也能在此過程中實現自我的發展。

在形成經濟政策的共識中, 往往會包含市場機能的強化。所謂市場機能, 是指成員個自追求自我目標, 透過交易與交換, 使資源達到最有效的分配, 個人的智能得以充份發揮, 整體經濟亦能得到最大的利益。在此機能下, 私利與公益的衝突容易獲得協調, 對於生命共同體之發展與運作有莫大的幫助。當然, 市場經濟本身不必然就是經濟生命共同體的代名詞, 但它卻是促進共同體發展的重要工具。如果只有市場, 沒有群體意識, 人與人間只剩下交易關係, 則缺乏群體意識的經濟體的存在可能是短暫而脆弱的, 其運作可能是混亂的。

在形成經濟政策的共識中, 往往需要群體力量來建立制度與法律架構, 以促進市場更有效的運作, 充分提供公共設施。除了市場力量以外, 這些工作的執行, 群體的合作非常重要。因此如果缺乏共同體的觀念, 經濟就很難順利發展, 群體力量不能發揮, 個體的福祉也難於提昇。

是以從經濟的觀點去了解生命共同體的意義, 應有以下幾個課題值得重視:

1. 如何讓全體人民了解經濟之持續發展對於台灣前途的重要性, 以促使全民形成一種休戚與共的體認, 孕育生命共同體的情操。

2. 如何就經濟成長的目標, 以及達成這些目標所應採取的政策, 在全民間取得共識。

3. 如何善用市場機能, 以使民間部門能充分發揮其潛力, 促進資源作有效率地運用。

4. 政府如何健全制度, 如何有效推動公共建設, 以便為經濟的成長提供有利的環境。

5. 如何讓經濟發展的成果由全民所共享, 以強化人民對於整體經濟發展之認同。

這種經濟生命共同體的理念, 可以延伸, 到兩岸經濟關係上「雙贏」的策略,

亦可推廣至亞太經濟合作共同體, 乃至全世界。

　　以下就針對這些課題, 闡述台灣經濟發展經驗中, 孕育台灣經濟生命共同體理念之歷史環境 (第二節), 然後討論現階段如何以生命共同體的理念, 促使台灣經濟持續成長 (第三節), 最後討論如何將經濟生命共同體的理念由台灣延伸、進而及於世界 (第四節)。

二、台灣經濟發展經驗

所謂台灣經驗, 就是中華民國台灣地區全體國民, 在過去40年間, 爲個人求生活水準的提升, 爲國家求進步, 團結一致, 奮勵不懈, 以智慧與血汗所獲得的寶貴成果與經驗。

　　台灣經驗的累積, 並不是因爲我們擁有任何先天或後天的優良條件。相反地,

1. 台灣地區的自然資源極爲缺乏, 我們所使用的石油, 99%依賴進口。

2. 台灣地區的人口密度每平方公里達566人, 爲全世界僅次於孟加拉, 人口最密集的地區。

3. 台灣地區由於面對中共的武力威脅, 國防支出除近兩年外, 長期以來均占中共政府總預算的40%以上, 早期甚至達到77%。

4. 中華民國的外交處境, 尤其自1971年退出聯合國後, 一直極爲艱苦, 而我們的外貿依存度則爲世界最高的國家之一。

　　在這樣的逆境之下, 我們能咬緊牙關, 戮力以赴, 即是台灣經濟最寶貴之所在。回想過去40年來, 在經濟上能獲得這樣的成果, 不是僥倖的, 而是許多因素、許多努力的累積所造成的。

　　以發展策略而言, 台灣的經驗顯示, 國家的發展沒有一套固定的理論可以涵括一切, 並保證成功。最重要的是要先透澈了解自己的主客觀條件, 掌握可

以運用的資源，用自己的智慧，克服困難充分發掘發展的利基，以達成既定的目標。換句話說，策略的制定要「務實」，沒有「務實」的作法，是達不到目標的。

在過去的每一個階段，我們都面臨不同的問題，而在決定我們作法的時候我們所依據的是怎樣做才能符合全民的最大利益，才能達到均富的目標。所以，我們每一個階段所採取的策略都不同，有時偏重農業，有時偏重工業，有時鼓勵儲蓄，有時促進向外投資，這些都是站在動態的觀點，根據階段性的需要，而採取的不同策略。要點在於，政府的出發點是大公無私的，而且隨時考慮到民眾的利益福祉，這樣才非常成功地創造了「台灣經驗」，為所有開發中國家建立了成功的發展模式。

在光復的初期，台灣在各方面均面臨重大的難關。在農業方面，我們農業人口的三分之二，也就是全國人口的三分之一，約250萬人沒有自有耕地，地租居高不下，財富與所得分配不均，嚴重影響農業的正常發展。政府於是採取土地改革政策，其主要目標在於實現「耕者有其田」，並在實施的過程中，改善農民的生活並提高農產品的產量。

土地改革的結果，擁有土地的農民由36%提高為92%，180萬農民全年的勞動時間由以往的150日增加至180日，稻穀生產量由原來的120萬噸增加1倍，成為220萬噸。這樣就讓台灣無糧食匱乏的後顧之憂，打好了台灣經驗最重要的基礎。

土地改革的另一個目標是要將地主原來集中在農地的投資，轉移到工業發展上；為了促使此種投資方向的改變，政府釋出公營事業的股票，讓地主能參加其經營。此外，為了能進一步吸取來自社會各階層的資金，作更多的投資，發展我們的工業，當時政府對民生消費品提供全面的進口保護，以鼓勵進口加工原料，製造工業消費品，以取代進口。這就是所謂進口替代政策。在此政策之下，輕工業逐漸發展起來。

到了1950年代後期，環境開始有了變化。一方面以國內市場為主的輕工業發展已經達到了極限，另一方面由於進口原料不斷增加而使得外匯極為短缺。

在這種情況下，政府毅然實施匯率改革，將當時複式匯率予以適度的貶值，統一訂於40新台幣兌1美元的水準。這個作法去除了外匯市場所存在的人為扭曲，建立了有利出口的前提條件。

此外，政府也採取了多項有利於出口產業的措施，包括加工出口區的開發，簡化投資手續，歡迎外人投資與進口機械設備在租稅方面的獎勵，以及國際市場資訊的收集與提供等。在這樣的環境下，民間出口產業如雨後春筍一樣，在全國各地萌芽、成長、壯大，使得全體人民的活力得以動員起來，形成台灣經濟旺盛生命力的泉源。這是善用市場機能的例子，培養了一個有利於民營企業發展的環境。

在1951及1961年代，在政府做了一連串政策改革之後，台灣經濟就採取出口導向的發展策略，產業結構循序改進。在1971年及1981年代，雖然經歷了兩次能源危機及新台幣大幅升值的衝擊，但我們整體經濟的表現仍有過人之處。在所得水準方面，1952年至1993年的41年間，我們經濟的平均成長率是8.9%。國民所得由每人每年196美元升為10,566美元，成長了53倍。在國際貿易方面，1950年我們的外貿總額是微不足道的3億美元，而1993年則達到1,620億美元，成長了500倍以上，成為世界第13大貿易國。我們的外匯存底累積到1993年底的835億美元。同年對美出口為235億美元，進口為167億美元，成為美國第5大貿易伙伴。

尤其可貴的是，在這段所得快速成長的期間，我國的所得分配並沒有更加不平均，在1961年至1971年代期間，反而更趨於平均，表示全國各階層的平均所得隨整體經濟成長而提高，而且在很長一段期間，低所得層家庭所得成長的速度還高於全國各階層的平均數。這種結果符合我們原先追求的「均富」原則，也使台灣經驗成為世界各國競欲了解的對象。

再者，在工業快速發展的這段時期，我們並沒有忽視農業，而是帶領農業走出一條新的路。工商業不斷吸收農村勞力，造成農業勞力的外流和老化。為了改善這個現象，提高專業農家經營意願，增加農民所得，加強農村青年培育，重整農業基層陣容，恢復農民信心，政府訂立了「八萬農業建設大軍培育輔導計

畫」。在此計畫之下，我們嘗試建立了八萬戶生產力高，且在技術上、經營上能夠獨立的核心農家。這對台灣農業生產力持續提升，開發具有競爭力的農產品助益甚大。

在人才培育方面，此時期台灣也有重大的進步。義務教育由6年延長為9年，大學以上教育人口成長尤為快速，其占六歲以上人口比率則由1950年的1%提高到1992年的12%。人民素質的提高，不但使得各行各業能夠得到優良的人力資源，也打好了台灣政治民主化的基礎。

事實上，政府一方面發展經濟，另一方面民主政治的發展也逐步地推行。自1950年起，我們即開始實施地方自治，並舉行各級政府首長和民意代表的選舉。40餘年來，民眾參與政治活動的意願始終極為高昂。隨著客觀條件的逐漸成熟，蔣故總統經國先生於1987年毅然取消了戒嚴令，允許新政黨的成立，並開放報紙登記。目前雖然我們民主的素質還有待提昇，但言論自由的尺度與任何國家比較都是絕不遜色的。

許多國際媒體常常問我，什麼是「台灣經驗」，我曾告訴他們，台灣經驗牽涉的層面固然很多，歸納起來大致有五個特點：

第一，教育普及，使國家建設不缺少管理人才，使社會建設能全面發展。

第二，政府與民間重視知識分子，而知識分子也都能在各行各業發揮他的能力。

第三，由於土地改革的成功，農業生產力提高，農民收入增加，奠定經濟發展的基礎。

第四，政府制定務實和正確的策略，以農業為基礎，促進工商業成長，工商業發達之後再回饋農業，使農村生活富裕安定。

第五，經濟發展與民主政治並重，人人能夠生活得既富足又有尊嚴。

就孕育經濟生命共同體的情操而言，台灣經驗還有以下幾個積極意義：

1. 雖然民主發展還有一段路要走，但畢竟已經建立了相當基礎。這使得生命共同體的基本理念得以萌芽。

2. 經濟發展快速, 其成果又能爲全民所共享, 表示在群體中的個人均能隨群體之成長而成長, 這對經濟生命共同體理念的成型, 追求共同的目標, 孕育對於台灣整體經濟的認同和向心力, 均發揮重要作用。

3. 政府採取務實的政策, 有效運用市場機能, 製造了有利於成長的環境, 使民間企業能發揮其活力與創造力, 進而促使整個國家的經濟能夠起飛, 這是台灣經驗的精髓。

三、以生命共同體的理念締造台灣經驗的新境界

1990年5月, 本人就職中華民國第八任總統, 即明確宣示, 希望在最短期間, 終止動員戡亂時期, 同時, 依據當前的需要, 經法定程序, 將憲法做必要的修訂, 以進一步落實民主憲政。當年六月, 我們召開了「國是會議」, 確定了修憲的原則。經過將近一年的努力, 終於在1991年5月1日終止了動員戡亂時期, 同時, 依據國民大會臨時會的決議, 通過憲法增修條文, 完成了第一階段的修憲。1991年底, 選出第二屆國民大會代表, 開始進行第二階段的修憲。

歷經了這些變革, 再加上省及院轄市首長開放民選, 以落實地方自治, 可以說我國已正式踏入民主政治的新階段; 不久前, 國民大會完成總統、副總統由人民直接選舉的修憲工作, 以憲政改革政策落實主權在民, 以主權在民來凝聚全民共識, 以全民共識來實現社會的正義、和諧與繁榮。

在民主化的社會中, 生命共同體的理念尤其重要。在民主的社會中, 個人自由獲得保障, 每個人都有權利追求自我的實現; 但是如果多數人只追求自我的實現, 欠缺群體意識, 其結果將是一個分崩離析、沒有秩序與規範的社會, 最後連個人的自由也不能獲得保障。

就如何調和個人的實現自我與整體社會的健全發展而言, 以生命共同體的理念, 來達到共識, 產生群體認同, 可能是唯一的選擇。對一件事每個人都可以有不同意見, 但是如果心中有生命共同體的理念, 就會願意坐下來, 用理性的

態度相互溝通、協調。

以經濟而言，對經濟發展的模式、策略和政策，大家可以有不同意見，但是不要讓不同意見成爲固定不變、針鋒相對、水火不容的立場。要體認到經濟發展是台灣生存的重要命脈，大家應爲維繫這個命脈而努力。至於如何發展，發展得快一點還是慢一點，那些產業優先發展，都可以討論，但是應當對於經濟發展的追求先有基本的共識。

這樣的共識就是經濟生命共同體理念的基礎。有了這個基礎，大家可以理性地、冷靜地，對於發展的內涵和政策，作充分的溝通，儘力達成共識。即使某些議題對於政策內容本身還沒有共識，至少對達成決議的程序要有共識，然後大家尊重這個程序所產生的決議。

達成共識以後，大家就可以自在其崗位上，朝共識而努力，如此會對整個社會產生向心力與認同感，經濟生命共同體便在和諧、團體的基礎上持續地發展與壯大。

這是一個很大的挑戰，是一件不容易的事。如果我們崇尚主權在民，崇尚民主自由，政治一定要民主化，社會一定會多元化，一定會有代表各種不同利益的團體出現，爲個自的目標而爭取更多的空間，則我們要維繫這個社會生存，非有群體意識不可，而且往往必須將群體意識擺在個人主觀意識之上，將社會公益擺在個別團體的利益之上，尊重群體經由一定程序而產生的共識，這個社會才有健全發展的機會。

說得更明白一點，我們從光復到現在，社會上普遍存在著一種過於強調本身利益，而忽略群體的觀念。這種觀念必須改成建立自己好、大家好、通通好的共同體觀念。

培養共同觀念，尙沒有完全落實，而且只有今天在民主社會來強調才容易有結果。民主社會肯定自己，但要有共同的規範，才能在追求自己的利益時，也同時顧全了大眾的利益。所以我說社會上有越多具精神感召的人、有道德觀念、倫理觀念的人，社會就越能進步。

就現階段爲建立台灣經濟生命共同體，以下幾個層面特別需要受到重視。

1. 落實經濟自由化政策，激發民間活力

我們的經濟面對不同的發展環境和條件，自需採取不同的發展策略。在台灣經濟發展的早期，資源極度匱乏。當時資源匱乏到什麼地步，舉一個簡單的例子大家就會清楚。在1953年，也就是第一個四年經濟計畫開始實施的時期，當時我們一年需要3億美元的外匯，而我們的出口不過是兩億美元仍然不夠應付當時國內發展資金之需要，還要靠其他的方法獲得資金。在當時的情況，政府爲有效分配使用有限的資源，對某些產業，便無法避免採取保護措施。

現在的環境和當時相比，顯然已經有了很大的變化。我國的經濟在歷經進口替代、出口擴張和不斷追求產業結構改變的政策下，已經厚植了經濟實力。我們的民間企業已經成長壯大，可以在國內外的舞台上和其他國家競爭，我們的外匯存底已經達到800多億美元，是世界上屬一屬二的外匯存底最豐富國家。面對新的情勢，有必要採取新的策略。具體而言，就是採取經濟的自由化，讓民間企業在經濟上扮演更重要的角色，以進一步激發其活力。

自由化的政策已經實行多年。當時國內曾組成經濟革新委員會，針對國內外經濟情勢提出建言。該委員會的報告認爲，經濟革新的基本方向應爲經濟的自由化、國際化與現代化。自由化意指政府減少或取消對產業不必要的保護、限制或補貼；國際化意指政府建立公開、公平、自由而開放的國際經貿制度；現代化意指政府全面檢討修訂不合宜的法令規章，使其符合國際規範，跟得上時代潮流。

首先，在自由化方面，對象應由製造業擴大到金融業和運輸、通信等貿易性服務業，而且也應包含公營事業的民營化、現代化；在國際化方面，爲了能早日加入關稅暨貿易協定 (GATT)，有心要在短期間內進一步去除貿易的障礙，促成國內投資之自由化；務必要使我國的相關規定能符合國際慣例，使得世界各國均願與我國貿易並來我國投資，而我國企業也能自由地與世界其他各國貿易

或對外投資。在法令的現代方面，許多修正工作已經在進行，今後可以再加強，尤其是土地方面的法令如何修正配合時代的需要尤其值得我們探討。

當然這不表示政府的功能應當萎縮。只要市場機能有不足的地方，包含新科技的引進、公共設施的推動、管理制度與遊戲規則的建立，還是需要政府來帶動。具體而言，有三方面的經濟事務仍然需要政府的積極參與：第一，政府要塑造一個公平競爭的環境；第二，對於具有公益性、外部性，但缺乏個人投資誘因的經濟行為，或依市場價格、功能來看，個人無法從事但又有其必要者，應由政府來做；第三，有關工業安全和公害問題，必須由政府規劃、輔導工廠來配合完成。

所以，我們此地所謂的自由化，不是為自由化而自由化，也不是要政府完全退出經濟活動的自由化。自由化的真意在於政府和民間之間的分工重新畫分，凡更合適由民間企業來做的，就儘量由民間做，其他還是需要由政府來處理的，政府還是要抱著積極、主動的態度來做。這種政府和民間攜手合作的模式，也是經濟生命共同體展現的一個重要風貌。

2. 推動國家建設計畫，奠定長期發展基礎

所得水準和物質生活的改善，只是國家現代化的第一步。當我們即將成為工業化國家，雖然經濟持續繁榮，人民日趨富裕，但社會上公共設施不足、交通混亂和環境污染等現象也一一顯現。這使我們覺得，需要以全面性、整體性的規畫來予以改善，以重建經濟社會秩序，謀求全面均衡，加速國家現代化。

在這樣的認識下，政府陸續推出了重大基礎建設計畫，在未來的數年，積極從事能源、環保、航空、資訊、休息設施、捷運及其他交通建設。我們希望這些建設完成後，台灣地區人民的生活品質、經濟結構和人文社會環境，能提昇到一個新的境界，同時也能早日使得台灣成為西太洋的國際航運中心、金融中心和製造、技術服務、研發等中心。

在推動國家建設的過程中，有兩個層面特別值得我們注意。第一是國家建

設雖然由政府擬定，但不一定要由政府自己來做。以政府目前的財政狀況和厲行人事精簡，事實上凡是能由民間來做的，應儘量交給民間來做。這樣一來，民間的活力可以進一步發揮，效率可以提升，所需的經費也可以更節省。開發利益如何回饋社會，如何補助國家建設的推動，也可以做更妥善的規劃。最近政府已經制定了獎勵民間與重大交通建設的辦法，我們希望在完成立法程序後，能確實執行擬定的計畫。

　　第二，在推動國家建設的過程中，難免有一些會引起爭議的問題。前面已經指出，在一個言論自由、意見多元化的社會，有不同意見是很正常的。但是辯論可以、溝通可以，一旦經過辯論立法後，就不宜再固守己見，而應以監督的立場，促成已通過法案的確實執行。在經濟生命共同體的理念下，大家很清楚，如果因為堅持己見而無法達到共識，政策回到原點，最後拖延，付出更大代價的還是全體人民。是以有必要以理性的態度相互溝通，在促進經濟健全發展的前提下，儘力達成共識。萬一對議題本身無共識，也要像我們在前面所指出的，對達成決議的程序要有共識，然後尊重由這個程序所產生的決議。這是經濟生命共同體的精義，也是台灣經濟未來要能保持健全發展的最重要憑藉。

3. 促進全民共享發展的成果

過去台灣經濟發展的模式，被稱為是經濟奇蹟，很重要的理由之一是在經濟快速成長的過程中，貧富差距非但沒有擴大，反而日益減小。這種各階層人民均能分享經濟發展成果的特性，是形成經濟生命共同體的重要基礎。

　　今後我們在制定政策的時候，仍應以促進全民共享的成果為念，注意追求程序公平，以及提升社會福利的的層次。所謂程序公平，就是各階層人民均有參與各種經濟活動，參與競爭的機會。要做到這點，過去我們一貫強調的教育，今後仍然要加強。人人不但有接受基礎教育的權利，而且有公平的機會可以受到高等教育，是程序公平重要的關鍵。有了完備的基本教育水準，個人可以依其興趣與志向，在各行各業謀求發展，追求生活水準之提昇。

　　所謂的經濟自由化, 也有市場開放、公平競爭的涵義。行業開放以後, 新的企業可以自由加入, 但須在一定的規則下相互競爭, 受雇者有機會成為雇主, 小企業有機會成為大企業, 既有的大企業若不努力, 也有可能落後, 甚至被淘汰。這樣的競爭會使得我們社會具有高度的應變能力與效率, 人人有向上的誘因與希望, 是成就經濟生命共同體的重要條件。

　　除此之外, 我平時就一直強調, 政府做事要用心, 要多以一般百姓的福祉為念。如果政府各部門的官員, 都能抱持著這種心態做事, 經濟發展的成果沒有理由不為全民所共享。比如人民缺乏休閒場所, 政府便應多開闢公園, 多設置休閒設施。民生用水水質不佳, 或者數量不夠, 政府便應設法改善水質, 開闢新水源, 而且也要避免水資源的浪費。住宅價錢太高, 人民買不起住宅, 政府便應採行各種政策, 使得人民可以有能力購置平價住宅。政府要將一般人民生活的改善視為施政的第一要務。這樣做事的政府, 最能獲得老百姓的支持, 最能落實主權在民理念。

　　在社會福利方面, 許多措施已經實行, 今後應當再加強。對於低收入戶的補助, 尤其是低收入老人的補助, 要切實執行。對於殘障人士的扶助, 要持續推動。全民健保已經完成了立法, 近期內即將實施, 很快會將我國的社會福利帶入一個新的境界。我們一定要全力以赴, 將全民健保辦好, 使得全國2,100萬人民, 均能享受到健康保險的好處。

　　我們希望透過這些努力, 全國人民均能有機會參與各種經濟活動, 也有機會分享成果。在一個能夠共存共榮的社會, 經濟生命共同體的理念一定可以落實, 大家也一定願意為共同的目標而努力。

四、生命共同體的延伸與傳播

中國近代的分裂, 是歷史因素造成的。歷經了近半個世紀, 兩岸呈現錯綜複雜的關係。我曾舉過例子, 假如我們的隔壁住了一個觀念差異很大的鄰居, 要如

何處理？不理他，是不能解決問題的，就算這一代不往來，也要讓下一代相互往來，這樣才能藉由相互的了解，化解衝突。兩岸的交流也是同樣的道理。彼此敵對了近50年，那種敵視、猜疑不是短時間就可以消除的。

　　兩岸的交流，我們從民間開始。既然開始交流，就必須有依據、有規範。因此我們制訂了「國家統一綱領」，作為推動兩岸關係的依據，但是何時統一，如何統一，仍無一定的時間表與統一模式。另外，立法院也通過了「兩岸人民關係條例」，作為規範。民間的交流必然衍生很多問題待解決。為保障民間的利益，我們同意了「辜汪會談」的舉行。這是民間性、事務性的會談。兩岸關係的推動一定要有朝野共識，一定要很謹慎、很務實。更重要的是，我們一定要有信心，不要自亂陣腳。

　　國家統一綱領，將未來統一的進程，分為交流互惠、互信合作及協商統一三個階段，目前還正努力將兩岸關係導入近程之交流互惠階段。我們認為，統一沒有時間表。我們尤其要強調，統一應當在建立一個民主、自由、均富的中國的目標下，循序漸進，千萬不能急躁或忽略了台灣地區2,100萬人民的安全與福祉。統一既是所有中國人的共同願望，則台灣海峽兩岸均應致力消除彼此間的各種疑慮和障礙，中共尤應停止在國際間孤立中華民國，而應讓雙方共存於國際社會。本人認為，台灣兩岸的當務之急，應當是把力量集中在各自的政經建設上，加速自由民主改革及推動經濟發展，改善民生，以營造統一的客觀條件，厚植統一的具體基礎。

　　有關海峽交流方面，自從國家統一綱領通過後，我們的大陸政策已經有了具體的方針與明確的目標。統一雖然沒有時間表，但卻是我們一定要走的道路。因此，配合法令的修訂及國統綱領的近程目標，我們會繼續推動兩岸學術、科技與文化的交流，而經貿活動則在已有的基礎上，循序進展，透過彼此更多的了解，化解雙方的敵意，建立良性的互動關係與互信的基礎。

　　大陸政策的制定，值得再三強調的是2,100萬同胞的福祉安全要優先考慮，這一點在國統綱領中說明得很清楚。大陸在未來的發展中，有許多地方可以參考台灣的經驗，利用台灣的各種資源。台灣則因為腹地有限，為求進一步發展，

自不能忽視大陸的市場。因此，我們希望海峽兩岸能早日建立互信共識，推動互惠合作的良性互動。

從生命共同體的理念來看，兩岸如能相互尊重對方的存在和立場，讓雙方有足夠的時間與空間，追求合作互惠，縮小彼此在制度上的差距，進而在民主、自由、均富的前提下追求統一，這未嘗不是將生命共同體的理念延伸、擴展到全體中國。

除了兩岸關係以外，我們當然也重視與世界其他各國，尤其是與其他亞太國家的經濟關係。過去數十年的發展，已使我國與世界上許多國家建立了密切的經貿關係。這種關係今後應持續增強，持續發展。

亞太地區是目前世界上發展最快速的地區，它一方面固然吸引了區外的企業前來投資，參與貿易，更重要的是這地區內成員間彼此相互的貿易和投資也在快速成長之中。尤其在過去六、七年前，我們對這一個地區的投資大增，對這個地區的繁榮有重大的貢獻。隨著經濟活動的熱絡，人民交流的頻繁，這個地區實際上已開始孕育經濟生命共同體的理念。各國均體認到相互依賴、相互交易的重要性。一國的繁榮可以帶動其他國家的繁榮，一國的蕭條也會對其他國家的經濟產生不利的影響，如何確立合作的模式和交易的規則，使得區域內的經濟能持續成長，已成為亞太地區各經濟體共同努力的目標。

在此認識之下，既有亞太地區的各國際組織正日益活躍，我國也都積極參與。我們早已是太平洋盆地理事會和太平洋經濟合作會議的會員，三年前我們加入亞太經濟合作會議。今後這些組織的活動會更多，我們會繼續扮演積極的角色。尤其我們希望在推動經貿體制的自由化與國際化，在逐步完成各項基本建設以後，我國將規劃成為亞太地區的營運中心，凸顯我們在西太平洋的地位，並在此基礎上為促進亞太地區的經濟合作貢獻更多的心力。

事實上，國際經貿在東西冷戰結束後已成為主導國際社會關係的焦點，自由和民主則是一股不可抵擋的潮流，新的世界秩序正在形成之中。

世界新秩序的內容與要件，各國可能有不同的看法，不過個人以為，理想中的世界新秩序，至少應包含下列幾項原則：

第一，尊重民主人權，包括主權觀念的再解釋。

第二，以談判代替武力，放棄以戰爭作爲解決國際爭端的手段。

第三、推動包括混合經濟體制在內的市場經濟制度。

第四、強化包括區域性及聯合國組織在內的集體安全體制。

第五、推廣「世界共同體」的概念，在我們所居住的「地球村」內，建立禍福與共、協力解決問題的共識。

世界新秩序的建立不是一件容易的事，但是現在似乎比歷史上任何時期更有實現的希望。隨著烏拉圭回合談判的成功地結束，全球的經濟將踏入一個新的領域，以企業競爭代替軍事對抗，以和平代替戰爭的世界即將來到。

在新世界秩序形成的過程中，我國將扮演積極的角色。我們正尋求加入關稅暨貿易協定及預定設立的世界貿易組織。當然我們預備接受貿協既有規定及烏拉圭回合談判決議的規範，擴大參與國際經貿事務。

我們也正尋求加入聯合國，在聯合國沒有代表權，對於台灣的2,100萬人而言並不公平，聯合國有必要正視中國分裂的事實，讓海峽兩岸兩個政治實體均有在聯合國各種組織中參與國際事務的機會。

就像我在描述世界新秩序時所指出的，由於科技的發達和交通電信的便捷，世界各地人民彼此互動的機會大爲增加，關係日趨密切，距離日益縮短。任何一國想要獨善其身而不受別人的影響，都是極爲困難的。我們相信，世界各地人民對於彼此相互依賴、相互影響、休戚與共的感受正在加強，世界生命共同體的理念正在逐漸形成。

我們期望世界各國能在此基礎上，以誠意的溝通和協商解決現存的問題，化解既有的歧視，而漸漸對於世界新秩序達成一個共識。人類可以選擇在此地球上互侵互軋，也可以選擇在此地球上互濟有無、共存共榮。我們先賢所指天下爲公、世界大同的理念，即不時地教導我們要以後者爲職志，以後者爲努力的目標。我們期望在世界新秩序達成之後，全球生命共同體能攜手共進，追求安祥永續的發展。

公共投資規模與總體經濟之關係

1994年12月

　　公共投資對總體經濟的影響主要有兩個方面, 一是透過其支出產生乘數效果, 促使國民所得成長率上升, 另一是政府為公共投資籌措財源, 導致債務負擔的加重。本報告將分別由此二方面評估公共投資之影響, 並由國際比較檢視我國公共投資水準之適切程度。

一、十二項建設計畫對國民所得的影響

十二項建設為當前政府推動的重大公共投資計畫, 由於投資金額龐大, 其對總體經濟將有顯著的影響。從需求面言, 公共投資每增加1元, 立即為投資財提供者或勞務提供者帶來1元的所得。在投資財或勞務提供者獲得所得後, 又支用其中一部分, 進一步創造新的所得。依此類推, 公共投資增加所創造的總所得, 往往為投資增加額的倍數。

　　從產業的觀點言, 公共工程建設過程中, 需要許多產業的配合及支援, 尤以營造業為然。因此, 公共建設投資將直接提高相關產業的生產。其次, 這些相關產業為增加生產, 必須進一步利用其他產業的產品, 而其他產業為了增加生產, 又須購用另一波其他產業之產品。依此類推, 公共投資所增加各產業之總產出, 往往亦為原購買產業產出之倍數。

　　本報告即依據以上原理利用29部門的投入產出表, 設算公共投資對產出與國民所得的增長效果。在產出 (生產總額) 方面, 發現十二項建設支出每增加

表1 十二項建設投資對經濟成長之貢獻
── 投入產出模型計算結果

金額單位: 當年幣值新台幣億元

	1995	1996	1997
十二項建設工程經費估計	3,353	2,647	2,992
十二項建設創造之附加價值	3,923	3,097	3,501
經濟成長率 (%)	6.2	6.2	6.2
十二項建設投資對經濟成長率 之貢獻 (百分點)	0.38	0.27	0.29

註: (1)十二項建設各年度工程經費係根據經建會管考處1994年8月1日提供之
　　預估數 [(83) 經建字第441號備忘錄], 其中, 1994年度及1998年度因包
　　括跨年度之工程經費需求, 投入產出模型無法估算對經濟成長之貢獻。
　　(2)1995至1997年度經濟成長率係依據國家建設六年計畫期中檢討報告修
　　訂數字。
　　(3)十二項建設創造之附加價值, 係以封閉模型之所得乘數估算, 並假定投
　　資之乘數效果在當年內完全實現; 惟依模型定義, 其已扣除進口增加之部
　　分。
　　(4)十二項建設投資對經濟成長之貢獻, 係以其所創造之附加價值占當年總
　　附加價值之比例估算而得。

1元, 透過生產上的乘數效果, 可使總產出增加2.60元。在所得 (附加價值)
方面, 發現支出每增加1元, 透過所得及消費上的乘數效果可使國民所得增加
1.17元。

　　由表1可知, 十二項建設在1995至1997年度分別估計要支出3,353億、2,647
億與2,992億之工程經費, 經過1.17之乘數效果, 將分別使國民所得在此3年度
增加2,923億、3,097億與3,501億元。若此3年度各年之經濟成長率達到目前
預估的6.2%, 則十二項建設投資對經濟成長之貢獻在此3年度應分別為0.38、
0.27與0.29%, 可說是相當顯著。

二、公共建設與政府財政負擔

公共投資的支出雖然有刺激景氣的效果, 但它必須投入龐大資金, 對政府財政會造成壓力。例如在1991年以前, 我國中央政府財政縱有出現赤字, 赤字額度占 GDP 百分比仍微乎其微。自1991年起, 政府大量從事公共建設投資, 中央政府財政赤字劇增, 占 GDP 百分比亦顯著提高, 1991至1993年間分別為3.4%、4.8%及3.6% (表2)。

擴大公共建設導致政府財政負擔加重, 並非我國獨有的現象。例如, 美國聯邦政府赤字占 GDP 百分比, 在1983年達到最高點後呈明顯下降趨勢, 惟自1980年代末起, 美國政府部門固定投資占 GDP 百分比略見回升, 聯邦政府財政赤字占 GDP 百分比亦相應提高。其次, 日本政府固定投資在1978至1981年間成長相對迅速, 其中央政府財政赤字占 GDP 百分比亦達到最高點; 惟其後隨著公共設施漸趨完備, 政府固定投資成長相對較緩, 中央政府財政赤字占 GDP 百分比亦迅速降低 (表2、3)。另由表2、3與4之比較可知, 美、日兩國政府固定投資占 GDP 百分比變化, 與當年經濟成長率似無顯著的反向關係。

以下分別就新、美、日、韓及我國之財政收支與債務負擔狀況作較詳細之說明 (表2、3、5、6):

1. 新加坡

新加坡政府過去曾發行大量公債以吸收龐大的公積金, 投入公共建設行列, 並協助人民購置住宅, 公債累積餘額隨公積金增加而遞增。因此, 債務餘額占 GDP 或中央政府支出之百分比呈現穩定增加趨勢; 至1991年, 前者高達87.6%, 後者更高達369.7%。

2. 美國

美國聯邦政府債務餘額占 GDP 百分比在1970年代尚能維持在30%以下, 1970

表2 選列國家中央政府財政盈餘或赤字 (一)
占 GDP 之百分比

單位: %

	中華民國		美國	日本	韓國	新加坡
	GNP	GDP				
1970	−0.4	−0.4	−1.1	−0.4	−0.8	1.6
1971	−0.7	−0.7	−2.3	−0.2	−0.3	0.6
1972	0.2	0.2	−1.6	−1.6	−3.9	1.3
1973	1.9	1.9	−1.2	−1.6	−0.5	−0.1
1974	3.8	3.8	−0.3	−1.3	−2.2	1.6
1975	1.3	1.3	−3.4	−5.2	−2.0	0.9
1976	1.4	1.4	−4.2	−5.7	−1.4	0.2
1977	0.8	0.8	−2.6	−6.4	−1.7	1.0
1978	0.9	0.9	−2.6	−7.3	−1.2	0.8
1979	2.2	2.2	−1.4	−7.2	−1.7	2.2
1980	1.3	1.3	−2.9	−7.0	−2.2	2.1
1981	−0.7	−0.7	−2.7	−6.5	−3.3	0.7
1982	−1.2	−1.2	−4.1	−6.4	−3.0	3.3
1983	−1.3	−1.3	−6.2	−6.6	−1.0	1.8
1984	−0.2	−0.2	−4.8	−5.7	−1.2	4.1
1985	−0.4	−0.4	−5.3	−4.8	−1.2	2.1
1986	−1.1	−1.2	−5.0	−4.7	−0.1	1.4
1987	−0.3	−0.3	−3.3	−3.4	0.4	−2.6
1988	0.3	0.3	−3.2	−2.6	1.6	6.7
1989	0.3	0.4	−2.8	−2.9	0.2	10.1
1990	0.8	0.8	−0.4	−1.6	−0.7	11.1
1991	−3.3	−3.4	−4.8	⋯	−1.7	9.1
1992	−4.7	−4.8	−4.9	⋯	−0.9	⋯
1993	−3.5	−3.6	−4.5	⋯	⋯	⋯
1994*	−3.4	−3.4	⋯	⋯	⋯	⋯
1995*	−2.2	−2.3	⋯	⋯	⋯	⋯

註: (1)* 表示預算數。
　　(2)會計年度期間: 我國目前一年7月1日起至當年6月30日。美國
　　　自前一年10月1日起至當年9月30日。日本自當年4月1日起
　　　至次年3月31日。韓國爲當年1月1日起至12月31日。新加坡
　　　爲當年4月1日起至次年3月31日。
資料來源: (1)行政院主計處編印《中華民國八十四年度中央政府總預算》。
　　　　　(2)行政院主計處編印 (1993)《中華民國台灣地區國民所得》。
　　　　　(3)行政院主計處編印 (1994)《中華民國台灣地區國民經濟動向統
　　　　　　計季報》, 5 月 (65期)。
　　　　　(4)IMF, Government Finance Statistics Yearbook, 1981,
　　　　　　1983, 1985, 1989, 1991, 1993。
　　　　　(5)IMF (1994) Intetnational Financial Statistics Yearbook。

表3 選列國家政府及公營事業固定投資占 GDP 之百分比

單位: %

	中華民國			美國			日本			韓國
	小計 (公共 投資)	政府 固定 投資	公營 事業 固定 投資	小計 (公共 投資)	政府 固定 投資	公營 事業 固定 投資	小計 (公共 投資)	政府 固定 投資	公營 事業 固定 投資	政府 固定 投資
1970	9.3	2.9	6.4	3.3	2.5	0.8	8.0	4.5	3.6	⋯
1972	10.4	2.6	7.8	3.0	2.2	0.8	9.6	5.5	4.1	3.6
1973	9.5	2.4	7.1	3.0	2.2	0.8	9.6	5.7	4.0	3.1
1974	12.3	3.3	9.0	3.2	2.3	0.9	9.0	5.2	3.8	2.8
1975	16.8	4.3	12.5	3.1	2.2	0.9	9.0	5.3	3.8	3.5
1976	15.2	4.6	10.5	2.6	1.9	0.8	8.7	5.2	3.6	3.2
1977	13.0	5.3	7.7	2.4	1.7	0.7	9.1	5.5	3.5	3.6
1978	12.1	4.1	8.0	2.6	1.7	0.9	9.8	6.1	3.7	3.9
1979	12.7	4.0	8.7	2.5	1.7	0.8	9.9	6.3	3.6	4.3
1980	14.9	4.5	10.5	2.6	1.7	0.8	9.5	6.1	3.4	4.5
1981	13.4	4.3	9.1	2.4	1.5	0.8	9.4	6.1	3.3	4.2
1982	13.2	4.4	8.7	2.3	1.6	0.7	8.9	5.8	3.1	4.4
1983	10.8	3.7	7.1	2.2	1.5	0.7	8.4	5.5	2.9	4.4
1984	8.9	3.5	5.4	2.1	1.5	0.6	7.7	5.0	2.6	4.5
1985	8.1	3.6	4.5	2.3	1.6	0.7	6.8	4.7	2.0	4.5
1986	7.8	3.4	4.3	2.3	1.6	0.7	6.7	4.8	1.9	3.8
1987	7.6	3.3	4.2	2.4	1.7	0.7	6.8	5.0	1.8	3.6
1988	7.7	3.8	3.9	2.2	1.6	0.7	6.7	5.1	1.7	3.7
1989	8.7	4.4	4.3	2.3	1.7	0.7	6.5	5.0	1.5	3.8
1990	10.8	5.3	5.5	2.3	1.7	0.7	6.6	5.1	1.5	4.3
1991	11.4	6.0	5.5	2.3	1.7	0.6	6.7	5.1	1.6	⋯
1992	11.7	6.7	5.0	⋯	⋯	⋯	⋯	⋯	⋯	⋯
1993	12.0	7.3	4.7	⋯	⋯	⋯	⋯	⋯	⋯	⋯

(1)行政院主計處編印 (1993)《中華民國台灣地區國民所得》。
(2)行政院主計處編印 (1994)《中華民國台灣地區國民經濟動向季報》, 5 月 (65 期)。
(3)United Nations, National Accounts Statistics, 1982, 1983, 1991。
(4)Korea Foreign Trade Association, Major Statistics of Korean Economy, 1992。
(5)IMF (1994) International Financial Statistics Yearbook。

表4 選列國家經濟成長率

單位: %

	中華民國	美國	日本	韓國	新加坡
1970	11.4	− 0.0	10.2	8.8	13.7
1971	12.9	3.1	4.3	9.2	12.5
1972	13.3	4.8	8.4	5.9	13.4
1973	12.8	5.2	7.6	14.4	11.5
1974	1.2	−0.6	−0.8	7.9	6.3
1975	4.9	−0.6	2.9	7.1	4.1
1976	13.9	4.9	4.2	12.9	7.5
1977	10.2	4.5	4.8	10.1	7.8
1978	13.6	4.8	5.0	9.7	8.6
1979	8.2	2.5	5.6	7.6	9.3
1980	7.3	−0.5	3.5	−2.2	9.7
1981	6.2	1.8	3.4	6.7	9.6
1982	3.6	−2.2	3.4	7.3	6.9
1983	8.4	3.9	2.8	11.8	8.2
1984	10.6	6.2	4.3	9.4	8.3
1985	5.0	3.2	5.2	6.9	−1.6
1986	11.6	2.9	2.6	11.6	1.8
1987	12.3	3.1	4.3	11.5	9.4
1988	7.3	3.9	6.2	11.3	11.1
1989	7.6	2.5	4.8	6.4	9.2
1990	4.9	0.8	4.8	9.5	8.3
1991	7.2	−1.2	4.3	9.1	7.0
1992	6.5	3.4	1.4	5.1	6.1
1993	6.2	3.0	0.1	5.5	9.9

註: 除日本爲實質 GNP 成長率外, 餘爲實質 GDP 成長率。

資料來源: (1)行政院主計處編印 (1994)《中華民國台灣地區國民所得統計摘要民
國四十年至八十二年》, 2月。

(2)IMF (1994) International Financial Statistics Yearbook。

表5 選列國家中央政府財債務似額占 GDP 之百分比

單位: %

	中華民國		美國	日本	韓國	新加坡
	GNP	GDP				
1970	4.2	4.2	···	7.8	···	···
1971	3.8	3.8	···	9.4	12.1	···
1972	3.2	3.2	27.6	13.0	15.5	45.3
1973	2.8	2.8	25.8	12.3	14.3	42.2
1974	1.7	1.7	21.1	12.6	14.6	41.8
1975	1.2	1.2	25.4	16.2	14.7	47.5
1976	1.3	1.3	27.5	20.5	13.3	56.3
1977	1.1	1.1	28.8	25.6	13.0	62.2
1978	1.4	1.4	28.2	30.5	12.2	63.5
1979	1.2	1.2	27.0	34.9	11.3	62.9
1980	0.8	0.8	28.5	40.9	14.0	62.1
1981	0.6	0.6	28.4	43.7	15.5	59.8
1982	1.1	1.1	31.3	47.0	17.2	64.2
1983	1.9	1.9	36.3	50.9	16.8	69.6
1984	1.5	1.5	36.8	52.5	16.0	76.3
1985	1.7	1.7	39.3	53.9	15.5	86.4
1986	2.2	2.2	41.8	58.3	14.5	87.0
1987	2.9	2.9	42.9	59.8	13.3	90.8
1988	4.1	4.2	43.2	58.9	10.6	82.5
1989	5.0	5.1	42.6	57.8	9.9	81.1
1990	3.7	3.8	44.6	5.58	8.6	84.5
1991	5.3	5.4	48.2	···	7.7	87.6
1992	10.8	11.0	51.2	···	···	···
1993	13.9	14.2	52.1	···	···	···
1994*	17.1	17.4	···	···	···	···
1995*	20.2	20.5	···	···	···	···

註: (1)中華民國中央政府債務餘額, 1984年度以前僅指公債餘額, 1985年
　　度起, 含公債餘額及賒借餘額。美、日、韓、新等國之債務餘額含長短
　　期內外債之總和, 包括長短期債券及賒借、短期票券及融通、其他負
　　債等。
　　(2)* 表示預算數。
資料來源: (1)財政部國庫署。
　　(2)財政部統計處編印《財政統計年報》(各年版)。
　　(3)行政院主計處編印 (1993)《中華民國台灣地區國民所得》。
　　(4)行政院主計處編印 (1994)《中華民國台灣地區國民經濟動向統計季
　　　報》, 5 月 (65 期)。
　　(5)IMF, Government Finance Statistics Yearbook, 1981, 1983,
　　　1985, 1989, 1991, 1993。
　　(6)IMF (1994) Intetnational Financial Statistics Yearbook。

表6　選列國家中央政府債務餘額占中央政府支出之百分比

單位: %

	中華民國	美國	日本	韓國	新加坡
1970	29.1	…	68.9	…	…
1971	26.6	…	80.4	74.5	…
1972	22.9	142.7	98.3	86.7	215.6
1973	19.2	133.5	94.0	107.4	187.7
1974	14.9	123.8	87.1	92.0	207.3
1975	7.9	116.3	107.1	85.2	194.3
1976	9.2	125.9	130.7	74.1	237.4
1977	7.1	134.2	155.8	71.7	260.1
1978	8.9	132.6	176.8	67.6	286.4
1979	8.2	127.9	194.1	85.9	289.1
1980	4.8	120.1	218.2	69.3	266.9
1981	3.9	116.1	235.0	72.1	212.8
1982	6.3	123.0	253.6	80.3	240.6
1983	11.5	138.7	275.6	87.8	236.6
1984	10.9	151.8	296.1	86.4	301.9
1985	11.8	155.6	312.1	85.8	240.7
1986	14.4	170.2	341.4	85.2	239.5
1987	21.1	180.8	355.5	79.3	269.7
1988	28.8	185.9	358.5	64.7	388.7
1989	33.4	185.4	343.6	55.1	417.0
1990	21.1	187.2	347.3	44.8	380.0
1991	27.4	189.4	…	40.0	369.7
1992	49.1	207.7	…	…	…
1993	64.8	220.0	…	…	…
1994*	87.3	…	…	…	…
1995*	107.3	…	…	…	…

註: (1)中華民國中央政府債務餘額, 1984年度以前僅指公債餘額,
　　1985年度起, 含公債餘額及賒借餘額。美、日、韓、新等國之
　　債務餘額含長短期內外債之總和, 包括長短期債券及賒借、短
　　期票券及融通、其他負債等。
　(2)中華民國中央政府支出含中央政府總決算及中央政府特別決
　　算。美、日、韓、新等國中央政府支出 = (中央政府總支出)
　　+ (貨出 − 債務還本)。
　(3)* 表示預算數。
資料來源: (1)財政部國庫署。
　　　　(2)財政部統計處編印《財政統計年報》(各年版)。
　　　　(3)IMF, Government Finance Statistics Yearbook, 1981,
　　　　　1983, 1985, 1989, 1991, 1993.

年代末及1980年代初, 利率居高不下, 政府債務利息支出大增, 加以政府消費自1980年初起增加相對快速, 聯邦政府財政赤字亦相對提高。隨著聯邦政府財政赤字比率上升, 政府債務餘額亦隨之水漲船高。聯邦政府當年度財政赤字占GDP 之百分比在1983年度到最高點的6.2%, 政府債務餘額占 GDP 之百分比亦從1982年的31.3%急升至1983年之36.3%。其後, 雖然聯邦政府財政赤字占 GDP 之百分比略見回降, 政府債務餘額占 GDP 之百分比仍緩慢上升。

　　1980年代末起, 隨著政府固定投資占 GDP 百分比回升, 聯邦政府赤字占GDP 之百分比亦再度升高, 政府債務餘額占 GDP 之百分比更大幅跳升, 並於1992年超過50%, 1993年時已達52.1%。

3. 日本

日本中央政府財政赤字自1975年起隨著政府固定投資成長相對快速而明顯擴大, 中央政府債務餘額占 GDP 之百分比亦在1976年超過20%, 達20.5%。其後, 中央政府當年度財政赤字所占比率逐步上升, 並在1978年達到最高點的7.3%, 中央政府債務餘額占 GDP 之百分比亦在該年突破30%, 達30.5%。

　　1980年代下半期起, 中央政府財政赤字占 GDP 之百分比明顯回降, 至1990年時僅及1.6%, 然中央政府債務餘額占 GDP 之百分比則遲至1987年達到59.8%的最高點後才見回降, 惟1990年中央政府債務餘額占 GDP 之百分比仍達55.5%。

4. 韓國

自1980年代起韓國政府固定投資成長略較前快速, 但中央政府當年度財政赤字僅在1980至82年間略見惡化, 其後即告回穩, 1987至89年間更見小幅剩餘。因此, 中央政府債務餘額占 GDP 之百分比, 除在1980至84年間略見上升外, 其餘各年均相對穩定, 近年來更降至個位數字以內。

5. 中華民國

近年來, 我國中央政府財政赤字幅度不斷擴大, 中央政府舉債數額亦迅速累增, 以致中央政府債務餘額占中央政府支出或 GDP 之百分比明顯上升。預估1995 年中央政府債務餘額占 GDP 之百分比將增達20.5%, 較1991年之5.4%高出 15個百分點以上, 然與美國、日本、新加坡等國超過50%相較, 我國建設公債 發行比例仍不算高。

三、我國對公共投資應持有之態度

1. 投資規模

公共建設對創造有效需要、提高生產力、加速經濟成長等, 都有顯著效果; 反之, 如果公共建設不足, 可能造成基本建設的擁擠現象, 從而妨礙經濟發展。然因公共建設必須投入相當大的人力、財力、物力, 政府動用社會資源興建基本設施, 若供給擴張過速, 可能造成社會資源浪費, 並增加民眾不必要的負擔。因此, 政府固須從事公共建設, 但亦不可進行過度的建設, 最好的建設原則爲「充足但不過度」。

要決定公共建設的適當規模, 最好的方式是由個體而非總體的方式來評估。具體而言, 應針對個別的公共投資計畫, 計算其成本及效益, 如效益大於成本, 亦即淨效益大於零, 則值得採行; 而在實施計畫的優先順序上, 應依淨效益的大小按序執行, 淨效益愈大, 表示急迫性高, 對經濟的正面效果大, 應優先執行。

在實際施行上, 通常淨效益大於零而值得做的公共投資項目相當多, 即使排了優先順序, 政府還是必須決定每一年執行多少項, 一共花費多少總金額。此時總體面的分析可能有其參考價值。

就總體面而言, 似可由以下幾個不同角度來檢視公共投資規模的適切程度:

表7 維持1993年底公共設施規模之政府固定投資規模

金額單位: 當年幣值新台幣億元

	資本累積率 (%)	政府固定投資金額			
		1994年	1995年	1996年	1997年
(1) 維持每單位勞工平均公共資本存量不變	8.3	1,881	1,970	2,134	2,241
(2) 維持公共資本對民間資本之比例不變	11.8	2,675	2,892	3,233	3,508
(3) 維持公共資本對國民所得之比例不變	12.5	2,834	3,083	3,353	3,648

註: 1993年底政府部門固定資本存量估計為22,668億元。

(1) 維持每單位勞工平均公共資本存量不變

公共資本提供的服務多屬企業生產所必需的投入, 或間接有利於企業的營運, 故其與企業生產因素的投入構成互補財。就勞動而言, 假定基準年的公共資本對勞動的比值處於一適度水準, 則公共建設投資的適當規模即在維持這一比例不變。依此標準, 並以1993年為基準年, 則依據計算, 每年投資額應為1年年底公共資本存量之8.3%, 折算1994至97年每年之公共投資額度應分別為1,888億元至2,241億元不等 (詳見表7)。

(2) 維持公共資本對民間資本之比例不變

企業生產過程中的另一項原始投入為資本所提供的勞務。如果不考慮公共資本及民間資本在市場競逐資金的效果, 而純粹就生產面來看, 則公共資本在提高民間資本利用效率的前提下, 與民間資本亦構成互補財。同樣的, 假定基準年 (1993年年底) 的公共資本對民間資本比例適度, 則公共建設投資的適當規模即在維持這一比例不變。如果以公共投資對民間投資 (即增量的概念) 比例代替公共資本對民間資本比例, 並假定公、私部門資本財價格上漲率相等, 則公共資本累積速率應為前1年年底存量之11.8%, 折合之金額於1994至97年間

分別爲2,675億元至3,508億元不等 (詳見表7)。

(3) 維持公共資本對國民所得之比例不變

國內生產毛額 (GDP) 爲衡量一社會經濟活動量的一個重要指標, 公共資本在提供消費者最終財貨及勞務, 以及作爲生產者的中間投入均有其功能, 因此公共資本對國內生產毛額比例維持在一適度水準有其意義。假定這一比例在基準年 (1993年年底) 即已達適度水準, 則公共建設投資的適當規模爲維持公共資本累積率在12.5%, 折合金額於1994至97年間分別爲2,834億元至3,648億元不等 (詳見表7)。

以上分析係假設1993年爲基準年, 亦即當年公共投資之資本存量規模適度。根據行政院主計處編印之《中華民國七十七年台灣地區國富調查報告 — 政府部門》, 將政府部門可再生有形固定資本淨額視爲該年底之政府部門固定資本存量, 再依國民所得統計政府部門固定投資及折舊資料, 可推算基年1993年底之政府部門固定資本存量22,668億元。爲衡量該年之公共資本存量是否適度, 可將該年底我國每人公共資本存量與先進國家在相同經濟發展階段時的每人公共資本存量比例加以比較。以日本爲例, 如果比較我國和日本每人政府資本存量與每人 GDP 關係, 顯示在1984年日本每人 GDP 爲10,537美元, 與1993年我國之10,553美元相當 (表8)。1993年底我國每人公共資本存量爲4,065美元, 約當日本在1984年底每人公共資本存量6,507美元 (表9) 之62.5%。因此, 就中日兩國每人 GDP 與每人公共資本存量之關係言, 1993年底我國公共設施規模不但不嫌太高, 反而可能嫌低。

目前政府積極推動公共建設, 1993年政府固定投資金額已達4,152億元。其次, 國家建設六年計畫期中檢討報告設定政府固定投資名目增率爲10%, 折合實質成長率爲7.8%, 超過經濟成長率。因此, 未來3年中每年政府固定投資事實上將超過依以上各種不同計算標準所得到的額度。基於各標準所選用基年 (1993年) 之公共投資規模本身即可能偏低, 一如上述, 目前擬議中的各年投資

表8　選列國家每人 GDP

單位: 美元

	中華民國 (每人 GNP)	美國	日本	韓國	新加坡
1970	389	4,928	1,953	272	916
1971	443	5,282	2,186	296	1,060
1972	522	5,748	2,843	317	1,349
1973	695	6,366	3,809	399	1,896
1974	920	6,818	4,172	539	2,308
1975	964	7,338	4,479	599	2,495
1976	1,132	8,104	4,981	807	2,589
1977	1,301	8,963	6,072	1,026	2,822
1978	1,577	10,031	8,454	1,360	3,337
1979	1,920	11,058	8,725	1,724	3,965
1980	2,344	11,890	9,068	1,643	4,862
1981	2,669	13,180	9,941	1,801	5,691
1982	2,653	13,566	9,169	1,893	6,181
1983	2,823	14,533	9,943	2,062	6,953
1984	3,167	15,980	10,537	2,230	7,421
1985	3,297	16,934	11,116	2,311	6,911
1986	3,993	17,736	16,344	2,637	6,856
1987	5,275	18,695	19,731	3,279	7,939
1988	6,333	19,997	23,639	4,337	9,556
1989	7,512	21,229	23,325	5,242	11,118
1990	7,954	22,096	23,734	5,917	13,472
1991	8,788	22,694	27,035	6,799	15,318
1992	10,202	23,679	29,455	7,053	17,215
1993	10,566	24,760	…	…	19,194

資料來源: (1)行政院主計處編印 (1993)《中華民國台灣地區國民所得》。
　　　　　(2)行政院主計處編印 (1994)《中華民國台灣地區經濟動向統計季
　　　　　　報》, 5月 (65期)。
　　　　　(3)IMF (1994) International Financial Statistics Yearbook.

金額, 其規模仍應適切。

2. 投資資金之取得

政府是公共投資的主導者, 政府取得公共投資資金的方式, 現階段以發行公債、

表9　中、日兩國每人政府資本存量之比較

	中華民國	日本	
	(美元)	美元	千日圓
1980	566	…	…
1981	622	5,729	1,260
1982	677	5,688	1,337
1983	747	6,048	1,404
1984	841	5,907	1,483
1985	917	7,711	1,546
1986	1,137	10,087	1,605
1987	1,553	13,750	1,698
1988	1,755	14,326	1,803
1989	2,148	13,686	1,963
1990	2,404	15,869	2,133
1991	2,980	18,234	2,283
1992	3,584	…	…
1993	4,065	…	…

資料來源: (1)行政院主計處編印 (1993)《中華民國台灣地區國民所得》。
　　　　　(2)行政院主計處編印 (1994)《中華民國台灣地區國民經濟動
　　　　　　　向統計季報》, 5 月 (65 期)。
　　　　　(3)行政院經濟建設委員會編印 (1994)《自由中國之工業》, 7
　　　　　　　月。
　　　　　(4)行政院主計處編印 (1991)《中華民國七十七年台灣地區國
　　　　　　　富調查報告 (政府部門)》, 10 月。
　　　　　(5)IMF (1994) International Financial Satistics Year-
　　　　　　　book。
　　　　　(6)東洋經濟編印《經濟統計年鑑》, 1991, 1992, 1993。

處理公產、運用中長期社會資金等爲主, 茲分別敍述如下:

(1) 發行公債

公共建設爲公共資本累積的必要過程, 而公共資本累積可持續提高生產力, 並
改善國民生活品質。比較我國與美、日先進國家公共建設及政府債務負擔, 我
國仍不算太高, 因此, 發行長期性建設公債以支應基本建設, 應仍有若干空間。
在國家財政穩健的前提下, 似可適度提高公債發行上限比例。目前長其公債

表10　中華民國中央政府公債餘額償還期限
(1994年6月30日)

償還期限 (年)	公債餘額	
	金額 (億元)	百分比 (%)
4	600	9.4
5	1,970	31.0
7	3,190	50.2
10	600	9.4
合計	6,360	100.0

表11　中華民國中央政府公債餘額利率結構
(1994年6月30日)

利率 (年息, %)	公債餘額	
	金額 (億元)	百分比 (%)
5.75	15	0.2
7.75	250	3.9
8.00	180	2.8
8.25	900	14.2
8.50	3,250	51.1
8.75	800	12.6
9.00	245	3.9
9.50	225	3.5
9.75	400	6.3
10.75	95	1.5
合計	6,360	100.0

資料來源: 財政部國庫署。

所占比例偏低 (表10), 例如5年期及7年期公債餘額占總餘額的百分比高達81.2%, 而10年期公債僅占9.4%, 今後政府應以發行25年以上之長期公債取代中、短期公債, 以避免在重大公共建設未完成前, 即承受債務還本付息之沈重壓力 (表11)。

(2) 處理公產

觀察美、日先進國家的資料, 可以發行公營事業投資占 GDP 百分比均有下降趨勢。此一現象隱含加速推動公營事業民營化爲政府籌措資金、加強基本建設投資的可行之道。

(3) 運用中長期社會資金

日本的財政投融資制度與新加坡的中央公積金制度, 俱爲有效運用中長期社會資金, 支應公共建設的典型例證。建立財政投融資制度, 統籌運用社會中長期資金似亦可爲我國將來從事公共建設的可靠財源, 惟實施過程中應注意公共建設計劃之自償性, 勿造成貨幣供給之過度擴張, 以免形成通貨膨脹之壓力。

(4) 鼓勵民間參與公共建設

除了由政府主導公共建設外, 晚近在政府財政負擔沈重的壓力下, 各國已不乏將整體公共建設契約外包 (contract out) 的案例, 我國刻正採取獎勵措施, 鼓勵民間參與公共建設。獎勵的主要方式之一, 即由政府提供土地, 而由民間出資興建; 或採用 BOT (Build, Operate, Transfer) 方式。

在總體經濟仍有超額儲蓄, 而政府籌措資金不易, 財政收支惡化的情況下, 民間參與公共投資或採 BOT 方式尤爲可取。

3. 規畫設計

公共資本提供個人及企業所需的各種服務, 故能提高生產力與生活品質, 因此, 如何使一定水準的公共資本存量發揮最大的服務量與質乃爲關鍵所在。促使公共資本發揮最大功效的法門有二: 一爲符合社會需要, 二爲發揮資本效率。這兩者均與規劃設計有關。滿足第一個條件的方式爲在規劃及設計過程中, 盡可能讓使用者充分發表意見, 甚至參與設計。滿足第二個條件的方式則須引入競爭, 亦即有替代建設方案, 甚至允許民間提供類似服務, 以提高市場競爭。

4. 管理

公共建設完成後, 宜將其公司化, 採用民營企業經營方式, 減少不必要的行政干預。若可委託民間公司經營, 則應儘量委託; 可以定期委託契約方式行之, 契約到期後視經營成果與其他的競爭者的狀況, 決定是否繼續委託或再公開招標, 如此可以善用民間經濟力量。事實上, 公共設施的維修與管理是公共投資計畫成敗的重要關鍵, 也是目前許多公共投資績效不彰之基本癥結, 今後務必要加強軟體管理, 保持公共設施在有效率且持續運作的狀態, 才可能發揮預期效益。

四、結論與建議

本報告利用投入產出模型評估十二項建設分年經費投資對經濟成長的貢獻, 兼論公共投資的財務負擔、其適當規模以及未來我國對公共建設投資應持有的態度。就十二項建設投資的經濟效果而言, 1995至97年度十二項建設分年經費估計對各該年度經濟成長的貢獻分別為0.38、0.27及0.29個百分點。

就公共投資之財務負擔而言, 我國公債餘額占 GDP 之百分比確已逐年增加, 但目前仍低於美、日、新等國的水準, 如再考慮我國 GDP 成長率超過大多數國家的事實, 我國公債餘額占 GDP 比例尚難謂偏高。因此, 從經濟體系的承受能力言, 未來固應採取謹慎態度, 但該做的公共投資仍應推動。

根據本報告分析, 謹提下列兩項建議:

建議	說明
1. 公共投資之適度規模, 應由個別投資計畫之成本效益評估出發; 若效益大於成本方值得進行, 且進行之優先順序應以淨效益之大小為準。	若淨效益為正之計畫甚多, 優先選擇之總數究應為多少, 則可參考總體方面之指標。依照不同的標準計算, 並考量日本在居於目前我國平均每人所得水準時之每人公共資本存量。目前實施中的十二項建設計畫, 其於1993至97年間之已實現或預估支出, 額度尚屬適當, 但成本效益之評估應切實做到。

建議	說明
2. 公共建設投資之推行, 投資財源可由發行公債、處理公產、運用中長期社會資金等方式籌措, 惟更好的選擇是鼓勵民間參與公共建設投資。	「獎勵民間參與交通建設條例」甫經立院通過, 應落實執行, 以有效運用民間資源。尤其如能採用國外習用之 BOT 方式, 將民間資源、技術、管理技巧等導入基礎建設, 充實基本設施, 並有效營運, 將更能發揮公共投資效益, 有助於維持經濟成長與提升國民生活品質。

對區域營運中心計畫之建議

1995年1月

一、問題背景

自從爭取區域營運中心這個目標被提出之後, 如能爭取更多國際企業把其區域營運中心 (Regional Operation Center or Regional Headquarter) 設在台灣, 則在政治經濟上都對我們有利益, 因此國人普遍持贊成之態度。然而由於營運中心或「中心」這些字眼太過響亮, 因此很多人望文生義也就把不是區域營運中心的許多東西加到區域營運中心這個頭銜之下, 包括經建會所提出的亞太營運中心計畫在內, 都說亞太營運中心政策是要「使台灣成為各種區域性經濟活動, 包括製造、轉運、金融、通信、傳播活動等之中心點」。這種把自己要發展成中心點的想法雖然十分令人振奮, 但實際上它的可行性卻令人懷疑, 於是, 冷眼旁觀的外國人和香港人認為我們不易成功, 而國內輿論界也對這項計畫提出批評, 並認為它和當年郝院長好大喜功把許多東西都匆忙塞到六年國建計畫之中的情形, 相當類似。實際上我們若虛心檢討, 亞太營運中心計畫確實存在很多問題有待深入檢討。把一個計畫弄得很大乃至無所不包的缺點, 主要在於計畫及其執行都會因而變得粗糙, 做了許多不必要的事, 卻忽略某些重要的關鍵。而由於亞太營運中心政策涉及大陸政策, 有些急統或急於三通的人士更認為亞太營運中心政策是很重要的機會, 想把大陸政策的放寬在人們不及細思的情況下得以蒙混過關。舉例來說, 某媒體一個特殊政治立場相當明顯的專欄作家雖非經濟專家, 卻有亞太營運中心是台灣經濟唯一的出路而和大陸三通

則是亞太營運中心的必要條件的論調。這種論調其實也是許多特定政治立場人士常有的論調。由此看來，我們實應小心檢討這項政策，特別是其與大陸政策相關的部份。

二、政策建議

建議	說明
1. 亞太營運中心政策真正的目的是要爭取更多國際企業把其亞太地區總部設在台灣。這項政策的作用主要是使我們有更多國際合作的機會，但實際上我們能爭取到的國際企業可能不如所想像那麼多，因此它的重要性絕不像一般人所說的那麼大，它只是我們各項經濟策略裡的一項，絕非我們唯一的出路，也不是要我們成為亞太區域的經濟中心。	(1) 最早薛琦教授的研究報告或蕭萬長主委的演講都能掌握這個真正定義和目標，後來目標發生偏差應是規劃人員觀念誤導，擴大解釋所造成。 (2) 目前大部分西方企業的亞太營運中心是設在香港，但香港經濟絕非只靠這些區域營運中心。我們未來不管如何努力，能爭取到的區域營運中心在可預見的未來都仍將遠不及現在的香港，因此它不可能是我國經濟的主要支持力量。而其他未爭取到區域營運中心的國家包括我國在內過去的經濟發展也不比香港差。因此區域營運中心絕非我們唯一的出路。我們不必把自己國家前途如此狹窄化。 (3) 雖然我們在亞太地區有絕佳的地理位置，但經濟活動仍須有許多其他條件配合。我們已經是或可能變成某些企業的指揮中心，或者是少數產品的生產中心，但把我們的未來想成超越日本、新加坡或加州等地而成為亞太經濟或一些主要經濟活動的中心，太過誇張我們可能扮演的角色。
2. 亞太營運中心的好處是我們可以有更多和外國合作，藉外國力量來帶動我國經濟發展的機會。但外國和我們合作除了要有地理及法規等方便性之外，更重要還是我們要有與人合作之本錢，故振興經濟改	經濟發展要靠自己的經濟實力，客觀的國際環境，使我們可以利用這些擴充性實力及建立符合國際慣例的法律與制度架構。區域營運中心政策只是使我們更容易與外國合作，也就是善加利用國際環境的政

建議	說明
善國內投資環境才是我們經濟政策的關鍵所在。	策而已，甚至只是這類政策的一部份而已。要讓外國企業願意和我們合作，關鍵還是在於我們有與人合作的本錢或人家有和我們合作的必要。我們已有的本錢是良好的地理與文化傳統位置、廣泛的生產能力及國際商務關係，以及豐富的人才及資金。然而我們若不改善投資環境並提高投資水準促進產業升級，則我們能再進一步和外國合作的地方並不很多。要人家和我們合作，我們一定要先有本錢，只有合作的誠意與方便是不夠的。我們要吸引國際企業與我們合作，最主要的仍是培養我們自己的能力，不是靠宣傳，也不是靠策略聯盟的意願及人員貨品與資金的進出方便而已。換言之，振興經濟是基本，亞太營運中心只是策略之一而已，本末不可倒置。
3. 目前相關單位已把亞太營運中心計畫擴展太大，不能一下子收縮回來，只好當成策略運用之工具，但各主管機關應釐清我們真正的目標及真正該做的事並分頭去進行，不要再亂開更多更大的支票。	儘管輿論批評很多，社會上很多人也不相信，但我們既然已把亞太營運中心的含義擴張這麼大，一下子收縮回來也不好。實際上計畫中提到的很多事都值得做，只是應該更深入研判，並把握正確的目標與優先順序才能做好。故已經規劃的六大中心應交給不同單位就其正確的目標來規畫，經建會只做協調的工作，不宜進一步做細部規劃。目前這種大雜燴的方式將使我們憑藉不正確的目標去做許多不必要的事。舉例來說，不久之前有關股市引進外資的問題即有人拿亞太營運中心往上一套而主張非大幅放寬不可，甚至經建會原先規劃要發展台灣為亞太地區資本市場的籌款中心。實際上外資之引進涉及金融和外匯市場安定等許多問題，豈可由促進亞太營運中心一個目標單獨來決定。故目前把許多東西都塞到亞太營運中心計畫的做法，將來可能會犯許多目標不正確或未充分顧慮其他問題的政策，故不可不慎重。而以目前所見，大陸政策最

建議	說明
	可能會因亞太營運中心政策而做不合乎國家長期利益的決策。
4. 就真正的區域營運中心而言,大陸往來的方便性並非必要條件,而我們更應小心不要為了營運中心而讓台灣香港化。區域營運中心政策雖不可避免地會增加對大陸的關係,但必須要它使我們對其他國家的關係及經濟實力增加更多,才可以不顧慮更依賴大陸所帶來的政治上的負面影響。	(1) 有些人主張大陸是東亞最大的市場,因此亞太營運中心不能不以大陸為主要目標,而我們為了成為亞太營運中心,也不得不放寬對大陸經貿往來的限制。然而從整體而言,大陸市場仍不如美日,而從個別產品而言,各產品最大市場並不相同,有些產品最大的市場其實就在台灣。區域營運中心也不一定要以最大市場為主要決定因素,否則以往區域營運中心為何多設在香港而非日本? 由此可見上述強調大陸重要性之論調並不正確。而對較重視大陸市場的廠商而言,我們如何放寬對大陸往來的限制也比不上香港和上海,因此我們能爭取到的仍然不能存太大希望。我們所能爭取區域營運中心的特長應在於香港和新加坡等地較欠缺的因素,如製造能力。這一來也可和該兩地形成一種互補。
	(2) 若只強調大陸往來,則等於是強調及模仿香港的長處,最後我們即使成功,也變成和香港一樣以運輸倉儲等服務業去依賴大陸。而香港化的結果,我們將難以對付中共的要脅。
5. 真正的亞太營運中心政策應該設定一個適用所有設在台灣之區域營運中心的特別法,以及一個方便國際企業辦事之特區為中心,這兩件事可由經建會主辦,其餘之自由化政策仍應交由各主管機關評估各種目標而積極推行,不宜以區域營運中心為主要或唯一目標。	亞太營運中心計畫雖可做為推動自由化之理由,但過份利用此一理由,如前所述將使自由化的目的和方式被扭曲。故我們只需要一個特別法及一個特區。特別法是使把區域營運中心設在台灣任何地方的國際企業都能有合理的稅負及較方便的資金、人員、及財貨往來。特區則宜設在國際機場附近,並將各種不宜立即在全國實施的自由化政策,如大陸人員的往來,各國人員之免簽證等先在特區中實施,以方便國際企業利用此特區做為其區

建議	說明
	域業務的中心, 這兩項立法及特區建設工作皆可由經建會負責。至於其他自由化措施雖仍應儘速落實, 但仍應詳細考慮其他因素, 不可只由亞太營運中心一種目標來決定。有關特區之設置, 前年已有構想報告 (請參閱設立區域營運中心特區之建議, 1993年12月), 故不重述。
6. 海運轉運中心並非區域營運中心絕對必要的條件, 其直接相關之生意又很容易可以由一地移到另一地, 因此是否值得大力推展, 宜就其成本效益進行評估, 不宜以亞太營運中心為理由就一定要積極去建設。	台灣各港口特別是高雄本來就有甚大之轉運功能, 而真正之區域營運中心是企業的地區指揮部, 金融、法律、研發、訓練、零組件供應, 以及餐旅服務的配合較為重要, 海運則即使港口不在附近, 仍可以遙控指揮。試問國內企業之高層主管有幾個人經常到港口去, 故更大之海運中心並非區域營運中心之必要條件。海運及其他運輸之發達雖有幫助直接相關產業乃至間接協助其他企業之作用, 但運輸倉儲等直接相關產業都很容易由一地移至另一地, 不易根留台灣, 故我們是否要積極擴大高雄及其他港口之海運中心功能, 應詳細評估其成本效益, 不要以亞太營運中心可能帶來之利益而忽略建設更大之海運轉運中心所需承擔的成本。目前各地爭取海運中心的現象, 實在是想藉大量之建設投入乃至對大陸唯一港口的優勢來繁榮地方或炒地皮, 而非對整體經濟那麼大的利益。主管機關應該明察秋毫, 且不應被地方政客牽著鼻子走。
7. 配合海運中心之境外轉運中心的含意不清, 不同政治立場的人做不同的打算, 政府宜把它當成策略運用, 但亦應思考更適當之策略, 例如允許貨櫃艙繞經第三地即可航行兩岸之間。	對境外轉運中心, 許多相關人員事前都不知道, 而事後其定義各官員也各說各話。於是有些人希望這是規避國統綱領以達成通航的方法, 有些人則認為這絕非通航。實際上境外轉運中心可能有幾種不同的層次, 第一種是目前政府已允許的只讓外籍船與權宜輪航行兩岸並在此轉運, 兩岸商品不能由此再轉進另一岸。第二種做法是大陸原料可在此轉運中心加工

建議	說明
	後外銷他國。第三種做法是只要在此靠過岸，就可直駛兩岸其他碼頭。第四種做法是商品經某種手續後可由此轉運中心輸入兩岸。第一種做法的利益有限，第二種利益稍大，但易製造地區間之競爭及不公平之抗議，第三種是變相的直航，第四種則是所謂定點直航。實際上我們要採取那一種方式，幾乎都和亞太營運中心不太相關，而和整體經濟及政治的關係更爲密切，因此宜深入研究規劃。實際上目前散裝貨輪已常繞石垣島等地而變相直航，貨櫃輪則有換船之規定而難變相直航。不直航增加部份廠商之成本，但大部份廠商所受之影響並不是那麼大，我們對大陸之貿易依賴度已遠大於其他國家，不直航反而成爲一種避免過度依賴大陸的貿易政策。因此，是否要讓廠商有更方便的變相直航乃至直航實值得深入檢討，不必爲亞太營運中心就開放直航或變相直航。若我們決定要逐漸放寬直航，則境外轉運中心也許可以做一種策略運用。目前限由外輪航行的政策一方面可以對較能利用權宜國籍的我國輪船有利，而減少大陸船之參與，並避免大陸小船蜂擁而至的麻煩及安全顧慮。而另一方面，先讓外國船航行的做法也可落實兩岸並非國內航線的事實。若我們不採境外轉運中心，只採允許貨櫃船只要靠第三地不必換船即可航行兩岸的做法，則似可不必選擇特定的境外轉運中心，一樣可達到放寬直航甚且對各地更公平有效率的目的。
8. 經濟部有配合轉運中心而在高雄加工出口區等地設工業區之構想，而此工業區及其他30個科學或智慧型工業區又擬准使用大陸投入品乃至人力，這種構想可能涉及設置太多特區，宜審愼檢討。	配合港口有發展工業區之必要，但若將此工業區視爲自由貿易區而享有其他地區沒有之使用大陸投入品乃至人力的特權，則會扭曲資源分派。讓新建的30個科學或智慧型工業區可以運用大陸投入品及人力的想法，雖可擺平一些地方爭利衝

建議	說明
	突, 但未必能完全擺平, 二來全國到處是特區將有管理上之問題, 且給人經濟自由化不落實之觀感。實際上須用大陸產品的工廠不一定是蓋在新工業區內之新工廠, 因此這種局限實非必要。我們真正該考慮的仍是逐漸開放大陸產品之進口, 而一旦能進口, 就到處可用, 不必到處設特區而製造問題。
9. 製造中心應是指廠商規劃指揮其某種產品之生產或地區之生產地點, 但有人把它變成是某種產品的主要區域性產地, 有人更把它變成是幾個工業區。不過, 這些區別都不重要, 真正要的是增加我們的製造能力, 製造中心只是個口號, 其實是不是中心並不重要。經濟部應以促進投資及振興經濟為主要任務, 製造中心只是其中的發展形態之一而已。	(1) 從有亞太營運中心之口號, 各界就肯定製造能力是我們最主要的本錢。但製造中心這個名詞及計畫中所列之10種園區卻含義模糊。我們雖然要以製造能力吸引區域營運中心, 但只要把握住這個方向, 是不是區域營運中心並不重要。
	(2) 我們不要以為用台灣做中心的產品或投資才要, 實際上只要適合我們做的, 即使是邊陲也該做。日本交流協會的福田泰三次長即曾說要讓台灣做日本企業的週邊生產基地。實際上日本廠商把營運中心或製造中心設到台灣的機會很小, 難道我們就不想要它們的投資與合作? 由此可見許多人對製造中心和營運中心太過誇張。我們要的是加強國際合作, 合作中有些產品或企業我們是中心, 有些我們是週邊, 並不必強調我們非做中心不可。
	(3) 我們不可誤以為製造中心即指一些工業區, 而設立一些有特權的工業區來做製造中心, 這是完全違反市場原則的做法, 結果不易成功。
10. 我們雖有規劃更多工業區之必要, 但應讓民間有更大之自主性, 不要全由政府控制。	以目前的土地情況, 我們確有必要增加更多工業區, 政府也可主動規劃一些工業區, 但政府規劃的目的是要解決民間不易解決的一些外部性或規模經濟的問題, 政府規劃的內容卻不一定符合民間的需要。

建議	說明
	故在政府規劃之外, 應允許民間自行規劃包含住宅、商業及學校等其他生活服務的中小型新工業城鎮, 使民間能主動改善生活環境降低生活成本而促進產業升級。政府更不該以官方開闢之工業區當「製造中心」而給予其他工業區沒有之特權。
11. 金融中心之建立雖有助於營運中心之發展, 但金融中心未必是企業選擇的區域營運中心。	東京是大金融中心, 但並非國際企業選擇的區域營運中心所在地。金融及營運中心涉及之法規及做法大不相同, 宜由央行會同財政部來規劃, 依序推動。
12. 即使不要營運中心, 電信亦須自由化, 並需各種電信建設。	電信之自由化及建設是我們亟須推展的工作之一, 不宜排在營運中心計畫之下而只重視國際企業的電信問題。
13. 媒體產業雖值得鼓勵, 但這是一個產業或文化政策。	媒體確有很大之影響力。到目前為止我們影響大陸最多的也可能是電視劇和流行歌曲而非個人電腦。故媒體的鼓勵扶植確有必要。但這主要是媒體中所含的智慧和思想, 而不是電波的發射。因此我們沒有夠多領先別人的智慧, 以硬體建設及租稅優惠或其他特權所建立之媒體中心無法達到預期目標。若不考慮大陸抵制台灣媒體之必然性而幻想大家會在此大量製作節目並影響大陸, 則更不務實。我們許多電影、電視節目及錄影錄音帶其實已在大陸製作, 理由無他, 人工便宜且免搭布景。故我們該鼓勵的是人才及思想, 不是大攝影棚而已。
14. 亞太營運中心計畫粗糙, 有些地方不切實際, 受委託之外國機關閉門造車是可能原因。許多事情起而行可能更為重要。	日本並無幾家外國企業之亞太營運中心。故受託機關並無多少經驗, 實際上甚至也沒有多少專家投入, 只是問別人之意見而已。如不和相關單位多進行討論, 這樣的規劃無法落實。

亞太營運中心的發展策略

1995年1月

一、前言

台灣經濟過去一直維持持續的發展，其原因之一就是在不同時期，常能根據當時國內外經濟環境的特質，務實地規劃出合宜的發展策略，據以推動。回顧最近這10年來，國內外經濟情勢呈現前所未有的急遽變化。首先是國內產業結構快速轉變，傳統產業所占比重大幅下降，取而代之的是技術密集型，或資本密集型產業的興起。再就是製造業占整體經濟活動的比重開始下降，多種服務業快速發展。在國際經濟情勢方面，歐盟、北美以及東亞三個地區經濟整合的態勢日益明顯，尤其是東亞地區，其區域內貿易指數上升的速度遠在其他兩地區之上。更值得注意的是，在東亞地區經濟整合的大趨勢下，我們許多企業，包括為數眾多的中小企業，為因應國內投資環境的改變，乃大幅向鄰近地區投資，對東亞地區內的貿易成長有積極的貢獻。最後，兩岸經貿關係也日趨活絡。在這樣的情勢下，我們不得不仔細重新思考台灣當前所處的大環境，進而對未來經濟的發展方向予以新的定位。「發展台灣成為亞太營運中心計畫」就是在這樣的大環境下所擬訂的長期整體經濟發展策略。

二、亞太營運中心的意義

將台灣定位成亞太地區營運中心，指的是鼓勵企業，包括本國及外國企業，以

台灣作根據地, 拓展或開創在亞太地區的市場。為了要便於讓企業從事這個地區投資及貿易的活動, 當然必須改善國內的投資環境, 一方面讓資金、商品, 人員及資訊可以很便捷地以台灣為中心, 然後擴散到整個地區。本國及外國企業之所以願意這麼做, 一定有它原因與前題條件。要言之, 台灣必須便捷地充份提供前述四項生產要素, 而這個地區的生產者, 可以從台灣很方便地取得這些要素。因此, 台灣就很自然成為「亞太營運中心」。

台灣之所以必須走向「亞太營運中心」有強烈的理由。首先, 我們身處當前全球經濟成長最快速的東亞地區, 而這個地區的成長有很重要的一個部分來自經濟整合, 我們也對這個地區的經濟成長與整合已經有具體的貢獻。這個趨勢會繼續下去, 而我們也必須維持, 甚至擴大我們已有的地位及影響力。其次, 我們的經濟已得利於融入這樣一個發展趨勢。這是我們在產業結構快速改變時, 並沒有引起經濟上明顯的不安與衰退, 或是高失業的原因。最後, 在兩岸關係上, 香港1997的改變即將來臨, 它必然會衝擊現有的兩岸情勢, 我們必須要有一套的策略構思, 取得一種攻守皆宜的地位, 一方面繼續追求本身的經濟成長, 另一方面, 也希望形成對兩岸雙贏的情勢。這對保障國家安全, 提升經濟的福祉以及促進區域的安定與繁榮, 應有重大貢獻。

三、台灣發展成為亞太營運中心的條件

台灣除了在某些經濟活動上, 已經具區域營運中心的雛形外, 若與這地區想發展成為營運中心的其他城市或地區比較, 台灣的優勢包括:

1. 本身擁有良好的製造業發展基礎, 包括相當完整的產業上、中、下游整合體系, 產品開發能力, 與研究發展活動等。

2. 台灣的地理位置正好處在西太平洋的樞紐, 在人與貨的海、空轉運上極具優勢。

3. 台灣累積的外匯存底, 經常賬持續呈現盈餘, 在東亞地區的貿易與投資活動的持續成長條件, 提供發展成爲區域性金融中心很好的契機。

4. 台灣的政治已步上民主, 社會多元化。這對文化活動的新生與再造無疑提供了一個最好的發展環境。再配合媒體科技的日新月異, 以及成長非常快的華語市場, 台灣媒體事業的發展大有可爲。根據以上的條件, 台灣可以朝六個大方向發展不同性質的營運中心, 包括

製造中心: 高附加價值生產及相關活動, 如研發、產品設計、資訊、技術支援、人員訓練等。

空運中心: 人員與貨物的轉運。

海運中心: 貨物的轉運。

金融中心: 發展成區域性籌款中心, 提供高附加價值的金融服務。

電信中心: 提供高品質、合理價格的電信服務。

媒體中心: 發展華語媒體事業。

台灣在發展以上六個個別的中心上, 若與香港及新加坡比較, 如金融、海、空運, 台灣明顯在發展步伐上落後。但就這六個中心合併考量, 尤其是製造中心, 則我們的比較優勢明顯在香港與新加坡之上。譬如, 香港的製造業已大批移往大陸, 而新加坡則缺乏本土製造業。因此, 我們若能善加利用這六個中心相互支援的功能, 則台灣朝綜合性營運中心的方向發展, 當爲一特色。換言之, 其他五個中心都可以強化台灣製造中心的實力, 如電信中心若能提供便捷的資訊傳遞服務, 當有利台灣製造業的研發活動及產品行銷。而台灣製造業遍佈這些地區的投資與貿易活動, 本身龐大的國內市場, 已經爲其他五個中心提供了良好的發展基礎。當然, 香港、新加坡由於國際化程度高, 加上致力於提升商業經營與生活環境 (後者香港並不必然適用), 已經是許多國際企業在東亞地區的總部。我們與這兩地比較, 仍須做多方面的努力。

四、具體做法

發展台灣成爲亞太營運中心的策略, 就其目的與性質而言, 並不是憑空設想, 而是很務實地根據主客觀發展條件, 構思我們自己的發展策略。這項計畫固然包括了一些短期必須從事的硬體建設, 如港口機場設備的擴充, 但本質上, 短期必須立即推動的工作只是具體落實過去政府一直想推動的自由化、國際化政策。因此, 就短期言, 它是一項軟體制度的改建工程。當這項改制完成後, 配合規劃或興建的硬體投資, 當會發揮巨大的作用。這項計畫有助於釐清今後政府的角色主要的在制度的訂定與監督, 而民間企業在建設各項硬體設備上應扮演無可取代的角色。

政府過去推動經濟自由化、國際化, 已有了部份成效, 但格局、步伐有待加快。亞太營運中心的規劃是政府在自由化、國際化的作爲上大幅向前邁進。事實上在過去1年, 以及今年之內, 政府爲參加關貿總協及世界貿易組織, 對整個經貿制度已經做了一番全面的檢討。現再配合亞太營運中心計畫, 當可完成全面制度的翻修工作, 爲我下個階段的經濟發展奠下堅實的基礎。

五、結語

建立亞太營運中心是我們經濟上一次大格局的自由、開放政策。我們有不得不走上這一條路的理由, 我們可能別無其他選擇。目前這項計畫普遍爲社會與工商界所接受, 有很高的共識性。行政院已指定相關單位負責推動, 以期在最短期間內達成發展亞太營運中心的預期目標。

第二部分

產業發展

導正當前投資環境的具體建議

1989年8月

一、問題背景

近年來我國國民所得成長快速，人民消費水準日益提高，固足稱慶，但是一方面私人財富累積，另一方面各項公共建設卻呈現嚴重不足的現象。台北市及其他主要都市交通擁擠不堪，寸步難行；空氣與河川均遭污染；而且缺乏完善之國土開發規劃。此種公共建設之不足，已相當程度地抵消了私人所得上升與新台幣升值所帶來的福利水準的提升，而對我國國民生活品質之進一步改善，經濟發展之成果供全民分享，形成瓶頸。擴大公共投資，加強基層建設，實為當務之急。

我國經濟又正處於轉型期。由於國內工資快速上升，我國傳統勞力密集產品已在國際市場逐漸喪失競爭力，必須升級，發展技術和資本密集工業。此種升級過程，需要投入大批資本，始能完成。因此，私人生產性投資之加強亦為當前之急務。

不幸的是，過去兩三年來我國的投資活動，公共投資和私人生產性投資的增加不理想，絕大多數投資活動聚集在股市、房地產和問題投資公司等金錢遊戲之上。人民受高利潤之引誘，競相追逐金融投資上的暴利，勤勞精神和工作倫理大受影響，財富分配也愈來愈集中，已使長久以來苦幹實幹的敬業精神受到嚴重的侵蝕，社會安定也受到威脅。

如何導正投資環境，冷卻非生產性的金融性投機活動，增加公共投資和私

人生產性投資, 重建國人的勤勞敬業精神, 應爲當前施政之首要目標。

二、原因與基本政策

金錢遊戲盛行導因於國內資產價格之暴漲, 而後者又可主要歸因於中央銀行過去依一定規則徐緩調升新台幣匯率的政策失當, 以致外匯存底快速增加, 新台幣貨幣供給大幅成長, 社會游資與熱錢充斥, 而陳舊落伍的金融體制, 又無法加以疏導。在此流動性過剩的環境下, 問題投資公司推波助瀾, 造成人民競相追逐暴利。因此, 要消除金錢遊戲, 首要之務在於建立健全之金融體制, 配合正確的匯率、貨幣、股市管理與處理問題投資公司政策的搭配, 始可導正資金流向, 冷卻資產價格之上升。

資產價格暴漲的情形如能加以冷卻, 則人民已無高利潤之引誘, 政府應即大力宣導舊有之勤勞與敬業精神, 恢復人民之工作倫理。同時, 政府應徹底檢討土地使用政策, 規劃新城市, 重整舊城市, 興建優良國民住宅社區, 並應加強基層建設, 確實提升都市邊緣地區人民之生活環境。

除了基層建設以外, 其他各項公共投資亦應加強推行。捷運系統、高速公路、道路更新、衛生下水道、淡水河整治、輕油裂解、電廠、電訊等投資, 均爲急務。不幸的是, 兩三年來政府雖有心推動, 但實際執行效果不彰, 進度落後。究其原因, 除土地取得與環保問題之外, 政府本身行政效率之低落與民間活力未能充分發揮亦爲主要因素。政府行政應研擬通盤改革方案, 而後大力推行。

在私人生產性投資方面, 近數年來所遭遇的主要障礙是經濟自由化尚未能完全落實, 尤其是金融市場, 仍不夠開放, 而且勞工運動和環保運動風起雲湧, 影響正常投資活動之進行。因此, 在市場開放方面, 有必要加速金融服務業和其他各類行業如交通、通訊和電力之自由化; 在勞工問題方面, 勞基法與工會法應予修正並伸張公權力, 加強其執行, 以免勞方動輒罷工, 資方動輒關廠; 在環保問題方面, 政府應加強公營事業之污染防治, 並確實執行環保法令, 以免

民眾採取自力救濟的方式進行抗爭。

促進私人投資, 除了消極去除不必要的投資限制之外, 應採行積極性的鼓勵措施, 尤其在我國產業結構中佔極重要地位的中小企業, 更應採取輔導和獎勵辦法, 促其改善體質, 迎接新經營環境之挑戰。本於此, 政府宜開放民間參與公共投資, 並應開發工業區, 提供民間建廠所需土地。獎勵投資條例即將屆滿, 宜以工業發展條例取代, 對於有社會效益之投資, 仍應予獎勵。在中小企業方面, 除了資金市場的問題以外, 還要補足人、物與資訊市場之不完全性。中小企業對策的目的不在於限制競爭、保護邊際企業, 對不具償還能力的中小企業提供救濟性資金或其他方面的協助。中小企業對策應採取調整導向而且具有前瞻性的措施, 以加速產業結構的調整。

以上各項建議, 大多數早已經專家學者提出, 甚至已明列於本黨二中全會「因應國內外經貿情勢, 針對當前重要問題, 妥謀有效對策, 持續經濟成長」議案, 這些決議未被嚴格執行的主要原因在於政府各部會各自為政, 遇事不協力解決, 反而相互推諉。為改善施政成效, 宜採納前議, 徹底檢討現存行政架構, 予以大幅革新, 以求各部會相互協調支援, 同心同力, 達成上級交付之使命。

三、政策建議

建議	說明
短期措施	
1. 社會游資充斥, 熱錢四溢的情形循下列方式矯正:	前呈「問題投資公司之現況與對策」與「中央銀行緊縮政策之評估與建議」報告中均指出, 兩年前中央銀行為穩定新台幣匯率, 抗拒市場走勢, 在匯市大量吸入美元, 是貨幣供給額快速增加, 社會游資充斥之主因。今後此種情況應予避免。現行緊縮性貨幣政策應繼續執行, 勿半途而廢。央行以 M_{1B} 為單一指標, 用以判斷貨幣政策之成敗, 並不切實際。政府正
(1) 現行緊縮性貨幣政策應繼續執行。	
(2) 減少對外匯市場之干預, 尊重市場機能。	
(3) 擴大公營事業股票上市, 在股市吸取資金, 用以成立海外投資發展基金, 充分發揮強勢貨幣之長處, 有計劃地從事海外投資。	

建議	說明
(4) 強化股市管理，提高證券交易稅率，以適度冷卻股市投機熱潮。 (5) 以取締與輔導並重，逐案處理爲原則，處置問題投資公司。	在處理問題投資公司，股市投機熱潮尙未冷卻之情況下，央行不宜停止執行沖銷政策。而且鑑於我國金融市場具有雙元性，傳統的貨幣政策工具受到限制，爲消除過剩流動性，必須採取特殊的措施，例如擴大公營事業股票上市，直接在資金最熱絡之處吸取游資，而後用以成立海外投資發展基金，充分發揮強勢貨幣之長處，從事長期海外投資，以獲取資源，引進新科技。海外投資發展基金之設立，並非單純地規劃並協助對外投資，而且可以達成收縮通貨，推動公營事業民營化，擴大證券市場規模，降低外匯存底等多重政策目標，有效解決我國當前總體經濟失衡現象。 在股市方面，前呈「問題投資公司之現況與對策」報告已提出，內線交易盛行，坊間均以「明牌」爭相走告，助長將股市視爲賭場之風氣，極宜加強管理，嚴格取締不法行爲，並應儘早提高證券交易稅率，以增加短線操作成本，遏止短線投機交易。股市投機熱潮之冷卻，一方面可避免股票投機繼續變成全民運動，嚴重影響工作意願與效率，另一方面又可避免過多的學有專長的人才爲股市所吸收，造成人力配置之浪費。 前呈「問題投資公司之現況與對策」報告亦已指出，當前問題投資公司規模龐大，而且參與股市炒作，是社會潛在不安定力量，宜以取締與輔導並重，擬妥行動方案，逐案處理。目前政府雖公開宣稱取締這些公司，許多公司已宣布停止出金，但未見政府採取具體措施，將負責人資產凍結，或輔導這些公司合法經營。而且全面取締之影響面太大，宜逐案凍結資產，資產負債情況已無存活餘地者清算之；有存活餘地者輔導其合法化，以便在所需付出

建議	說明
	的社會成本降至最低的情況下, 逐案解決問題。
2. 有組織的金融管道循以下途徑加以強化: (1) 公營銀行宜儘速民營化, 以提高其營運效能, 加速推動金融的國際化。 (2) 強制所有吸收存款貨幣之金融機構參加存款保險, 並嚴格要求存款保險公司限期建立制度, 嚴格執行金融檢查。 (3) 新成立的民營銀行宜允許其至鼓勵國外著名銀行之投資。	解決社會游資四溢, 問題投資公司盛行, 除了冷卻和壓制之外, 還應強化有組織的金融體系, 以收疏導之效。依照前呈「開放民營銀行設立與公營銀行民營化宜同時進行的建議」報告, 主管機關一方面應儘速將公營銀行民營化, 另一方面應建立嚴格之金融檢查制度, 以防止新設立之銀行鋌而走險, 從事投機性的不健全經營。為加速新設民營銀行國際化的步驟, 政府主管當局宜允許並鼓勵著名外國銀行投資於新成立之民營銀行。
3. 以下列建設為重點, 擴大公共投資: (1) 都市邊緣中低收入階層密集區之道路、排水、學校、公園與其他社區公共設施應予儘速改善。 (2) 興建高品質國民住宅社區, 充實公共設施, 供無自用住宅民眾購買, 安定其生活。 (3) 已擬訂之交通、電訊、環保、油、電等投資計畫, 應設法儘速完成。	為使經濟發展之成果不僅表現於國民所得統計數字之提高, 而確實做到生活品質之實質改善, 且為全民所分享, 宜加速進行公共投資, 以解決目前公共設施與基本建設嚴重不足之困境。都市邊緣中低收入人口密集區之都市更新, 以及高品質國民住宅社區之興建, 應為現階段建設之重點, 以改善中低收入民眾之生活, 補償過去兩三年來在金錢遊戲和財富重分配過程中居於劣勢的無自用住宅民眾, 使其「有恆產者有恆心」, 在物質和心理上安定下來, 繼續為往後之經濟發展盡其一己之力。其他各項基本建設, 也亟待加速進行, 以解決目前我國在交通、電訊、環保和油電供應各方面所遭遇到之瓶頸。
4. 透過宣導和教育, 重建我國國民之勤勞精神與工作倫理。	透過前述緊縮性金融措施, 資產價格暴漲的情況如能予以抑制, 高利潤的引誘將逐漸冷卻, 再配合前述都市更新和國民住宅政策, 民心將可安定下來。在此時機, 政府宜透過宣導和教育, 鼓吹勤勞觀念、敬業精神和工作倫理, 以恢復原有之社會觀念與秩序。
5. 以下列方式解決勞工問題:	前呈「當前勞工問題的檢討與對策」報告

建議	說明
(1) 修改勞基法, 使其真正成為勞動條件的最低標準。 (2) 嚴格執行修正後的勞基法與已通過之勞資爭議處理法, 使勞資之談判或對抗循合法途徑, 而非私下動輒訴諸罷工或關廠。 (3) 修改工會法, 培養工會與勞工領袖, 加強其再教育。	指出勞基法對勞動條件的規定並非立法旨意中所宣稱的最低標準, 造成諸多窒礙難行之處。有些規定勞資雙方均不滿意, 有些規定對勞工愛之適足以害之, 應全盤檢討修正, 使其真正成為最低標準; 實際勞動條件, 宜依各行各業不同之特性, 與勞動市場中供需之情況, 由勞資雙方議定。 勞基法經修正後, 即應徹底執行, 以保障勞工之最低工作標準與工作環境。同時, 政府亦應嚴格執行已通過之勞資爭議處理法, 促使勞資談判或抗爭, 循合法的方式為之, 而非以私下動輒罷工或關廠之方式為之。 工會法應予修改, 工會之成立與否, 宜由各行各業之不同廠商與工人自由決定, 不宜硬性規定, 並放寬對工會組織與運作之管制, 減少需由主管機關核准或派員監督之事項。而且為重建和諧的勞資關係, 宜培養負責的勞工領袖, 加強其再教育。
6. 以下列方式解決環保問題: (1) 政府主管當局宜儘速建立污染者付費及補償制度, 組織公正的仲裁團體, 確實執行污染管制及懲處工作, 不容由民間逕行圍堵或停機。 (2) 加強公營事業本身之污染防治。 (3) 重點發展環保工業。	前呈「公害防治政策與措施的檢討及建議」報告提出, 當前民間動輒訴諸圍堵或停機的現象, 與政府未嚴格執行現有之環保法令有密切關係。政府亟應加強這方面之努力, 使違法之廠商受到應得之處分, 而且必須在一定期限內改善。同時, 政府對已符合法令要求廠商之正常營運應予保護, 不容民間逕行封廠。公營事業本身污染嚴重, 應加強其環保投資, 以成為民間企業之模範。環保投資既然有迫切的需要, 政府、學校、研究機構與公民營企業應結合力量, 成立環保資訊中心, 從事研究開發, 並與國外技術合作, 加速技術移轉, 儘速建立環保工業的基礎。
7. 以下列方式促進民間生產性投資: (1) 全面取消不必要的對國內市場之投資限制, 促使市場開放; 金融服務業之	要鼓勵民間生產性投資, 首應將目前仍存在之各種不必要的投資限制措施解除, 諸如交通、電訊、金融、甚至油電供應, 均

建議	說明
自由化尤應優先進行，儘速發展台北爲國際金融中心。 (2) 鼓勵民間參與公共投資，舉凡各項公共建設如道路興建、環保投資、大型購物中心與休閒設施之設立，從規劃、發包到執行，均可委由民間辦理。 (3) 積極開發工業區，使民間投資者能取得建廠所需土地。 (4) 獎勵投資條例屆滿後以擬議中之工業發展條例取代，繼續對具有社會效益之投資行爲，給予獎勵。而且智慧財產權應予保護，以促進技術移轉與產業升級。 (5) 強化經濟部中小企業處、中小企業銀行、中小企業保證基金、省屬行庫中小企業聯合輔導中心與生產力中心之功能，給予中小融資、管理和技術上之輔導，促使其升級。全面推展店頭市場之發展，增設創業投資基金，將有助於中小企業引進新技術，改善其經營體質。爲了對從事海外投資的中小企業提供融資及其他金融服務，國內外匯銀行應廣泛設立海外分支機構。而且爲便利進出口廠商，尤其中小企業規避匯率風險，央行宜儘速重建遠期外匯市場。	應開放民間參與。其中金融業之自由化應優先推動，以使我國在1992年之後，取代香港成爲國際金融中心。央行最近籌設外幣拆款市場，可以說爲發展國際金融中心已踏出重要的一大步。台灣地區的地理位置正處於東亞樞紐地位，又擁有鉅額外匯準備。如果外幣拆款市場累積經驗，規模也逐漸擴大，拆款利率具競爭性，則台北將發展爲主要國際籌款中心。公共投資亦應鼓勵民間參與，各項公共建設，包含上述道路、環保、大型購物中心與休閒設施，均可交由民間整體規劃與興建。同時，爲使得民間建廠可以順利取用土地，政府宜積極開發工業區，解決目前一地難求的困境。在投資獎勵方面，擬議中的工業發展條例，將過去產業別的獎勵改爲功能別（如環保與研究發展）之獎勵，立意甚佳，宜以之取代即將屆滿之獎勵投資條例，繼續對具有社會效益之投資行爲，給予租稅優惠，並對智慧財產權給予應有的保護，以促進技術移轉與產業升級。在中小企業方面，經濟部中小企業處之功能應予加強，並配合中小企業銀行、中小企業信用保證基金、省屬行庫中小企業聯合輔導中心與生產力中心之業務推展，給予中小企業融資上的方便，以及經營管理和技術上的輔導，促其早日升級。配合融資之提供，中小企業銀行與一般銀行應輔導中小企業建立健全的會計制度。政府建立公平稅制，保持輕稅重罰原則，亦有助於建立中小企業會計制度。爲便利未上市證券之流通，以及中小型風險性創業公司取得穩定的長期資金，店頭市場之發展宜全面推動。創業投資基金亦應增設。租賃公司等週邊金融事業的健全發展，積極推動機器設備租賃，將有助於中小企業引進新技術，改善其經營體

建議	說明
	質。最近面對國內工資率與匯率的上升,並受到國外貿易保護主義的限制,國內中小企業開始從事國外投資,以擴大海外市場。爲了對海外投資企業提供融資及其他金融服務,國內外匯銀行應廣泛設立海外分支機構。而且爲便利廠商規避匯率風險,央行宜訂本國外匯銀行與外商銀行每週承做遠期外匯之淨累積餘額限度,並規定這些銀行在即期外匯市場可拋補之淨遠期外匯部位,有限度恢復遠期外匯操作。重建遠期外匯市場後,央行應同時廢止外商銀行所承做之預售外匯,併入外商銀行可承做之遠期外匯淨累積餘額。
8. 預先公告農產品逐步自由化的時間表, 以縮小國內外價格的差距, 促使農業走向知識密集的經營。	農產品保護將擴大國內外價格的差距,進口加工食品因此而趨於增加,以致減少國內產品乃至農產品原料的需要。爲避免這樣的惡性循環,政府應預先公告農產品逐步自由化的時間表,促使農業部門引進新技術,培養人才與經營者能力,設法擴大經營面積,加強栽培管理,以降低成本,發展園藝作品等高附加價值產品。
長期措施	
1. 在總統府或黨中央成立行政革新委員會, 通盤檢討現存行政體系, 擬定改革建議, 付諸實行。	公共投資之推動效果不彰,除土地取得與環保問題之外,政府本身行政體系之限制與行政率之低落亦爲主要原因;其他各項財經政策難以落實,各政府部門本位主義色彩過濃厚而不能互相配合協調,均與整體政府組織架構與人員配置與現實社會進步脫節有關,宜設置行政革新委員會,通盤檢討改進。尤其財經各部會施政步調與方向常不一致,已構成政策順利推行之阻礙因素,二中全會通過之決議案亦無法有效執行。爲強化部會間之協調,並有效評估政策之推行成效,行政革新之推行應爲當前之急務。
2. 全面檢討國土開發計劃, 妥善規劃土地之使用, 以同時滿足農業、保護區、都市與	我國雖有國土開發計劃,但各地土地使用雜亂無章,缺乏整體規劃,加以土地

建議	說明
工業之需要, 並落實分區使用原則。	炒作者縱橫其間, 益使問題複雜。政府宜以租稅手段, 遏止土地炒作行為, 同時重新檢討國土開發計劃, 全面規劃土地之使用, 使得農業、保護區、都市與工業區得以平衡發展, 並落實分區使用原則, 以免不同的土地使用者相互干擾, 衍生糾紛。
3. 參考先進國家經驗, 訂定適合我國國情之勞資和諧相處與環保糾紛解決模式, 而後推廣宣傳, 以促進國民間和睦相處, 共存共榮。	許多先進國家均有勞工與環保糾紛之經驗, 付出慘痛的代價。政府可參考這些國家 (尤其是日本) 之經驗, 訂出一套適合我國國情之勞資相處與環保糾紛解決模式予以推廣, 以促進勞資雙方以及居民與工廠雙方長期和睦相處, 共存共榮。
4. 從經濟觀點看來, 工作倫理之衰退, 社會脫序現象叢生, 以及社會治安之惡化, 與過剩流動性、股市、房地產價格漲, 以及問題投資公司日益擴大有關。貨幣政策應以消除過剩流動性為首要長期政策目標, 避免金錢遊戲持續擴張。而且金融制度的改革應加速推行, 以期國內金融制度有效地發揮儲蓄者與投資者的中介功能, 為儲蓄者提供有效的投資管道。	中央銀行應保持其獨立性與政策之一貫性, 有效控制貨幣供給額之增加率, 以免過多的貨幣導致嚴重的經濟社會問題。不過, 為理直氣壯地保持央行的獨立性, 央行應加強其研究分析工作, 把握適當時機, 發動公開市場操作, 儘量避免對外匯市場的干預, 有效控制貨幣供給額的變動。至於金融制度的改革必須提振金融業經營者的自律精神, 具有前瞻性的做法, 並依照預先規劃的順序逐步推行, 儘量減少金融革新過程中可能遭遇的限制與阻礙。不過, 金融革新一方面去除不必要的業務限制, 另一方面卻應加強金融機構的監督檢查, 有效防範違規脫法的金融活動。

中小企業發展條例草案的疑義
與改進建議

1990年2月

　　我國工業界爲數衆多的中小企業，以其靈活的市場應變力，旺盛的企業家
精神，高度的資金運用效率，對我國的出口與就業，經濟的平衡發展，以及避免
產業組織因過於偏重大型企業而形成的壟斷現象，有重大的貢獻。中小企業在
我國經濟結構中佔極重要的角色，顯然是我國經濟發展的特色。至於我國中小
企業得以快速成長的原因，除了前述其本身的特性外，在客觀制度上，政府早
期發展民營企業，遵重市場機能，在財政金融措施上並未給予大型企業過多的
補貼，給中小企業一良好的發展空間，而促成其今日的成就。

　　惟近年來，國內外經濟環境鉅變，中小企業一方面固然面臨諸多新的挑戰，
但在金融面由於資金寬鬆，融資管道增多，創業投資公司相繼設立，店頭市場
正在推展；在技術面，則推廣自動化技術，逐步建立產業研究發展能力；甚至利
用對外投資，以重獲生機，中小企業也不斷有新的發展機會。至於行政院審議
中的「促進產業升級條例」已揚棄過去對產業採選擇性且偏重大企業的獎勵措
施，而改採功能性獎勵，加上立法院審議中的「公平交易法」，均使得中小企業
可立於平等的地位與大企業競爭。這是中小企業再發展的契機。

　　綜觀行政院擬議中的「中小企業發展條例草案」，對當前經濟大環境朝自由
化、制度化發展的看法容或不同，以致該草案對政府採輔導中小企業的方法，
其內容過於廣泛，或目標不明確，諸多措施又與現有辦法重覆，絕大部份草案
條文所規定事宜，均可納入經濟部組織法，而幾使該草案缺乏其立法的必要性。

該草案如有立法之必要, 宜加以大幅修正, 僅做重點式規範, 強調建立制度, 具體輔導措施之重點宜放在加強現有相同機構之功能或擴大其預算。具體建議如下:

建議	說明
1. 保留草案條文第一章總則1至5條, 對中小企業定義, 主管機關, 以及輔導目標及做法, 做原則性規範。對中小企業「融資與保證」、「經營管理」、「生產、服務及研究發展」, 其內容凡屬主管機關協商、協調、督導、委請者均可直接納入經濟部組織法, 由中小企業處職掌。	草案第8、9、12、13、14、15、17、18、20、21、22、26、27條均屬上述「協調」、「協商」性質, 並無納入此一基本法之必要。
2. 刪除第6條,「政府應設中小企業發展基金」。	設置基金之原來目的似在於增加經濟部支配資金用途之彈性。而且草案僅列基金兩項用途: 辦理融資 (第9條) 與捐助「互助保證基金」(第27條)。政府為了這兩項用途, 得編列預算增加中小企業銀行之資本或直接捐助互助保證基金。至於原草案說明認為「目前政府已有開發基金及中美基金, 惟其規定與用途各異, 無法適用於本條例; 且於1990年獎勵投資條例實施期間屆滿, 開發基金之存在將有問題 ……」, 與事實不符。於行政院審議中的「促進產業升級條例」第16條第4項, 規定開發基金用途為「提撥適當比例支援輔導中小企業發展有關之計劃」。
3. 刪除第12條「設立中小企業開發公司, 對有發展潛力之中小企業直接或間接投資 ……」。	有發展潛力的中小企業, 將自然成為金融機構優先融資的對象。至於風險較大的高科技投資, 應由創業投資公司參與投資。由政府成立中小企業開發公司與現行交通銀行職掌重覆, 無此必要。
4. 合併第7與16條。	第7條涉及地方主管機關輔導中小企業措施, 第16條涉及產業同業公會或工商團體對中小企業會員提供服務, 性質相同。
5. 條例草案多處用語不清或顯屬多餘, 宜改正:	

建議	說明
(1) 刪除第6條第2項規定對中小企業發展基金之捐增免課所得稅。	所得稅法中已有規定。
(2) 第10條第2項, 規範融資性質爲「研究發展、防治污染、拓場計劃」,「拓場」語意不明。	「拓場」應爲拓展市場之意, 但罕見如此用法。
(3) 第12條規範對有發展潛力之中小企業直接或間接投資。間接投資意義不明確。	間接投資一辭可指在外人投資時, 公司內部長期 (超過2年) 貸款或一般不以控制公司爲目的的長期外人投資, 又稱證券投資。
(4) 刪除第26條, 建立中小企業與大型企業間公平合理及互惠之交易關係。	何謂公平合理語意不明, 具體規範應已納入「公平交易法」。
6. 本條例宜訂實施期限。	本條例應有其時代性, 宜訂時限。

促進產業升級條例草案之
疑義與改進建議

1990年2月

一、問題背景

產業升級在大多數人的想法，係指產品結構及生產方法隨經濟進步而逐漸改變，並因此而提高了人民經濟福利之現象而言。然在根據這種粗略的概念而想運用法規與其他政策來促進產業升級時，卻會遭遇一些難題，其中最主要的兩個難題，一是產品結構與生產方式如何調整對國民經濟最有利，另一則是政策要如何介入較爲恰當。若不釐清這兩個難題，促進產業升級之法規與政策即可能發生偏頗。

根據經濟發展經驗和經濟理論來看，已開發經濟之產品結構和生產方法確和開發中經濟不同，因此經濟之進步必然伴隨產品結構和生產方法的調整。人們也很容易憑直覺或簡化的分析，而認爲產業升級即是產品結構和生產方式，朝較先進之國家的方向調整。然而由於客觀條件及歷史因素的差異，各先進國家的發展途徑並不完全一致。因此除了資本與技術密集度須提高之大方向外，我們並不能說那一種特定的產品結構或生產方式才是升級。我們也許能大膽地認定某些調整產品結構與生產方式的個案是一種升級的現象，但我們卻很難列舉出所有可能之升級方式，我們更難有一般化的準則來判斷那一種升級方式對國民經濟最爲有利。而在自由經濟體制下，產業升級的方式，仍須靠企業家決策以及市場價格機能的引導。

不過不知道那一途徑最好並不表示不需要任何政策。儘管市場機能在一些

理想化的條件下會引導人們做成對經濟最有利的決策，但在現實經濟難免有一些干擾因素，使市場機能無法把經濟引向最適當的途徑，以致出現市場失靈 (market failures) 的狀況。若能對各種市場失靈的原因加以校正，則經濟發展應可更接近理想的途徑。這種市場失靈現象的校正，應該是促進產業升級條例的基本原則。

在產業升級過程中可能出現市場失靈的現象，以致阻礙升級的因素主要有下列5項：

1. 廠商為促進升級所做的努力具有不能由廠商自己得到的外部性利益。
2. 升級所需之資金太多或風險太大，非個別廠商所能負擔。
3. 由於外部經濟或產業關聯效果，必須許多廠商同時參與才能達到升級之目的。
4. 產業升級使部份生產要素失業或受到重大傷害，乃至形成社會問題。
5. 法規制度本身成為市場機能的障礙。

目前工業主管機構雖然對產業政策的構想已由對特定產業之扶植改為功能性之獎勵，但「促進產業升級條例草案」仍未能充分把握校正市場失靈現象的原則，宜進一步加以改善。同時本草案雖名為促進產業升級條例，但其中大部分條文是繼承獎勵投資條例，或者要排除其他法令不適當的規定。因此，由條例中看不出促進產業升級的整體政策架構。事實上除了自動化、防治污染、以及國際品牌形象之外，絕大部份條文都是在獎勵「投資」，而非配合動態比較利益之原則而獎勵「升級」；而前三項看似升級的獎勵對象，卻未必仍須以獎勵的方式來促成。又如工業區之設置雖佔了本草案一半以上之篇幅，但卻未考慮到民間開發工業用地之協助與管理，也未明顯表現出工業區與產業升級之關係。產業聯鎖效果，以及產業結構調整所引起之後遺症，也都沒有條文涉及。故本草案做為促進產業升級之基本法有欠完整。

二、一般建議

建議	說明
1. 宜訂10年爲期, 期滿自動廢止。	草案說明中雖強調不訂期限以隨時檢討修訂, 但訂定這個條例的主要理由之一就是因爲其他相關法令來不及修訂, 或修訂時會引起其他困擾。若不明定期限將來或許還要有一新條例來排除此一條例某些條款的運用, 致使法令十分紛亂。何況10年後我國經濟應已進入另一發展階段, 所需之政策也已改變, 故此條例應僅做爲目前之升級階段, 以及在相關法令未能合理修正之前的規範, 10年後應可廢除。
2. 宜減少行政機構對產業能否得到獎勵之裁量權。	雖然本法案的精神由產業別之獎勵改爲功能別之獎勵, 但草案內容並未貫徹這種精神, 而有多處條文 (5、6、12條) 給予主管機關甚大之裁量權。萬一裁量錯誤或受制於利益團體, 將會妨礙眞正之升級。故應減少裁量權, 或者減少行政裁量所造成之利益差距。
3. 獎勵措施不應以租稅減免爲主。	以租稅減免之方式來獎勵各種經濟活動時, 人們通常較難知道獎勵的成本或代價是多少, 因此可能產生獎勵過度的情形。若改用補貼, 理論上雖較適當, 但在國際間亦可能引起異議。若減免稅捐的原因是原來的稅捐不合理, 則應設法修改該稅制之法律依據最爲妥當。至於研究發展和人才培育等活動, 除了可由私人部門自行訂定契約以減輕其外部效果之外, 政府亦應主動提供技術訓練, 以及爲許多廠商共享之技術, 或推動建教合作, 而減少市場失靈之傷害。
4. 條例內容可列入政府應積極採行, 以協助產業升級之工作, 包括:	這些工作列入條例中除可做爲執行政策之法律依據外, 亦可宣示政府決心, 並賦予主管機構執行之責任。政府所採行之政策措施應求最大效果與最低成本。至於政策措施之訂定過程應力求公開

建議	說明
	(transparancy), 並取得共識 (consensus), 而且密切注意國際動向。
(1) 人才培育與再訓練應有更具體之辦法。	人才的培育是產業升級的根本, 但本草案並未就人才問題提出適當的辦法。特別是衰退產業勞工之轉業訓練, 以及新技術之在職訓練, 是產業能順利升級之關鍵因素, 宜納入條例中。
(2) 明定原則協助研究發展, 及技術移轉以及提供一般通用的技術研究。	研究發展及技術移轉多半有外部利益, 一般通用的技術則具有公共財之性質, 故政府可設法協助, 以減輕外部性所造成之不良影響。對於廠商特別是中小企業無法單獨負擔, 但許多廠商都可能用到之研究實驗設備乃至於人才, 政府應設法提供或鼓勵民間提供。
(3) 訂定建立現代化產業新城市之目標。	地價高漲和生活品質惡化, 一方面妨礙投資者的意願, 另一方面又使人才較不願意留下來, 故應設立較高之目標, 以排除現有法令之限制, 徵收土地或強制聯合土地所有權人, 來開發數個現代化之產業新城市, 使這些城市中之一切標準皆達到或超越先進國家之水準, 而由這些新城市做爲帶動整體產業升級之主力。
5. 其他法令應儘速修訂	本條例之許多規定都是要排除或修改其他法律的適用性。長遠看來, 不管租稅問題或土地問題, 都應該就相關法令做大幅度修正。

三、對草案部份條文之意見

草案條文	意見
第5條: 公司之固定資產得按下列規定縮短耐用年數, 但在縮短後之耐用年數內, 如未折舊足額, 得於所得稅法規定之耐用年數內1年或分年繼續折舊, 至折足爲止:	第5條: 研究發展支出除增加廠商本身之獲利能力外, 也可透過技術之學習與擴散, 而使整個社會受益, 故有正當理由給予租稅減免。但節約能源和節約其他進口投入品本質上

草案條文	意見
1. 專供研究發展、實驗或品質檢驗用之儀器設備及節省或代替能源之機器設備得按2年加速折舊。 2. 行政院基於調整產業結構、改善經營規模及生產方法之需要，對特定產業得准其機器設備按所得稅法固定資產耐用年數表所載年數，縮短二分之一計算折舊，縮短後餘額不滿1年者，不予計算。 前項特定產業之適用範圍及施行期間由行政院定之。	相同，節約的利益由廠商自己獲得，故不應獎勵。 本條第2項給予行政機構太大之裁量權，將來執行時或許又會變成以往產業別之獎勵，而滋生弊病。實際上經營規模及生產方法都是廠商自己所能控制之變數，且並無明顯之市場失靈問題，故不應獎勵。產業結構調整所引起的問題其實主要是勞工的就業問題，而本條文卻側重對產業或企業主之保護。綜合上述理由，本條第2項應予大幅度刪減。
第6條: 行政院基於政策需要，得依下列規定實施投資抵減措施: 1. 爲促進產業升級需要，公司得在下列用途項下支出金額5%至20%限度內，抵減當年度應納營利事業所得稅額。 當年度不足抵減時，得在以後4年度內抵減之。 (1) 投資自動化生產設備。 (2) 在規定期限內購置防治污染設備。 (3) 投資於研究與發展暨建立國際品牌形象之支出。	第6條: 依賦改會之建議，投資抵減只能做爲短期反景氣循環之措施，但草案將本條稱爲功能性及重要事業之獎勵，並規定適用範圍由行政院定之，和賦改會之建議不同。依目前草案內容，一方面行政裁量權太大，另一方面則更可能行成浮濫及持續性之獎勵。若以反景氣爲投資抵減之主要目的，則自動化設備、防治污染設備、以及建立國際品牌形象之支出並無充分之理由較其他生產性之投資更值得獎勵。即使要做爲較持續性之政策，這3項投資也不應特別獎勵。個別廠商自動化的利益由廠商自行取得，通常沒有市場失靈的問題。防治污染有其外部利益，但較適當的方法是以污染者付費之精神來執行環保政策，僅有把污染降得比環保標準更低時，或者既有廠商面臨環保政策與標準改變時，才值得獎勵。故若要把污染防治列爲功能性之獎勵項目，則應以5年爲限。國際品牌形象固然可正面提升國外對本國產

草案條文	意見
	品之形象, 而有其外部效果, 但在出口量太大或產品品質不佳時, 亦可能引起反感。同時這部份費用的認定也有困難。基於上述理由, 本條宜把獎勵對象改為全體產業一般生產性投資, 而以反景氣循環為其目標。
(海外投資獎勵) 第8條: 公司為配合政府政策進行海外投資, 股權佔該海外投資事業20%以上並經目的事業主管機關核准者, 得就該營利事業之海外投資總額15%範圍內提撥海外投資損失準備, 供實際發生投資損失時充抵之。營利事業因解散、撤銷、合併或轉讓依所得稅法規定計算清算所得時, 海外投資損失準備之累積餘額, 應轉作當年度收益處理。	第8條: 海外投資為經濟發展的必然趨勢, 實際上無法禁止, 也不需獎勵, 市場機能已能發揮作用, 故建議刪除本條。
(合併所發生稅捐之免除) 第10條: 公司為促進合理經營, 經濟部專案核准合併者, 依下列有關各款之規定辦理: 　1. 因合併而發生之印花稅及契稅一律免徵。 　2. 原供該事業直接使用之用地隨同一併移轉時, 經依法審核確定其現值後, 即予辦理土地所有權移轉登記, 其應繳納之土地增值稅, 准予記存, 由合併後之事業於該項土地再移轉時, 一併繳納之。合併之事業破產或解散時, 其經記存之土地增值稅, 應優先受償。 　3. 依核准之合併計畫, 出售原供該事業直接使用之機器、設備, 其出售所得價款, 全部用於或抵付該合併計畫新購機器、設備者, 免徵印花稅。	第10條　本條第1項第5款退回之土地增值稅似應比照該項第2款之辦法記存。

草案條文	意見
4. 依核准之合併計畫, 出售原供該事業直接使用之廠礦用土地、廠房, 其出售所得價款, 全部用於或抵付該合併計畫新購或新置土地、廠房者, 免徵該合併事業應課之契稅及印花稅。 5. 因合併出售原供該事業直接使用之工廠用地, 而另於工業區、都市計畫工業區或原依獎勵投資條例編定之工業用地內購地建廠, 如其新購土地地價, 超過原出售土地地價扣除繳納土地增值稅後之餘額者, 得向主管稽徵機關申請就其已納土地價值稅額內, 退還其不足支付新購土地地價之數額。 6. 前款規定於因生產作業需要, 先行購地建廠再出售原工廠用地者, 準用之。 前項第3款至第6款機器、設備及土地廠房之出售及新購置, 限於合併之日起二年內為之。	

(保留盈餘及股票股利)

草案條文	意見
第12條: 股份有限公司組織之營利事業, 得在不超過已收資本額之限度內保留盈餘不予分配; 政府指定之重要產業, 得在不超過已收資本額2倍之限度內保留盈餘不予分配。但超過以上限度時, 就其每一年度再保留之盈餘於加徵10%營利事業所得稅後, 不受所得稅法之限制。 政府指定之重要產業以未分配盈餘增資, 供該產業下列之用者, 其股東因而取得之新發行記名股票, 免予計入該股東當年度綜合所得額; 其股東為營利事業者, 免予計入當年度營利事業所得額課稅。但	第12條: 本條以獎勵盈餘再投資為目的, 但「重要產業」和其他產業的劃分可能相當恣意, 故本條第2項應不限於重要產業。又本條第3項須以股權市價不超過其年薪之一定百分比為限, 以免被用來逃稅。

草案條文	意見

此類股票於轉讓、贈與或作爲遺產
分配時, 應將全部轉讓價格, 或贈
與、遺產分配時之時價, 作爲轉讓、
贈與或遺產分配年度之收益, 申報
課徵所得稅:

1. 增置或更新從事生產、提供勞務、
   研究發展、品質檢驗、防治污染、
   節省能源或提高工業安全衛生標
   準等用之機器、設備或運輸設備
   者。

2. 償還因增置或更新前款之機器、設
   備或運輸設備之貸款或未付款者。

   政府指定之重要產業之員工, 以其
   紅利轉作所服務產業之增資者, 其
   因而取得之新發行記名股票, 準用
   第2項之規定。

   創業投資事業以未分配盈餘增資,
   其股東或出資人因而取得之發行
   記名股票或出資額, 準用第2項之
   規定。

第4章 工業區之設置

(工業區之設置方針研訂及編定)

第17條: 為促進產業升級, 中央工業主管機
關得依產業發展需要, 並配合各地
區社會、經濟及實際情形會同有關
機關研訂長期工業區設置方針, 報
請行政院核定。

工業主管機關得依工業區設置方
針、勘選一定地區內土地並擬具環
境影響說明, 建議經濟部報請行政
院編定為工業區。

前項工業區設置方針及勘選工業
區之區位與規模, 應與綜合開發計
畫、區域計畫及都市計畫相互配
合。

第17條: 第2款建議經濟部之前, 似應先得
地方政府同意。

草案條文	意見
(工業區之規劃) 第21條：工業主管機關開發工業區時應先擬具開發計畫，除供製造業設廠用地外，得按開發工業區之計畫目的及性質，以部份土地規劃為相關產業、社區、職業訓練、創業輔導、試驗研究、標準廠房、運輸倉儲、專業辦公大樓、遊憩及環境保護、景觀維護等設施使用，並訂定使用分區管制要點，以為管理維護。 前項工業區開發計畫之擬定或修正，工業主管機關應會同都市計畫與區域計畫及環境保護主管機關辦理。	第21條：兼具非工業用途之綜合性工業區或工業城之開發，是改善生活環境，吸引人才，為達到這樣的目標，而使產業升級之重要措施。似應由中央主管工業，都市計畫、環境保護，以及區域計畫之單位先行訂定最低設置標準，以免浮濫。
(工業區內社區之規劃與設置) 第22條：政府開發工業區規劃之社區用地，除供公共設施及其必要之配合設施外，其用途如下： 1. 配售與工業區內被徵收土地之所有權人，但其被徵收土地面積須在300平方公尺以上；未達300平方公尺者，不予配售。 2. 配售與工業區內被徵收房屋之所有權人，但須於土地公告徵收之日，在該房屋自住，並已辦竣戶籍登記者為限。 3. 租售與工業區內之興辦工業人興建員工宿舍。 4. 由政府機關或政府委託之工業區開發管理機構興建宿舍，租售本工業區內工廠員工。 前項第1款、第2款之配售價額，按該工業區開發成本計價。 工業社區用地配售及租售辦法，由經濟部定之，並知會內政部。	第22條：第1項第1款中未能配售土地者，應得依其土地面積大小，租購第4款之宿舍，或者將這些小地主集中，以股份方式共同持有一塊土地。否則土地之利用價值若因工業區之開發而增加，小地主將比大地主不利，而形成不公平之現象。

草案條文	意見

(工業區開發管理基金之設置)

第28條: 依本條例開發之工業區土地出售時, 應由承購人按承購價額繳付3%之工業區開發管理基金; 標準廠房或各種建築物出售時, 應由承購人按承購價額繳付1%之工業區開發管理基金; 工業區土地、標準廠房或各種建築物之租金暨超過成本之售價收入, 於成本回收後, 應全部撥充工業區開發管理基金。中央工業主管機關開發之工業區, 繳付之開發管理基金, 應解繳經濟部工業區開發管理基金, 其保管及運用辦法, 由行政院定之。

省 (市) 或縣 (市) 工業主管機關開發之工業區繳付之開發管理基金, 應分別解繳省 (市) 或縣 (市) 工業區開發管理基金, 其保管及運用辦法, 由省 (市) 或縣 (市) 政府定之。

工業區開發管理基金不足運用時, 政府應編列預算支應。

第28條: 各工業區管理應以自給自足為原則, 不必勉強將管理基金依開發單位分成中央及省縣基金, 基金不足應用時亦應由該區廠商自行負擔。

當前中小企業融資問題之剖析與建議

1990年11月

一、問題說明

近2、3個月來, 企業界普遍認為銀根緊俏, 資金週轉困難。而中小企業所面臨之問題較大型企業嚴重。財政部、經濟部與中央銀行等相關部會, 針對此一問題雖然提出了若干因應方案與輔導措施, 但實效有限。

中小企業之融資問題, 事實上已是陳年痼疾, 只是在目前經濟不景氣時, 益發凸顯此一問題之嚴重性而已。眾所週知, 國內存在著有組織的銀行體系與無組織的民間借貸並重的所謂「金融雙元性」; 而此二體系又有明顯的「市場區隔」現象, 意即銀行貸款偏重於債信良好的大企業與公營事業, 而債信較差的中小企業不易由銀行得到融資, 以致必須仰賴民間借貸。若將企業來自其他企業與家庭之借款定義為企業的民間借款, 那麼依照中央銀行的調查, 可編製附表1。此表顯示民營企業來自民間之借款比例, 在1976年至1988年間平均高達34.33%。此表還顯示了一個奇特現象: 那就是在我國開始推動利率自由化的頭幾年 (1980至1984年), 民間借貸之比重雖呈明顯下降, 但在國內資金汜濫、銀行為爛頭寸所困的1985至1987年, 此一比例卻又顯著回升。此種銀行寧可坐擁爛頭寸, 而不願貸款予民間借貸客戶之事實, 足可作為民間借貸之客戶不見容於銀行之佐證。而這也就是所謂市場區隔現象。此外, 附表2也清楚地顯示資產規模愈小的企業, 愈難自金融機構或債券市場籌措資金, 因而仰賴民間借貸之比重愈高。

檢討何以中小企業難以由金融機構得到充分的融資, 其主要原因可歸納為兩方面:

1. 中小企業本身之條件較差

中小企業的會計制度不健全、財務狀況不佳、經營管理不上軌道、無足夠抵押品或保證人, 以及借款額度小, 平均交易成本較高等, 均影響金融機構對中小企業的融資意願。

2. 金融制度不健全與利率管制

我國主要銀行多為公營, 而且對銀行增設長期予以凍結。此二因素使銀行業間缺乏競爭。而公營銀行在制度限制下, 辦理授信業務所必然會產生的正常呆帳難以打銷, 且呆帳轉銷時, 審計單位可能追查有關行政與財務責任。這類規定自然造成銀行承辦人員在放款客戶之選擇上, 對債信、抵押與保證等之要求, 採取嚴格態度。此外, 過去在利率未完全自由化前, 對放款利率之上下限差距之限制過嚴, 也使得銀行無法應用風險加碼方式, 以較高利率融資於信用較差、風險較高的中小企業。

中小企業之融資問題, 近幾個月來似有愈趨嚴重之勢。不僅退票率逐漸上升, 經濟部中小企業處在9月初完成一項調查資料也顯示: 有將近五成的業者都面臨融資困難的財務困境。分析其原因, 與下列幾項國內外經濟情勢之最近發展有關:

1. 中央銀行的金融緊縮措施

中央銀行為了緩和國內游資過剩、金錢遊戲盛行與物價蠢蠢欲動等現象, 自1988年12月起逐步採取了一系列的強力貨幣緊縮措施。這些措施有效地抑制了貨幣供給額的擴張, 使得資金供給狀況趨緊。不過, 就金融機構的放款增加率觀之, 其年增率在近年來仍多維持在20%以上之水準; 另就貨幣供給總量與

正常貨幣需求之比較觀之, 貨幣供給的絕對數量亦應足夠支應經濟體系的正常
運行。而且, 在最近這幾個月, 中央銀行改為採取所謂「緊中帶鬆」的策略後,
銀行體系逐漸出現了鉅額超額準備。這些都足以證明, 總體而言, 資金狀況並
非太緊, 故企業界所以感到銀根緊俏, 下列兩項因素的影響可能遠大於央行的
緊縮措施。

2. 股市與房地產市場由盛轉衰

在前幾年股市與房地產狂飆期間, 經不起誘惑而涉足股市與房地產投機的中小
企業及其負責人, 今年2月以來股價快速滑落, 以及房地產市場由盛轉衰, 以致
損失慘重或資金遭到套牢。

　　按理, 股市的投機交易近似一種「零和遊戲」(zero-sum game), 意即資金
就在幾百萬的投資人間轉來轉去, 有賣出就有買進, 有高價買進低價賣出的虧
本者, 相對的就有高價賣出低價買進的賺錢者。因此, 當股價由3,000點上升到
12,000點, 再滑落到原有的3,000點的此一循環過程中, 所有投資人平均而言,
應大致無輸贏。(當然, 政府與證券商從中收取了相當數額的證交稅及手續費,
這是投資人淨輸的部分)。不過, 在此一遊戲過程中, 社會上的所得與財富當已
重分配。不幸的是, 在不甚健全的國內股市中, 中小企業或其負責人若參與股
市, 極可能是屬於盲從進出, 處於劣勢之一群, 故不可避免財務淨損失。而在中
小企業多屬家族企業, 公私財務通常不分之情況下, 負責人財務吃緊, 企業本
身也就陷於週轉不靈的困境。以股票或不動產為抵押向金融機關借錢者, 在抵
押品市場價值大幅滑落後, 若遭到銀行向其提出補足抵押成數不足的要求, 則
其所面臨的融資問題當更形嚴重。

3. 中東局勢不穩與國內經濟不景氣

今年8月以來, 中東地區的緊張狀況使國際油價竄升, 國際經濟景氣連帶遭到
波及。兼以國內近幾年的工資上揚、環保標準提高與新台幣升值等不利競爭力

之因素, 其影響逐漸顯現, 致使以國際市場為主的產業, 其發展受到了抑制。再者, 股市與房地產衰微所產生的財富「縮水」幻覺, 也使得國內消費萎縮, 餐飲與旅遊服務業等以國內市場為主之行業隨之萎靡不振。這些不利的發展, 使得金融機構對經營不上軌道, 財務上不健全的中小企業之融資益趨審慎。

面對日趨嚴重的中小企業融資問題, 中央銀行首先在7、8月間, 相繼以「中小企業投資專案」與「中小企業融資貸款」之名義, 釋出600億元資金; 其後在9月中旬, 財經單位會商公布「當前加強中小企業融資具體作法」, 其中包含由中央銀行擴大辦理對銀行業資金之轉融通, 由經濟部中小企業處和省屬行庫中小企業聯合輔導中心加強提供融資輔導服務, 強化中小企業信用保證基金所提供的融資保證; 財政部則宣示對銀行辦理中小企業融資, 若無重大過失或舞弊, 即使發生呆帳, 將免除其行政責任, 以鼓勵銀行貸款, 並鼓勵銀行將廠商申貸案送保。10月間, 財政部同意金融機構對於企業以股票貸押, 於明年3月底前到期的貸款, 得展延半年償還。中央銀行又先後宣佈放寬選擇性信用管制, 以及實施放寬企業退票註銷記錄措施。

這一系列因應措施, 對紓解中小企業在融資上的燃眉之急, 自有其一定程度的作用, 但欲發揮明顯的效果則屬力有未逮。例如在中央銀行改為採取較為寬鬆之措施之後, 銀行體系之資金供給雖較充裕, 但其放款意願仍低, 以致銀行徒然累積了超額準備, 部分轉存央行; 又貸款案能否得到信保基金保證, 基本上還是決定在銀行願不願意將案子移送信保基金。銀行對可能有問題之案子, 往往為了省事, 乾脆拒絕送保。這其中所涉及的導因, 包括信保基金的保證成數有限 (通常都在六成至八成之間), 銀行仍需自行承擔部分風險; 信保基金對所保證企業倒帳時理賠 (代位清償) 的條件嚴格, 以致無法獲得銀行界信賴; 鼓勵融資辦法中可免除行政責任的所謂「無重大過失」, 其意義不明, 故承辦放款人員不敢放手融資; 以及呆帳發生後, 審計部仍可能追究財務責任, 對承辦人員亦是一大威脅等等。此外, 正確判斷授信風險, 評估有關授信條件以達成適切的資金分配, 係銀行從業人員的基本任務, 因此銀行不能無視借款者的風險狀

況, 作不負責任的放款, 以免授信品質惡化, 危及銀行本身健全經營之原則以及金融之穩定。準此, 銀行在挽救企業上, 只能救急, 而不能救窮; 意即只宜對確具發展潛力, 救得起來的企業施予援手, 而不能來者不拒, 做到人人有份皆大歡喜的程度。

次就放鬆銀根之妥適性而言, 在貨幣供給總量實際上不匱乏、物價蠢蠢欲動、今年第三季國際收支又轉呈大約4億美元之盈餘, 而且金錢遊戲有死灰復燃之虞的目前時刻, 採行寬鬆的貨幣政策無異於飲鴆止渴, 其對物價與金錢遊戲的刺激作用甚大, 故應審慎為之。

準此, 在當前特殊的國內經濟環境, 而且中小企業融資問題起因亦甚複雜之情形下, 以強力的寬鬆貨幣政策或紓困措施, 來全面地紓解中小企業融資困境, 既不相宜也無必要。較適當的作法是秉持「自助而後人助」之原則, 責成企業採取自救措施, 然後再視個別企業之狀況, 予以不同的處理。對於具有發展潛力, 然因經濟不景氣而一時週轉失靈的企業, 宜責成其提出改善體質的具體方案, 再依上述財經單位所發布之辦法予以融資輔導與保證。對於因涉足股市與房地產投機過深, 致資金慘遭套牢或蒙受重大損失, 而面臨財務困境者, 宜先責成其出脫股票與不動產, 以減輕其財務負擔; 其次要求將其過去在股市與房地產狂飆期間所可能賺取並已分配予股東的營業外利潤繳回公司, 以增資方式改善企業的財務結構。如此才可強化銀行對其放款的信心。最後, 對於已失掉市場競爭力, 難挽頹勢之企業, 僅能令其由市場淘汰, 而從輔導其資源轉業方面來減少其對經濟社會之衝擊。

其次在中小企業融資體系方面, 近幾年來, 中小企業銀行對中小企業放款餘額占其總放款之比例有下降之趨勢 (1987、1988與1989年年底之比例各為76.87%、75.59%與72.86%, 1990年7月底之比例為73.79%), 顯示中小企銀有逐漸熱衷於一般商業銀行業務, 致荒廢對中小企業融資之傾向。而且台灣中小企業銀行之規模有待擴大, 應予增資, 以提高其放款能力。

在融資保證方面, 中小企業信用保證基金之功能應予加強。目前信保基金由於淨值太小, 而且所收取的保證手續費率固定又偏低, 以致理賠能力有限,

因此而對中小企業承保資格、、保證成數與代位清償要件等, 皆採取較嚴格的限制。這些限制妨礙了信保功能的發揮。此外, 所有保證案件都須由金融機構轉送, 信保基金與中小企業間缺乏直接接觸機會。此種保證方式過於被動, 亦已久為中小企業所詬病。這些問題都宜早日解決。

最後, 在長期的治本措施方面, 除了中小企業應由健全會計制度、強化財務結構與經營體質等方面著手, 以改善其信用條件之外, 主管當局亦應加速推動金融自由化, 早日健全國內金融體系。目前有關利率之管制已全部取消, 民營銀行亦已容許新設。惟今年申請新設的銀行皆由企業財團組成, 日後其融資策略是否會不利於中小企業, 財經主管應未雨綢繆及早預防。至於公營銀行移轉民營, 或增強公營銀行營運自主性, 主管當局更應積極推動。

二、政策建議

建議	說明
1. 中央銀行宜維持適度的貨幣緊縮措施。	目前國內貨幣供給總量應足夠支應經濟體系正常運轉之需, 故無大幅擴張信用與貨幣供給的必要。何況, 近幾個月來國內物價明顯不穩, 金錢遊戲亦有死灰復燃之虞, 故不宜採行放鬆銀根之作法。
2. 秉持「自助而後人助」之原則, 責成中小企業採取自救措施之後, 再視個別企業之狀況, 施予援手。	許多中小企業的融資困難是因其過去涉足股市與房地產過深而起, 此一後果應由其自行承擔。又在經濟不景氣之際, 銀行
(1) 有發展潛力, 但只因經濟不景氣而暫時週轉困難者, 應提出改善經營體質之具體方案, 然後由銀行給予融資輔導與保證。	基於健全經營之原則, 對授信採取較為審慎態度, 無可厚非。因此, 欲解決當前中小企業融資問題, 應由中小企業、政府部門與銀行界共同配合。中小企業應先採
(2) 因參與股市與房地產投機而面臨財務困境者, 應出脫其股票與房地產, 並以增資方式改善其財務結構, 然後再由銀行予以融資。	取自救措施, 改善其經營體質、出售所持之股票與房地產、或以增資方式改善其財務結構; 然後, 再由銀行配合政府的輔導措施, 予以融資或信用保證。
(3) 已失掉市場競爭力之企業, 宜令其由	

建議	說明
市場淘汰，而從輔導其資源轉業方面減少其對經濟社會之衝擊。 (4) 從事國外投資，套出大量資金而經營失敗，國內生產已架空之中小企業，不宜做爲紓困之對象，以免造成更多的經濟犯罪。	
3. 爲強化信保基金之融資保證功能，應擴大中小企業信保基金之規模、降低承保資格與代位清償要件、適度提高保證成數、另闢管道讓中小企業與信保基金直接接觸，並研究實施彈性保證費率。	信保基金對協助中小企業取得融資助益甚大，但其功能受限於許多因素致成效不彰，故宜針對久受非議之問題謀求解決之道。由於中小企業付保證費以取得保證，無異於購買放款保險來爭取金融機構之貸款，所以這項保證手續費（或保險費）應依中小企業信用之良窳與放款風險之大小來計算。在基金規模擴大且收費合理化後，信保基金將較有能力降低其中小企業承保資格與代位清償之條件限制，並適度提高保證成數。
4. 採行下列措施，以強化中小企業銀行的專業融資功能： (1) 台灣中小企業銀行宜擴大增資，提高其放款能力； (2) 責成中小企業銀行加強辦理對中小企業融資。	近幾年，中小企業銀行對中小企業融資比例有下降趨勢；又公營的台灣中小企銀資金不足，而民營地區性中小企銀之規模亦過小。這些現象皆不利於中小企銀專業融資功能的發揮，故宜採取左列措施加以改善。
5. 加速推動金融自由化，健全國內金融體系；中小企業亦應由健全會計制度與強化財務結構等方面著手，改善其信用條件。經濟部中小企業處與生產力中心的功能更應予強化，以便加強輔導中小企業提升其管理與技術水準。	這是解決中小企業融資問題的治本措施。目前民營銀行已容許新設，但申請者多由企業財團組成，財金主管當局宜防止其採取不利於中小企業的融資策略。公營銀行移轉民營，或增強公營銀行經營自主性，主管當局更應積極推動。中小企業與政府主管以及半官方輔導機構亦應採取配合措施。

台灣鐵路運輸經營型態的檢討

1991年4月

一、前言

「國家建設六年計畫」已將台北與高雄間的高速鐵路列為重點投資項目，交通部且已成立「高速鐵路工程籌備處」，著手進行規劃。如何規劃未來鐵路運輸之配置，釐清不同運輸工具間彼此分工的角色；如何使台鐵債台高築的情況獲得改善；以及如何避免高速鐵路步上台鐵連年虧損的後塵，均是迫切需要思考並解決的問題。

　　台鐵目前遭遇的最大問題為財務狀況不斷惡化，累積債務已達新台幣170億元，處理的辦法除了變賣土地以償還部分債務外，最主要還是以債養債的方式因應。雖然1980年曾成立「鐵路處理委員會」負責規劃及監督執行鐵路局內部組織之強化，改善營運及財務管理，並處理電氣化所帶來的債務，而1988年易名為「鐵路監理委員會」，持續執行鐵路監理工作，但仍無通盤解決台鐵財務問題的辦法。同時在中央決定興建高速鐵路之後，亦未對日後台鐵和高鐵在經營型態方面的定位提出具體建議。

　　其次，台鐵的人事費用一直在增加。就1990年度的財務資料來看，人事費用佔台鐵收入的70%左右，其中退休金即佔人事費用的二成以上。交大運研所的一篇論文指出，台鐵客運績效不佳的主要影響因素為營運成本與勞工成本，二者皆有明顯遞增的傾向。再者，政策性任務使台鐵對於營運不良的場站或路線無法自由裁撤，其中三等客運站及單一站員的簡易站佔總站數的七成左右，

但營運收入不及15%。另外，由於台鐵爲省營，有關預算、運費、員工薪資等皆需由主管單位層層核定，並受各級民意機構監督，政治壓力的介入使得經營更加困難。

國際上，公營鐵路由虧損轉爲盈餘成功的例子最著名的是日本國鐵的民營化，因此在考慮台灣地區鐵路運輸經營型態的合理化時，有必要參考日本國鐵民營化的背景與過程。

二、日本國鐵民營化經驗

民營化以前的日本國有鐵路，從1964年起爲扼止營運惡化，曾依照「日本國有鐵路事業經營重建促進特別法」實施大量精簡人事，拆除虧損路線，廢止營收不佳車站，削減營運開銷等改革措施，但由於經濟結構及社會情勢變化而導致運量持續減少，以致無法達成預期的革新目標，不但營收逐年下降，且長期負債高達37兆3,000餘億圓 (約7兆多台幣)，可謂已面臨倒閉邊線。

歸究其國鐵經營惡化的原因有六大項：

1. 缺乏競爭意識。長久以來獨佔的觀念無法有效因應公路運輸的競爭。

2. 經營者無自主權。國鐵的預算、運價和員工薪資等由國會決定，經營者只是執行者。

3. 人事採平頭主義。不管努力與否，相同層級員工的薪資都相同，無法提振員工士氣。

4. 勞資關係不協調。工會經常領導勞工運動。

5. 政治過度介入。營運不良的路線及運費調整經常成爲政治工具，延誤財務結構的調整。

6. 冗員充斥。民營化前的員工人數高達27萬人，據估計其中約有三分之一的冗員。

在針對問題進行改組的過程中, 首先根據「日本國有鐵道經營事業重建促進臨時措施法」成立「國鐵重建監理委員會」, 於一年半之後向國會提出「國鐵改革大綱」, 在內閣設置「國鐵改革關係閣員會議」, 另於運輸省設置「國鐵改革推行本部」推行民營化措施。同時日本國會制定了與國鐵改革相關的八大法案, 包括

1. 日本國有鐵路改革法案。

2. 旅客鐵路公司及貨運公司有關之法律案。

3. 新幹線保有機構法案。

4. 日本國有鐵路清算事業團法案。

5. 日本國有鐵路希望退職職員以及促進國鐵清算事業團職員重新就業有關之特別措施法案。

6. 鐵路事業法案。

7. 日本國有鐵路之改革法等施行法案。

8. 地方稅法以及國有資產等賦稅繳納有關法律局部修訂法案。

依此八大法案決定日本國鐵多元化的大方向, 亦即將原有的一元化組織劃分成多個不同的事業單位。按營運性質及地區特性將日本國鐵的傳統鐵路分割為六個鐵路客運公司 (東日本、西日本、東海、北海道、四國和九州) 以及一個鐵路貨運公司, 以民間企業的模式經營。新幹線是唯一盈餘的路線, 成立一個保有機構, 出租給東日本、西日本和東海3家公司。

由於日本國鐵宣稱採用「民營化」的方式來解決財務問題, 使人誤以為其經營型態已達到完全民有民營, 實際上, 它目前仍是國有民營, 類似我國的中鋼模式。經分割後的6家鐵路公司的理事長是由民間著名的企業界人士擔任, 屬於虛位性質, 而擁有經營實權的社長則多是以前國鐵的高層管理人員, 而且至目前為止, 各公司的股權仍然為日本政府所有。不過, 新公司無論在經營形式上、人員任用上、預算及會計制度上均享有自主權, 與民間營利事業無異。而且這

些類似中鋼模式的鐵路公司除保留一票通用的優點外, 對於運價、票價以及車班設定、車站設置等, 均自行依市場情況決定, 只需向主管機關報備即可。長期而言, 如果舊有員工及債務問題處理完畢, 而且新公司營運績效持續改善, 產生穩定的盈餘, 即可逐步將股票移轉民營, 達到民有民營的最後目標。

對於長期債務的處理, 除由改組後的新公司承受約14兆3,000億圓 (約38%) 外, 其餘部分以出售舊國鐵非業務用地與國庫負擔的方式逐步清償中。在員工方面, 由於考慮國鐵的生產力無法立即趕上私鐵, 故以私鐵水準的合理員工數再加計二成來計算新公司的合理員工人數, 剩餘人員計有61,000多人, 其中39,000多人希望提早退休, 其餘人員則由日本國有鐵道清算事業團予以輔導並安排其轉業。

在民營化3年後, 被輔導就業之剩餘人員, 目前仍有3,000人左右尚未得到安排, 債務也仍達27兆圓, 未來以舊國鐵剩餘土地出售的收入與6家客運公司及1家貨運公司的股票抵償, 預計至1997年3月, 全體國民必須負擔的債務仍高達15兆圓。但是基本上日本國鐵民營化是相當成功的。比較偏僻的北海道、四國與九州等三個島的客運公司雖然仍呈虧損, 但虧損的程度已較從前大幅減少, 其餘3家公司則已轉虧為盈, 而且使鐵路運輸事業獲得了新生, 業者興致勃勃的朝多角化業務積極進行, 包括旅遊、直營餐廳、飲料製造銷售、園藝、運動休閒、保險及電腦、電話相關業務等。

三、從日本經驗看我國鐵路運輸經營型態之規劃

學習日本經驗, 將我國鐵路運輸逐步民營化是正確的方向, 而且台鐵目前尚未陷入日本國鐵民營化前瀕臨倒閉的局面, 實施民營化的成本應不致像日本那樣大。不過, 以我國鐵路運輸目前的經營型態而言, 要完全適用日本模式有其困難, 一方面雖然憲法規定鐵路應歸國有, 但交通部在光復初期便委託台灣省政府經營至今, 另一方面交通部已成立高速鐵路工程籌備處, 擬由中央興建, 形

成一種運輸工具的兩種產品, 分別隸屬於兩個不同的行政系統, 與日本國鐵的情形並不相同。因此在取法日本模式時, 必須同時解決經營型態如何定位與民營化如何推行的問題。

在考慮台灣鐵路運輸經營型態之前, 首先需針對不同運輸產品的功能性分工加以定位。高速鐵路未來是定位在增強大都會間的運輸能量, 至於目前台鐵所經營的傳統鐵路則主要承擔區域間的接駁, 而大眾捷運系統主要提供都會區內部的運輸需求。未來運輸型態的規劃應力求此三種功能充份發揮, 其中大都會間的運輸能量與區域間接駁二者之間尤其需要充份配合。本報告就未來鐵路經營型態調整與民營化可能的三種規劃方向及其利弊分析如下:

1. 中央規劃成立民營化的高速鐵路公司, 省府執行台鐵之民營化, 另成立公司經營傳統鐵路。此種規劃的缺點為: (1) 兩種鐵路在功能上有高度的互補性存在, 唯有班次、接駁月台等都相互配合, 才能使運輸的功能發揮到極致, 如分屬不同的公司, 協調上可能較困難, 甚至可能產生平行競爭、兩敗俱傷的局面。(2) 民營化本身需要大筆的資金支援, 除非中央大力補助, 由省府自行從事民營化的工作恐有困難。(3) 一旦高速鐵路通車, 台鐵的長途旅客將大量流失, 使其收入大為減少, 虧損更多, 債務問題更無法解決。

2. 省府執行台鐵之民營化, 成立鐵路公司, 中央將興建完成後的高速鐵路交由該公司經營。其缺點為 (1) 省府財務不十分健全, 台鐵民營化的費用與高速鐵路完工以後各項軟硬體的後續投資事實上必須由中央負擔。(2) 高速鐵路由中央興建完成後再併入民營化的台鐵, 是兩個不同層級機構的合併, 不但在執行上較困難, 而且萬一合併不理想, 將使高速鐵路一開始營運即遭遇困難, 影響整體鐵路營運的表現。

3. 中央執行台鐵之民營化, 成立鐵路公司, 並將興建完成後的高速鐵路併由該公司經營。其優點為 (1) 由中央執行, 在財政支援上較可行, 而且層級高, 較易解決民營化過程中產生的問題。(2) 對鐵路運輸的整體規

劃較有利。(3) 民營化後的台鐵與完工後的高速鐵路, 在同一層級合併, 較易執行。(4) 大眾捷運系統與鐵路的配合問題, 層面涉及省、市等各單位, 由中央政府來做較合適。

由以上三種方案看來, 以最後一種為上選。交通部運輸研究所1990年3月完成的「台灣西部走廊高速鐵路可行性研究報告」中, 在公營的前提下, 對所有權歸屬之建議為:「台鐵與高速鐵路以隸屬中央方案最可行」。如今在考慮民營化時, 同理由中央統籌台鐵之民營化與高速鐵路之歸併, 應該是比較好的策略。

在此策略下, 民營化的具體步驟如圖1 (甲案) 所示。第一階段由行政院成立「鐵路民營化委員會」, 規劃並執行台鐵之民營化, 交通部在委員會的監督下同時進行高速鐵路的施工。第二階段則是在高速鐵路完工前由上述委員會成立中鋼模式的鐵路公司, 其業務內容除了包括台鐵的傳統鐵路外, 也納入高速鐵路。公司的員工任用、預算與會計制度等皆比照民營公司, 票價、運費、場站設置地點與班次等則由鐵路公司自行訂定後向主管機關報備, 該公司並應負責全盤規劃傳統鐵路與高速鐵路班次、轉車之配合, 提昇服務品質, 使鐵路運輸的功能能發揮到極致。在新公司營運初期, 民營化委員會仍應繼續存在, 其功能如日本的國鐵清算事業團, 繼續處理後續的資產、債務與剩餘人員的問題。第三階段則在債務清償完畢、人員安置妥當、鐵路公司經營有起色及民間接手意願轉強時, 將股票逐步移轉, 成為民有民營的鐵路公司。

以上述方案統籌規劃鐵路運輸雖是上選, 但在民營化階段, 難免遭遇省縣市政府、各級議會、中央民代與員工的阻力。如果認為此種困難在短期內難以克服, 而擬放棄整個計畫, 恐非明智之舉。正確的作法是: 若上選無法達成, 可改採兩階段改革的策略, 至少先將鐵路收歸國有, 俟時機成熟時再進行民營化。也就是先解決經營體系分割的問題, 再解決民營化的問題。其過程如圖2 (乙案) 所示: 第一階段先在交通部成立鐵路管理局, 負責高速鐵路施工與台鐵收歸國營事宜, 第二階段係在高速鐵路完工後, 由交通部的鐵路管理局同時經營

高速鐵路與傳統鐵路;至於其後民營化的有關步驟,則與圖1的民營化過程相同。實施乙案時,其執行步驟除增加國營化的過程,即在過渡時期由交通部成立鐵路管理局負責經營外,其他基本原則仍可適用,故以下具體建議部分僅討論圖1之甲案。

四、政策建議

建議	說明
1. 行政院成立鐵路民營化委員會,分以下三個方向規劃與執行鐵路民營化: (1) 修訂法律 (2) 處理資產及債務 (3) 安置剩餘的員工	交通部根據1958年10月行政院所通過省交通處的提議「台鐵原應予收回由交通部自行管理,惟在戡亂時期,為免目前更張起見,擬採權宜措施,仍由交通部委託台灣省政府代為管理」,即委託省府經營。因為動員戡亂時期即將結束,現在正是改變鐵路經營型態的良好時機。民營化的執行,必然有來自各級地方政府、各級地方議會、中央民代與員工的阻力,所以日本在最高行政層級(亦即內閣)設立「日本國鐵清算事業團」執行民營化的相關事宜。我國宜仿其辦法,在行政院成立「鐵路民營化委員會」,並堅定決心與魄力排除萬難,才能達到民營化的目標。其次,在民營化過程中,理應將資產、負債一併移轉給民營化的公司,但台鐵資產名義上屬於省府所有,省府有權處分這些資產,難免在民營化時心存抗拒。中央政府應利用省府對中央財政的依賴,配合輿論壓力,強力將資產併同負債,轉移至新成立的鐵路公司。為了化解阻力,可考慮將新公司的部分股權移轉給省府或台鐵原來的員工,或考慮在非營業用地上興建國民住宅售予員工。 實際執行步驟之說明如下: (1) 修訂法令。需修改之法律包含公營事業移轉民營條例第3條、民營公用事業監督條例第

建議	說明
	2條, 同時應制訂與日本類似的「鐵路過剩人員雇用對策基本方針」、「鐵路長期債務等之處理辦法」等民營化相關法令。民營化委員會並應規劃成立民營化公司的細部流程, 且負責執行。(2) 對於債務問題, 仿照日本模式, 依據「鐵路長期債務等之處理辦法」, 由新成立的公司負擔一部份債務, 處理一部分土地資產, 其餘的由中央政府負擔, 亦即全民分攤。(3) 在考慮高速鐵路營運所需要部分台鐵員工, 以及新公司需要新血加入等因素後, 訂立裁員目標, 並制訂民營化之後的就業條件與福利。對於適任且願留任民營公司者, 自民營化開始之日起, 即適用勞動基準法。對於剩餘人員, 則仿照日本模式, 設立「鐵路過剩人員雇用對策本部」, 鼓勵根據過去的福利制度退休或經輔導後安排至其他單位任職。
2. 以中鋼模式成立國有民營的鐵路公司, 並將完工後的高速鐵路納入經營。	(1) 在高速鐵路完工前應成立鐵路公司, 並准其對於路線規劃、班次排定及場站設計等有完全的自主性, 以便充份發揮高速鐵路、傳統鐵路與大衆捷運系統間的運輸分工角色, 並朝業務多角化經營的目標前進。(2) 採取中鋼模式, 在人事、預算、會計制度方面應享有自主權。鐵路運價改為自行訂定, 經向主管機關報備後實施。由於鐵路實際上與公路、飛機是處於競爭的地位, 應不致產生鐵路運輸的壟斷性問題。(3) 民營化委員會仍應存在, 其功能有如日本的國鐵清算事業團, 處理尚未解決的債務、過剩人員等的後續問題。
3. 以鐵路民有民營為最後目標。民營化不僅是經濟政策, 而且是政治活動, 需要一般公衆的廣泛支持始能成功。既得利益者的反對, 應發動輿論力量施加壓力。	如果員工及債務問題處理得當, 而且中鋼模式的鐵路公司運作良好之後, 即可逐步將股票移轉民營, 達成民有民營的最後目標。

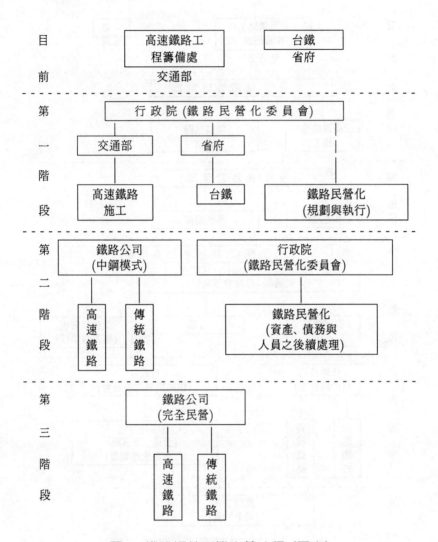

圖1 鐵路經營型態改革流程 (甲案)

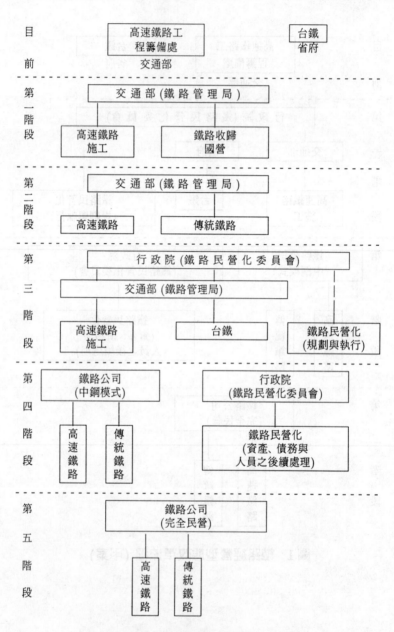

圖2 鐵路經營型態改革流程 (乙案)

利率、匯率與策略性融資

1991年4月

一、背景

由中央銀行對時下利率的態度來看, 該行似乎認為現行利率政策並無不妥, 對目前的利率水準相當滿意。不過, 根據若干跡象顯示, 目前利率政策有待檢討, 其理由如下:

(1) 最近日圓與馬克相對美元走軟, 新台幣對美元之匯率又維持相當穩定的關係, 以致新臺幣相對於各主要通貨呈升值傾向。在此情況下, 新臺幣利率如果過高, 將造成資金之流入。以今年3月的6個月期存款利率而言, 第一商銀為8.75%, 歐洲市場之美元為6.31%, 日圓為7.5%。美金100元存6個月可收利息約3.2美元, 若換成臺幣6個月後再兌回美金而匯率不變, 可獲得約4.4美元的利息。在此種套利機會甚為明顯的情況下, 國際投機資金將持續流入。其次, 新臺幣利率偏高亦使進出口廠商向銀行借款時, 儘量借美金。以目前6個月期的進口融資而言, 本國銀行新臺幣利率為9.5%, 美金利率為8.5%, 外商銀行的美金利率則僅為7.5%, 使得廠商紛紛向外商銀行借用美金, 亦形同資金流入。資金的流入, 不但增加臺幣升值的壓力, 也使外匯存底增加, 貨幣供給增大, 影響國內物價穩定及帶動投機風氣。目前已看到的現象有: 外匯存底自1990年6月起又再度增加, 今年1月增加近30億美元, 其中除了一部分是由於

貿易順差所造成者外, 大部分來自於國外資金的流入; 貨幣供給額 M_{1A} 與 M_{1B} 也在3月分恢復正成長, 並且可能從此遠離近年來持續負成長的局面; 近來股市又再度活絡, 房地產價格也呈現躍升的趨勢, 似乎金錢遊戲又將死灰復燃。只要臺幣維持較其他貨幣相對強勢, 亦即沒有大幅貶值的風險, 而利率又居高不下, 則熱錢會持續流入, 金錢遊戲與通貨膨脹的壓力均將重現。

(2) 雖然短期投機資本大量流入, 但是長期投資躊躇不前, 民間投資意願仍然不振。以去年一年的實質民間投資來看, 各季都比去年同期衰退5個百分點以上, 預計今年第一季仍然難逃負成長的局面。這種生產性投資不振的現象, 與產業升級的要求背道而馳。事實上, 廠商為了因應新臺幣升值、勞動成本增加與環保意識之提升, 對於購置自動化設備與防治污染設備的意願相當強烈, 現在躊躇不前, 最主要的原因是投資成本過高, 無力負擔。造成投資成本過高的最重要原因之一, 就是實質利率偏高。以去年12月的實質利率來看, 三商銀的實質基本放款利率為5.44%, 而美國為3.94, 日本為4.14, 英國為4.61, 韓國則為1.85, 均低於我國。

自動化與環保投資回收期均長, 利率水準對投資意願影響甚大。以一個10億元投資個案, 今後20年每年可產生5,000萬實質收入的投資為例, 如果實質折現率為6%, 則現值為負, 不值得投資, 反之, 如果實質折現率降低為4%, 則現值變正, 值得投資。央行高級官員一再強調利率並非決定投資意願之主要因素, 顯然沒有充分了解投資理論之基本觀念。而且利率因素之重要性可由交通銀行辦理策略性貸款的經驗得到印證。該行前後辦理6期策略性融資, 金額共計1,200億元, 利息減讓自1.75至2.75個百分點不等, 每次推出均大受歡迎而被廠商搶貸一空。由此看來, 實質利率偏高, 應是我國廠商不願大舉投資、更新設備的重要原因之一。

(3) 利率本應反映資金市場的供需情況, 但實際上央行利用其對於各銀行的影響力, 繼續維持高利率水準的基本政策, 使得目前各銀行的資金雖然

寬鬆, 但利率居高不下, 與供需脫節。一個明顯的例子就是: 貨幣市場較能反映資金的真實供需狀況, 其利率水準即遠較放款利率爲低。因爲長期資金利率遠高於短期資金利率, 有資格在貨幣市場發行商業本票的廠商多借短期資金, 而不借用或暫緩動用長期資金。不過, 能以貨幣市場短期融通滿足資金需求的廠商畢屬少數, 大多數廠商仍需向銀行貸款以取得資金。在銀行方面, 爲了維持盈餘, 也必須多增加放款以消化過剩的資金, 造成信用擴張, 甚至辦理放款比賽, 可能促使房地產、股票等資產價格上漲。

由上述分析來看, 目前匯率與利率政策的搭配有欠理想, 不但利率無法達到平衡資金供需的功能, 反而造成套利盛行, 熱錢流入, 民間投資則持續不振, 有必要採取以下的措施:

(1) 有效匯率既有升值傾向, 名目利率水準即應適度向下調整, 不宜與國際同類利率維持太大的差距。

(2) 爲了維持物價穩定, 防止金錢遊戲再現, 對於貨幣供給之增加率應密切監控。央行採取適當政策措施誘導利率做適當的向下調整, 並非要求央行改而採行信用寬鬆政策。在利率下降後, 央行仍應採取適當措施, 避免資金情勢變成過於寬鬆。

(3) 銀行放款, 如貸給房地產或股市的炒作者, 將引發金錢遊戲。如果貸給生產性事業從事投資, 可促使產業升級。在此種狀況下, 政府應善用「選擇性的信用管制」, 促使銀行避免將資金貸給前者, 而多貸資金給後者。

除了調低利率以外, 政府應加強策略性融資, 以降低企業購置自動化設備的資金成本。交通銀行辦理策略性融資, 其中2成5係由開發基金搭配貸放。開發基金目前擁有大量公民營事業股票, 據報導依市價計算約值2,000億元, 其中所持有的中國國際商銀股票, 曾在立法院引起爭議。爲了確實發揮開發基金本身所應有的功能, 又爲平息立法院中的爭議, 宜處理部分資產, 以充裕資金,

增加對策略性融資的搭配款。由交通銀行所辦理策略性貸款廣受歡迎的情況看來,由開發基金予以支援,繼續擴大辦理策略性融資,將可帶動企業投資意願的提升。

二、建議

建議	說明
1. 酌量調低利率。	調低利率的標準為: (1) 名目利率不宜與國外名目利率水準維持太大差距, 以避免反覆無常的資金移動。(2) 實質利率宜降低至合理水準。(3) 利率應反映資金供需的眞實情況。貨幣市場利率遠低於銀行存款利率, 而銀行利率居高不下, 係不正常的現象。
2. 貨幣政策不宜過分寬鬆, 貨幣供給額成長率應設法維持在適當的水準。	爲了維持物價穩定, 防止金錢遊戲重燃, 貨幣供給增加率應予密切監控, 勿令過高。在此種貨幣政策下, 應促使利率隨市場供需而更機動地調整。
3. 匯率應保持相當彈性, 並應反映外匯市場的供需狀況。	如果在利率適度調低之後, 仍有資金流入, 導致美金賣壓增強, 應即允許匯率作適當的調整, 以平衡供需, 並扼止熱錢流入。央行不宜對於「合理」的匯率水準作公開的宣示, 以免市場操作者誤以爲無套利風險, 造成投機資金大量流入。
4. 以下列方式強化開發基金的功能: (1) 出售部分持有股票充裕資金, 以提供策略性貸款搭配款。 (2) 提高與交通銀行的搭配成數, 對國產自動化設備投資提供更優惠利率。	開發基金目前擁有大量公民營事業股票, 依市價計算約值2,000億元, 其中所持有的中國國際商銀股票, 曾在立法院引起爭議。如處理部分資產, 一方面可充裕資金, 與交通銀行配合擴大辦理策略性融資, 另一方面可平息紛爭, 一舉兩得。 過去開發基金支援交通銀行辦理策略性工業低利貸款, 自1982年5月至1988年8月共四期, 總額700億。1989年起改稱「策略性投資計畫優惠貸款」, 以計畫而非以特定產業爲目標, 第一期額度200億,

建議	說明
	於1990年2月全部動用，第二期300億，自1990年8月起接受申請，目前幾乎已無餘額。由此可知，前後六期，在減讓利率約1.75至2.75個百分點的條件下，極受廠商歡迎。為了刺激投資意願，鼓勵自動化設備投資，以促進工業升級，此項貸款應以下列方式繼續擴大辦理。
	(1) 在短期內續辦第三期策略性投資計劃優惠貸款，額度至少為500億元。(2) 開發基金可增加對交銀搭配成數，以鼓勵採用國產機器設備。(3) 目前交銀所負擔開發基金撥付款之利息成本有 (甲) 基金撥款廠商未動支前與廠商還款基金未提取前，照1個月定期存款利率計息; (乙) 廠商動支期間，以活期存款利率減1碼計息。其中 (乙) 項係1989年開辦策略性投資計畫起新增的項目。為了落實對於廠商的優惠，上述利息成本不宜再調高，甚至宜取消 (乙) 項，以降低交銀貸放成本，增加對廠商之優惠程度。基金保管者應以促使產業升級為目標，揚棄「保本保息」的不正確觀念。由於貸款由交銀承擔呆帳責任，保本事實上已不成問題。保息徒增加資金成本，與鼓勵自動化設備投資，促進產業升級的目標不相符合。

近期內辦理「第三期策略性投資計劃優惠貸款」之建議

1991年4月

　　爲鼓勵企業購置自動化設備之投資意願，緩和工資上漲與勞工不足所帶來的經營上的困難，促進工業升級，並帶動國內機械工業的發展，交通銀行建議近期內辦理「第三期策略性投資計劃優惠貸款」。

　　交銀目前辦理「第二期策略性投資計劃優惠貸款」總額度300億元，除50億指定用於「大衆運輸計劃」外，其餘非「大衆運輸計劃」額度250億元，幾已核貸完畢。交銀建請開發基金及中央銀行近期內繼續提供資金，辦理第三期優惠貸款。謹試擬融資方式兩種詳如下列說明：

1. 比照目前交銀辦理「策略性投資計劃優惠貸款」方式，由行政院開發基金管理委員會與交銀共同按比例出資搭配貸放：

   本低利貸款利率分爲二種：

   (1) 採購項目係國產機器設備者，按年息8.5％計息（交銀基本利率11.25％減2.75％），基金貸放後利率按1.75％計息，基金搭配比例至少爲35％。基金搭配部分若不計息，則搭配比率可降低爲30％。

   (2) 採購項目係進口機器設備者，按年息9.25％計息（交銀基本利率11.25％減2％），基金貸放後不管利率按1.75％計息與否，基金出資比例至少爲25％（詳附件1、2）。

2. 由中央銀行提供專案轉融通資金，交銀向中央銀行辦理轉融通，交銀貸放利率爲央行轉融通利率加1.25％，固定計息。

本低利貸款利率分爲二種:

(1) 採購項目係國產機器設備者, 中央銀行轉融通利率爲7.25%, 交銀加碼1.25%, 貸放利率爲8.5%。

(2) 採購項目係進口機器設備者, 中央銀行轉融通利率爲8.00%, 交銀加碼1.25%, 貸放利率爲9.25%。

3. 本貸款總額度爲新台幣500億元, 用於購置進口機器設備者, 最高不得超過新台幣300億元。依過去辦理策略性工業貸款之資料, 國產機器所佔比例約爲撥款金額的25% (參考附件3)。

4. 同意撥貸1個月後, 未動用部分依千分之五費率, 收取承諾費。同意撥貸3個月後尚未動用者, 取消其貸款案, 促使廠商把握時效, 加速辦理自動化設備投資。

附件1

交銀與基金出資比例組合利差分析 (基金利率1.75%)

貨物利率	交銀: 75% 基金: 25%	交銀: 72% 基金: 28%	交銀: 70% 基金: 30%	交銀: 66% 基金: 34%	交銀: 65% 基金: 35%	交銀: 60% 基金: 40%
8.5%	−0.475%	−0.242%	−0.087%	+0.223%	+0.3%	+0.688%
9.25%	+0.234%	+0.467%	+0.622%	+0.932%	+1.009%	+1.397%

交銀搭配款部份以郵儲存款利率9.5%計息, 基金搭配部份以1.75%計息, 貸放利率分別爲8.5%、9.25% 兩種場合的利差分析。

附件 2

交銀與基金出資比例組合利差分析 (基金不計息)

貨物利率	交銀: 75% 基金: 25%	交銀: 72% 基金: 28%	交銀: 70% 基金: 30%	交銀: 66% 基金: 34%	交銀: 65% 基金: 35%	交銀: 60% 基金: 40%
8.5%	−0.037%	+0.248%	+0.438%	+0.818%	+0.913%	+1.388%
9.25%	+0.672%	+0.957%	+1.147%	+1.527%	+1.622%	+2.097%

　　交銀搭配款部份以郵儲存款利率 9.5% 計息, 基金搭配部份不計息, 貸放利率分別為 8.5%, 9.25% 兩種場合的利差分析。

附件 3

購置國產機器與進口機器統計

單位: 新台幣仟元

	國產機器		進口機器		合計	
	金額	%	金額	%	金額	%
1. 策略性工業投資計劃中長期優惠貸款 (第四期)	6,069,384	29.63%	14,415,137	70.37%	20,484,521	100%
2. 策略性投資計劃貸款 (第一期)	3,453,703	23.16%	11,460,285	76.84%	14,913,988	100%
3. 民營事業防治污染貸款 (第一期)	988,839	30%	2,306,778	70%	3,295,617	100%
4. 民營事業防治污染貸款 (第二期)	610,411	67%	296,406	33%	906,817	100%
5. 其他	5,685,643	20%	22,703,332	80%	28,388,975	100%
合計	16,807,980	24.72%	51,181,938	75.28%	67,989,918	100%

說明:1. 第 4 項貸款係剛開始撥款, 比例似高估而不合理。

　　2. 第 5 項貸款係非低利貸款。

　　3. 依據 1–3 項貸款, 國產機器所佔比例約為 27.17%。

提升生產自動化促進產業升級

1991年9月

一、前言

台灣經濟在過去五年,可說是從失衡的情況逐漸走向均衡的過程。在這段期間,各個部門及產業均受到程度不一的衝擊,並做出調整。(有關產業及貿易結構轉變兼論中日貿易逆差問題,將另提專題報告)。

　　台灣的勞動市場在1987年勞動參與率達到60.93%,為近年來的最高峰,以後就一直下降,到了今年5、6兩月才見改善。而製造業的就業人數也在1987年達到2.62百萬人的高峰,去年為2.26百萬人,目前仍在緩慢下降之中。在這樣的情形下,製造業廠商對勞力需求短缺的感受不難想像。但另一方面,製造業生產在近四年仍平均每年成長4.2%,同期勞動生產力增幅更大,為8.5%。這表示國內廠商在解決勞力短缺上已投下很大的心力,並獲致成果。廠商所做的努力簡單地說就是生產自動化。因此,本報告擬針對生產自動化的特質,國內現狀,以及當前仍有那些值得改進之處,加以分析並提出建議。

二、生產自動化的特質

當「自動化」一辭最早在1940年代出現的時候,學者專家已了解到它所具有的龐大潛力,但對於如何界定「自動化」卻看法莫衷一是。有人視「自動化」為「使用機器來讓機器運作」,有人視其為「生產哲學的根本改變」。到後來一個比

較妥貼的說法是將「自動化」看成一個整合的系統, 將人力、技藝或各種機器不斷做有效分配的過程。[1]

　　根據前一對「自動化」概念的看法, 加上自動化科技近年來的突飛猛進, 對於廠商是否採用自動化生產不宜存有零與壹可截然劃分的看法。自動化根據「控制」技術的難易或自動化機器設備之性能而有層次 (Ievel) 之分。再就是不同的產業及不同的廠商會根據其需要及能力, 採用一定程度 (degree) 的自動化。在自動化機具層次方面包括一般自動化機具、數值控制工作機械、工業機械人、彈性製造單位或系統; 在自動化控制「層次」方面包括一般控制、數值控制、視覺影像控制、人工智慧及電腦整合等。在程度方面可指自動化機器設備數量或價值占全部機器量質之比。有了這些指標就可以觀察分析生產自動化推展進行的情形。對個別廠商而言, 則可以根據這些指標具體規劃自己的最適策略, 並評估其得失。

　　生產自動化正因為有所謂的「層次」與「程度」之分, 且應用的範圍又無遠弗屆。因此, 自動化技術的移轉很少有所謂原封不動的移轉。換言之, 採用自動化生產的廠商本身對自動化技術的了解、維護、修改、甚至製造能力, 都會影響到引進自動化生產的效果。更重要的是, 廠商的這些能力最主要來自於過去自己的經驗以及使用學習的過程, 這表示推廣自動化有很明顯的「學習效果 (learning effect)」。更具體地說, 這種效果還不是來自「邊做邊學 (learning by doing)」, 而是來自「邊用邊學 (learning by using)」。

三、台灣推廣自動化的現狀與問題

政府在1980年將「生產自動化」列為重點科技, 1982年成立「行政院生產自動化指導小組」, 進行規劃工作。同年通過為期8年的「中華民國生產自動化推行計畫」。該計畫期滿後, 另通過了10年計畫, 迄至西元2000年止。根據這些計

---

[1]國家建設研究委員會, 自動化經濟績效之評估與建議, 1986年6月。

表1　自動化機器設備量值比例,1981–1989年

單位: %

		1981	1983	1985	1987	1989
食品	量	—	66	56	73	—
	值	—	—	48	58	69
紡織	量	29	24	55	65	—
	值	—	—	24	30	46
塑膠製品	量	8	10	26	41	—
	值	—	—	47	53	49
機械	量	21	28	36	55	—
	值	—	—	32	33	43
電子	量	27	38	46	59	—
	值	—	—	15	23	62

資料來源: 經濟部生產自動化執行小組,《生產自動化調查報告》, 歷年資料。

畫產生了一系列方案, 其中更從1982年起, 每兩年進行一次「生產自動化調查報告」, 提供了許多有價值的資料。

首先, 如表1所示, 就五大行業自動化機器設備占總量比例而言, 從1981年至1987年, 各業均呈上升趨勢。而且除了食品工業一直維持很高的自動化機器比, 其餘四大產業 (紡織、塑膠製品、機械及電子) 在1985及1987兩年均出現較大的增幅。此外, 就自動化設備值所占比例而言, 則除了塑膠製品業在1989年比值略降外, 其餘各產業在觀察期間也都呈上升趨勢。尤其以電子業在1989年該比值較兩年前增加了39個百分點, 達62%最為醒目。至於塑膠製品業比值下降, 可能與該業近年來大量赴海外投資有關。

生產自動化有很明顯的學習效果, 不僅表現在自動化機具的生產者, 尤其是表現在使用者身上, 特別突出, 值得注意。1990年的調查指出, 就採用生產自動化的廠商而言, 有25.8%的廠商具有改造自動化機具設備的能力, 14.8%的廠商具有開發能力。1986、1988年的調查資料更指出, 在機械及電子兩業, 擁有這兩項技術廠商的比例更高 (見表2)。就廠商如何取得這兩項能力的來源

表2　生產自動化廠商改造及製造自動化機具能力

單位: %

	改造能力		製造能力	
	1985	1987	1985	1987
食品	12	26	2	5
紡織	18	17	3	2
塑膠製品	27	20	5	8
機械	42	45	22	28
電子	43	44	17	23

資料來源: 同上。

而言, 主要是靠「累積的經驗」。此外, 使用過自動化機具的廠商對自動化投資要求的投資報酬率較低, 可能因爲累積的經驗, 降低了投資風險的顧慮。

　　廠商使用自動化設備最常遭遇的問題, 以缺乏自動化人才爲主, 其次是本益比低, 維護不易, 以及生產量太少。至於廠商需要政府協助的項目有一半以上的廠商回答以租稅減免、融資、提供資料及訓練人員爲主, 有兩成的廠商則希望政府能提供工廠示範, 經濟效益分析, 以及加強學校教育的配合。最後所列的兩個項目頗值得有關機構進一步研究, 提出具體辦法。在自動化所能獲得的效益上, 第一項是節省操作勞力, 然後是提升生產速度, 再就是改善工作環境。針對第三項效益, 在最近政府擬開放外來勞工的工作職類項目中, 大都與工作環境有關, 如染布工、整燙工、鑄造工、鎔煉工、電鍍工、油漆工、研磨工等, 這些工作應可藉自動化機具, 大幅減低勞力需求, 或改善工作環境, 解決缺工問題。

四、結論與建議

生產自動化可以節省勞力、提高勞動生產力、改善工作環境、提高產品品質。因此提升生產自動化本身就代表著產業升級, 是當前產業政策中重要的一環。生

產自動化的過程具有明顯的學習效果, 是促成技術進步的主要來源。因此, 政府對自動化工業的協助不僅有外部性, 且具動態效益, 有其積極肯定的價值。政府致力於推動生產自動化已有十年的時間, 各種資料顯示國內廠商在採用自動化生產的態度上也日趨積極, 各項效果也逐步顯現。但仍有下列問題值得檢討改進。

建議	說明
1. 繼續辦理自動化投資優惠融資, 並考慮降低一般利率水準, 以利自動化投資。	廠商自動化機具貸款屬於交通銀行承辦之策略性工業貸款項目, 並享有優惠利率。但目前國內資金成本偏高已有一段時期, 宜注意此一情勢對長期投資可能產生的不利影響。國內實質利率水準不宜以利率水準降低將導致資金外流、不利國建計劃爲理由而維持偏高的水準。事實上偏高的利率水準導致短期資本流入, 加重升值壓力, 壓抑投資意願, 提高公債利息負擔, 反而不利國建計劃之推動。至於交通銀行所辦理之自動化設備低利貸款, 應該有長期的計劃, 每一期核貸金額達到計劃貸款額七成以後, 應推行下一期貸款計劃, 以免發生中斷之現象。
2. 政府科技研發機構宜針對勞委會所提擬開放外來勞工項目, 研擬自動化技術, 選擇示範工廠, 以推廣而解決其困難。	經濟部所屬工研院、金屬工業中心目前已針對推動生產自動化, 提出專案計畫, 包括關鍵技術的開發及推廣, 但並未就勞委會擬開放外籍勞工項目, 針對產業面臨的實際問題, 研擬解決辦法。
3. 由本小組研究人員組團考察日本部份產業推動自動化情形, 特別針對勞委會擬開放外籍勞工項目爲考察重點, 以做爲解決國內勞工不足問題之借鏡。	台灣當前所面臨的勞工短缺情形與多年前日本的情形相同。日本如何解決這些問題對我國極具啓發性, 應求了解。
4. 提升生產自動化是當前產業政策重要的一環, 可創造經濟發展的新領域, 有效克服經濟「成熟太早, 衰老太快」的病歷。	渡邊利夫教授認爲我國經濟太早到達成熟階段, 不易找到經濟發展的新領域, 而經濟可能停滯不前, 是過份悲觀的看法, 低估我國經濟的發展潛力。政府與民間

建議	說明
	企業如能有效地整合其力量，把握重點，訂定優先順序，積極推動生產自動化，自能開拓經濟發展的新領域，繼續維持經濟活力，避免經濟太早走向衰老。

產業升級與結構改變

1991年10月

一、前言

在產業發展或經濟發展的理論探討上,「產業升級」是一個意義並不十分明確的概念, 但是「產業結構改變」卻可以從多方面加以觀察分析。台灣近年來的產業發展, 新台幣匯率大幅升值, 對產業的出口, 廠商的經營帶來很大的衝擊。此外, 在過去一段時間所蘊釀的環保意識, 勞資關係的調整, 甚至政治民主化的推動過程, 都為一般經濟活動帶來某種程度的影響。本研究報告的主旨就在於陳述在過去五年來產業發展在產業升級以及結構轉變上的表現, 進而探討其遭遇的問題以及可能解決方法。

二、台灣近年來的產業結構調整

自1986年底, 新台幣匯率開始大幅升值後, 國內傳統的勞力密集產業就面臨極大的挑戰。主要的困難就來自於以美元計價的國內工資呈大幅上漲的趨勢。若以1979年美元計價的單位勞動成本上漲率為準, 在1988年, 台灣的累計上漲幅度超過 OECD 所有的國家, 也比韓國為高 (見表1)。此一現象可以說明台灣出口產業自1986年之後所承受新台幣升值與工資上漲壓力之大。

在這樣的情況下, 台灣的製造業出口部門, 做了很多調整。舉其要者, 譬如採自動化生產, 積極地從事對海外投資, 或非法引進外籍勞工, 以及努力於提

表1　以美元表示的單位勞動成本: 1980–1988

單位: 百分比

	台灣	日本	南韓	美國	英國	法國	兩德	荷蘭	加拿大	丹麥	比利時	挪威	瑞典	義大利
1980	100	100	100	100	100	100	100	100	100	100	100	100	100	100
1981	112	95	96	107	95	87	84	81	107	86	82	95	92	87
1982	112	92	95	114	85	80	81	79	120	79	65	92	77	85
1983	105	93	89	111	72	74	76	72	119	74	56	94	64	84
1984	119	82	83	109	65	69	69	61	110	69	52	77	62	76
1985	115	102	80	109	65	71	68	60	106	73	52	78	65	75
1986	125	128	76	110	77	93	97	84	109	103	69	100	84	98
1987	153	159	83	108	86	107	120	103	117	134	82	120	97	116
1988	167	136	101	109	95	111	122	104	130	136	—	—	105	122

資料來源: 經濟部, 同《內外經濟指標報告》(不同期)。

升出口產品的品質, 包括開發新產品在內。對於上述廠商努力的重點, 分別敍述如下。

1. 生產自動化

國內製造業廠商在近幾年從事生產自動化的努力可見於表2。根據一份不十分完整, 但頗爲一致的資料顯示, 國內主要產業近年來在推動生產自動化方面頗具成效。表2的資料顯示, 除了傳統生產自動化技術上較容易實現的食品工業之外, 其餘的紡織、機械及電子業, 尤其是塑膠製品業, 在1980年代, 尤其自1976年以後, 生產自動化進展的程度很高。另一項資料顯示, 在1988年, 製造業受雇員工人數達到262萬人之高, 在此之後就一路下降。到了1980年年底爲226萬人, 下跌幅度爲15%, 平均每年下降幅度爲5%, 但同期製造業生產指數仍維持4%的成長率。這主要就歸功於生產自動化的結果。

2. 積極對外投資

表2 自動機械佔所有機械的比例

	1982	1984	1986	1988
食品	—	66	56	73
紡織	29	24	55	65
塑膠製品	8	10	26	41
機械	21	28	36	55
電子業	27	38	46	59

資料來源: 自動化委員會, 行政院, 《工業自動化, 普查報告》
(1982, 1984, 1986 及 1988)。

註: 自動化機械在一段期間內能運作而不需要工人的看顧。

表3 台灣在東南亞國家的投資金額: 台灣核准及 被投資國當局核准的金額: 1987-1990

單位: 百萬美元

	泰國		馬來西亞		菲律賓		印尼	
	台灣核准	泰國核准	台灣核准	馬來西亞核准	台灣核准	菲律賓核准	台灣核准	印尼核准
1987	5.4 (5)	300.0 (102)	5.8 (5)	47.4 (37)	2.6 (3)	9.0 (18)	1.0 (1)	7.9 (3)
1988	11.9 (15)	842.0 (308)	2.7 (5)	307.3 (111)	36.2 (7)	109.9 (86)	1.9 (3)	913.0 (17)
1989	51.6 (23)	871.0 (214)	158.6 (25)	815.0 (191)	66.3 (13)	148.7 (190)	0.3 (1)	158.0 (50)
1990	149.4 (39)	761.0 (144)	184.9 (36)	2,383.0 (270)	123.6 (16)	140.7 (158)	61.9 (18)	618.0 (94)

資料來源: 投資審議會, 經濟部, 《向外投資分析報告》(台北: 不同期)。

為因應國內勞工成本上升與匯率升值的方法之一便是從事對外投資。表3及表
4指出, 在1987年之後, 台商在東南亞以及大陸積極從事投資。國內廠商近年
來在東南亞投資已與日本不相上下。而在六四天安門事件之後, 在大陸的台資
仍持續快速上升, 呈異軍突起之勢。此一新的發展方向對國內產業結構產生深
遠的影響。

表4　台灣在大陸的投資: 1987–1990

單位: 件美金100萬

	1987		1988		1989 (12月)		1990 (9月)	
	件數	磋商額	件數	磋商額	件數	磋商額	件數	磋商額
總額	80	1.0	435	5.2	982	10.37	1,743	16.98
福建	58	0.39	230	2.6	497	7.5–8.0	900	11.5
廈門	20	0.2	120	1.65	231	6.44	357	9.9
廣東	...	...	100	...	...	...	...	...
深圳	11	...	38	0.86 0.84	...	...	...	...
北京	...	...	22	0.84 0.416	...	...	27	2.42

資料來源: 中華經濟研究院。

3. 國內產業結構的調整

近年來國內產業一方面受勞動成本及其他成本上升的壓力, 另一方面受新台幣大幅升值之影響, 積極進行對外投資, 對國內產業結構產生深遠的影響。

　　首先, 積極從事對外投資立即產生帶動國內機械產品的出口。其次, 就是促成國內原物料的出口。表5資料充分支持這種看法。譬如台灣機械製品的出口在1987年有明顯的成長。同樣地, 台灣直接可供最終需求產業所需的中間原料產品的出口也自1988年起出現明顯的增幅。這種出口產品結構的改變, 可說是直接受近年來積極從事對外投資的影響。

　　由於國內工資日趨高昂, 廠商勢必改變過去的生產型態或產品, 而傳統勞力密集的產品, 若未能在品質上更新, 勢必喪失競爭力。其結果是廠商勢必朝技術密集, 高科技產品, 或重化工業產品發展。表6的資料也支持這種看法。在表6中可清楚地看到, 從1987年起台灣的出口產品結構集中在技術密集、重化工業以及高科技產品的範疇。更重要的是, 過去一直期望的出口產品結構改變, 在1980年代前半期幾乎沒有任何改變, 但是在後半期則呈明顯跳升的現象。這

表5 依世界銀行標準分類的出口商品

單位: 百分比

| | 農林漁牧獵業產品 | 食品業 | 飲料及菸草配製品 | 能源及礦業 | 建築材料業 | 中間產品 | | | 消費者非耐久財 | 消費者耐久財 | 機械製品 | 交通設備 |
						小計	A	B				
1981	2.69	4.90	0.1	0.1	0.44	36.45	9.92	26.53	35.27	11.90	6.16	1.90
1982	2.28	5.18	0.1	0.0	0.66	35.72	10.44	25.28	35.56	11.13	6.16	2.99
1983	2.17	4.61	0.1	0.0	0.77	35.41	9.51	25.90	36.14	11.61	6.93	1.90
1984	1.97	4.03	0.0	0.0	0.55	34.68	9.09	25.59	36.81	11.03	9.09	1.63
1985	1.76	4.32	0.04	0.08	0.50	35.72	8.73	26.99	35.85	9.58	10.39	1.72
1986	1.68	4.72	0.03	0.06	0.40	33.64	7.45	26.19	35.61	11.01	10.93	1.87
1987	1.40	4.54	0.03	0.11	0.32	33.56	6.90	26.66	33.48	11.42	13.21	1.87
1988	1.61	3.75	0.04	0.07	0.32	36.56	8.77	27.79	29.77	10.88	15.42	1.54
1989	0.96	3.58	0.03	0.06	0.27	40.06	8.99	31.07	27.46	10.16	15.49	1.89
1990	0.84	3.52	0.03	0.05	0.20	44.48	9.49	34.99	23.72	8.70	16.34	2.11

資料來源: 主計處, 財政部,《進出口月報》, 台灣地區, 中華民國。

註: 中間製品 A 是當作中間製品 B 的投入。

表6 依產業及要素密度分類的出口商品

單位: 百分比

| | 依投入要素密度 | | | | | | | | | | 石化工業 | 高科技產品 |
| | 勞動密集度 | | | 資本密集度 | | | 能源密集度 | | | 技術密集度 | | |
	高	中	低	高	中	低	高	中	低	是	否		
1981	46.34	36.23	17.43	22.56	50.82	26.62	13.64	46.24	40.12	25.4	74.6	34.05	25.38
1982	44.87	35.92	19.21	22.78	50.51	26.71	13.20	46.55	40.15	26.7	73.3	35.11	26.74
1983	46.13	36.72	17.15	21.92	50.17	27.91	13.20	45.85	40.95	25.6	74.4	34.68	25.63
1984	46.96	37.17	15.87	22.15	50.90	26.95	13.40	46.47	40.13	27.5	72.5	35.95	27.50
1985	46.30	35.91	17.79	23.85	49.11	27.04	14.26	46.46	39.28	25.1	74.9	35.95	26.43
1986	47.37	37.21	15.43	22.34	49.74	27.92	11.91	46.16	41.92	25.6	74.4	35.16	27.03
1987	48.20	37.40	14.41	21.91	50.81	27.28	10.91	45.08	44.01	28.2	71.8	37.55	29.63
1988	46.42	36.92	16.66	23.24	51.68	25.08	12.41	42.86	44.73	31.7	68.3	42.65	33.47
1989	43.50	37.81	18.69	26.49	50.81	22.70	13.09	45.22	41.69	32.1	67.9	44.46	33.83
1990	41.04	38.37	20.59	28.87	50.63	20.50	13.81	45.32	40.87	33.8	66.2	46.63	35.81

資料來源: 主計處, 財政部,《進出口統計月報》, 台灣地區, 中華民國。

就是透過出口產品結構改變所顯現產業結構改變的情形。台灣的產業結構近年來的確往政府政策所預期的方向轉變。

三、產業結構的長期變化

根據發展經濟學者 Colin Clark 以及後繼學者的研究，在經濟發展的初期階段，製造業或工業發展 (尚包括了礦業、公用事業及建築) 居主導地位。但是當經濟日趨成熟時，製造業所占的地位將會下降。圖1描述了經濟發展階段與工業化程度 (以製造業占毛國民所得的比例) 的關係，其結果符合 Clark 的學說。

　　圖1中值得注意的是，除了日本及德國外，其他國家所收集的資料僅涵蓋1970至1984年。根據其他國家的發展經驗，製造業占國民生產毛額的比例，似乎最高只能達到40%的高峰 (以德國為例)，而台灣在1984年已接近此一高峰。因此我們有理由相信，在1984年左右，當台灣達到此一高峰之後，將很難繼續增加。更重要的是根據日、德及工業化國家的例證，此一比例將會緩慢下降。因此，若非例外，台灣亦將依循先進國家的經驗，在往後的發展過程中，製造業所占的地位將會下降。

　　上述的例證，並非說明製造業在未來的發展中不具重要性，其含義正好相反。因為製造業占整體經濟活動比重大，其影響力在三級產業中也必然最大。更何況製造業中大多數產業為貿易財產業，其國際競爭力之高低正反應本身的生產效率。因此台灣製造業占國民生產毛額比例的下降本身不足為慮，而在短期間內急劇的下降才是問題之隱憂所在。

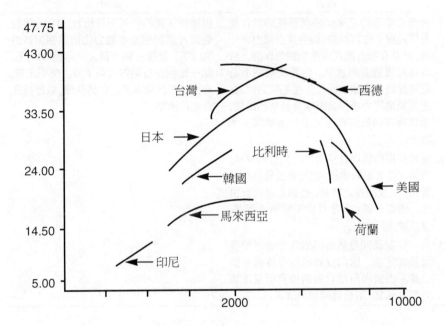

資料來源: 劉泰英, Craig 吳, 陳博志, 及李 Hwi-Chin (1988)《製造業發展策略報告》, 台灣經濟研究院。

註: 日本、美國及西德的資料包含1950, 1955, 1960及1965年。

圖1 製造業依國別區分佔 GNP 及每人的百分比 1970–1984

四、結論與建議

建議	說明
1. 台灣近年來的產業結構調整應處於長期發展過程上的轉捩點，製造業必須力求升級，而且在所占國民生產毛額的比例上將很難回復過去的水準。因此在短期不必刻意提高製造業占國民生產毛額的比重。在長期則應力求製造業本身結構的改變，而維持在與日、德等工業化國家同一水準上。	根據修正後的國民所得統計，1986年製造業占國民生產毛額的比例達到頂峰為39.7%，此後一路下降，去年為34.4%。此一比例在短期內大幅下降，並不正常，應力求製造業本身之結構改變，以維持在合理的水準。
2. 產業長期的發展首重制度的配合與改革。我國在這方面的做法，如加速公營事業民營化，租稅制度之改進，金融市場的自由化、國際化等，其步伐尚不能令人滿意，應求改進。	
3. 另一促進長期發展的因素在於促進投資及技術進步。國內投資環境有待進一步改進。而國內科技發展的投資仍需注重效率及務實，亟需隨時檢討改進。	

企業規模與經濟效率

1991年12月

不少人認為企業規模愈大, 便愈能發揮生產效率, 成本愈低, 競爭力愈強。根據這樣的看法, 日本之所以能一直在經濟發展之成就名列前茅, 韓國之所以能趕上甚至在某些方面超越我國, 是因為他們均有大型企業作後盾; 相形之下, 以中小企業為主力的我國居於不利的地位。

受到此種看法的影響, 經濟部對於企業規模的問題日漸重視。在今年年初舉行的「邁向亞太經貿重心政策與措施研討會」中, 該部將未來經濟政策的重心之一定位於擴大企業規模:「採取措施鼓勵企業大型化, 以達到經濟規模, 提高研究發展、行銷及國際競爭力; 而中小企業的輔導政策, 也須以促使企業擴大經營規模為方向。」

採行此種政策的用意, 值得肯定。惟值得商榷的是, 是否企業規模大就一定表示效率高? 是否我國的企業規模過小, 而過小的企業規模正是產業無法快速升級, 產品競爭力無法快速提升的阻力?

一般相信, 企業規模愈大, 除了可能因為大規模生產而降低成本以外, 尚有下列優勢:

1. 市場訊息豐富, 能掌握現代國際市場中致勝的關鍵。
2. 有能力建立獨立的品牌以及行銷與服務的管道。
3. 較有能力從事研究發展。
4. 可吸收到一流人才, 並有能力從事在職訓練。
5. 可以相當程度地影響市場行情, 壯大勢力。

6. 較易取得投資所需資金。

無疑地, 對於許多行業和產品而言, 這些企業大型化能帶來若干好處; 為了能將這些好處落實, 提高產品形象和國際競爭力, 我國許多企業的規模確有進一步擴大的必要。問題是在於, 是不是對任何行業的任何產品而言, 企業的大型化都一定是妙藥良方; 上列種種優點是否都一定能被掌握到?

許多證據顯示答案可能是否定的。

美國密西根州立大學前校長亞當姆斯 (Walter Adams) 教授和邁亞密大學布拉克 (James Brock) 教授年前出版了《大型集團: 美國經濟中的產業、勞工與政府》一書, 對於企業大型化的利弊提出了許多新的看法。該書指出:

1. 美國企業合併的風潮並未提高生產效率。

許多研究顯示, 合併後的企業非但未能提高效率, 而且製造了混亂與危機。在1960和70年代熱中於合併的大公司如 ITT 與 Gulf and Western, 目前都在拆解出售當年所購入的生產單位。大型的油公司如 Exxon-Mobil ARCO 與 Standard of Ohio, 也都全力在掙脫當年熱中於合併所產生的後遺症。在一篇題為〈合併有效嗎?〉的文章中,《美國商業周刊》(1985 年 6 月 3 日出版) 指出:「合併常常未能達到預期效益, 所有合併案中大約有一半到三分之二沒有好的結果, 三分之一後來又被拆解。」

2. 企業的大型化不一定有助於技術創新。

大型企業如 Exxon, Burroughs, 3M 與 Westinghouse 早年紛紛以合併方式購入許多高科技公司, 結果完全失敗。大公司的層層官僚體制形成科技創新的阻力, 扼殺了研究發展的創意。現有的證據顯示:

(1) 在開發新產品和新生產方法的研究發展方面, 美國大公司在比例上做得比小公司少。

(2) 同樣花一塊錢的研究發展支出, 最小型公司所得到的創新成果是中型公司的四倍, 大型公司的24倍。

(3) 如果合併所導致的規模擴大有助於提升在國際上的競爭力, 美國的汽車和鋼鐵業早應成為效率和創新的佼佼者, 但事實剛好相反。

通用 (Generual Motors) 長久以來一直是全世界最大的汽車廠, 其銷售額比豐田 (Toyota) 和日產 (Nissan) 加起來還大, 但是其單位生產成本是汽車業中最高的之一。高度的垂直整合使得通用欠缺彈性和適應新環境的能力; 它花費數十億元購併 EDS (Electronic Data System), 結果完全失敗。如今通用公司已經將美國小型汽車市場拱手讓給進口貨, 而且在中型和豪華型汽車市場中也節節敗退。

歷經數十年購併而形成的鋼鐵業巨廠如 USX 和 Bethlehem 也面臨同樣的困境。它們不但遭受進口品的挑戰, 也遭受美國國內無數小型鋼鐵廠的挑戰。許多小型鋼鐵廠如 Chaparral-Nucor-Raritan River 與 Florida Steel, 憑其高超的技術與效率, 不但侵蝕了大廠的市場, 還擊退了日本進口品。

4. 合併所帶來的規模擴大對生產效率不一定有利的證據早就存在。對1888至1905年間美國企業合併所作的研究顯示, 大約一半的合併案後來倒閉, 如果將受專利以及獨佔權影響的案件扣除, 倒閉率超過一半。

5. 合併與規模擴大效果不彰的證據不限於美國。

英國的研究亦顯示, 合併無助於國際競爭力和出口能力的提升許多歐洲國家早期認為歐洲企業在世界市場中生存的唯一可能途徑, 就是將企業擴大到足與美國企業抗衡, 像英國的 British Steel 與 British Leyland 就是這種觀念下的產物。如今這種想法已經被證明為錯誤; 許多歐洲國家正在拆解過去20年中所創造的大企業, 而且正積極鼓勵中小企業的創立, 以促進企業家精神和民間活力的提升。

6. 美國的合併風潮浪費了大量的資源。

表1顯示, 美國企業花費在併購方面的費用自1980年以來節節上升, 到1985年已達到1千7百98億美元, 超過私人企業在該年淨投資的總額, 更遠超過該年私人企業在研究發展方面的支出。

表1　美國併購等各項支出

單位: 10億美元

	併購	產業所支付之 研究發展費用	私人非住宅淨投資
1980	44.3	30.9	88.9
1981	82.6	35.9	98.6
1982	53.8	40.1	65.5
1983	73.1	43.2	45.8
1984	122.2	48.0	92.0
1985	179.8	53.2	117.2

資料來源: W.T. Grimm, 經建會,《美國統計摘要》,
許多年。

7. 大型企業透過其政治上的影響力, 往往獲取政府保護, 使得低效率的狀況得以持續, 長期浪費社會資源、拖累經濟成長。

美國的證據顯示, 當大型企業的效率低落, 不具市場競爭力時, 它們往往不會受到市場力量的淘汰, 而利用其所僱用的大量勞工作爲籌碼, 說服政府對它們提供種種的優惠和保護, 以繼續生存。汽車和鋼鐵均是活生生的例子。此種發展使得經濟中低效率的部門長期存在, 浪費了資源, 拖累了經濟發展。

鑑於以上種種理由, 該書認爲美國企業規模的大不但不是福, 反而是許多問題的根源。

美國的情況固然不能完全適用於我國, 但是也足以令我們警惕。衆多的中小企業正是我國經濟快速成長的憑藉, 而不是瓶頸。對某些行業的某些產品而言, 企業規模宜加擴大, 但是對另一些行業的另一些產品而言, 或許現有的企業規模已經是最適當的, 政府不需要也不應該鼓勵其擴大。

兩件相關的證據值得在此提出:

1. 日本大型企業的規模固然很大 (見表2), 但是其中小企業的活力不容忽視。金森久雄在「21世紀日本之潛在成長力」一文中, 所列舉日本近40

表2 1990年中、日、韓10大企業比較

		中華民國	日本	韓國
產業別家數	家	20	20	20
製造業	家	19	9	7
進出口商	家	—	9	9
其他業	家	1	2	4
營運概況				
資本額	百萬美元	430(1.0)	1,577(3.67)	210(0.49)
員工人數	人	7,564(1.0)	20,024(2.65)	12,193(1.61)
營業收入	百萬美元	1,438(1.0)	59,330(41.26)	3,704(2.58)
營業利益	百萬美元	209(1.0)	968(4.63)	144(0.69)
資本總額	百萬美元	1,987(1.0)	51,077(25.71)	2,437(1.23)

資料來源: 經濟部統計處、經濟統計指標, 1991年8月。

註: ( ) 內數字係以我國為1之倍數。

餘年來經濟高度成長的12項主要原因中的第7項, 即為「中小企業的活力」。他指出, 中小企業事實上在日本有相當的重要性, 家數佔企業總數的99%, 雇用員工達80%; 這些中小企業在大企業的指導與要求下, 大幅度提高其技術與管理能力, 是日本經濟持續高度成長的重要原因之一。

2. 如果將製造業中的產業加以細分, 並依實證研究將其中較可能具有規模報酬的產業挑出, 台灣的實證資料顯示, 中小企業在這些產業中擴充 (亦即往中大型企業方向發展) 的傾向, 顯著地高於在其餘產業中擴充的傾向 (官俊榮,〈中小企業成長的合理性〉,《台銀季刊》, 41:4)。這表示我國企業規模的變化符合經濟原理: 該擴大規模的產業, 確實在擴大其規模, 在不該擴大規模的產業, 既存的中小企業較無擴充的跡象。

基於以上討論, 本文所得結論如下:

1. 對於企業最適規模的問題, 政府應以審慎的態度處理, 不宜一昧地追求規模的擴大。

2. 政府採行政策鼓勵企業之合併與擴大時，應針對不同的產業別訂定不同的措施。對於確實存在規模報酬的產業應優先鼓勵，對於規模報酬存在與否仍有疑問的產業，則應避免揠苗助長。

3. 基於中小企業的活力、彈性與韌性，政府對於中小企業的創立不應採取勸阻的態度。政府亦應師法日本，加強大型企業與中小企業之間的聯繫與合作，以促進中小企業技術與管理水準的提升，進而奠立經濟持續成長的基礎。

4. 從新竹科學園區的發展可看出，學有專長的回國學人是我國最重要的科技資源。旅居國外的科技人才組織技術團隊，回國創設高科技事業，不管其規模之大小，對於可行的計劃，政府與開發銀行應予多方面的協助，以便加速我國技術水準的提升。

麥道案的初步評估結果與建議

1992年4月

一、前言

去年11月台翔公司與美國麥唐納道格拉斯 (麥道) 公司簽訂備忘錄, 計畫投資麥道20億美元, 將麥道製造民用飛機部份加以單獨分離, 另成立新公司 (New Company) 並取得該新公司40%的股權。該投資案由於金額龐大, 且涉及問題層面極廣, 又可能需要政府諸多直接、間接的配合措施; 在台翔及麥道方面, 更因此案而衍生資訊外洩、內線交易以及對政府政策猜忌等問題, 政府乃責成中鋼負責, 聘請國外顧問公司, 進行麥道投資案的評估。

美國 Deloitte & Touche 以及 Goldman Sachs 兩家顧問公司於3月底完成評估報告, 再經評估小組做成總結報告, 並提出初步構想。本報告擬就麥道案評估結果提出意見與建議。

二、麥道案評估結果

麥道投資案的評估架構可以分成兩個部門 (1) 民間投資與 (2) 政府角色。麥道公司近10年來的財務結構與績效遠不如其競爭者波音公司, 在全球民用機市場占有率上, 也開始落後歐洲的空中巴士。正因其財務狀況不佳, 乃極欲尋求投資夥伴。在產品發展策略上, 麥道擬藉新合作夥伴的力量, 合作開發生產

新飛機 MD-12, 以進入廣體客機市場, 並擴大其產品範圍, 以增強市場競爭力。因此, 公司改組及產品發展策略, 可視為麥道公司成立以來最重大的改變。

對投資夥伴而言, 投資麥道公司必需考慮投資的金額、方式、投資報酬率及風險等問題。這四個因素彼此之間又互相影響, 譬如投資方式會影響風險, 而投資金額會影響報酬率。惟基本上, 投資麥道案仍可從投資報酬率及風險兩個層面加以分析了解。

1. 麥道投資風險

投資麥道公司, 就投資者而言, 基本上是一個高風險, 但報酬率又不吸引人的投資案。根據財務顧問公司的意見, 目前商用民航機市場低迷, 有百餘架停飛待售而隨時可用的商用機, 因此麥道本身對市場需求潛力估計略顯樂觀。再就是麥道在行銷能力, 所能提供的財務安排上均不及競爭者。在 MD-12 飛機的生產成本方面, 必須依靠新公司嚴格控制製造成本 (must cost), 尤其是勞動成本。此外, MD-12 由於載客量較波音747–400大, 每次航程支出雖較高, 但在滿載情況下, 每人支出則較低。根據此一套市場、財務結構、生產成本、競爭力等因素的綜合考量, 投資麥道的內部報酬率是8.4%, 遠低於麥道公司本身評估15%的報酬率, 並不符合一般新投資案所要求的水準。在現金流量的估算上, 新飛機雖預定於1996年出廠, 但是該公司一直到西元2000年前均不會有正的現金流量。這表示投資人除了原始資金投入外, 還要負責籌措為數高達28億美元 (1997年) 的週轉金。因此, 在投資風險上, 財務顧問公司認為新公司股票的等級為 B, 屬於高風險投資股。但財務公司也認為, 若「新公司」有中華民國政府及民間財務上的介入, 將有助於提升其股票等級。

2. 投資麥道的機會與外部利益

大型商用機的製造是一個高科技、高附加價值以及聯鎖效果極強的產業。首先新飛機從設計到原型機的生產需4至5年的時間。而一般在飛機的裝配製造上,

又有明顯的動態學習效果。此一今日在技術發展文獻上常被提及的學習效果,正是30年代英籍航空工程師觀察飛機製造廠在生產時, 其單位成本會隨累積製造飛機產量增加而遞減所得到的結論。麥道公司雖不曾生產過廣體客機, 但卻是生產軍用機的佼佼者。一般人曾以技術的麥道, 行銷的波音來形容兩者的差異。麥道公司在評估期間曾做了一項有關 MD-12 設計上重大的改變, 就是將原來狹長、三引擎的基本設計改爲雙層、四引擎的設計。此一機型將與麥道已製成之 C-17 軍用運輸機非常類似。再就是麥道已完成在飛機製造過程中較複雜的機翼設計。在生產裝配部份, 麥道將採行整合產品發展 (Integrated Product Development, IPD) 方式, 即同步與零件供應商開發零組件, 以縮短裝配階段的學習效果。整體而言, 麥道在技術上應無問題。

台灣若投資新公司, 則計畫將 MD-12 的機翼及機身部份在台灣組裝完成, 然後運回美國完成最後整體裝配。若新公司運作順利, 會繼續將 MD-90/95 或 MDXX (未定型) 機型之部份設計及裝配移到台灣。僅根據 MD-12 的生產, 估計到了2005年在台灣約可直接創造15,000人高級人力的就業機會, 另外尚可間接創造35,000人的就業機會。麥道案若能成功, 毫無疑問對建立台灣的航太工業以及提升台灣的產業結構有重大的影響。以目前所知的其他重大投資案, 其影響尚未有超過麥道案者。

在台灣組裝機翼及機身, 首先影響到台灣經濟的是爲數高達10億美元的廠房及設備投資。在機具方面, 初步估計將有90%可在國內採購。在金屬零件方面, 就最複雜的機翼言, 有90%屬於三呎以下規格的零件, 國內已有承製能力。在鉛及合金材料方面, 國內具開發能力。在一般技術能力上, 評估顧問公司及麥道對航發中心及其協力工廠評價甚高。在許多麥道準備移轉的技術項目中, 國內多已具有此種能力, 僅生產規模較小。因此, 麥道案所創造的向後聯鎖效果不僅潛力大, 而且國內產業發展條件確實有能力實現此一潛力。此種情況與1960及70年代, 效果不彰的想藉汽車裝配業來帶動汽車零件業發展的構想, 不可同日而語。

　　由於航空器材工業非常重視安全與品質，因此對零件供應商有一套嚴格的認證制度。國內零件供應商一旦取得 FAA 的認證後，不僅表示本身的技術能力獲得肯定，其產品將因此而大幅提高其附加價值。以國內目前在技術上已居世界牛耳的螺帽、螺絲工業 (fastener)，一旦取得航空級認證，其單價將提高百倍以上。同理，麥道案將對國內金屬加工、自動化機具，以及化學工業 (腐蝕、塗料) 等都具有重大影響。此一技術上的聯鎖效果亦難爲其他投資所能比擬。

　　麥道案成敗的關鍵問題之一在於國內的勞工成本及技術能力，兩者皆與能否利用航發中心現有人力有關。而航發中心目前已有人力達6,000人，其中80%係非軍職人員。航發中心在 IDF 進入量產後，其研發設計人力除非有新的任務，將面臨閒置的窘境。爲妥善處理利用現有航發中心的部分人力，將其投入麥道案，有一石兩鳥的效果。再則航發中心爲發展 IDF，8年之內計投入700億台幣研發費用，每年投入約百億台幣，遠超過麥道案的投資。因此推動麥道案涉及航發中心何去何從的問題。

三、結論與建議

麥道案是一個高風險，低報酬，但對我國未來航太工業的發展，一般產業技術水準的提升以及爲未來軍用航空器的生產奠定一較穩固的基礎，具有重大而無可取代的影響地位。目前麥道案的評估尚稱平實，不逃避問題，不掩蓋事實。但所收集的資料仍不足以做最後的決策。茲根據評估小組的綜合報告，以及本文的分析，提出以下建議。

建議	說明
1. 麥道案本身不具投資效益，但從整體經濟觀點，其外部效益甚大，政府不宜置於事外。	麥道案爲高風險、低報酬的投資，但關係著國內未來航空工業、產業技術、以及航太中心的發展，政府不宜以一般投資案處理。

建議	說明
2. 爲避免造成民間對麥道案黑盒作業的疑慮, 政府對麥道評估結果應適當公開, 爭取民間認同。	台翔過去主事者對處理麥道案有諸多瑕疵, 造成民間疑慮。惟麥道評估案涉及美方利益, 評估資料宜妥善處理, 政府宜明白說明其立場。
3. 政府可以在取得社會認同及支持, 以及不預設必然投資的條件下, 進行第二階段評估。重點放在下列項目, 爭取我方最大利益: (1) 新公司的鑑價 (2) 分期入股 (3) 保留最後40%認股權 (4) 介入新公司之管理 (5) 確定技術移轉項目 (6) 航發中心角色 (7) 政府介入的程度與方式 (8) 國內配合投資的可行性	麥道案將是我國迄今最大, 且涉及問題最多的一項海外併購案。在初步夥集國內相關及可能投資者後, 應儘速進入第二階段評估, 以爭取我方最大利益。

當前推動公共建設工程之問題與建議

1992年6月

一、前言

政府為因應國家及社會需要所推動的國家建設六年計畫, 已漸入高潮, 但因此而產生的問題也逐一發生。舉其要者, 有工程價格偏高, 工期延長, 招標制度不健全, 外力介入, 品質招人質疑, 施工期間造成不便等。造成這些問題的原因很多, 但並非不能克服。事實上, 政府行政部門也陸續採取了多項措施, 希望能緩和、扭轉此一惡質化的趨勢。此外, 在六年國建當中, 屬於建設投資經費部份高達5.2兆。此一龐大的預算經費若未能妥予規畫使用, 不僅會導致嚴重的資源浪費, 而且會衍生許多不良的後果。因此, 對當前推動公共建設工程所面臨的問題宜有一套整体的看法, 並預謀對策, 期能確實達成六年國建的重大使命。

二、公共建設面臨的問題及成因

1. 工程單價偏高與招標制度

公共工程是典型的非標準化產品, 加上規模龐大, 在工程價款的認定上本來就不容易取得客觀的標準。過去研究政府工程採議價與招標的結果顯示, 前者較後者保守估計超出30%。[1] 此外, 據報導, 政府工程價款較實際成本 (含合理利

---
[1] 〈加強營造管理促進公平競爭〉,《行政院經濟革新委員會報告書》, 第4冊, 產學組。行政

潤) 亦高出30％左右。[2] 而前呈「落實民間參與六年國建應有的做法 —— 以大衆及捷運以及高速鐵路爲例」報告中也指出, 台北捷運工程費竟超過日本東京的水準。這些資料均顯示政府公共工程價格偏高到不合理的水準, 是不爭的事實。

工程價格偏高與招標制度不合理有密切的關係。政府過去發包公共工程除部份採議價方式外, 其餘均採低價標的方式。根據經革會的研究報告指出, 前項的價格一向偏高, 但後者又容易造成業者低價搶標, 然後再以變更設計, 追加預算的方式, 增加成本, 或者承包商偷工減料, 以致損害工程品質。低價標因爲有此缺點, 因此在過去2年, 政府工程又改採合理標方式。其工程合理價70％採政府核准工程底價, 30％採投標平均價計算, 然後以投標價最接近合理價者得標。此一方法固然可避免造成低價競標, 但廠商則往往借用他人執投標, 影響合理標。其結果仍然是造成抬高標價, 喪失競爭意義。

根據市場競爭原則, 出低價者得標是天經地義的事。但問題可能出在事後無法履行契約, 以及變更設計追加預算的弊端。爲防範這些因低價搶標可能出現的問題, 可採事前嚴加評審投資人信用資格, 明確規範工程要求, 嚴審投標人工程計畫及分析成本, 事後嚴格監工, 建立權威的仲裁制度等加以避免。遇有工程變更設計時, 則原工程顧問單位須負全責, 並另行開標。目前政府在「避免黑道圍標公共工程因應對策」中, 已採三段式開標, 即先審資格, 再審技術, 最後才審價格, 並建立工程評鑑制度, 以及公共工程投資查詢系統。上列措施已大体朝正確的方向改進, 剩下的只是執行的問題。但是對於工程設計一再變更, 而工程顧問費卻明顯偏高, 兩者極不協調。對於追加工程款除因物價上漲(以營建工程物價指數上漲超過5％即可調整工程費), 或征收土地費用上漲外, 其餘原因均應追究責任。

招標制度另一弊端就是容易導致外力介入, 包括幫派組織以及利益團體(包括民意代表) 等。前者對治安, 後者對政治環境惡質化都有不良影響。爲解決

院經建會, 1985年。
 [2]見工商時報, 4月14日。

此一問題, 調查局已成立「重大工程弊端審察小組」, 在行政院則成立「公共工程弊端防制會報」, 針對外力介入工程招標以及發包單位可能的違法行為, 宜加強監督、查核, 並將政府決策過程力求透明化。

2. 人力短缺, 取得土地不易

在影響公共工程施工進度上最常為人所提及的二大因素, 一是缺乏工人, 再就是土地徵收的問題。前者在兩年前確實是一大問題, 但隨著外籍勞工可合法引進, 以及國內勞動市場漸趨合理, 此一問題應緩和不少。有關土地價格飆漲問題, 近年來雖已有所改善, 但土地炒作之風仍難平息。如何從金融以及制度層面, 徹底解決土地問題 (見前呈報告), 關係到公共工程能否順利推行, 以及公共建設能否委由民間直接投資經營的問題, 宜儘快解決。營建署擬議中的「公共工程法草案」, 規定公共工程所需土地由政府負責取得提供。此一方法將有助於落實由民間參與六年國建的政策。

3. 制度及其他因素

造成公共工程費用偏高的原因除了前述各項因素外, 還包括下列情形:

1. 過去公共工程因缺乏連續性, 以致業者在購買大型機具時無法確保其後續使用性, 以致須多列折舊, 提高了工程款。此一問題因六年國建執行時間甚長, 項目繁多, 應不致於太嚴重。
2. 地方基層建設不足, 為因應大型工程施工, 須投入大量地方建設費用。此一問題會隨著六年國建的逐步完成而獲得改善。
3. 國人守法觀念不夠, 設計時須增加安全係數, 增加成本。
4. 今年天候多雨, 影響工期。
5. 地質不良, 影響施工。
6. 砂石短缺。

以上因素都會對公共工程施工造成程度不一的影響，但都不可能是主因，而且情況可予改善。

三、公共建設總體層面的問題

執行六年公共建設投資所面臨的問題，若從各別工程項目來看，不外是投標、價格、品質、與施工期間所造成的不便問題。但這些問題或已存在多年，或無法根本解決，其日趨惡化，必然還有其他因素，而原因之一可能就在於缺乏總體規劃。

以麥道投資案為例，其資本投資金額最高為美金20億元，其固定投資約10億美元。對這樣一個規模的投資案，在其第一階段的評估中，就必須針對投資設廠對總體經濟、人力需求、工資、技術以及相關產業的影響有所分析，這還不包括在評估中占極重份量的市場、財務、成本及競爭力分析。然而六年國建的許多大型公共建設，其工程總額遠大於麥道案，但對這些工程的優先順序，對國內勞力、技術人力、工資、資金市場、材料供給會有那些影響？多項工程完成後功能重覆，因相互替代而減損其效益等，目前都未見這方面的分析。學者在多次的研討會中對上述問題的質疑，也多未獲得有關單位的說明與解釋，以致於在媒體上常出現兩極的說法。

四、建議

建議	說明
1. 健全公共工程招標制度，建立相關配合措施，確實執行。但仍可考量採取下列措施。	政府目前已採多項措施，包括分三階段審標，建立評鑑制度，分段給付工程預付款，限制承包量，建立資訊系統，成立專案小組及會報等。這些措施若能有效執行，當可改善當前狀況。

建議	說明
(1) 將榮工處改為公司組織, 或取銷其除議價外無法參與競標的限制, 以增加市場的競爭性。惟應評定其承攬工程之總能量限制。	增加市場競爭性, 並可有效防止圍標。
(2) 對公共工程變更設計者, 應追究原工程顧問責任, 對非因「合理」成本上升而導致追加預算者, 應課以行政人員的責任。	防杜低價競標現象。
2. 責成有關單位應對六年國建的內容研編重大建設優先順序, 確實做好事前評估工作, 並就工程單價做國際比較。	目前重大建設仍缺乏經濟評估, 或不夠完整。各項相關工程之執行優先順序亦不明確, 應責成有關機構從事這方面的研編工作。
3. 可考慮採包裹立法方式, 針對當前有關公共工程的制度法規問題一次立法, 一次解決。	有助於提高公共工程之執行效率, 並提高民間參與公共工程的興趣。
4. 政府推動重大公共工程應加強宣導以及與學者的溝通。政府決策應力求透明化。	目前學術界對六年國建仍多有質疑, 民間對工程施工所帶來的不便也有所埋怨。政府相關單位應妥為處理。

加速發展技術人力密集產品之建議

1992年8月

一、背景說明

依國際貿易理論，一國在經濟成長的過程中，其國際比較利益會逐漸趨向勞力密集度較低、資本密集度較高，和技術密集度較高的產品。一般的觀察也多認爲較先進之國家在重化工業、高科技產品、機械產品、以及運輸工具等方面通常有較強的競爭力。就我國出口貿易資料的分析發現，我國近年來的貿易結構不僅朝這些方向變化，而且變化的速度相當地快。

由附表1可發現，我國高度勞力密集產品在總出口中之比重由1987年的47.93%，降到1991年僅剩40.10%，下降之速度頗快。1991年美國出口中這項比重爲38.68%僅略低於我國。不過，日本這項比重卻僅31.34%遠低於我國。高度資本密集的產品在我國出口中之比重由1987年之22.35%增加到1991年的29.81%，成長速度甚快，但因美國與日本這項比例在1991年分別高達39.84%及43.45%。因此，我們的成果和先進國家相比尙有一段距離。

若將產品按技術人力密集度來區分，我國高技術人力密集產品占出口之比重由1986年之18.37%快速增加到1991年爲27.23%。不過，美日兩國這項比例在1991年皆高達64%。另外，低技術人力密集產品在我國出口中之比重由1986年之47.94%遽降至1991年僅爲34.26%。唯美國這項比例爲18.99%，日本爲5.33%。由技術人力密集度來看，我國與先進國家的差距更爲明顯。

附表2將產品依產業來源及用途特性分成10類。由表中可發現我國出口中

消費財之比重下降而生產財之比重上升，符合較先進國家之特徵。非耐久消費財在出口中之比重由1986年的35.34%降至1991年僅剩22%，唯仍遠高於美國之7.72%及日本之3.92%。耐久消費財的比重由1986年的11.68%降到1991年的8.51%，和美國的5.85%及日本的7.22%相差不多。可以直接當做最後產品使用之 B 類中間財在我國出口中的比重中增加甚快，1986年之比重佔25.99%，1991年之比重則達到36.97%，超過美國和日本的30.12%及日本的29.68%。機械設備由1986年的10.84%上升至1991年的16.1%，已超過美國之15.71%，但仍遠低於日本的26.32%。運輸設備的比重雖略有增加，但仍低於美國及日本甚多。

重化工業產品在出口中之比重由 1986 年之 35.63% 增加到 1991 年的 46.71%，同一期間高科技產品的比例亦由27.56%增加到36.23% (附表3)。不過，日本這兩項比例在1991年分別為85.76%及70.14%，幾乎超過我國一倍。美國這兩項比例則分別為65.71%及54.39%，介於我國和日本之間。故由這兩項指標看來，我國進步甚快，但仍落後日本甚多，和美國的差距則相對較小。

綜合上述出口產品結構之變化及出口結構和美、日之比較，可以肯定我國過去幾年間的產業升級有相當成果。不過，升級成果和先進國家的水準相比，仍有距離，必須進一步努力。

隨著出口結構的改變，生產結構也必然有大幅改變。就製造業按資本密集度高低區分成三類， 結果發現高資本密集產品由 1986 年至 1991 年成長了32.53%，中資本密集產品成長27.19%，低資本密集產業則只成長17.32% (附表4)。再就技術人力密集度區分，高技術人力密集產業成長了45.19%，中技術人力密集產業成長31.38%，而低技術人力密集產業則萎縮了3%。生產結構的變化和出口結構的變化不僅趨勢相同，而且皆顯示技術人力密集是變化較為明顯的升級指標。

若把製造業按資本及技術人力密集度高低做交叉分類 (附圖1)，則低資本與高技術人力密集產業成長率最高，達到86.97%，成長次高為中資本高技術以及高資本中技術的產業，分別有49.98%及45.41%之成長。而低資本低技術人

力密集產業則萎縮了近20%。

　　由此看來，我國產業結構的調整十分地快速，而技術人力乃是我國發展中較爲重要的因素。

　　上述資料的分析顯示，先進國家和發展中國家在技術人力密集度方面的差異最爲顯著，先進國家高技術人力密集產品之比重遠大於發展中國家。我國若要儘速成爲先進國家，也必須儘速提高這些比例。而要提高這項比例的不二法門即是增加技術人力的供給或技術人力在總人力中之比例。一國若有許多非技術人力，則致力發展技術人力密集產業的結果，必將造成非技術人力的失業。從這個角度來看我國該採取何種外籍勞工政策及其他人力政策已相當明顯。

二、政策建議

建議	說明
1. 技術人力密集產品是我國產業未來的主要發展方向，擬定各項政策時應特別重視這類產品發展的環境與條件。	雖然經濟發展通常會使一國產業結構趨向於較資本密集及較技術密集之產品，但由背景說明中所提供的資料及說明看來，目前我國出口結構在技術人力密集度方面雖然和美國及日本的差距較爲明顯，但我國近年的發展中，技術人力密集產業的發展較爲明顯。故技術人力密集商品是我國未來主要的發展方向。這種推論在理論上有其依據。先進國家雖然資本、技術、以及技術人力皆較豐富，但目前國際間資本以及純粹技術的移動性甚高，企業常可藉國際投資把其資本和技術移到國外去使用，但技術人力因爲語言、風俗、文化、以及法律限制等因素，移動性反而不如資本及純粹技術。故在多國籍企業日趨採用全球分工生產之趨勢下，技術人力密集度的高低將是先進與發展中國家產業的主要差異所在。在產品循環理論中由先進國家生產的創新產品或未達成

建議	說明
	熟期之產品, 以及產業內貿易理論中先進國家相互買賣的差異性產品, 在研究發展及生產過程中都需要較多技術人力。先進國家的出口以技術人力密集產品為主是很自然的事。而由發展中國家出口的成熟期產品和大量生產之標準化產品, 則因生產方法固定而可使用較為非技術人力。因此, 發展中國家能藉其低廉的工資而取得國際競爭力。
2. 加速發展人力密集產品, 不能僅依據幼稚產業保護理論, 而必須從動態的觀點, 充分了解現階段經濟發展的環境, 多收集國外個案資料加以檢討分析做為參考, 設計一套可行的政策。	政策體系的設計應參考日本等國家的產業政策, 多收集如同日本之「機械產業振興策」 等個案資料加以檢討分析, 以做為我國訂定政策之參考。 日本「機械產業振興策」的主要內容包括: (1) 機械國產化方案, (2) 提升生產技術方案, (3) 改善經營技術方案, (4) 獎勵機械輸出方案, (5) 獎勵外人投資方案, (6) 中小企業對策。
3. 技術人力密集產品之加速發展, 必須提高企業之研發能力。銀行對這些企業之融資應注意其研發支出及研發能力。	高科技產品之生命週期短。如果企業本身不具研發能力, 則無法保持企業之繼續成長。
4. 加速技術移轉, 促使外國企業投資生產高科技關鍵零件的一個有效辦法便是, 本國企業透過工技院或其他建教合作的方式, 開發本身的技術, 設廠生產特定關鍵零件以替代進口。在國內自行設廠生產將迫使原先供應該產品之外國企業移轉技術, 在國內亦設廠生產, 以確保原有的市場。不過, 對國內設廠生產之該廠商, 政府應給予技術、融資以及投資上的協助。	最明顯的一個例證是, 國內廠商與交通銀行設立瑞智精密股份有限公司生產冷氣機所使用之壓縮機後, 東芝與日立等日本廠商相繼與國內廠商合資設廠, 將技術移轉, 在國內大規模生產壓縮機。東芝與東元合資設立之公司為東芝精密股份有限公司。
5. 發展技術人力密集產業的必要條件是增加技術人力的供給, 而其具體做法包括加強人才的培訓、引進海外人才, 以及改善生活環境以避免人才外流。	由要素秉賦的理論很清楚可以發現, 一國要有較多之技術人力, 才可能使技術人力密集產品在產業和出口中之比重都提升到較高的水準。而技術人力與資本相對增加, 才能使和技術人力及資本相互配合

建議	說明
	從事生產之非技術人力之所得提高。然而技術人力在國際間的移動性雖然不像資本那麼高,我國技術人力外移的情況卻相當嚴重。故今後除了加強人才培訓之外,更重要的是要提供良好的生活環境,使國內技術人力減少外流,而海外的技術人力能夠回流。在目前交通、治安、環境品質、以及教育制度都不十分理想,而生活成本特別是房價十分昂貴的情況下,海外人才很難回流,國內人才卻有充分的理由和能力外移。若要全面改善生活環境及成本,雖然非短期內所能做到,但我國應發展一些包含工商業及住宅區之中小型新工業都市,其中的教育、醫療及其他的服務至少達到大都市的標準,而房屋價格卻仍接近目前偏遠地區的水準。如能符合這些標準,則在這些新工業都市附近建立之高科技及高技術人力密集產業即不難留住國內外之人才,而使這類產業能儘速發展起來。這種新工業都市固然可以由政府開發,但應允許民間在一定條件下自行開發,政府只要定好其規範及漲價歸公的辦法即可。
6. 我國即使照以往五年的產業結構調整速度,高度技術人力密集產品在出口中之比重仍需10到20年才能達到美國與日本之水準。而依日本之標準,我國的低度技術人力密集產品尚需快速萎縮。	高度技術人力密集產品在我國出口中之比例雖由1986年之18.37%增加到1991年的27.23%,比例之成長近50%。惟即使照這種成長率,也仍需10年才能達到美國與日本的高技術人力密集產品占出口之64%的水準。而若以每5年增加九個百分點的速度來算,則我們還需20年才能達到美日的水準。再就低技術人力密集產品來說,其在我國出口中之比重仍達34%,而在日本出口中之比重卻只有5%。故若以日本為標準,這類產業未來仍須大幅萎縮。因此,若要早日達到先進國家的水準,我們在未來十多年中仍須面對和過去5年相近的產業結構調整速度。

建議	說明
	若不做這樣的調整, 則將延緩成為先進國家的時間。
7. 引進外籍勞工非技術工的政策必須十分謹慎。國內勞動力不足的基本對策應設法活用國內未充分利用的勞動力, 例如中、高年勞動者、婦女以及經濟偏遠地區勞動力之更有效利用。	更多非技術人力將使技術人力密集產業的發展變慢, 而延後我國成為先進國家的速度。故外籍非技術人力的引進數量不宜過多, 且應以和國內勞工有較強互補性的工人為主, 即其引進反而會增加對國內勞工需求的外籍勞工類別宜優先引進。最近工業團體調查之缺工情形是一種靜態調查, 即使工廠依其自身之實況申報, 也會誇大實際的缺工情形。因為很多工廠可能都是看到同一筆沒人接的生意, 而覺得可以增雇工人。

附表1 日本、美國與台灣出口商品複分類出口比例

台灣出口商品複分類出口比例 (%)

	按投入要素密集度分											
	勞力密集度			資本密集度			技術人力密集度			能源密集度		
	高	中	低	高	中	低	高	中	低	高	中	低
1985	45.93	35.60	18.47	24.48	48.70	26.83	18.75	33.62	47.63	14.14	46.69	38.97
1986	47.03	36.93	18.05	22.91	49.37	27.72	18.37	33.69	47.94	11.82	46.55	41.62
1987	47.93	37.18	14.89	22.35	50.52	27.13	19.30	35.30	45.40	10.84	45.39	43.77
1988	46.27	36.79	16.94	23.49	51.50	25.01	22.55	36.92	40.53	12.37	43.05	44.58
1989	43.44	37.75	18.80	26.59	50.73	22.68	24.25	38.10	37.65	13.07	45.29	41.64
1990	41.02	38.30	20.68	28.95	50.54	20.51	26.73	38.57	34.70	13.78	45.37	40.85
1991	40.10	38.73	21.17	29.81	50.98	19.21	27.23	38.51	34.26	13.89	45.74	40.37

美國出口商品複分類出口比例 (%)

1989	41.01	25.26	33.74	38.31	39.26	22.43	63.09	16.88	20.03	15.13	41.72	43.15
1990	39.51	26.08	34.41	38.80	41.35	19.86	62.66	17.43	19.90	14.43	44.44	41.13
1991	38.68	26.02	35.29	39.84	41.61	18.55	63.54	17.46	18.99	14.42	45.77	38.81

日本出口商品複分類出口比例 (%)

1988	30.40	29.11	40.50	45.36	40.49	14.15	64.13	30.65	5.22	13.26	49.43	37.31
1989	31.06	29.40	39.54	44.50	41.92	13.58	64.10	30.79	5.11	12.99	49.79	37.23
1990	30.87	29.85	39.28	44.22	42.04	13.74	64.14	30.52	5.34	12.26	49.93	37.81
1991	31.34	29.91	38.75	43.45	42.56	13.99	63.91	30.77	5.33	12.04	49.40	38.56

資料來源: 陳博志, 薛琦, 朱正中 (1992)《台灣出口結構及匯率變動: 和日本及美國的比較》, 第三次東亞經濟學會論文 (札幌, 日本: 6月17–19日)。

附表2　日本、美國與台灣出口商品複分類出口比例

台灣出口商品複分類出口比例 (%)

| | 農林漁牧狩獵產品 | 食品加工業產品 | 飲料及菸草業產品 | 礦業及能源產品 | 建築材料 | 按世界銀行十大產業部門分類 中間產品 | | 非耐久消費財 | 耐久消費財 | 機械設備 | 運輸設備 |
						A 類 A	B 類 B				
1985	1.75	4.28	0.04	0.08	0.55	8.68	26.76	35.54	10.34	10.30	1.71
1986	1.67	4.69	0.03	0.06	0.44	7.40	25.99	35.34	11.68	10.84	1.86
1987	1.40	4.51	0.03	0.11	0.35	6.86	26.51	33.29	11.93	13.14	1.86
1988	1.60	3.73	0.04	0.07	0.35	8.74	27.99	29.57	11.20	15.36	1.54
1989	0.96	3.57	0.03	0.06	0.29	8.98	31.02	27.42	10.30	15.47	1.89
1990	0.84	3.51	0.03	0.05	0.22	9.47	34.92	23.67	8.87	16.31	2.11
1991	0.91	3.63	0.05	0.04	0.23	9.44	36.97	22.00	8.51	16.10	2.12
美國出口商品複分類出口比例 (%)											
1989	8.04	4.15	1.31	2.02	0.13	16.60	29.10	6.48	7.54	15.13	9.50
1990	6.92	4.08	1.62	1.90	0.15	15.87	30.25	7.37	5.72	15.52	10.61
1991	5.85	4.25	1.43	1.80	0.15	15.79	30.12	7.72	5.66	15.71	11.54
日本出口商品複分類出口比例 (%)											
1988	0.10	0.60	0.05	0.15	0.16	10.82	28.33	3.74	8.04	25.18	22.83
1989	0.10	0.55	0.05	0.16	0.17	10.81	29.44	3.59	7.47	25.58	22.09
1990	0.10	0.51	0.06	0.12	0.16	10.10	29.52	3.91	7.53	25.55	22.45
1991	0.10	0.48	0.07	0.13	0.17	9.78	29.68	3.92	7.22	26.32	22.12

資料來源: 同附表1。

附表3 日本、美國與台灣出口商品複分類出口比例

台灣出口商品複分類出口比例 (%)

	重化工業	非重化工業	高科技產品	非高科技產品
1985	36.47	63.53	27.03	72.97
1986	35.63	64.37	27.56	72.44
1987	37.89	62.11	30.03	69.97
1988	42.84	57.16	33.70	66.30
1989	44.53	55.47	33.92	66.03
1990	46.67	53.33	35.87	64.13
1991	46.71	53.29	36.23	63.77

美國出口商品複分類出口比例 (%)

	重化工業	非重化工業	高科技產品	非高科技產品
1989	63.17	36.83	52.39	47.61
1990	64.77	35.23	53.52	46.48
1991	65.71	34.29	54.39	45.61

日本出口商品複分類出口比例 (%)

	重化工業	非重化工業	高科技產品	非高科技產品
1988	86.27	13.73	70.42	29.58
1989	86.42	13.58	70.64	29.36
1990	85.87	14.13	70.54	29.46
1991	85.76	14.24	70.14	29.86

資料來源: 同附表1。

附表4 資本及技術人力密集分類之製造業生產指數

(基期: 1986年 = 100)

	資本密集			技術人力密集		
	高	中	低	高	中	低
1971	17.23	19.69	16.95	17.57	13.86	22.10
1972	21.89	25.19	18.81	21.19	17.49	26.54
1973	25.97	29.10	23.12	25.25	21.19	31.09
1974	24.56	24.68	19.74	22.92	17.51	27.69
1975	25.89	26.95	24.06	22.87	21.62	31.
1976	40.98	36.49	35.17	32.20	34.43	46.15
1977	46.67	40.86	39.99	38.24	40.93	48.43
1978	55.74	50.85	49.55	47.14	51.38	57.85
1979	58.88	55.35	50.85	51.08	53.56	60.24
1980	63.05	55.16	54.28	52.78	57.15	62.68
1981	69.35	67.27	59.16	66.14	62.71	65.72
1982	69.73	67.09	59.60	63.74	62.87	68.99
1983	79.74	75.26	71.25	76.47	73.66	75.22
1984	85.08	84.11	83.92	84.15	84.68	84.28
1985	89.92	87.41	82.49	86.51	84.94	87.65
1986	100.00	100.00	100.00	100.00	100.00	100.00
1987	109.12	111.70	112.29	113.92	112.56	106.53
1988	115.70	116.65	113.90	122.95	120.00	102.37
1989	108.58	120.63	116.34	120.94	124.08	100.55
1990	123.49	119.11	107.87	135.33	118.93	92.52
1991	132.53	127.19	117.32	145.19	131.38	96.

資料來源: 同附表1。

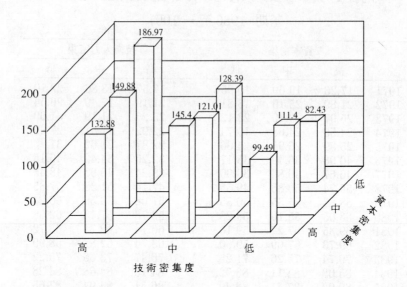

（基期：1986年＝100）

資料來源：台灣經濟研究院，《製造業發展策略研究報告》，（1992年6月）

附圖1　1991年按要素密集度分類之生產指數

促進國內航運業重大投資案的
檢討與建議

1992年9月

一、前言

近年來國內投資的情形已有所改善, 政府公共投資以每年均超過20%的速度在成長, 民間投資也自1990年負5.3的成長, 轉變爲今年預估可達12%的成長。在大的投資環境上, 雖然由於兩岸關係的快速發展, 國際經濟景氣回升速度緩慢, 部份企業對國內投資前景仍有所遲疑, 但另一方面, 美國的「國際風險評估公司」對全球主要國家投資環境所做的評析報告卻明白指出, 台灣當前及未來的全盤投資環境極爲優良, 爲全球最佳, 僅次於瑞士的投資地區。面臨這樣一個令人鼓舞的時刻, 目前美國飛遞公司 (Federal Express Company) 正向我國政府提出一項極有意義的投資案。該項投資風險小, 但對國內各種產業長遠的發展, 尤其對建立台灣成爲亞太地區營運中心, 或金融中心的目標, 有直接的影響, 值得政府相關部門予以重視, 並儘快有所決定。本報告即針對該投資案的特色及對我國經濟的影響進行分析, 最後提出建議。

二、「飛遞」投資案的特色

「飛遞」公司是目前全世界最大的全貨運經營者, 營運量較位居第二的德航多出了50%。該公司在1989年併購了在台灣航空貨運業已有20年經驗並與我國一直保持良好關係的「飛虎」公司。該公司目前擁有420架飛機, 自己的車隊,

在173國家, 雇用了82,000人, 1991年營收近80億美元, 資產總值達56億美元。

「飛遞」公司在營運上的特色是該公司創辦人 Frederick W. Smith 所構思的「國際優先快遞服務」。該項服務是結合了空中與地面的運輸, 高效率的海關通關作業, 立即的通訊技術, 採輻軸型的運轉方法, 提供一項穩當、限時、戶到戶的快遞服務。所謂輻軸型的轉運是將來自不同起點及終點的貨物, 在一個轉運中心重新加以分類轉載。在全球就有超級及多個區域性的轉運中心, 前者如飛遞總公司所在地的曼菲斯 (Menphis), 後者如奧克蘭 (Oakland)、日本的成田及新加坡。擬議中的中正機場即太平洋地區的轉運中心。

為了配合轉運中心龐大的轉運分配業務,「飛遞」開發、使用了許多獨特的軟體技術, 包括: 電子通關處理系統, 能在飛機到達 (進口) 及離開 (出口) 之前, 就自動提供載貨清單供海關檢查, 然後在透過選擇性掃描系統, 在貨物到達之前就確定待檢查的貨物, 以確保在符合海關作業規定的要求下, 以最少的時間完成通關作業。其他的軟體, 例如電腦追蹤系統使顧客能隨時查知其運送物品的位置。企業後勤服務 (Business Logistics Services), 是由「飛遞」主動提供其客戶相關資訊, 如市場資訊、票據融通、修護服務等, 以增加顧客產品或服務價值的系統。

「飛遞」轉運中心對當地經濟所創造的效益可分成直接與間接兩部份。前者包括「飛遞」初期的投資, 直接雇用的員工, 以及所有支援公司作業的活動, 例如空中與地面運輸的維修、通訊及客戶服務等。以「飛遞」曼菲斯的資料為例, 其每日處理包裹數達1.24百萬件, 總重量5.37百萬磅, 飛機起降170架次。雇用人數達19,000人, 占當地勞動力的5%。

「飛遞」設轉運中心對當地影響最大的可能是其間接效果部份。位於田納西的曼菲斯現幾乎成為美國對外貨運聯繫最便捷之處。凡重視時間的產業莫不受惠於「飛遞」的服務, 如醫院及醫療器材、研發機械、支援性機械、儀器、及開發原型產品與技術的專業製造商等。從「飛遞」所承載的貨品看來, 以資訊及自動化產品、航空器材為主, 但也包括了攝影器材, 時裝、皮鞋等高級消費品。

這些產業與「飛遞」的服務有共生的關係。

三、「飛遞」對台灣的影響

「飛遞」如在台灣設太平洋轉運中心, 則目前在曼谷、馬尼拉, 以及部份來自漢城、新加坡、馬來西亞檳榔嶼、日本大阪地區性轉運中心的貨物都會先運到台北, 然後再集中飛往阿拉斯加的安克瑞治。此一轉運中心將使得台灣與全世界工業國家以及太平洋邊緣幾乎任何地區均在30小時內完成運輸。此一具體的效益將可對國內的產業發展帶來下列效益:

1. 以具體的行動證明, 台灣憑藉著其位居亞太地區樞紐的位置及雄厚的經濟實力, 確實可建設成亞太地區企業的營運中心。尤其當國內的傳統產業正大幅外移大陸及東南亞之時, 對外可號召更多的投資, 對內則有提振投資意願, 扭轉民間對國內投資前景仍有所顧慮的看法。

2. 國內產業目前正快速朝技術密集產業與高科技產業的方向發展。「飛遞」所提供迅捷的空運業務, 正符合這類產業所需。以「飛遞」目前所運送的主要貨物、資訊及自動化產品, 正是我國列為策略性工業的兩大支柱。甚至時裝、皮鞋、相機等, 也是我國傳統主要的出口商品, 而亟待提升其品質及行銷管道。「飛遞」的投資切合當前產業發展所需。

3. 在整體經濟現代化的過程中, 政府部門的現代化是同樣的重要。「飛遞」公司所帶來在運輸、通訊、行政作業上的新觀念, 毫無疑問對行政部門會有所衝擊, 對一般工商界的管理也有所影響。

4. 若「飛遞」無法在台設轉運中心, 進而改在他處設置, 尤其在大陸任何一地設置, 對我國的國際形象及地位都會有不利的影響。

四、建議

當前政府正在大力推動的各項交通運輸硬體建設是六年國建的骨幹, 但仍少見
相關的軟體建設及大規模的民間投資。「飛遞」的投資案, 無論就其對我國經濟
直接或間接的影響, 均切合當前的需要, 而其無法順利進行, 對我國則有諸多
不利的影響, 應審慎考慮。謹提出下列建議:

建議	說明
1. 立即責成行政部門, 尤其是交通部, 對「飛遞」投資案進行評估作業。除非有立即可行的較佳代替方案, 否則應儘快做成決定。如爲可行, 應納入重大投資案, 列管追縱考核。	「飛遞」已向交通部提出白皮書, 目前仍未獲答覆。又交通部及其他部會重大投資案均未列入當前行政院列管重大投資案, 應予提列, 並限期做成決定。
2. 政府行政部門應以前瞻性、國際性觀點, 確實檢討改進當前行政上諸多的管制措施, 以推動建設台灣成爲亞太地區的企業營運及金融中心。	從「飛遞」所提白皮書中, 國內目前在通關、電檢措施方面有許多尙待改進之處。政府若干部門改革步伐仍不夠快。

附件:

「航空貨運轉運中心對中華民國的經濟利差」白皮書, 飛遞航空公司 (1992.7.15):
略。

工業技術研究院之功效問題

1992年12月

一、背景與問題說明

工研院目前每年花費新台幣100億元左右, 員工有5,000餘人, 但對我高科技發展的貢獻, 有加以深入探討之必要。工研院的問題可以歸納爲以下幾點:

1. 由於歷年來以追求「成長」爲目標, 各部門皆以爭取經費爲最主要工作, 以至費用逐年膨脹。目前雖已年費百億元, 仍然要求每年增加經費30%以上。國科會雖要求工研院每年經費增加率不超過15%, 但遭工研院的強烈反對。

2. 工研院爲爭取預算常質疑並貶低工業界之研發能力, 一再強調工業界不重視研發, 藉以突顯其重要性。實際上, 台灣工業界之研發方式與美歐大公司不同。美歐大公司皆設有專責研發部門, 台灣則流行所謂「創業式」的研發: 即公司創業時, 所有公司資金皆用以開發新產品, 待產品開發完成後自行產銷。這些「創業式」的研發經費一般列爲創業資金或股本, 並不被列入研發費用, 以致表面上研發數字偏低。如果台灣企業眞的不做研發, 電子工業何來新產品不斷在國際市場上創造外匯? 工研院貶抑工業界技術及研發實力, 雖可達到爭取預算之目的, 卻有嚴重的後遺症, 即政府對本國企業缺乏信心, 以至於認爲, 要提升本國技術必須靠外國企業, 故常以不必要之特殊優惠吸引外商來華, 對本土工業卻形成不公

平競爭及打擊。

3. 工研院爭取預算之另一方式爲不斷推出多年延續性之大型「專案研究計劃」。以積體電路技術爲例, 其第一期計劃自1975年至1979年, 花費新台幣4億8,000萬元。第二期自1979年至1983年花費約20億元, 第三期自1983年至1987年推出「超大型積體電路計劃」耗資38億元, 現在則進行「次微米計劃」, 自1988年至1993年, 預算高達70億元。與此平行者尙另有「微電子技術發展四年計劃」, 自1988年至1992年, 預算爲19億餘元。總計至1993年在積體電路方面共計花費高達150餘億元。不過, 積體電路工業界普遍認爲: 第一期計劃 (4億8,000萬元經費) 完成後, 因聯華電子、太欣電子等多家積體電路公司的成立及成功, 台灣積體電路工業已經建立其基礎, 其後之計劃, 反而不斷對已有之積體電路工業造成困擾及不公平競爭。例如其「超大型積體電路計劃」於花費38億元建立16吋晶圓處理工廠之後, 於1986年以每年新台幣6,000餘萬元之超低租金, 租予荷蘭飛利浦公司主導之台灣積體電路公司, 並對聯華電子從事不公平競爭。聯華電子公司於1986年曾以兩倍價格即每年1億3,000萬元要求承租該工廠卻遭拒絕。因工研院認爲聯華電子發展潛力不大, 故須以優惠條件引進飛利浦公司。其優惠條件除特廉租金外, 尙可享20%投資抵減; 飛利浦先投資27.5%, 公司成功後可向政府投資人, 即行政院開發基金增購至51%之股權, 變成飛利浦的子公司; 另外, 此新公司尙需付營業額2.5%之權利金給飛利浦。張忠謀同時兼任工研院及台灣積體電路公司之董事長, 亦招致「公私不分」、「利益輸送」之批評。

4. 工研院最大之問題, 不在經費之龐大, 而在與產業界之疏離。由於工研院主事者多係在國外大公司從事研究後方返國者, 心態上對國內產業界多存有輕視之心理。然從國內業者看工研院, 則多認爲其欠缺工業界實務經驗, 眼高手低者多, 能實際解決問題者少, 故工研院與業界心態上有彼此排斥之現象。這種現象導致兩個不正常之結果。其一是工研院主管很少或不願「下鄉」與工業界探討問題, 卻喜歡跑國外與外國廠商談合作。

其二是對業界實際問題不去研究, 卻喜歡大談遠景, 提大型專案計劃, 以「遠」、「大」來逃避現實之工業問題, 故其「專案研究計劃」, 很少得到業界之參與及支持。更嚴重的是, 其「專案研究計劃」由於不能得到業界之參與, 故常脫離實際, 其計劃完成後, 所謂「技術移轉」給工業界的成效不少失敗之例證。利益輸送外商, 宜做成本效益分析。

二、政策建議

要解決工研院之問題, 要從目前體制內改革, 十分困難。事實上, 歷任經濟部長上任之初, 都有意改革工研院, 但因自身科技背景或幕僚之專業知識受到限制, 很難對工研院之計劃作效益評估, 久而久之多安於現狀, 放棄改革初衷, 甚至覺得工研院之研究計劃如偶有所成, 亦可視爲自身之「政績」。工研院亦頗知此官場哲學, 每遇商展、資訊展或外商及高級首長參觀, 莫不大肆宣傳, 予人科技升級, 欣欣向榮之印象。這種粉飾太平之舉, 使許多業界之批評聲浪皆被沖淡消音。這正如 John Galbraith 教授所著《自滿文化》(the Culture of Contentment) 所犯自滿與報喜不報憂心態。故眞正要達到改革之效果, 應從下列幾個方向著手:

建議	說明
1. 最高當局宜指示嚴格控管工研院預算, 減除浮誇浪費。	工研院大型計劃之成本效益宜做客觀分析, 並徹底檢討工研院對本國企業技術移轉之成效。
2. 自工研院削減之預算, 可用以作爲研究發展相對基金, 直接輔助工業界之研究發展計劃。	由政府提供相對基金, 直接輔助業界之研發計劃爲美、日、歐工業化國家的共通做法。韓國在 1970 年代中期, 原仿台灣之例, 成立 KIST (Korea Institute of Science and Technology), 但隨後發現成效不彰, 乃改採直接補助企業界方式, 結果韓國高科技工業在許多方面皆已明顯超越我國。我國工研院獨享巨額研究

建議	說明
	經費之做法, 亟宜改正。近兩年工業局嘗試提撥部份經費作研究開發相對基金, 直接補助工業界, 已產生極佳之乘數效果, 惟其金額與工研院之龐大金額相較仍嫌偏低, 應予大幅提高。
3. 工研院大型計劃之『指導委員會』成員應大部份予以撤換, 改由國內業界與學術界組成『指導委員會』來指導專案計劃之進行。至於技術上是否應請國外顧問來協助, 則可由國人主導之『指導委員會』來決定。如此方能將工研院之專案計劃導入實際有用的方向, 並與產業界之需要真正配合。	目前工研院大型計劃之「指導委員會」, 其成員多為國外大公司之職員, 如 IBM、AT&T、INTEL 等, 這些成員對國內工業甚少了解, 看事眼光多用美國大公司之角度來看。更嚴重的是, 這些成員代表的公司很多產品與我國產業是處在競爭的對立狀態。
4. 政府科技政策應以壯大國內企業, 「工業立國」為首要目標, 不可變成過份「外商導向」。	最近傳聞經濟部亟欲吸引美商 INTEL 來台生產 486 CPU 微處理器。政府擬提供之優惠措施包括: 由政府提供廠房, 免收地租, 低利融資、專利權回溯保護等。事實上, 聯華電子經歷 4 年時間, 耗資 2,000 萬美元, 即將推出 486 CPU, 擬與 INTEL 競爭。政府不宜以優惠條件引進 INTEL, 而不但不協助聯華電子, 甚至加以打擊。未來「次微米」生產移轉民營亦應以國人企業為優先。

六輕投資計畫之初步評估

1993年4月 (交通銀行)

一、計畫概要

台塑企業籌建烯烴廠暨相關工業建廠投資計畫, 即六輕投資計畫 (含六輕擴大計畫), 係由台塑企業五家公司 (台塑、南亞、台化、台塑石化、台朔重工) 主導, 於雲林縣離島式基礎工業區內麥寮及海豐二地區籌建烯烴廠暨相關工廠, 預計該計畫於1998年完成後, 年產乙烯135萬公噸, 用以供應相關石化工業建廠之原料需求。

1. 建廠內容摘要:

(1) 麥寮地區 (六輕計畫)

    A. 輕油廠乙座, 輕油年產能約255萬公噸。

    B. 輕油裂解廠乙座, 生產乙烯年產能45萬公噸。

    C. 石化中間原料工廠21座。

    D. 重機廠及鍋爐廠各乙座。

(2) 海豐地區 (六輕擴大計畫)

    A. 輕油裂解廠乙座, 生產乙烯年產能90萬公噸。

    B. 石化中間原料工廠三座。

　　C. 其他六家公司 (包括東展興業公司、中國人造纖維公司、台灣聚合
　　　　化學品公司、大連化學工業公司、長春人造樹脂公司、長春石油化
　　　　學公司) 共計興建石化中間原料廠九座。

2. 該計畫總投資金額爲新台幣2,855.32億元 (折算美金109.82億元)
　　內容爲：

　(1) 台塑企業所屬五家公司投資金額爲新台幣2,466.36億元 (其中新台幣1,340.3
　　　億元, 美金43.31億元)。

　(2) 東展興業等六公司投資金額爲新台幣388.96億元 (折算美金14.96億元)。

　　除此之外, 尚須投資工業港建設, 金額爲新台幣291.86億元。

二、經濟效益

根據經建會估計, 本計畫於1998年完成後各種產品之總產值約爲新台幣2,000
億元, 創造附加價值740億元, 所增加之附加價值可使我國 GDP 增加1.6個
百分點。石化原料自給率由目前40%提高爲約80%, 並可增加4,000人以上之
就業機會。5年免稅期過後每年約可增加10億元稅收。

　　另本案對我國總體經濟而言, 尚具有不易量化之效果: (1) 帶動民間投資意
願, (2) 發揮產業關聯效果, (3) 繁榮建廠地區發展, 縮短北中南發展差距, (4)
增強相關產品競爭力。

三、融資模式

台塑企業五家公司 (台塑、南亞、台化、台塑石化、台朔重工) 爲興建烯烴廠
(六輕投資計劃) 所需資金, 已於1993年3月9日聯名正式向交通銀行申請融資

美金2,689.5佰萬元及新台幣73,480佰萬元, 各個公司申貸金額, 詳如附件1、2。

本投資計畫之融資擬以籌組聯貸銀行團方式支應, 由交銀擔任主辦行, 台銀、彰銀、華銀、一銀等四銀行擔任協辦行, 並邀請國內外銀行共同參貸。台塑企業等5家公司之建廠資金投入進度表及貸款撥用進度表分別詳如附件3、4。

四、建議事項:

六輕融資案有待解決之各項問題分別陳述如下, 以便做進一步之檢討與評估。

1. 財務評估部份

問題	建議
1. 初估台塑企業六輕建廠資金約不足458億元, 其中台塑石化公司331億元, 台塑公司110億元, 台化公司17億元。	台塑相關企業必須補充資金籌措方案。
2. 對六輕投資案之財務、營運預測似嫌過份樂觀。	貸款條件確定後, 台塑須提出資金流量表以便進行進一步的評估。
3. 六輕案下各項產品及其下游產品未來去化情形欠缺預測資料。	台塑須補充相關資料, 以提高財務預測之準確性。

2. 技術評估部份

問題	建議
1. 土地問題:	
(1) 目前僅取得雲林縣政府土地約542公頃, 另須購置國有財產局土地1,500餘公頃, 後者需藉「填海造地」完成, 經台塑企業與政府相關單位訂定土地買賣契約後, 始能完成土地購置及辦理土地所有權移轉。	台塑企業應儘速預繳國有地價款, 以便由經濟部、國有財產局等核發「土地使用同意書」, 辦理土地出售手續。
(2) 隔離水道、環區道路及堤防用地等土	取得土地成本及開發費用, 台塑要求比

問題	建議
地之所有權歸屬問題。	照彰濱工業區案例納入工業區成本, 由麥寮、海豐工業區及新市鎮共同分攤。
(3) 台塑繳納地價後, 希取得產權移轉證明。	台塑企業應儘快完成各廠廠區位置、面積及公共設施配置圖, 俾供經濟部辦理出售作業事宜。
(4) 為配合麥寮區及海豐區合併一體統籌使用, 准予廢除麥寮與海豐區間之隔離水道。	建議經濟部儘速完成評估報告。
(5) 工業區聯外道路建請由交通主管機關納入道路計畫興建。麥寮雲3之3號道路應延長銜接1號道路。	建議經濟部洽交通主管機關配合辦理。
2.　地層下陷及排水問題:	
(1) 六輕廠區附近地層下陷嚴重, 新虎尾溪河道及附近排水系統阻塞所引起內陸排水不良等問題皆將阻礙或危及建廠工程進度及安全。	台塑應儘速函請雲林縣政府、農業、水利及其他主管機關協助解決。 為求根本解決問題, 建議經濟部協助推動雲林縣政府擬定中之新市鎮開發計劃, 以區段徵收方案儘速辦理, 變更該地段土地使用方式, 以符合當地居民之要求, 如此當可化阻力為助力, 根本解決上述問題。
(2) 濁水溪採砂疏浚計劃施工之影響。	建議經濟部邀集台灣省建設廳及水利局開會協調解決。
3. 供水問題:	
六輕用水雖經主管單位核定納入「集集共同引水計劃」供應, 但該引水工程施工期長, 恐無法配合用水進度。而且在「枯水期」, 該引水計劃亦須調撥部份水量供農田灌溉之用, 可能影響六輕用水穩定供應。	應速與台灣省水利局協調「水源」及「原水計價」問題, 並提出其他替代方案。 有關供水問題及水價, 建議經濟部邀集相關單位協調辦理。
在「集集共同引水計畫」未完成前, 協調彰化及雲林農田水利會, 移供每日30萬噸為工業用水, 其水源之調度由水利主管機關負責。	
4. 工業專用港問題:	
工業港與六輕計劃是一整體, 如不能建港, 將來會發生原料、產品等運輸調度困	應速洽交通部同意建港計畫後, 呈報行政院核定。

建議	說明
難, 須待台塑企業、經濟部與交通部進一步溝通, 另港區土地依「促進產業升級條例」規定應為公有, 有關所有權之問題亟待解決。	
5. 環保及地方回饋問題: 目前已發生養殖業者之抗爭求償之情形, 尚待政府、台塑等與業者溝通及解決。	有關污染防治措施及地方回饋工作, 均需確實依規定儘早進行規劃, 並提出更周詳之資料。

3. 稅捐減免

建議	說明
1. 請准六輕擴大案及原未列入「獎勵投資條例」稅捐減免之烯烴原料等一併免稅。	有關稅捐減免部份, 建議財政部協助解決。
2. 有關「股份有限公司投資於資源貧瘠或發展遲緩地區適用投資抵減辦法」第4條規定:「公司設立於第2條所規定地區…」, 此一規定立意甚佳, 新公司設立時將選擇設立於所規定之地區而適用投資抵減辦法。惟對於已經設立之舊公司, 雖然選擇在所規定地區投資設廠卻不能適用, 顯然有違立法原意, 且不合理, 因此建請將第四條規定修改為:「公司投資設廠於第2條所規定地區…」。	有關延長投資抵減適用年限乙節, 建議財政部協助解決。
3. 建港費用龐大, 且其對經濟發展之貢獻不遜於重大產業投資, 請准比照促進產業升級條例第7、8條規定, 給予非屬製造業之建港開發事業同等之租稅優惠。	建請交通部儘早研擬獎勵民間興建重大交通建設條例。

4. 產品競爭力

國內外競爭力比較	建議
由於石化產品種類繁多, 關聯甚廣, 一般均以其石化基本原料乙烯之產能比較其石化工業規模。根據國內石化工業同業公會轉載美國知名 SRI (Standford Re-	台塑須提供詳細之產品成本與售價預估, 以判斷其國際競爭力。

國內外競爭力比較	建議
search Institute) 調查資料, 到1992年底, 國際間石化基本原料乙烯總產能, 扣除中油公司二輕, 我國產能排名第16。六輕擴大計劃完工後, 扣除中油公司三輕, 我國乙烯年產能將達214萬公噸, 可望晉升至世界第12大石化工業國。就台塑企業而言, 本案完成後, 連同其美國德州的68萬公噸產能, 其乙烯年總產能將達203萬公噸。就乙烯的生產規模而言, 全球僅次於艾克森 (EXXON)、蜆殼 (SHELL)、陶氏 (DOW) 及 NOVACOR 等公司, 成為全球較具規模之石化公司, 可提高其石化工業之地位, 配合國內既有之上、中、下游完整體系, 有助增加國內石化工業國際市場之競爭力。 根據台灣區石化公會之統計, 去 (1992) 年我國乙烯之需求量統計約達195萬公噸, 而國內中油生產量約僅73萬餘公噸, 不足量約達120餘萬公噸, 自給率僅約37.6%。本案完成後, 將可提高國產石化原料 (乙烯) 自給比率, 使相關產業獲得較合理價格之原料及穩定貨源, 有助提高我國關聯產業國際競爭能力。	

5. 融資部份

問題	建議
1. 銀行對任一客戶之授信總額之限制: 財政部 (67) 台財錢第21758號函規定「銀行對任一客戶之授信總額, 不得超過各該銀行淨值25%。又對同一客戶之無擔保授信總額, 不得超過各該銀行淨值5%」。	建議財政部核准本案融資免受該項限制。
2. 外幣貸款免受外債餘額限制。	建議中央銀行本案准許外幣貸款免受外債餘額之限制, 若仍受外債餘額限制, 則得列「國際金融業務分行 (OBU)」帳。
3. 本評估報告假定購置現有土地部份及廠房貸款新台幣11,341.5百萬元按聯貸銀行團自有資金成本 (年息9.5%), 填海造地部份貸款新台幣29,598.5百萬元按郵政儲金轉存資金成本加年息0.75% (年息8.65%) 計收, 稅負由台塑負擔。 機器設備貸款利率假定下列三種情況:	依上列假設, 就二種不同情況所推估之台塑利息負擔金額示之於附件6。央行已同意按第 I 假設情況辦理, 加權平均利率為6.60%, 大致符合台塑之原先要求。惟台塑仍擬就購置現有土地及填海造地部分, 向經濟部申請利息補貼。

問題	建議
(1) 進口機器貸款美金 2,689.5 百萬元部份向央行轉融通, 其餘由銀行自國外金融市場拆借, 利率與央行轉融通利率相同, 均按 6 個月期 SIBOR 加年息 0.75% 計收, 稅負由台塑負擔。	
(2) 國產自動化機器貸款新台幣 21,863 百萬元及污染防治設備貸款新台幣 1,245 百萬元全額向央行轉融通, 利率按央行公告之擔保放款融通利率 (目前為年息 6.625%) 加年息 0.75% 計收, 稅負由台塑負擔; 或按交銀現行優惠貸款轉融通利率 (目前為年息 5.75%) 加年息 1% 計收。	
(3) 國產非自動化機器貸款新台幣 9,432 百萬元按郵政儲金轉存資金成本加年息 0.75% (年息 8.65%) 計收, 稅負由台塑負擔。 本計劃利率條件, 示之於附件 5。 15 年貸款期間, 就附件 6 所示第一與第二種不同情況比較, 台塑利息支出差額估計約達新台幣 19 億元。	
(4) 六輕投資計畫融資金額龐大, 除非央行加以轉融通, 勢必在金融市場造成排擠效果。	為緩和排擠效果, 建議央行於貸款存續期間, 視貨幣供給增加情形, 將部分郵政儲金依參貸比率轉存各參貸行。

6. 新市鎮開發計劃效益

問題	建議
1. 投資金額: 新台幣 29,429 佰萬元。 2. 開發新市區面積: 約 2,820 公頃。 3. 新市區人口約 150,000 人 (其中就業人口約 37,500 人)。 4. 開發期間: 10–12 年。 5. 該計劃已由經濟部、內政部、省政府、雲林縣政府及台塑企業等開會研商改為「	以區段徵收 (40% 抵價地發還原地主) 之方式取得土地。公共設施土地及機關用地約佔全部面積之 40%。政府將所餘 20% 土地標售, 或標售合作開發權之方式處理其所得土地。政府所得部分款項可補助興建平價住宅, 以利六輕投資計劃之推動。如果新市鎮合作開發權由台塑

問題	建議
麥寮特定區計劃」。 其對台塑六輕計劃之效益如下： 1. 雲林沿海由於養殖業超抽地下水，導致地層下陷、海水倒灌等問題，嚴重危害土地資源，急需改變目前土地之利用形態，而新市區之規劃可改善上述狀況，並有助解決六輕建廠之安全問題。 2. 雲林沿海由於養殖業超抽地下水，導致地層下陷、海水倒灌等問題，嚴重危害土地資源，急需改變目前土地之利用形態，而新市區之規劃可改善上述狀況，並有助解決六輕建廠之安全問題。麥寮工業新市區之開發規劃約1,500公頃綜合工業區，內設金屬加工區、石化加工區、重電機工業區、水泥加工區、產業設備製作區等，有助建立完整之產業體系。目前約有160家關聯產業廠商表明到新工業區設廠之意願，有助六輕產品銷售。 3. 新特定區為便利區內產業人口發展，亦規劃1,000多公頃的住宅、商業區提供未來離島及台塑烯烴 (六輕) 計劃就業人口之住宅與其它生活之需，有助六輕人工來源之穩定。	標購，則台塑可用新市鎮開發利益以補貼其投資支出。六輕投資計畫與新市鎮開發計畫宜相互配合，相輔相成。

附件1　台塑企業等5家公司申請融資金額

單位: 美金
新台幣　佰萬元

	貸款金額	
	美金	新台幣
台塑 (股) 公司	350.0	10,800
南亞 (股) 公司	227.0	9,360
台化 (股) 公司	269.0	10,660
塑化 (股) 公司	1,820.0	41,410
台朔重工	23.5	1,250
總計	2,689.5	73,480

附件2　台塑企業等5家公司籌建烯烴廠暨相關工廠聯貸案申請融資金額

單位：佰萬元

	台塑(股)公司		南亞(股)公司		台化(股)公司		塑化(股)公司		台朔重工		總計	
	台幣	美金	台幣	美金	台幣	美金	台幣	美金	台幣	美金	台幣	美金
土地	4,660		4,640		5,020		16,540		480		31,340	
廠房	1,350		1,000		1,400		5,200		650		9,600	
機器設備	4,790	350	3,720	227	4,240	269	19,670	1,820	120	23.5	32,540	2,689.5
總計	10,800	350	9,360	227	10,660	269	41,410	1,820	1,250	23.5	73,480	2,689.5

附件3　六輕案建廠資金投入進度預估

單位：新台幣佰萬元

	1992年以前		1993年		1994年		1995年		1996年		1997年		1998年		合計	
	金額	%	金額	%	金額	%	金額	%	金額	%	金額	%	金額	%	金額	%
建廠資金進度	13,812	5.6	36,749	14.9	60,672	24.6	50,560	20.5	59,439	24.1	19,978	8.1	5,426	2.2	246,636	100

附件4　六輕案貸款撥用進度預估

單位：佰萬元

	1993年		1994年		1995年		1996年		1997年		1998年		合計	
	金額	%	金額	%	金額	%	金額	%	金額	%	金額	%	金額	%
機器(美金)	415	15.4	893	33.2	458	17.0	728	27.1	175	6.5	205	0.8	26,895	100
(1)土地及廠房(新台幣)	15,237	37.2	7,218	17.6	7,804	19.1	4,661	11.4	3,191	7.8	2,829	6.9	40,940	100
(2)機器設備(新台幣)	4,248	13.1	5,398	16.6	8,502	26.1	11,183	34.4	2,896	8.9	312	1.0	32,540	100
小計(新台幣)	19,485	26.5	12,616	17.2	16,307	22.2	15,844	21.6	6,087	8.3	3,141	4.3	73,480	100
總計(新台幣)	30,275	21.2	35,834	24.8	28,215	19.7	34,772	24.2	10,637	7.4	3,674	2.6	143,407	100

附件5　六輕投資計劃利率條件

單位: 新台幣佰萬元
美金

	貸款金額	央行轉融通利率
購置現有土地部份	1,741.5	以銀行團自有資金貸放。
興建廠房	9,600	同上。
填海造地部份	29,598.5	7.9% (以郵政儲金轉存各參貸行)。
小計	40,940	
進口設備	US$2,689.5	部份向央行申請轉融通, 不足部份由
	(折 NT$約69,927)	銀行團自國外均依市場利率拆借。
小計	US$2,689.5	
國產機器設備	NT$	
自動化機器設備	21,863	5.75% (央行目前轉融通辦法利率)。
		或 6.625%(央行擔保放款融通利率),
		由央行做政策性選擇。
污染防治設備	1,245	同上。
非自動化機器設備	9,432	7.9% (以郵政儲金轉存各參貸行)。
小計	32,540	

附件6　2種假設情況下依申貸金額撥款後15年利息支出總額估算表

單位: 新台幣佰萬元 (匯率 US$1=NT$26)

	貸款金額	I		II	
		利率	利息金額	利率	利息金額
購置現有土地部份	1,741.5	9.5%	1,459	9.5%	1,459
興建廠房	9,600	9.5%	7,636	9.5%	7,636
填海造地部份	29,598.5	9.11%	23,784	9.11%	23,784
小計	40,940		32,879		32,879
進口設備	69,927	4.342%	25,678	4.342%	25,678
	(折美金 2,689.5				
	佰萬美元)				
小計	69,927		25,678		25,678
國產機器設備					
自動化機器設備	21,863	7.77%	13,797	6.75%	11,985
污染防治設備	1,245	7.77%	786	6.75%	683
非自動化機器設備	9,432	9.11%	6,979	9.11%	6,979
小計	32,540		21,562		19,647
總計	143,407	加權平均 6.60%	80,119	加權平均 6.44%	78,204

註: 1.利息金額係按撥款進度表依每年期初、期末平均餘額計算。

　　2.利率係按加權平均法計算。

　　3.I 及 II 差異在於前者按央行擔保授信轉融通利率 (6.625%) 加年息0.75%, 稅負由借款人
　　　負擔, 後者則按現行轉融通優惠辦法之利率6.75%計算。

台翔航太公司尚待解決之問題

1993年4月

1. 英國航太以業務移轉方式取得合資公司50％股權，其有形及無形資產是否經雙方認可之會計師評鑑，台翔迄未提供有關資料或補充說明。

2. 英國航太與台翔合資之租賃公司，其資金計劃仍未能定案。台翔與英國航太預估五年銷售融資需要，由原先之19億美元提高為23億美元。英國航太承諾在前二年提供4億美元資金的利率及租賃條件之細節均未能取得相關資料。銷售融資之需要及條件，如不事先加以審慎的檢討，則可能發生資金需要失控的現象。

3. 在國際航太市場仍處不景氣的陰影中，未來合資公司產銷量，預期佔全球需求量之五分之一，其競爭力之主要依據以及可能遭遇之困難，台翔及英國航太必須提供檢討報告。

4. 台翔預定增資至52億元，截至目前已繳及承諾撥繳者，共計33億8,000萬元，尚短缺18億6,000萬元，正擬爭取投資之對象如附表。如民間企業能予認足，則不擬邀請中央投資公司投資，以免開發基金與交通銀行投資案在立法院審查時遭遇困擾。

5. 台翔與航發中心之合作條件尚未定案。

6. 合資公司計劃以美金12億元開發 RJX 新機種，英國政府已允諾補助其費用之三分之一，台翔亦將要求我國政府補貼同等費用。我國政府必須事先做審慎之評估，英國航太承諾諸如導航系統與衛星技術等高科技技術之移轉，始能加以考慮。

7. 合資公司欲設立維修中心, 提供售後服務, 台翔尚未提出具體營運計劃。

8. 依合資公司協議, 總經理與各部門副主管由台翔指派。台翔指派人員能否勝任, 應事先加以檢討評估, 並徵詢董事會同意。

附表　台翔增資計劃 (增加至 **5,242,252** 仟元)

	單位: 1,000元
原實收股本	1,310,563
已撥繳增資款	1,550,000
承諾撥款	520,000
小計	3,380,563
尚待爭取補足之金額	1,861,689
合計	5,242,252

現正接洽之投資對象及金額	
中華開發	520,000
大同	100,000
太平洋電線	130,000
華榮	520,000
新光人壽	260,000
中國信託	260,000
合計	1,790,000

台翔航太與英國航太共同成立 AVRO International Aerospace 案之評估報告

1993年5月

一、背景說明

台翔與英國航太擬各投資百分之五十於英國成立 AVRO International Aerospace 共同經營, 以期對我國航太工業之發展發揮整體主導之效果。台翔擬採取漸進方式, 利用策略結盟或直接外包落實中衛體系, 首先建立飛機結構組裝生產能量, 逐步建立全方位飛機結構組裝能量。本合作案將結合國內企業投入中機身、水平尾翼、重直安定面、客艙門及機身延身段的製造與裝配, 並吸引國內外航太人才的參與與培養。其中期計劃擬尋求日本、美國大廠合作機會, 發展新區間客機 RJX。

雙方合組新公司的主要目的共有下列四項:

1. 吸收我國投資與營運資金以強化體質。
2. 建立國際分工體系以降低成本。
3. 增強在快速成長中的亞太市場的競爭力。
4. 除產銷區間噴射客機 RJ 系列, 提供售後服務外, 共同致力未來新機種開發。

區間客機 RJ 產品系列及其特性如下:

區間客機

70–130人座

航程達1,600海哩 (1–2小時航程)

機型: 目前6種, 1981年原型初航, 1993年4月, RJ 型出廠 (更換引擎及加裝
夜間導航系統) 爲四引擎機型:

客機: RJ70, RJ85, RJ100/115.

客貨兩用: RJ.QC

貨機: RJ.QT

1993年後發展 RJX 120–130人座雙引擎機型, 預計1998年起正式交貨以
取代 RJ 型機種。

特性:

1. 可短跑道起降。

2. 低噪音, 可在城市及晚間起降。

3. 四引擎安全性高。

合資公司台翔以出資, 英國航太以業務移轉方式組合各佔50％股權之新公
司。初期台翔投資1億2,000萬英鎊, 另加美金2,500萬元技術移轉權利金。新
公司獲得英國航太區間客機子公司之有形及無形資產。

合資公司製造之飛機, 其中引擎、機翼等由美商 Textron 公司提供, 約佔
飛機製造成本的60％。英國航太承諾於1993至95年以固定優惠價格供應機身
結構 (貼補構件成本約40–70％); 合資公司將在這3年間將機身結構製造移轉
至我國或其他亞太地區, 分散採購來源以降低成本。

未來5年 (1993年–1997年) 中, 全球80–120人座區間客機市場需求預估
約六四五架, 合資公司擬生產158架, 約佔全球市場需求之24％。預計於1997
年在台灣整機組裝數量佔總生產量之三分之一。我國藉由英國航太之協助, 中

英兩國政府可簽訂雙邊適航協定 (BAA) 以獲得歐洲 JAA 與美國 FAA 驗證資格, 以利在我國製造裝配之飛機得以行銷世界各地。

　　台翔在合資公司指派三位董事 (non-executive board directors), 負營運全責的總經理 (chief executive officer), 與財務、產銷與管理部門的副主管 (deputy directors)。合資公司未來5年營運, 預估稅後盈餘每年平均達銷售額之5%, 1998年起稅後盈餘將由9%逐年上升至2002年之24% (附件1)。依據淨現金流量計算, 合資公司內部投資報酬率為10.8%, 投資回收期間依淨現值法為7.8年。

二、本投資案之問題與建議

1. 產品競爭力

問題	建議
1. 合資公司擬生產之 RJ 型飛機係以原英國航太不具競爭力之 146 型飛機改換新引擎及加裝夜間導航系統之過渡性產品。依計劃此飛機僅銷售至1999年, 1998年起改以自1994年著手研發之 RJX 型飛機替換。若未評估 RJX 計劃, 而僅投資於 RJ 型飛機之生產, 則合資公司不但無法生存, 而且 RJ 型飛機停產後必須處理公司停業有關之種種困難問題。	為確保合資公司營運成功, 應儘速邀請對開發 RJX 型飛機有興趣之荷、日、美等飛機公司共同參與研發以分擔研發成本及增加成功機會。而且 RJX 飛機之研發, 必須針對引擎及維修成本等過去之弱點予以改正, 以增強使用者信心及市場競爭力。
2. 我國馬公航空公司現擁有 146–300 型飛機 3 架, 對其引擎性能及維修成本偏高頗有微詞。現合資公司生產之 RJ 型飛機 (已於今年 4 月交機乙架) 仍為四個引擎, 在航距、速度、載重量等方面不及 Fokker F100 及波音 737–500。RJ 型機為維持其競爭力, 必須降低價格, 提供優惠之融資條件。	公司未來營運, 必須做較保守之預估, 並充分檢討合資公司營運可能遭遇之困難。Fokker 公司內部對 BAe 146 機型所做負面的評估 (附件2), 台翔有審慎加以評估之必要。
3. 本合資計劃初期之成敗繫於市場對改良後 RJ 型飛機之接受程度及提供引擎	在生產 RJ 型飛機期間應爭取提供引擎之 Textron 公司對維修成本提供較長之

問題	建議
Textron 公司對維修成本不高於其他雙引擎相同機型之保證。若超出其他同類型雙引擎之維修成本, 雖然 Textron 公司已承諾補償差額, 但保證期限僅止於合資公司繼續購買 Textron 引擎期間, 依計劃僅保證7年。	保證期間 (RJ 飛機預估之使用年限在20年以上) 以保持較有利之銷售條件。
4. 合資公司計劃自1996年起原由英國航太供應之機身結構成本由1992年之3,446仟英磅降為200萬英鎊 (降幅41%), 過於樂觀。由於售價係 RJ 飛機最有利之競爭條件, 必須儘早規劃成本降低計劃或尋覓替代之供應廠商以增強產品競爭力。又依前述假設條件計算之內部投資報酬率 (IRR) 為10.8%。倘自1996年起機身結構每架增加100萬英鎊且每年調升4%, 則內部投資報酬率將降為7.6%。	RJ 型飛機之競爭力主要在於其低價格。為確保其競爭力, 合資公司應爭取英國航太延長補貼期限 (原訂3年) 及增加在我國生產之比重, 或尋覓價廉之替代零組件。英國航太董事長 J.C. Cahill 向 總統口頭承諾補貼4年, 應促其履行承諾。

2. 市場展望部份

問題	建議
1. RJ 系列飛機估計市場之佔有率為24%, 過於樂觀。自1988年起至1992年止英國航太公司所生產之146機型之交機佔有率自逐年由49%、45%、21%、15%遞降至1992年之4% (詳附件3之1) 顯然146機型已逐漸失去市場競爭力。	RJ 型係146型之改良機型, 據 Morgan Stanley 評估目前適值航空業不景氣且將持續至少2年, 目前全球區間客機存貨約35架, 至1995年底存貨將增加為約130架。市場預估有必要重作檢討。
2. RJX 型飛機係就100至130人座商用客機市場加以推估, 自1998年推出至2013年16年間共計交機820架, 市場佔有率為36%。惟依台翔公司所提供資料, 自1996年至2010年15年間100至130人座交機共計僅1,676架 (詳附件3之2)。假設市場佔有率達36%, 亦僅能交機約600架。交機估計過於樂觀。	RJX 市場評估宜重新檢討。

3. 航發中心承接飛機組裝之問題

問題	建議
1. 依據計劃, 航發中心應自今年起陸續承接部分組裝業務, 惟航發中心並非登記註冊之公司或法人, 若與台翔簽約承接客機組裝將與現行相關之組織或財務法令規章相砥觸。經工業局協調後國防部將依「航空工業技術支援協議書」支援台翔試製5至8架 RJ 客機。工業局亦將提報財經協調會報, 為台翔解決試飛、認證、適航、協定等相關問題。惟航發中心仍有待變更為公司或法人, 以解決客機組裝問題。	為建立我國航空工業, 台翔公司應儘速與國防部、中科院、經濟部等有關單位協調促成航發中心國營化, 並變更為公司或法人俾承接客機組裝。其他政策面涉及各部會的法規問題, 如試飛權責、機場、及空域之使用、及安全作業等亦應儘早與有關單位協調, 釐定作業規定。
2. 根據台翔與英國航太所簽訂之 RJ 客機合作生產協議, 在台組裝價格不得高於英國航太之固定價格, 否則組裝工作將不移至國內執行。而航發中心承接飛機組裝的開發費用含設施修改、工具、訓練等約新台幣5億元。該項費用若攤列於成本中, 必將造成組裝之成本高於英國, 而無法順利接單。	台翔必須會同英國航太儘速提供客機組裝之基價, 以供研析。至於在台組裝所發生之成本差額, 所需經費之補貼應謀求因應對策。此外, 依照飛機製造的付款慣例, 飛機製造商均在客機交付顧客後方能收取總價約7至8成之餘款, 故航發中心將有營運週轉金無法獲得之困難, 必須儘早研擬對策。

4. 財務評估

問題	建議
1. 合資公司初期台翔需投資新台幣52億元以維持公司營運。但 RJX 研發係合資公司繼續經營之必要條件, 依據英國航太資料估計、研發費用 (自1994至2000年) 共需11億6,700萬英鎊 (約合新台幣423億元)。英國航太曾口頭要求 (未列於合資意願書中) 台翔依1/3分攤141億元。倘合資公司利潤未能穩定, 台翔增資又無法順利籌募時, 勢須我國政府協助。英國政府對 Airbus 的補助方案, 其補助係按每年投資報酬率8%計值。RJX 計劃以1992年幣值計, 英國政府約需撥款2億英鎊, 並在以後銷售之飛機中逐架收回本	台翔資本額二次籌募均不順利, RJX 所需資金龐大, 已非台翔所能負擔, 應請政府儘早研擬補助方案並編列預算, 以免因後續資金無著落而使合資公司營運陷入困境。

問題	建議
金及利息, 至820架時全數收回本利4億6,400萬英鎊; 倘銷售未達820架則英國政府承擔損失 (詳附件4)。	
2. 由於英國航太146型飛機市場反應不佳, 合資公司產銷 RJ 型機, 英國航太認爲倘無融資 配合恐難推銷。依生產量之75%計算5年內 RJ 型飛機共需融資19億美元。英國航太及台翔協議各出資100萬英鎊成立租賃公司, 前2年台翔需承諾取得融資資金4億美元。以台翔之財務結構及本身未有大量營運收入的情況下, 甚難在金融市場上取得所需資金或保證 (詳附件5)。假設2年後合資公司尚無法自市場取得銷售融資之資金, 仍需由英國航太及台翔共同提供保證或代爲籌募此項龐大資金, 實非台翔所能負擔。	租賃公司資本額僅200萬英鎊, 雖有英國航太及台翔之保證, 前2年及後續資金之取得, 由於國際金融市場展望並不樂觀及 BIS 規定限制可能趨嚴, 台翔實無能力籌款。政府主管機關與台翔必須就本投資案之資金需要做充分檢討, 以便決定本投資案之可行性, 避免未來資金需要發生失控的現象。
3. 依據英國航太提供對飛機租賃公司之融資條件係爲一般商業貸款條件 (詳附件6), 並不需政府特別之津貼補助。規劃中之租賃公司將設於租稅天堂 (Tax Heaven)。不過, 我國租賃業因規模不大, 取得資金成本較國外大型租賃公司爲高, 依據英國航太提供之融資條件參與國際融資租賃之可能性不大。	除非政府協助其取得低廉外幣資金, 則央行建議由我國租賃業參與國際租賃融資之可行性不大。
4. 英國航太以業務移轉方式取得合資公司50%股權, 其有形及無形資產是否經雙方認可之會計師評鑑, 台翔應提供有關資料。	移轉之資產計價是否公平, 必須做審慎的評估。

5. 經營管理分析

問題	建議
1. 合資公司之經營管理、財務及產銷將由英國航太人員擔任, 總經理及上列四部門之副主管由台翔公司派員擔任。惟派任人員能否勝任, 須預先經政府與台翔董事會評估同意。	指派人員之學經歷能否適任並確保我方權益及確實執行技術移轉, 實應預先規劃妥適。據瞭解該公司迄無具體計劃。而且英國航太也應派遣適當人選, 合資公司更應避免冗員充斥, 增加營運困難。

6. 經濟效益分析

問題	建議
1. 與英國航太合作案可使我國在技術上獲得之效益包括系統之整合、中衛體系之建立及尖端科技之研發等,惟上述技術之引進並沒有明確之內容及時程表。	台翔與英國航太合作案投入之成本極為龐大,在評估投資效益時,除生產 RJ 及研發生產 RJX 型客機外,尚應考慮自英國航太引進尖端航太技術之政策性目的,如導航系統,衛星技術等,故建議台翔應與該公司訂定具體之技術引進項目及時程表。這些間接利益可做為要求政府支持與補貼之依據。
2. 與英國航太合作案,台翔公司在台所扮演角色是承包商又是供應商,台翔國內產值將由1993年1億元逐年增加為1994年4億元、1995年10億元、1996年25億元、1997年45億元。以1997年之45億元為例,主要生產技轉項目為 (1) 最後整機組裝4億元, (2) 中機身組裝及測試7億元, (3) 客艙門及機身延長段4億元, (4) 垂直安定面2億元, (5) 水平尾6億元, (6) 派龍3億元, (7) 協力廠承包19億, 其中需要協力廠承包配合比率達四成以上。有關協力廠是否符合資格尚無明確之資料可供評估。	台翔公司應與航太小組儘早研擬具體之協力廠商組合名單,並協助其通過航太驗證, 以利投資案之落實。

7. 敏感性分析

問題	建議
1. 本案合資公司投資 RJ 型飛機以7年 (1993年至1999年), 零件銷售及維修收入等以10年 (1993年至2002年) 依淨現金流量計算內部報酬率 (IRR) 為 10.8%, 回收年限為7.8年。另依敏感度分析 (附件7), 其中 (1) 銷售金額平均減少5%, IRR 減為7.2%或減少33%。(2) 美金兌英鎊貶值£0.05, IRR 減為8.5%, 或減少21%。(3) 銷售年限縮短為5年,	依 Morgan Stanley 評估報告顯示, 未來航太產業不景氣至少維持兩年, 且同業競爭激烈, 是以客機售價向下走低以及 RJ 型客機銷售年限縮短之可能性高, 又匯率預估似過分樂觀。IRR 受上述敏感因子之影響頗大, 顯示本案投資計劃競爭能力薄弱, 投資風險頗高, 建議該公司即早因應並研擬具體可行對策, 並由政府主管部門做政策性決定。

問題	建議
IRR 減為 7.8% 或減少 28%。由上述資料顯示本案投資計劃若不考慮其間接投資利益, 由政府加以強力的支持與補貼, 則風險承擔能力薄弱。	
2. RJ 型客機屬過渡性機種, 而 RJX 型客機是否能順利開發成功以及是否具備競爭能力, 將決定投資之成敗。倘計劃失敗, 合資公司面臨解散, 則有關已交貨飛機之售後服務及人員之遣散問題如何善後, 並未作評估。	本案投資計劃倘若失敗, 則飛機之售後服務及人員之遣散均需增加資金之需求。台翔就此一嚴重情況, 應洽英國航太提供有關細節資料, 並做具體評估, 以判斷投資風險。
3. 台翔投資計劃所需資金龐大, RJ 系列飛機之銷售必須以優惠租賃融資條件配合, RJX 型客機又未必能順利開發, 投資風險頗大。與台翔投資計劃相比較, 馬來西亞發展其航太工業較能掌握市場利基, 以較少的資金依序發展, 可供主管當局參考。依據遠東經濟評論本年 5 月 13 日版報導, 馬來西亞投資 780 萬美元購併 Eagle Aircraft Australia, 生產單引擎, 雙人座飛機。其發展航空工業之相關策略係採生產小型飛機進而發展飛機複合材料技術 (composite technology), 該項材料未來可廣泛用於運動器材、汽車零組件及建材等方面。又該國在 1984 年即與美國 Lockheed 合作成立 Airod 公司發展軍用飛機維修服務; 目前更擴大與美國 GE、法國 Eurocopter 及義大利 Alenia 公司合作建立地區性之維修中心。該國復與麥道合作發展飛行員訓練機構, 預計在 1997 年以前完成訓練 500 名飛行員。	航太工業之發展不可能由單一民間公司主導。主管機關必須做整體規劃, 充分掌握市場利基, 以降低投資風險。若投資風險過大, 則不易得到民間企業的支持與參與。

8. 資本籌募方面

問題	建議
1. 台翔預定增資至 52 億元, 截至目前已繳及承諾撥款者, 計 40 億 3,100 萬元, 尚差	由於合資公司所需資金龐大, 已超越原訂 52 億資本金之標準, 除請台翔重新規劃

問題	建議
12億1.100萬元。倘民間企業能予認足,則不擬邀請中央投資公司投資, 以免開發基金與交通銀行投資案在立法院審查時遭遇困擾 (詳附件8)。	資金來源外, 建議工業局、台翔及航太小組邀請未來有意承包或供應航空產品之廠商參與投資, 以認足初期投資股本。
2. 依據該公司財務規劃合資公司及 Lease Co. 於10年之內均不配發股利。如遇再需增資, 股東參與增資意願勢將降低而影響。	該公司於適當時機宜分派股利及申請股票上市或上櫃, 以便吸引更多投資者參與, 相對減少原始股東之壓力。

三、綜合評估

合資公司要產銷的過渡性 RJ 系列機型, 似較 Fokker F100 在技術上落後, 營運成本高。英國航太儘管提供優惠之租賃條件, 訂單仍然不多, 出租飛機又面對隨時被退租之風險, 舊飛機殘值有限。因此, 依賴單一過渡性機型之產銷, 不易維持其營運, 更無法支持鉅額的新機型研發費用。除非英國航太承諾做廣泛的技術移轉, 帶動相關工業及下游工業之發展, 並且由政府加以政策上的強力支持, 台翔進行本投資計劃不易得到民間企業的支持與參與。

附註:

英國航太公司營運概況

該公司分爲六大事業部門, 以國防及汽車工業產品之營業收入佔全公司之75%以上, 商用飛機部門則佔15%左右。其他則爲不動產開發、營建及其他 (衛星、太空等) 部門 (詳附件9之1)。

　　國防工業部門向爲公司獲利最佳之單位, 而商用飛機部門最近5年除1990年略有盈餘外, 其餘均虧損。尤以1992年區間客機 (146系列) 市場佔有率大幅滑落且不具競爭力, 導致該部門嚴重虧損達3億3,700萬英鎊, 累使公司產生5年來之首次虧損 (詳附件9之2)。英國航太公司原訂於1992年底結束146型

飛機之產銷, 並已提列2億6,000多萬英鎊之準備俾供遣散員工使用。後因台翔有意發展航太工業及我國提供資金, 又亞太航空市場正值發展階段, 雙方遂有合資之議。

附件1:

AVRO 預估損益表 (1993年至2002年)

單位: 新台幣百萬元

	1993		1994		1995		1996		1997	
	金額	%	金額	%	金額	%	金額	%	金額	%
營業收入	13,923	100	16,875	100	16,965	100	21,968	100	25,484	100
營業成本	−11,245	−81	−14,062	−83	−13,775	−81	−18,198	−83	−21,061	−83
毛利	2,678	19	2,813	17	3,190	19	3,770	17	4,423	17
營業費用	−2,143	−15	−1,951	−12	−1,922	−11	−1,849	−8	−1,813	−7
營業淨利	535	4	862	5	1,268	8	1,921	9	2,610	10
營業外收支	−191	−1	38	—	73	—	109	—	218	1
稅前淨利	344	3	900	5	1,341	8	2,030	9	2,828	11
所得稅	−115	−1	−300	−2	−435	−3	−653	−3	−943	−4
稅後淨利	229	2	600	3	906	5	1,377	6	1,885	7

AVRO 預估損益表 (1993年至2002年) (續)

單位: 新台幣百萬元

	1998		1999		2000		2001		2002	
	金額	%	金額	%	金額	%	金額	%	金額	%
營業收入	16,458	100	11,165	100	3,589	100	3,698	100	3,770	100
營業成本	−13,703	−83	−9,606	−86	−2,683	−75	−2,792	−75	−2,827	−75
毛利	2,755	17	1,559	14	906	25	906	25	943	25
營業費用	−797	−5	−290	−3	−289	−8	−290	−8	−291	−8
營業淨利	1,958	12	1,269	11	617	17	616	17	652	17
營業外收支	290	2	471	4	616	17	653	18	689	18
稅前淨利	2,248	14	1,740	15	1,233	34	1,269	35	1,341	35
所得稅	−725	−5	−580	−5	−399	−11	−435	−12	−435	−11
稅後淨利	1,523	9	1,160	10	834	23	834	23	906	24

附件2: BAe 146 Aide Memoire

Advantages

Exterlor Nolse

The BAe 146 's most prominent advantage over its competition is its *image* as a *low (exterlor) nolse alrcraft*. This image was built during the early and mid 1980's when the compotition mainiy consisted of the various F.28 marks. However, wlth the entry into service of the Fokker 100, in April 1988, the 146 found its match. When similar missions are compared, certification exterior noise levels of the BAe 146 are actually higher than those of the Fokker 100 on both take-off/fly-over and approach; the 737–500 is also more qulet than the 146 in take-off. As a consequence, the 146 nolse footprint is larger than that of the Fokker 100.

　　In summary, airline perception of the 146 being a low noise aircraft is based on image rather than upon actual figures. It may be expected that this lmage will erode in time

Fleld performance

Short field performance has been a major asset of the 146. This has been especially true for take performance at low airfield altitudes and in moderate temperatures. However, due to the small flatrate area as well as the large thrust lapse of the high by-pass ratio ALF502R engines, take-off performance is substantially eroded in hot & high conditions.

　　The LF507 engines, improved versions of the ALF502R engines, offer an improvement in this respect, albeit at an empty weight increase of 183 kg/400 lb. Landing performance is also good, beating its nearest competitors, the Fokker 100 and 737–500, under visual approach conditions. Studies are in progress to improve the landing performance of the Fokker 100, thereby decreasing the advantage the 146 currently has over the Fokker 100, However, the relevance of short field performance may be questioned. It is more than likely that airports with small runways, assuming geography does not limit runway length, do not sustain the (frequent) operation of 70–100 jets. A turboprop operation will then be the more cost-effective solution. In other words the *field performance* of the 146 is suitable for a few niche markets and must be considered an *"overkill"* for all other markets.

Cabin comfort

The *standard 5-abreast* cross-section of the 146 is a major selling point of the 146. Both seatwidth −19.0 "between armrests-and aislewldth at 22" are the widest in the 70–150 seat market segment. The new "spaceliner" interior further enhances the widebody look.

Cargo holds

For all three basic versions cargo hold volumes are lager than those of the Fokker 70 and Fokker 100. While this is considered a major advantage by BAe, in reality the full space is used only in those rare cases when large amounts of excess baggage or cargo are combined with checked baggage of a full load of passengers. Hence, the *practical advantage* of relatively large cargo holds is *minor*.

Capital costs

Through the years BAe has offered the 146 to airlines at relatively low prices or low lease rentals. As a consequence alrlines have come to expect relatively low capital costs to be the norm rather than the exception. In fact, in several instances in the past BAe has shown willingness to make aircraft available for free on a trial base. These business practices have of course been contributing to the very large losses the 146 program has incurred as well as to BAe's extensive financial liability (102 BAe 146 aircraft out on lease; A.W. & S.T./Sept. 28, 1992).

When offered to airlines these low capital costs may be the Strongest incentive to operate the aircraft. However, the underlying reason is, of course, that low capital costs are an absolute necessity in an attempt to balance high fuel and maintenance costs. An additional factor that should keep capital costs down for new operators is the availability of large numbers of aircraft that are currently in storage or lease aircraft that could be returned from current operators to BAe at short notice. Concluding, it is doubtful if airlines will be prepared to accept substantially hlgher aircraft prices/lease rentals for the improved 146 tamily, the BAe Regional jetliner.

Disadvantages

Image

Over the years the BAe 146 has built up an *image* that *cannot be called positive.* For various reasons the aircraft has been in operation with regional operators only; its use by major operators has *never* been seriously *considered.* Even with various improvements incorporated in the BAe RJ family it cannot be expected the aircraft will appeal to major airlines. As a consequence its market will be limited in size.

A second major drawback is the number of engines. While four engines may provide some performance benefits over two engines, the universal trend is towards twinjets. Airline perception of the 146 is: "two too many".

The third aspect affecting its image is reliability. In spite of improvements made to the engine, reliability continues to be low. Airlines still perceive the 146 as an aircraft which has tremendous problems with its 4 engines.

Engine reliability

In its early years the 146 suffered from extremely low engine reliability. This has improved substantially but the Total Shop Visit Rate (TSVR) has stabilized at a level slightly below 0.4/1000 Engine Flight Hours, still about twice as high as the ubiquitous P&W JT8D, and about 4 times as high as the current Rolls-Royce Tay or CFM56-3 TSVR. Of course, with 4 engines the 146 TSVR per 1000 *aircraft* FH increase four-fold whereas it doubles for twinjets.

For a number of reasons it is expected that the improved LF507 engines *will ont* have a substantial influence on reliability. Engine unreliability has been the Number One reason for several airlines to discontinue operations with the BAe 146.

Flight envelope

The design of the BAe 146 has been aimed at regional (up to 300nm) operations only. This has reaching conseguences. Maximum operating speed of the 146 is 295 KCAS or M73; maximum operating attitude is 31,000 ft. This flight envelope compares unfavourably with *all* other jet aircraft, whlle offering no tangible benefits.

Fuelburn

As a direct result of its four engines and its larger cross section the 146 burns more fuel per trip than the Fokker 100. When comparing the Fokker 100 with the 146–300, the standard 5-abreast 146–300 burns approximately 10% more fnel on a typical 300nm trip; on a per seat nautical mile base the difference is between 20 and 25%. At longer ranges the differences increase as the Fokker 100 cruises more efficiently at a higher flight level.

Range

As range with maximum number of passengers is dependent on a large number of operational factors, actual figures depend on specific circumstances. However, under "brochure type" conditions the Fokker 100 maximum range is some 1700nm, about 600nm more than the 146, reflecting the 146's limited regional use design philosophy.

Cabin cross section

The 146 was designed for 6-abreast seating. However, this layout met with strong averse passenger reaction, notably in the U.S. Californian carrier P.S.A. converted its 20 aircraft fleet from 6-abreast to 5-abreast while Air Wisconsin added 5-abreast 146–300's to their fleet of 6-abresat 146–200s, both with 100 seats. Very few airlines operate their 146s in a 6-abreast lay-out now. This indlcates that the "new" RJ115, the 6-abreast improved 146-300, should have very few customers.

Thrust reversers

The 146 is not equipped with thrust reversers. The added safety margin that thrust reversers provide on wet and slippery runways is sorely missed by some 146-operators (relatively high idle thrust from *four* engines).

Residual value

Residual value of an aircraft is determined by a number of factors; the number of operators and the number of aircraft in service, the number of different configurations, technical and economical obsolescence, airframe durabiliy and, of course, competition by other aircraft. It is expected that residual values for the BAe 146/Regional Jetliner will not be high. Current secondhand values for the 146 are already low.

A large number of small operators have three versions of the old-model 146 in servlce. Hence, it is questionable if the right version, in the right configuration at the right price could ever be found. In other words availability of a suitable aircraft cannot be guarantied.

The improved Regional Jetliners also differ from the origlnal 146, compounding the problem. While airframe durability should not be of serious concern, technical and especially economical obsolescence should be feared. The aircraft's Direct Operational Expenses are high compared with its direct competitors, the Fo70/100 combination, and possible new entrants by the end of the century. Summarizing, prospective buyers of the 146 Regional Jetliners should not count on an appreciable residual value of the aircraft, either after a 5 year lease or after a 10–15 year period of airline operation.

Further developments

The 146 has been touted as the basis for further development of the aircraft into the twin engined RJX, a 120–130 seater. It is doubtful if the 146 could be the starting point for the RJX at all. In view of the required maximum cruising altitude of 37,000 ft minimum, the current fuselage structure will not suffice and should be strengthened extensively. The RJX will also need a new wing in view of higher design speeds. Many 146 systems will have to be modified including, of course, the powerplant system. Essentially, the RJX will be an almost totally new aircraft, offering the airlines limited benefits in terms of commonality with existing 146 Regional Jetliners.

Conclusion

Based on the above observations there is no reason to believe that future production of all BAe 146/Regional Jet versions combined will exceed the current average production of 19 aircraft per year.

附件3之1:

70-120人座市場, 訂購與交機數量比較

訂購	Pre-1988		1988		1989		1990	
	數量	比率	數量	比率	數量	比率	數量	比率
146/RJ	102	33%	34	31%	32	12%	26	30%
F100	82	26%	8	7%	109	41%	37	42%
737–500	75	24%	63	57%	109	41%	25	28%
MD87	52	17%	6	5%	17	6%	0	0%
Total	311		111		267		88	

交機	Pre-1988		1988		1989		1990	
	數量	比率	數量	比率	數量	比率	數量	比率
146/RJ	84	97%	21	49%	35	45%	25	21%
F100	0	0%	8	19%	27	35%	25	21%
737–500	0	0%	0	0%	0	0%	43	37%
MD87	3	3%	14	33%	15	19%	24	21%
Total	87		43		77		117	

70-120人座市場, 訂購與交機數量比較 (續)

訂購	1991		1992		合計	
	數量	比率	數量	比率	數量	比率
146/RJ	27	57%	16	48%	237	28%
F100	12	26%	10	30%	258	30%
737–500	8	17%	7	21%	287	33%
MD87	0	0%	0	0%	75	9%
Total	47		33		857	

交機	1991		1992		合計	
	數量	比率	數量	比率	數量	比率
146/RJ	27	15%	4	4%	196	33%
F100	55	30%	19	21%	134	22%
737–500	90	48%	61	69%	194	32%
MD87	14	8%	5	6%	75	13%
Total	186		89		599	

附件3之2:

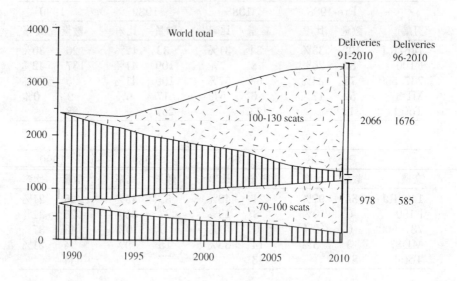

Short range jets-fleet in service

附件4:

英國 HM Government Launch Aid

假設 RJX 補助款	200百萬英鎊 (1992年幣值) 234百萬英鎊 (依當年幣值加以推估)
回收方式:	
	百萬英鎊/架
銷售　1–320架	0.3
銷售 321–700架	0.63
701–820架	1.07

合計銷售820架, 以 HMG 預定之投資報酬率8%計算。
總計英國政府回收本息464百萬英鎊。
若銷售不足820架時則列為投資損失。

附件5之1:

台翔航太工業股份有限公司投資風險總額

資金需要:	百萬台幣
1. AVRO — 股本投資	$5,182
— 貸款保證	1,912
2. LEASE CO — 股本投資	39
— 貸款保證	16,389
3. 飛機維修計畫	80
4. RJX	14,101
5. TAC — 投資購買設備 (註1)	188
合計	$37,891
資金來源:	
直接投資 (註2)	19,590
貸款保證	18,301
合計	$37,891

註1: 不含台翔 (TAC) 於1992年以前購入設備。

註2: 含 RJX 計劃。

附件5之2:

台翔航太工業股份有限公司投資風險金額

單位: 新台幣百萬元

	1993	1994	1995	1996	1997	1998	1999	2000	2001	2002	合計
資金需要:											
AVRO											
— 股東投資	2,869	2,313	—	—	—	—	—	—	—	—	5,182
— 貸款保證	1,912	—	—	—	—	—	—	—	—	—	1,912
LEASE CO											
— 股本投資	39	—	—	—	—	—	—	—	—	—	39
— 貸款保證	3,366	4,797	3,402	3,555	1,269	(註)—		—	—	—	16,389
飛機維修計畫	80	—	—	—	—	—	—	—	—	—	80
RJX	—	1,188	2,075	2,380	3,565	3,431	858	604	—	—	14,101
TAC	83	34	7	11	15	19	19	—	—	—	188
合計	8,349	8,332	5,484	5,946	4,849	3,450	877	604	—	—	37,891
資金來源:											
直接投資	3,071	3,535	2,082	2,391	3,580	3,450	877	604	—	—	19,590
貸款保證	5,278	4,797	3,402	3,555	1,269	—	—	—	—	—	18,301
合計	8,349	8,332	5,484	5,946	4,849	3,450	877	604	—	—	37,891

註: Lease Co. 貸款保證額度自1998年起逐年降低 (即當年度的貸款保證之增減為負數, 請參閱 Lease Co. 貸款保證金額計算表), 惟為計算最高投資風險金額, 自1998年起貸款保證額度假設未減少, 故以零計算。

附件5之3:

LEASE CO. 貸款保證金額計算表

貸款保證金額　　　　　　　　　　　　　　　　　　　　　　　　單位: 除註明者外係百萬美金

	1993	1994	1995	1996	1997	1998	1999	2000	2001	2002
期初借款餘額	—	264	653	1,028	1,512	1,873	1,920	1,722	1,269	787
本期變動	264	389	375	484	361	47	(198)	(453)	(482)	(514)
期末借款餘額	264	653	1,028	1,512	1,873	1,920	1,722	1,269	787	273
保證比例	100%	100%	90%	80%	70%	60%	50%	40%	30%	20%
保證額度	264	653	925.2	1,209.6	1,311.1	1,152	861	507.6	236.1	54.6
匯率	25.5	25	25	25	25	25	25	25	25	25
當年度保證額度增加 (減少)	6,732	9,593	6,805	7,110	2,538	(3,978)	(7,275)	(8,835)	(6,787)	(4,538)
貸款保證餘額 (新台幣百萬元)	6,732	16,325	23,130	30,240	32,778	28,800	21,525	12,690	5,903	1,365
台翔負擔比例: 50% 台翔當年度保證額度 增加 (減少)	3,366	4,797	3,402	3,555	1,269	(1,989)	(3,637)	(4,418)	(3,393)	(2,269)
台翔保證餘額 (新台幣百萬元)	3,366	8,163	11,565	15,120	16,389	14,400	10,763	6,345	2,952	683

附件5之4:

RJX 計畫預計研究開發費用

投資風險金額　　　　　　　　　　　　　　　　　　　　　　　單位: 除註明者外係百萬英鎊

	1993	1994	1995	1996	1997	1998	1999	2000	2001	2002	合計
本期投入											
研究開發投入費	—	70	101	117	103	63	26	27	—	—	507
工模具投資費	—	25	74	80	91	88	22	23	—	—	403
教育訓練投資費	—	—	—	—	101	133	23	—	—	—	257
	—	95	175	197	295	284	71	50	—	—	1,167
累積投入金額	—	95	270	467	762	1,046	1,117	1,167			
換算匯率 (英鎊兌新台幣)	—	37.5	36.25	36.25	36.25	36.25	36.25	36.25			
當年度投入 (新台幣百萬元)	—	3,563	6,225	7,141	10,694	10,295	2,573	1,813			
累積投入 (新台幣百萬元)	—	3,563	9,788	16,929	27,623	37,918	40,491	42,304			
台翔預計分攤比例1/3											
台翔當年度投入 (新台幣百萬元)	—	1,188	2,075	2,380	3,565	3,431	858	604	—	—	
台翔累積投入 (新台幣百萬元)	—	1,188	3,263	5,643	9,208	12,639	13,497	14,101	—	—	

附件6: AVRO 飛機租賃融資資金需求 (續)

● 飛機租賃融資資金之條件依個案之租賃種類而有不同, 英國航太所提供之融資條件將爲一般商業基礎 (commercial base), 利率爲市場利率水準, 依目前狀況大約如下:

	融資期限	利率	還款方式
· 營業租賃 (Operating Lease)	短期 (10年以下)	浮動利率 LIBOR 加0.5%至0.75% (註1)	到期一次淸還
· 財務租賃 (Finance Lease)	長期 (10年以上)	固定利率 美國政府公債利率 加0.5%至2% (註2)	年金制
· 融資性租賃 (Leveraged Lease)	長期	美國政府公債利率 加0至1%	年金制

註: 1.空中巴士集團可安排較佳之融資利率, 約 LIBOR 加0.125%。
　　2.空中巴士集團於上週安排一架 a310租賃融資, 利率爲美國政府公債利率加0.65%。英國航太一般所能獲及之利率水準約爲美國政府公債利率加1%至2%。

附件7: 敏感度分析

針對 RJ 型飛機計畫之各項財務預估資料中有關銷售金額, 銷售數量及匯率變動, 對 IRR 可能產生之影響分析如下:

敏感度分析	IRR%	減少百分比
1. 銷售金額平均減少5%。	7.2	33
2. 銷售數量總數減少15架。	7.0	35
3. 美金兌英鎊匯率貶值£0.05。	8.5	21
4. 機身結構成本自1996年起每架增加100萬英鎊且每年調升率爲4%。	7.6	32
5. 銷售年限以5年 (1993年至1997年) 爲計算基礎。	7.8	28
6. RJ 型飛機銷售年限以5年、零件銷售及維修收入暨其他收入仍維持10年爲計算基礎。	9.6	11

附件8: 台翔增資計劃 (增至5,242,252仟元)

原實收股本	1,310,563仟元	
目前預收股款	1,550,000	
承諾撥繳	1,170,000	(包括交銀260,000仟元, 中華開發520,000仟元, 太平洋電線電纜130,000仟元及國泰人壽260,000仟元)
尚差	1,211,689	(擬爭取大同公司約50,000仟元至100,000仟元, 其餘 尚未定)
合計	5,242,252仟元	

附件9之1:

英國航太公司各部門營業收入統計表

單位: 百萬英鎊

	1992	1991	1990	1989	1988
國防工業	4,003	4,266	4,635	3,844	3,160
商用飛機	1,485	1,667	1,579	1,395	998
汽車工業	3,684	3,744	3,785	3,430	3,244
不動產開發	88	291	46	141	67
營建部門	792	781	674	406	390
其他	332	363	302	240	167
部門間交易	(407)	(550)	(481)	(371)	(254)
合計	9,977	10,562	10,540	9,085	7,752

附件9之2:

英國航太公司各部門盈餘統計表

單位: 百萬英鎊

	1992	1991	1990	1989	1988
國防工業	352	371	247	234	176
商用飛機	(337)	(37)	14	(12)	(94)
汽車工業	(49)	(52)	65	73	71
不動產開發	(2)	(24)	(8)	29	23
營建部門	14	28	19	23	19
其他	(53)	(74)	(50)	(15)	75
合計	(75)	212	287	332	270

註: 上列數字尚未加計分攤之利息支出部分。

台翔與英國航太合作案
製造工作移轉計劃之評估

1993年11月 (交通銀行)

一、背景說明

1. 台翔公司擬訂之 RJ 飛機在台製造工作移轉項目包括:

    (1) 英國航太生產之 RJ 飛機結構件約佔全機製造成本之50%, 其中二分之一 (即全機製造成本之25%) 計劃於五年內移轉至國內生產。

    (2) RJ 飛機最後組裝將由航發中心執行, 預計於第5年達到當年總生產架次之三分之一; 預計 RJX 生產階段約可達總生產架次之二分之一。

2. 工作移轉項目分三階段實施, 第一階段為1994–1995, 第二階段為1996–1998, 第三階段為1998之後。

    (1) RJ 部份: 第一階段包括最後組裝、飛機結構件及其它, 共佔全機成本7.29%, 第二階段達25.82%。

    (2) RJX 部份: 在第三階段約可達22%。

    (3) 移轉項目及所佔全機成本百分比詳如附件1及2。

3. 銷售量預估: 依1993.7.16經濟部簡報資料, 合資公司 RJ、RJX 銷售量1993–2011年共計1,157架, 在台組裝數預定1994–2011年為480架, 有關各年銷售量如附件3及4。

二、問題

1. 飛機銷售量以及在台組裝飛機數量之預估過於樂觀。依據 Morgan Stanley 之評估報告民用客機不景氣至少持續2年, 且合資公司1993年預估僅交機15架, 與計劃書預估之18架少3架。而且大部份交易以優厚之條件成交與租賃融資計劃書之條件頗多不相符合之處 (請參考台翔/英國航太案倫敦談判會議報告), 故未來飛機之銷售量不容樂觀; 另移轉至台組裝之數量僅列於計劃書中, 而未明訂於合約內。

2. 合資公司合約中規定於國內生產製造及最後組裝成本不得高於當時合資公司之成本。由於航發中心並無組裝 RJ 之經驗, 據其估計第一架組裝需45,000小時, 至176架以後才能與英國航太組裝之工時相當。台翔與航發中心應進一步協商, 並研訂「縮短組裝工時計劃」。

3. 依據台翔公司計劃, 每一移轉項目需時半年至1年半完成首件成品, 再需以2年時間逐步達到最高生產量。因此在第一階段勢必無法全部達成台翔所訂之比例數量。至於所列具有潛力之供應廠商, 據工研院航太中心提供之資料, 通過國際航太認證者僅10家, 通過航發中心認證者計37家 (詳附件5、6及7)。一般通過認證需時1年以上, 且通過認證之廠商能否符合合資公司訂定之成本, 有待台翔公司作進一步調查。

4. 按台翔計劃工作移轉項目, 第一階段 (1994、1995) 佔全機成本百分比為7.29%, 第二階段 (1996–1998) 佔全機成本百分比為25.82%。若每架 RJ 平均成本以美金1,900萬元計, 則第一階段在台之產值為美金1,100萬元, 第二階段為美金1億3,200萬元, 合計前5年在台之產值為1億4,300萬元美元。依台翔擬訂之計劃書若結構件 (即原英國航太供應者) 全數由國內廠商供應 (即全機製造成本之25%), 前5年以137架計算其產值為美金6億5,000萬元, 若最後組裝 (全機製造成本之7.1%) 前5年在台組裝 (35架) 全由航發中心承接, 其產值為4,700萬元美元, 合計6億9,700萬美元。若包含 RJX 在內, 並假設每架 RJX 平均成本以美金

2,500萬元計, 則台翔計劃工作移轉項目, 第一階段 (1994、1995年) 在台之產值因尚無 RJX 飛機, 故仍為美金1,100萬元, 第二階段 (1996–1998) 為美金2億1,600萬元, 合計前5年在台之產值為美金2億2,700萬元。若結構件全數由國內廠商供應 (即全機製造成本之25%), 前5年以167架計算其產值為美金8億3,800萬元, 若最後組裝 (全機製造成本之7.1%、RJX 為10%) 前5年在台組裝 (48架) 全由航發中心承接, 其產值為美金7,900萬元, 合計為美金9億1,700萬元。故直接經濟效益不大。倘再考慮供應商取得驗證之時間及學習曲線之差距, 可能產生之經濟效益將會更小。

5. 按經濟部工業局簡報資料顯示, RJ 與 RJX 兩機種對我國所能增加的經濟產值, 預估至2000年當年產值總計約可達25–28.8億美元, 至2011年總產值總計約可達300億美元–345億美元, 顯然過於樂觀。據參考有關學者之估算至西元2000年當年及累計至2011年之經濟產值分別為7.048億美元及84.645億美元 (詳附件8), 差距很大。原先預估有重新評估之必要。

三、綜合結論與建議

1. 請經濟部工業局、航太小組針對以往航太工業合作承諾額度 (off-set), 協助國內廠商儘速取得認證及國外訂單, 進而決定本合資案之進行方式, 方能落實本項技術移轉。

2. 有關 RJ 投資前五年經濟效益, 倘考慮認證取得、成本競爭性、時效性等因素, 恐無法如所預期, 應請經濟部工業局、航太小組、航發中心及台翔重新評估此項效益。原先經濟部工業局對我國所能增加之經濟產值之預估過於樂觀。

3. RJX 研發及製造應儘可能依計劃執行, 否則 RJ 型飛機競爭能力日益減退, 合資公司營運可能導致資金週轉困難與連年虧損。有關合資公司

資金之規劃應請台翔洽英國航太, 以對我方有利的新架構重新擬訂以符需要。依原先英國航太所建議之架構, 由我國銀行團提供租賃融資, 可能變成一個大黑洞, 承擔無法控制之商業風險。

4. 不論本合作案是否繼續進行, 台翔、航發中心、工研院與經濟部工業局應共同努力, 逐步建立健全的我國航太工業衛星工廠體系與飛機之維修能力。工業升級主要靠國人長期自行努力, 不能依靠外人送上門來。

附件1　工作移轉項目 (及其百分比)

| | 所佔全機成本百分比 | | | |
| | RJ | | RJX | |
	第一階段 (1994–1995)	第二階段 (1996–1998)	第三階段 (1998–　　)	說明
一、最後組裝 (RJ:7.1%)	2.40%			*未來承包商將分為 (1) 主要
(RJX: 10%)			5%	及 (2) 次要兩類:
二、飛機結構件及其他				*國內主要承包商為:
1. 飛行控制面				最後組裝: 航發
• 方向舵 (Rudder)	0.13%		0.10%	方向舵: 台翔
• 副翼 (Aileron)	0.28%		0.20%	副翼: 台翔
• 襟翼 (Flap)		3.37%	2%	襟翼: 台翔
• 昇降舵 (Elevator)			0.45%	昇降舵: 台翔/鈞堯
• 擾流翼 (Spoiler)			0.20%	擾流翼: 航發
• 前緣翼條 (Slat)			0.15%	前緣翼條: 台翔
2. 艙門	1.25%		1%	艙門: 台翔/瑞利
3. 3/5 軸機製件	0.73%		0.73%	3/5軸機製件: 台翔
4. 產品顧客化	2.50%		2.50%	產品顧客化: 台翔
5. 水平及垂直尾翼		1.97%	2%	水平尾翼: 航發/亞航/遠航
6. 中機身		11.11%		垂直尾翼: 航發/遠航/亞航
7. 後機身及機身延伸段			5%	中機身: 航發
8. 引擎派龍		2.08%	2%	後機身及延伸段: 航發
9. 內裝, 標準件及系統件	(視與原設計廠商發展情況適時移轉)			引擎派龍: 航發/全鋒
小計	7.29%	18.53%	22%	*國內次要承包商為:
總計		25.82%	22%	請參見細部製程供應商附件。

資料來源: 台翔公司。

附件2 （細部製程供應商）
Potential ROC Suppliers/Sub-Tiers

PROCESS		POTENTIAL SUPPLIERS
TOOLING/JIG	模夾具	1. AIDC 航發中心; 2. TAC 台翔; 3. JUI-LI 瑞利; 4. F.T. TOOLING 富勤; 5. YUAN-HWA 元華興業; 6. HENG JOHN 亨將
SHEET METAL	飯料	1. CHINA STEEL 中鋼
COMPOSITE	複合材料	1. AIDC 航發中心; 2. APCO 太平洋複材; 3. DU-POND 杜邦; 4. ITRI 材料所; 5. 羽田
MACHINING	機械加工	1. AIDC 航發中心; 2. TAC 台翔; 3. JUI-LI 瑞利; 4. CHENFENG 全鋒; 5. FONG SOU 豐收; 6. YEONG-GHIN 永進機械; 7. HIWIN 上銀; 8. ITRI 機械所
FORGE	鍛造	1. AIDC 航發中心; 2. CHEN-TECH 全特; 3. HWA FENG 華豐; 4. POLYGON 合力
EXTRUDE	擠型	1. SANZEN 山仁; 2. KWANHAN 廣輪
CAST	鑄造	1. AIDC 航發中心; 2. CATHAY 華揚; 3. CHINA PRECISION 中 精密; 4. ITRI 材料所
PORMING/SHEET METAL	成形	1. AIDC 航發中心; 2. YUELONG 裕隆; 3. JUI-LI 瑞利; 4. YUAN-HWA 元華興業; 5. LONGSAN YUAN 隆三元
HONEY COMB	蜂巢件	1. SUPER PRECISION 三通
TEXTILE	編織件	1. FORMOSA TAFFETA 福懋興業; 2. NAN-YA 南亞
PLASTIC	塑膠件	1. TONG YANG 東陽; 2. SAMPO 聲寶; 3. HER-SHEN 和勝; 4. 全拓; 5. SANLONG 三龍
HEAT TREATMENT	熱處理	1. AIDC 航發中心; 2. SUPER PRECISION 三通; 3. KAORI 高力
SHOT PEEN/COINING	珠擊	1. AIR ASIA 亞航; 2. AIDC 航發中心
ANODIZING	陽極處理	1. AIR ASIA 亞航; 2. AIDC 航發中心; 3. 懋成; 4. YI-SHIEN 昱先
PLATING	電鍍	1. AIDC 航發中心; 2. AIR ASIA 亞航; 3. FAR EAST 遠航
PAINTING	塗裝	1. AIDC 航發中心
SONIC/X-RAY	超音波檢測	1. AIDC 航發中心; 2. ITRI 工研院
MPI/FPI	螢光探傷	1. AIDC 航發中心; 2. ITRI 工研院
CHEMICAL LAB	化學實驗室	1. AIDC 航發中心; 2. ITRI 工研院
MECHANICAL LAB	機械實驗室	1. AIDC 航發中心; 2. ITRI 工研院
METALLIC LAB	金相實驗室	1. AIDC 航發中心; 2. ITRI 工研院
STANDARD PART	標準件	1. ORIGINALFASHION 黑金針織
MAIN-ASSEMBLY	主組裝	1. AIDC 航發中心; 2. TAC 台翔
SUB-ASSEMBLY	次組裝	1. AIDC 航發中心; 2. TAC 台翔; 3. FAR EAST 遠航; 4. CHEN FENG 金鋒; 5. JUI-LI 瑞利; 6. 建台

資料來源: 台翔公司。

附件3　RJ/RJX 銷售預估

	1993	1994	1995	1996	1997	1998	1999	2000	2001	2002	2003	2004	2005	2006	2007	2008	2009	2010	2011	合計
RJ	18	24	24	30	34	25	24	24	23	20	20	13	18	15	15	15	15	10	10	377
RJX100	0	0	0	0	0	13	35	33	28	22	17	14	14	13	13	13	9	8	6	238
RJ	0	0	0	0	0	17	40	41	43	34	28	24	23	21	21	21	19	16	14	362
RJ	0	0	0	0	0	0	0	0	0	0	0	0	0	6	30	41	41	31	31	180
RJ	18	24	24	30	34	55	99	98	94	76	65	51	55	55	79	90	84	65	61	1,157

資料來源: 82.7.16. 經濟部台翔與英國航太合資案評估報告。

附件4　RJ及RJX 預定在台組裝數量表

	1993	1994	1995	1996	1997	1998	1999	2000	2001	2002	2003	2004	2005	2006	2007	2008	2009	2010	2011	合計
RJ	0	1	7	8	11	8	8	8	8	7	7	4	6	5	5	5	5	3	3	109
RJX	0	0	0	0	0	13	35	36	34	27	22	18	18	19	31	35	33	26	24	371
合計	0	1	7	8	11	21	43	44	42	34	29	22	24	24	36	40	38	29	27	480

資料來源: 82.7.16. 經濟部台翔與英國航太合資案評估報告。

附件5　我國通過國際航空品質認證之廠商與研究機構

廠商名稱	專長項目	現況	認證
航發中心	飛機及發動機研發制造、組裝零組件生產、品保檢測。	有研製 AT-3、F-5 及 IDF 等戰機之經驗，對飛機之研發及製造有相當能力目前積極進行國營化準備及相關技術轉移民間廠商。	已獲蓋瑞、普惠波音等公司品質認證。
全特	鍛造、加工、品保、檢測。	有極佳之恆溫、加溫鍛造、零件加工及品保檢測能力，目前為航發品保中心之供應商。	已獲蓋瑞、普惠、GE 等公司認證。
上銀	精密航太傳動元件。	供應中科院，在各方面均有水準以上表現已獲 ISO-902 認證，經波音評鑑為極具潛力之供應商。	已獲 GE, LUCAS AEROSPACE UK 公司認證。
三通	熱處理、真空硬焊。	已建立完備品保制度。獲 DEXTER 蜂巢式氣封環之生產訂單。	熱處理已獲波音及 GE, DEXTER 公司認證。
寶一	燃燒筒、後燃器、內襯筒及其他發動機熱鍛零件。	供應空軍、台電火力發電廠。	已獲 FAA 引擎維護認證。
亞洲航空	飛機及發動維修、零組件加工、製造。	有極佳之維修及零組件加工設備及完整之品保制度。	已獲多國認證(美、南非、新加坡、印尼、英國、馬來西亞、菲律賓、台灣、汶萊、沙烏地)。
中華航空	維修。	有極佳之維修設備。	已獲多國認證(美、英、南非、新加坡、印尼、英國、馬來西亞、台灣、菲律賓)。
國際航電	GPS	有極高市場佔有率。	獲 FAA 認證。
台翔	機製造。	已獲 GE 訂單。	已獲 GE 認證。

研究機構	專長項目	現況	認證
工研究	飛機零組件、結構件、航空齒輪、複合材料、航電、品保檢測。	有極佳之研發及製造之能力，曾供應航發中心航空用齒輪等零件，目前已成立航太技術發展中心，將整合院內各所從事航太產品包括航電、APU、NACELLE 等之製造與研發工作。	已獲蓋瑞、普惠、GE 等公司品質認證。

資料來源: 航太中心。

附件6之1 通過航發中心認證之廠商

項次	廠商名稱	負責人	聯絡電話	廠家地址	承製品項
1	全特技術股份有限公司	李宏撰	03-4825151	桃園縣楊梅鎮瑞塘里矮坪子2-5號	鍛件接頭
2	百甫模員股份有限公司	蔡清	02-6811248	台北縣樹林鎮中正路244號	型架、模具、吊掛
3	隆山元工業股份有限公司	鄭克霖	03-5981316	新竹縣湖口鄉復興路38號	型架、工作梯架
4	鈞堯工業股份有限公司	張黃淑	03-4723701	桃園縣楊梅民鑽路641號	型架、夾定器
5	福隊速東股份有限公司	魏通飭	035-772102	新竹科學園區科技路3路2號	螺栓承座
6	宏襄企業股份有限公司	邱金點	02-9931872	台北新莊思源路94巷2號	滑板、襯臺
7	家祿精密股份有限公司	姚秋敏	02-2608242	台北縣土城鄉慶利街90巷23號	模具、夾定器
8	宏常工業股份有限公司	魏義雄	02-9022878	台中新莊中正路力行街1弄10號	模具、夾治具
9	植大橡膠股份有限公司	宋春福	03-3221698	桃園縣盧竹鄉盧竹村179-1號	密封圈
10	裕有工業股份有限公司	趙鐸	03-3252337	桃園縣春日路182巷6號	面板組合性
11	全鋒油壓股份有限公司	張國楊	04-5321143	台中縣潭子鄉豐興路2段龍興巷21-12號	模具、型架、夾治、五軸件
12	聯順順股份有限公司	張國強	04-2709772	台中縣太平鄉中山路3段1巷46號	模具、夾治具、致動器
13	裕巧工業公司	葉裕鎮	03-4575168	桃園縣中壢市嘉興二路40巷8號	面板組合件
14	蕊農工業股份有限公司	甘耀祖	04-2968677	台中市西屯區光明路52-20號	歷板、螺帽、夾治具
15	西德塑膠公司	張西澤	04-2334776	台中市錦村東路東2之71號	塑膠樹臺
16	伸一鍛模公司	林晉卿	04-2975232	台中縣太平鄉鵬議路16巷8號	鍛模
17	源成工業公司	賴源松		台中縣太平鄉新平路102之16號	夾治具
18	福大鑄造公司	楊火炎	04-6359639	台中縣沙鹿鎮斗罪路8號	金屬模
19	金標工業股份有限公司	陳志茂	02-6091027	台北縣樹林鎮三俊街39巷10弄16號	鍛模

附件6之2　通過航發中心認證之廠商

項次	廠商名稱	負責人	聯絡電話	廠家地址	承製品項
20	呈偉工業股份有限公司	游輝煌	04-2782397	台中縣太平鄉光興路 20 巷 1 弄 5 號	波壓成形模
21	信榮彈簧股份有限公司	許信一	02-5950901	桃園縣龜山鄉南上路 445 號	彈簧
22	瑞利企業股份有限公司	呂秋鑒	07-3438301	高雄縣仁武鄉高楠路 22 號	型架、夾治具、模、五軸件
23	豐坡機械公司	陳博文	07-3523356	高雄市安東街 61 號	模具、夾治具、五軸件
24	工研院工材所	林垂宙	035-616565	高雄楠梓區高楠公路 1001 號	傳動件、齒形件加工
25	普慧企業股份有限公司	萬肇祥	06-2700333	台南市湖美一街 14 巷 11 號	螺栓、襯套
26	政翔實業股份有限公司	羅振萬		台中市西屯區西屯路 3 段 78-36 號	模具
27	遠東機械公司	莊國欽	05-2766171	嘉義市忠孝路 752 號	模具、夾治具
28	鐵信公司	鄭金元	02-9038842	台北縣新莊瓊林南路 103 巷 6 號	模具
29	伍賢工業公司	楊正國	04-3382710	台中縣烏日鄉日村中山路 2 段 46 號	夾治具
30	菁裕製模公司	陳添泉	04-2784266	台中縣太平鄉新平路 96-35 號	鍛模
31	合成熔接廠	張萬成	04-3266282	台南縣永康鄉山夾路 23 巷 62 號	工作桁架
32	厚生橡膠公司	徐風何	02-9591234	台北縣板橋中山路一段 170 號	橡皮油箱
33	達和公司	陳明元	07-5517418	高雄鼓山區中華一路 2222 巷 150 弄 19 號	鑽套
34	台中木材廠	朱勁	045-231147	台中縣豐原區原勢路 603 巷 39 號	擋肩板
35	台灣機械公司	常經海		高雄小港區台機路 3 號	夾治具
36	金城彈簧公司	林清龍	02-2992111	台北縣五股鄉五權七路 58 號	彈簧
37	舜業鐵工廠	曾進順		台中市中港路三段 33 之 5 號	模具

資料來源: 航發中心 (82.10.16.)。

附件7之1　　有生產航太產品意願但尚未取得國內外航太認證之廠商名單

廠商名稱	航太產品項目		現況	備註
	已生產	計劃生產		
1　東台精機股份有限公司		葉片	該公司1992年提撥 R&D 經費 5,200 仟元佔營收 1%，目前與日之精機及桐生公司等機構技術合作，該公司 已擁有葉片加工技術，員工 260 人。	該公司已申請 ISO 9000。
2　華宏化學股份有限公司		內裝件	該公司1992年提撥 R&D 經費 7,000 仟元佔營收 7%，目前與 Rostone、AGC、化工所、材料所各單位技術合作，員工 50 人、設計及品保人員 14 人。	
3　元富鋁業股份有限公司		鋁合金機身、結構零件、起落架、輪圈零件、內裝座椅、鋁合金零件。	該公司1992年提撥 R&D 經費 78,000 仟元佔營收 7%，目前與金屬中心有技術合作，已擁有 (1) 鋁合金鍛造 (2) 鋁合金鑄造及 (3) 機械加工等技術，目前員工 560 人，其中設計人員 59 人、品保 25 人。	
4　台揚科技股份有限公司		飛行控制系統及航空電子系統。	該公司與中山科學研究院有技術合作，目前已擁 (1) VHF 通訊系統產品 (2) MICROWAVE 雷達系統組件 (3) 衛星通訊零組件製造能力 (4) 飛彈導控段零組件製造能力等之技術，目前員工 679 人。	
5　浩漢產品設計股份有限公司		內裝件	該公司與橫濱機型、有進行技術合作，目前員工 48 人，其中設計人員 17 人、品保 3 人。	
6　化新精密工業股份有限公司		鋁合金加工件、航空耗用材	該公司每年提撥 R&D 經費約佔營收 5%，目前員工 192 人，其中設計 7 人、品保 7 人。	
7　中國精密壓鑄股份有限公司		鋁合金壓鑄品	該公司每年提撥 R&D 經費約佔營收 1%，目前員工 175 人。該公司曾購入德國之真空壓鑄技術。	已取得 ISO-9002 認證
8　台中精機廠股份有限公司		飛機起落架結構件	該公司1992年提撥 R&D 經費 70,000 仟元佔營收 4.1%，目前與 NSK、FANCL 技術合作。已擁有金屬加工技術。員工 650 人。	該公司已取得 ISO-9001 目前已申請尚未取得認證之產品為 DI8000，認證單位為 BOEING
9　黑金	航太扣件	航太扣件工具	該公司目前與美商 HUCK 公司談 JOINT, VENTURE 之可行性，及與美 CHERRY TEXTRON 技術合作。	
10　華通電腦股份有限公司	PCB		該公司與日本富士通進行技術移轉，並已取得 PCB 之 ISO-9002 及 UL 認證，員工 1,250 人。	該公司希望瞭解航太工業如何取得認證，SPEC 為何？
11　神基科技	SAS, DCPU		該公司與中科院合作開發產品，目前員工 105 人。	
12　意鑫合金工業股份有限公司	鋁基、鎳合金精密鑄件	超合金 (真空) 精密鑄件	該公司與工研院機械所曾進行合作開發，目前已擁有鋁基、鎳基合金精密鑄造技術，並已取得中油鎳鋁基合金鑄件之品質認證。目前員工 37 人，1992 年提撥 R&D 經費 1,500 仟元佔營收 1%。	

附件7之2　　有生產航太產品意願但尚未取得國內外航太認證之廠商名單

	廠商名稱	計劃生產航太生產品項目	現況	備註
13	北部精機	環控系統 (如熱交換器, 風管配件), 次系統 (如液壓次系統, 燃油次系統).	目前已申請 ISO9000 品保認證中。	
14	宏碁電腦	一般性之電腦系統。	目前已獲 ISO9000、FCC、TUV、FTE、UL、CSA 之認證。	
15	耐特	內裝件 (如地板、座椅、廚房、側窗及側牆等)。	該公司已取得防火材料之品保認證, 認證單位為 UL。	
16	佳豐機械	內裝件 (座椅)。	該公司航空座椅目前處於研發階段, 並積極評估何種零組件可以自製, 以決定投資部份設備。	
17	東怡科技	航電系統、通訊產品。	該公司已取得 ISO9001 及各國 PTT 電信法規之認證。	
18	拓凱	複材空調管結構件。	該公司與美國 NTP 公司技術合作, 開發產品。	

附件8

「台翔與英國航太合資案評估報告」有關經濟效益之說明

基本假設:

1. 根據 "Engineering & Supply Agreement," AVRO 公司在5年內由台翔直接或間接提供相當於50%飛機造價的工程服務及零組件供應。

2. RJ 飛機結構件約佔全機製造成本之50%; 其中二分之一 (即全機製造成本之25%) 計劃於5年內逐漸移轉至國內生產。

3. 預估 RJ 與 RJX 在未來20年市場佔有率為23%, 約982架, 而在台組裝數量累計至2000年當年為44架, 至2011年累績數為480架。

經濟效益:

1. 帶動產業發展至2011年產值總計約300–345億美元。

   評估小組說明:

(1) 在台組裝480架, 以每架美金25,000仟元估計總產值約120億美元。

(2) 在台直接生產零組件 (飛機結構件) 為 AVRO 公司全部生產飛機製造成本之25%, 即在英國及在台各480架共960架飛機製造成本240億元美元之25%約60億美元, 其中各半供應在台組裝及英國工廠各30億美元。

(3) 國內飛機零組件製造商除供應 AVRO 公司所需零組件外, 基於經濟規模設計之考慮, 亦有可能額外增加產量以供應國內外飛機製造商, 此增加之部份估計為30億美元。

(4) 根據行政院主計處提供之1989年產業關聯程度表, 就全部產業歸納為29類中, 運輸工具類之需求變動每增加一單位時各產業必須增加產量和為1.539倍, 此為運輸工具產業對其他產業之影響程度, 故本計劃可帶動其他相關產業以1至1.5倍之影響程度估計約90-135億美元 (即前述第 (2) 項及第 (3) 項合計數90億美元之1倍至1.5倍)。

以上各項合計總產值約300-345億美元

本行意見:

(1) 在台組裝480架中 RJ 型飛機約156架, 1993估計每架售價美金22.06百萬元, 逐年提高至25.7百萬元, 而 RJX 型飛機約224架, 估計售價為 RJX120 約美金30.6百萬元, RJX96 約26.2百萬元, 故全部在台組裝480架, 評估小組係假定每架美金25百萬元估計總產值約120億美元。

(2) 假設在台生產零組件供應 AVRO 公司全部生產飛機960架, 佔飛機製造成本240億美元之25%約60億美元, 過於樂觀, 因國內供應商必須先通過航太驗證始能承接訂單, 而通過航太驗證並非在短期內可以完成, 故建議以40億美元或更保守之數值估計較為合理。

(3) 國內零組件製造商除供應 AVRO 公司所需零組件外, 亦將額外增加產量以供應國內外飛機製造商, 約30億美元亦屬較樂觀估計, 因每家飛機製造商應有自身培養之衛星工廠, 欲打入此市場並非易事, 故此項建議折半以15億美元估計似較爲合理。

(4) 產業關聯效果根據行政院主計處台灣地區1989年產業關聯表資料估計運輸工具類爲1.539倍 (經濟部1993年7月23日評估報告以鋼鐵業爲代表產業關聯效果1–1.5倍)。據工研院工業經濟研究中心林由主任表示, 航太工業可增加之產值預估爲0.539倍, 故產業關聯效果增加之產值爲29.645億美元。

(5) 第 (2) 至 (4) 項合計總產值約84.645億美元 (第 (1) 項在台組裝480架產值120億美元不應重複加計, 而且第一項估計又受每架售價之影響)。

2. 帶動產業發展至2000年當年產值約25–28.75億美元:

評估小組說明:

(1) 2000年當年在台組裝44架, 以每架美金22.727仟元估計 (因 RJX 比重較小故平均價格較低), 總價值約10億美元。

(2) 在台直接生產零組件供應在台組裝及英國工廠各2.5億美元合計5億美元 (估計基礎同前)。

(3) 國內飛機零組件製造商額外產值2.5億美元 (估計基礎同前)。

(4) 產業關聯效果7.5–11.25億美元 (估計基礎同前)。

以上各項總產值約25–28.75億美元。

本行意見:

(1) 在台組裝44架以每架22.727仟萬美元估計總產值約10億美元。

(2) 在台直接生產零組件供應在台組裝及英國工廠合計5億美元, 過於樂觀, 建議以3.33億美元估計 (理由同前)。

(3) 國內飛機零組件製造商額外產值2.5億美元, 建議折半以1.25億美元估計。

(4) 產業關聯效果如前述以0.539倍計算增加之產值為2.468億美元。

(5) 故第 (2) 至 (4) 項合計總產值約7.048億美元。

3. 人才養成估計可培植高級航太技術人員約2,000-3,000名。

評估小組說明:

台翔就 RJX 飛機應投入之 R&D 費用約新台幣141億元, 若以半數費用投入人力開發及年薪新台幣1,500仟元, 估計5年內應延聘近1000人之 R&D 人員 (即 $14,100,000,000 \div 5 \div 1,500,000 = 933$人), 另加上系統整合、測試、驗證及製造技術等人員所需人力約需1至1.5倍, 故所需高級航太技術人員2,000-3,000名。此外帶動其他產業如零組件生產製造、工夾具供應及相關服務業等之從業人員, 以4,000名估計。

本行意見:

依據 AVRO 營業計劃書, BAE 區間客機人力1993年為3,774人, 計劃降至 1995年之2,700人, 故本案中英兩地所需高級航太工程人員至多3,000人。國內所需航太人員以1,500人估算為宜, 至於帶動其他產業人員, 以3,000人估算為宜。有關人力需求, 應做進一步的檢討分析。

加速結構調整、厚植經濟實力

1994年3月

去年我們的經濟成長率雖然只有5.9%, 但在全球經濟持續低迷的環境中, 仍屬難能可貴。而且在工業生產結構中, 重化工業與技術密集工業所佔比重持續提升。我們用自己的智慧與雙手, 克服了許多困難, 共同締造了「台灣經驗」。為了昂首闊步跨入21世紀, 我們必須面對新的挑戰, 加速結構調整, 厚植經濟實力, 求取更大的經濟成就。

去年政府提出「振興經濟方案」與十二項建設, 這充分顯示, 今後我們的政策重點在於充實各項社會基本建設, 提振民間投資, 加速產業升級, 並在國際經濟舞台上扮演更積極的角色。

在制度的建立方面, 我們要加速推動經濟自由化與國際化, 公營事業的民營化, 並建立符合國際慣例的法律規範與制度架構。在提升人力素質方面, 我們要積極改善生活環境, 吸引更多的國外科技人才回國創業, 並協助國內企業從事高科技產品的研發與技術水準的提升。在土地利用方面, 我們正在推動工商綜合區與新市鎮的建設, 以及其他釋出土地及改善土地利用的政策, 並促使地利共享, 讓土地開發利益回饋全體國民, 以減輕公共工程建設的財政負擔。在國民福祉方面, 我們也要建立全民健保與國民年金保險等制度。

在國際經濟舞台上, 去年我們看到北美及歐洲經濟體的形成, 「亞太經濟合作會議」的積極運行, 延宕多時的烏拉圭回合談判也終於在去年底達成協議。今後全球經濟當會圍繞在區域經濟整合與貿易自由化的兩大主軸下建立新國際經濟秩序。尤其今年內我們準備加入「關貿總協」, 國內市場勢必進一步開

放, 政府將協助減輕對農民與若干產業的衝擊。處在這樣的大環境, 我們一方面要利用台灣在亞太地區所具有的卓越地理位置, 另一方面要掌握此一地區內蓬勃的經貿活動, 並憑著本身已有的經濟資源, 努力把台灣建立成為亞太營運中心, 以協助產業的升級與國際化。我們也要讓更多的外國企業到台灣與國內企業建立策略聯盟, 發展他們在這個地區的經貿關係, 以擴大我們長期經濟發展的空間。在雙邊經貿關係方面, 我們繼續加強與美國、日本的關係, 並以南向政策透過貿易、投資與技術移轉, 推展與東南亞國家的關係, 協助這個地區經濟的持續發展, 加強相互依存關係, 並對兩岸經濟的互動關係產生正面的影響, 促使中共加快經貿制度的改革。

亞太投資公司之未來發展方向

1994年10月

一、背景說明

亞太投資公司歷經約8個月的籌設與波折，終在10月11日順利舉行發起人會議，正式開始運作。公司總資本額爲170億元，第一期實收成本爲42億5,000萬元。研擬中的投資方案包含硬式磁碟機與映像管的生產、發電廠的設立以及工業區與工業港的開發。

　　亞太投資公司無論在規模、形式和投資標的上均遠超過原先的構想。統一企業高清愿最早提出的建議，是成立中日控股公司，從事日本關鍵零組件製造技術的引進。後來發現日方意願不高，且技術的引進不應限於日本，便轉爲成立可引進各國技術的亞太投資公司。在營運的策略上，曾經將公司定位於創業投資公司，從事創業資本 (venture capital) 的管理與操作，後來在台塑集團的支持下，公司的資本額逐漸擴大，投資的標的擴大，經營的形式也多元化。

　　一般而言，創業投資公司所投資的產品，是未達穩定發展階段且其事業之股票尚未在公開市場上市或上櫃之新產品。創業投資公司介入之時機，又可依產品之發展程度細分爲以下幾個階段：

1. 早期投資階段

1. 種子資金 (seed fund)：將資金提供給提出構想或理論之潛在創業者或

發明家, 供其搜集資料或從事實驗、實證。

2. 開業資金 (start-up fund): 供創業者購買簡單原材料及簡易生產設備, 以開始發展計畫中之新產品。

3. 第1期資金: 供創業者研製原型產品 (prototype)。

2. 擴充期投資階段

1. 第2期資金: 供創業者試銷原型產品, 並依客戶反應作修正與改良。

2. 第3期資金: 為進入產品量產階段, 供創業者規畫新工廠及大型設備以求發揮規模產能。

這兩個階段都順利完成, 企業發展穩定, 營運逐漸擴大, 產品便進入「後期投資階段」, 不再屬於創業投資的範圍, 而改由資本市場或金融機構取得資金。

由現行的發展趨勢來看, 亞太投資公司營運的範圍顯然將不限於創業投資, 而是遠超過創業投資。依其已公布的初步營運標的看來, 此公司之經營將至少包含以下幾個單元:

(1) 工業區之開發: 預定轉投資設立亞太開發公司, 於桃園縣觀音鄉等地開發占地1,700公頃之「亞太科技工業區」, 預定總投資金額578億元。

(2) 工業港之興建: 預定於桃園縣永安濱海開發可停泊18萬公噸船舶, 年吞吐量達基隆港兩倍即1億5,700萬公噸之工業港, 預定總投資金額761.8億元。

(3) 發電廠之興建: 預定於宜蘭利澤工業區, 興建60萬瓩發電機組三座, 總投資金額477億元。

(4) 已商業化產品之製造: 預定轉投資成立亞太惠科公司, 與惠普公司合作生產硬式磁碟機, 總投資金額45億元; 預定分期投資生產映像管, 總投資金額200億元。

(5) 新產品之創業投資: 研議中, 但尚未公布具體計畫。

二、建議

面對此種發展, 政府相關部門應採取何種態度或立場較爲妥適? 本報告之建議如下:

建議	說明
1. 現階段亞太投資公司具備民有民營與企業界團結合作投資的兩個有利的條件。亞太公司旣然是民間事業, 應自負盈虧, 受到市場力量的考驗。	現階段亞太投資公司具備兩個有利的條件。第一, 這是由民間自行出資設立的公司, 顯見其已通過出資者評估之初步考驗; 公司正式營運以後, 勢必還要受到市場力量的考驗; 這種民有民營、自負盈虧的型態十分理想。第二, 這是我國少有的一次企業界團結合作的案例, 參與的企業除台塑與統一以外, 還有和成欣業、士電集團、永豐餘、東南水泥、東帝士集團及新光合纖 (董監事名單見附件), 有其重要的實質及象徵意義。面對此二條件, 加上此公司本就是經濟部催生的產物, 政府基本上應持樂觀其成的態度。
	依照相同的原則, 旣然是民間事業, 對於亞太投資公司大幅擴充其業務範圍, 甚至涵蓋開發工業區和工業港, 宜由其自負盈虧, 自然會有市場的力量作約制。
2. 亞太投資公司雖然大幅擴充其業務範圍, 但其未來的營運仍應鼓勵其儘量往關鍵技術的引進方向走。	雖然政府並不主導亞太投資公司未來的營運, 但是仍然可以利用適當的協助, 鼓勵亞太投資公司儘量往關鍵技術的引進方向走。可以努力的方向應至少有二:
	(1) 類似生產硬式磁碟機等已商業化產品之投資, 只要能引進先進技術, 且可實現規模經濟之利益, 可予鼓勵。除了引用產業升級條例以外, 政府可以協助尋找合作對象, 也可以根據經建機關所有的資訊, 提出投資項目的建議。
	原先試圖將日圓升值所導致無法繼續存活於日本的產品, 引進國內生產的

建議	說明
	構想, 基本上應仍然可行。如果日本不願移出產業, 或不願提供技術, 我國仍可自其他國家取得相同或類似等級的技術, 生產製品, 以促進產業升級。如果我國產品在現行日圓水準下具有競爭力, 而可以逐漸取代外銷市場中的日本產品, 或打進日本市場, 等於達到了直接引進日本產品相同的目標。亞太投資公司可在這一方面扮演重要的角色。
	當然, 以國內產業對日本產品和零件的熟悉度而言, 如能直接引進日本產品和技術是最快捷、最理想的。不過由此次亞太投資公司的籌組過程來看, 日方的意願似乎不高。在該公司170億的股本中, 日本商社認股的總額僅約1%也就是1億7,000萬, 顯然象徵意義大於實質意義。
	(2) 對於尚未商業化的新產品, 只要對產業升級有利, 亦應積極鼓勵。日本的做法是派駐人員於歐美先進國家, 在實驗室的階段就投下前述的種子資金和開業資金, 然後將其引回日本進行量產。我國也有少數高科技電腦公司派駐人員於美國矽谷, 在當地尋找值得開發的軟體或硬體構想。不過, 大多數國內業者絕少介入新產品, 而習於以OEM 式接單生產已產業化之產品。
	亞太投資公司旣然以引進先進技術爲號召, 似應至少以其一部分的資金用於新產品的投資。就我國習於發展量產商品之環境而言, 由前述第三階段資金作切入點, 協助已完成原型及試銷的新產品進入量產, 應屬可行。由於此一階段需要的資金大, 而且同時需要在合適的地點興建廠房, 亞太投資公司挾其資金以及研擬中的高科技工

建議	說明
	業區, 應具有比較利益。
	國內研究機關如工研院, 主要的功能之一也在於協助產品由原型和試銷階段進入量產。政府可以促成此類研究機構與亞太投資公司之間的合作, 例如工研院可專事於原型產品的開發和測試, 等到測試完成, 如果亞太投資公司評估認為有市場潛力, 即可接手投資量產。
3. 技術引進宜採多管道並存方式, 對亞太投資公司不可給予特權式的差別待遇。在無差別待遇的原則下, 亞太投資公司的成敗, 始能反應其經營效率之優劣, 市場力量才能發揮, 競爭機能才能維護。	政府對亞太投資公司固然可採樂觀其成, 甚至鼓勵其往特定方向努力之態度, 但不必也不應因此而給予特權式的差別待遇, 只有如此才能保證此公司的決策均通過市場力量的考驗, 不致成為技術引進唯一的、無其他競爭者的管道。
	也就是說, 政府在此公司的發展階段中, 可以給予協助, 也可以開發基金或交通銀行直接出資參加其子公司之設立, 但是在這些做法上, 應採取正常之評估程序, 一如評估其他的個案一樣。任何其他的公司, 不論是某企業獨資, 或一群企業籌組的另一家技術引進公司, 只要符合條件, 均可以在平等的地位上得到政府相同的協助和支援。
	事實上, 如前所述, 國內早已有許多公司在從事技術引進的工作。有些公司是引進已成熟的技術, 生產已商業化的商品, 有些公司是引進尚未完全商業化的產品, 試圖在國內完成商業化生產的設計, 甚至也有公司 (主要為電腦業) 直接在國外購買新發明、新構想及原型產品設計, 再拿回國內作開發、修正和量產。許多產品非常專業, 像亞太投資公司這樣一個一般性的科技引進公司可能無法處理, 或處理起來無比較利益, 還是應當由個別的廠商依其專業能力來引進。所以政府對亞太投資公司的輔導不應影響到對其他管道的

建議	說明
	輔導。技術引進宜採多管道的並存方式。
	對亞太投資公司所欲涉足的其他業務, 如開發工業區、工業港和興建電廠等, 似應採取相同的原則。在無差別待遇的原則下, 亞太投資公司的成與敗, 均將反應其經營效率之優與劣, 而不會夾雜其他非商業的因素, 市場力量才能發揮, 競爭機能才能維護。
	由於亞太投資公司從峰迴路轉以後, 計畫提出來的速度驚人, 金額也驚人, 可能會產生滾雪球的風潮式效果, 讓政府在其所提出後續轉投資計畫中有不得不以公共資源大力介入的壓力。公共資源的介入必須經過評估, 必須謹慎; 亞太投資公司提出計畫應經過審慎的評估。
	亞太投資公司的成立, 值得以審慎樂觀的態度視之。如果此公司能維持民有民營、自負盈虧的型態, 接受市場的考驗, 如果政府相關單位能在無差別待遇的前提下協助其運行, 同時維持其他科技引進管道的暢通, 相信我國技術升級的工作, 可以藉著此公司之成立及營運而更加速地進行, 對於我國經濟的長期健全發展, 應有其正面之意義。

附件:

	姓名	身分	備註
董事	王永慶	台塑公司代表人 (台塑集團)	董事長
	王永在	南亞公司代表人 (台塑集團)	
	王文淵	台化公司代表人 (台塑集團)	
	李志村	美商電力無限公司 (台塑集團)	
	王金樹	美商能源聯合公司 (台塑集團)	
	吳欽仁	加商太平洋電力公司 (台塑集團)	
	王文洋	美商亞克曼兄弟公司 (台塑集團)	
	余範英	工商時報董事長	
	王必成	聯合報董事長	
	吳惠然	財團法人車輛研究測試中心董事長	總經理
	邱俊榮	和成欣業董事長	
	許淑貞	士電集團董事長	
	高清愿	統一企業總裁	
	沈世雄	永嘉化工董事長	
	何壽川	永豐餘總經理	
	陳江章	東南水泥董事長	
	陳由豪	東展興業董事長	
	吳東進	新光合纖董事長	
	戴一義	合森工業董事長	
監察人	賴樹旺	福懋興業董事長	
	胡江河	達新工業董事長	
	楊兆麟	台塑汽車貨運董事長	

資料來源: 工商時報、經濟日報。

第三部分

福利、勞工、土地、環保、
高鐵、其他

公害防治政策與措施的
檢討及建議

1988年11月

一、前言

我國過去30多年來經濟的快速成長, 尤其是經濟結構的急劇轉變以及工業部門的高度成長, 一方面固然締造了許多發展上的奇蹟, 但另一方面工業化的結果卻使得環境的品質日趨惡化, 公害問題層出不窮, 民衆「自力救濟」事件一再發生。這些發展趨勢又以最近發生的「林園」事件最具爆炸性, 並已直接危害到工業生產及打擊投資意願。處在這樣一個民衆環保意識高漲, 而政府正開始推動各項環保措施的「轉型期」, 妥爲檢討現行環保政策及做法, 確有必要。

1. 公害的發生

公害問題的發生, 基本上是因爲在生產或消費時所產生的各種有形或無形的廢氣、廢水、廢棄物、噪音與惡臭等, 超過了環境自我淨化的能力, 以致於環境的品質下降。這些在經濟活動中所產生不必要的「惡」, 不但會減損經濟發展所帶來的福祉, 或高估了經濟發展的成果, 而且若不予重視並加防範, 會導致環境加速惡化, 最後勢必要付出更大的代價。至於公害問題的解決, 由於環境資源在使用上不具「排他性」, 可以不付費而享受, 因此不易探索其需求的強度以分攤成本。再加上公害問題發生後, 對受害人的損失也不易進行測量而予以補償。這些都是解決公害問題時特別感到棘手之處。

2. 我國目前公害的狀況

我國的公害問題, 與近幾年來經濟發展上卓越的成就成明顯的對比。在水污染方面, 1986年上半年全省被列為嚴重污染河段占總河川長度的比例為4.3%, 但一年之後迅速提高到11.6%。一年之內升幅高達7.3%。目前全省在西部主要河川只有大安、濁水及林邊溪仍未受污染。河川污染最嚴重的有北港溪 (1986年占80.9%), 朴子溪 (1986年占60.5%)。近年來惟一略有改善的河段是新店溪。此外, 在地下水方面, 宜蘭地區地下水含砷, 新竹水源里地下水變色、變臭、桃園觀音鄉的鎘污染, 以及高屏地區水質鹽化等, 都是迫待解決的問題。

在空氣污染方面, 我國目前所訂的空氣品質標準僅及美國的一半。儘管如此, 我國空氣懸浮微粒平均品質在1984年以後才合乎國家標準。但此一狀況會因地區, 或受季節以及一日之內時段變動的影響而有所不同。若以每日最大污染物綜合指標達到對人體有不良影響為準, 則三重地區全年有147天, 板橋有72天均達此水準。就特定地點而言, 台北市林森南路地下道口1985年有97%天數的空氣品質超過了安全標準。

在廢棄物方面, 1986年五大都市平均每人每日產生的垃圾量是0.93公斤, 鄉鎮是0.62公斤。這些每天所產生龐大的垃圾其清運率只有90%。至於處理方法, 則一直以掩埋為主, 占87%, 焚化僅占1.36%, 堆肥與其他方法占11.57%。掩埋法簡單、成本低, 但需土地, 會產生惡臭, 運輸成本過高。是否適於台灣地少人稠地區使用, 頗有疑問。此外一般事業廢棄物, 有毒化學品、如致癌物質石棉、砷、苯、氯化物等, 截至目前為止仍缺乏完整的資料與研究。衆所周知戴奧辛事件, 醫院廢棄物, 各種職業病以及農藥物污染物等, 都是這類公害事件的代表。

3. 現階段的政策與做法

針對上述環境品質日趨惡化的狀況, 行政院在去年8月將環保局提升為署, 並於9月通過了「現階段環境保護政策綱領」。該「綱領」中值得注意的要點, 策

略部份有:

(1) 分階段訂定環境品質標準, 循序達成。

(2) 環境保護與經濟發展應兼籌並顧。在經濟發展過程中, 對自然環境有重大不良影響者, 應對環境保護先予以考慮。

(3) 強調預防污染之原則, 建立污染者付費制度。

(4) 加強環境保護之公共投資。

(5) 健全法律規範體系、行政體制及資訊系統。

在措施方面, 較為特別的有:

(1) 建立污染源許可制度, 及污染者付費制。

(2) 區域得訂定較嚴格之環境品質及污染管制標準。

(3) 各級政府應組織超然之諮詢機構。

(4) 加強環境影響評估工作。

就綱領中強調的分階段訂定環境品質標準而言, 事實上在1975年就頒佈了「空氣污染防制法」。同年還訂了「中華民國台灣地區環境空氣品質標準」。次年頒行「施行細則」。1978年復訂有「空氣污染物排放標準」, 1984年訂定「交通工具空氣污染物排放標準」。在水污染方面,「水污染防治法」訂定於1974年, 次年頒佈「實施細則」。1974年也訂定了「廢棄物清理法」。日本的情形是, 1968年頒布「空氣污染防治法」, 1981年通過「水污染防治法」以及「固體廢棄物處理法」。因此, 就立法的時間而言, 我國主要污染物防治法均先於日本訂定, 但成效不及日本。其原因顯然在於內容及執行有可議之處。

4. 當前的環保措施與缺點

我國現行主要的環保措施可分為:

(1) 就違反環保規定的處罰，可分為罰款，處以徒刑、停工或吊銷執照。根據現行法規，可針對違反水、空氣、廢棄物處理等污染者課以300至10,000銀元的罰款，對致生公共危險者，還可以根據刑法論處。但目前僅課以罰款，且金額過低，顯未能達到預期效果。

(2) 在獎勵措施方面，根據「獎投條例」包括1. 從事防治污染投資可享受兩年加速折舊 (51條)；2. 國內無生產之防污設備，進口免徵進口稅，對國內已有製造者按10%課徵；3. 以未分配盈餘從事防治污染增資，免課綜合所得及營利事業所得稅 (13條)；4. 各年投資額度在20%內得抵減當年營利事業所得稅；5. 進口防治污染研究設備免進口稅 (21條)；6. 因防治污染遷廠後原工廠用地出售或移轉時，按最低級距 (40%) 課土地增值稅。在優惠貸款方面，工廠從事防污投資，可在80%的額度內申請「策略性工業中長期優惠貸款」，利率比照一般中長期放款利率減1.75至2.75個百分點計算。因此，我國所提供廠商防治污染的獎勵與補助措施，與其他國家比較，可謂種類繁多，且極為優厚。

(3) 在環境污染偵測方面，目前全省更嚴密的偵測網猶待建立。更重要的是，在多次環保爭議事件中，政府未能事前糾舉，確實執行公權力，反而多在事情發生後，甚至民眾以「私力」介入後，才予處理，顯見環保偵測及執行能力嚴重不足。

(4) 環保投資偏低。由於政府未能嚴格執行管理污染工作，我國在1980年代環保投資嚴重偏低。1982年全國環保經費只有新台幣152百萬元，僅及日本同期環保支出水準的0.04%。若以兩國 GNP 的比例計算，此一比例應達3.5%，才算合理。即使再考慮日本人 GNP 為我國4倍，此一比例應達0.85%。此外我國製造業防治污染投資目前僅占總投資的3%，較日本12–20%的比例也相去甚遠。這些數字顯示我國目前環保投資之嚴重不足。

二、建議事項

建議	說明
1. 針對「環保政策綱領」中重要之策略及措施訂定執行計劃時間表，並公告昭示，以顯示政府解決環保問題的決心。	1. 落實「環保政策綱領」
(1) 建立污染者付費，污染源許可制。	(1) 以經濟方法解決公害問題
(2) 重新擬定「環境保護十年計劃」，儘可能縮短計劃執行期間，並加強建敎合作，引進國外技術及資源。	
(3) 以「環境保護基本法」取代「政策綱領」。	(3) 以法律力量取代政策宣示，加強對政府行政部門之約束力。
(4) 訂定「污染損害賠償補償法」。	(4) 仿照日本「污染性健康損害賠償金法」，確定賠償或補償原則，解決公害爭議。
2. 邀請民間相關人士或團體共同成立仲裁、監測以及評估機構，共同解決環保糾紛。	2. 目前政府環保措施缺乏公信力，藉此事前評估，事後監督，以及執行糾紛仲裁工作，可重建公信力。
3. 針對當前重大環境污染整治計劃 (如淡水河整治、垃圾處理及塡海、工業區廢水等) 於行政院下成立專案小組，執行管考工作，並確立行政分層負責體系，劃分權責。	3. 我國目前環保投資仍嚴重不足，各機構經常推諉塞責。爲掌握進度，並明確劃分責任，宜成立專案小組，確實管考。
4. 政府確實執行污染管制及懲處工作，不能由民間逕行圍堵或停機。	4. 目前環保工作貴在執行，政府若不負起這項責任，任由民間代行，徒損政府威信。
5. 簡化防治污染投資獎勵辦法，對適用範圍之認定則可從寬。如環保貸款適用範圍應擴及醫院等服務業，簡化手續並追蹤執行結果。	5. 目前我國各種獎勵防污投資辦法，種類繁多，已流浮濫，效果有限，應予簡化合併。
6. 成立環保資訊中心，促進環保技術移轉，鼓勵民間參與國內環保工業之發展。	6. 分析環境保護的最有效與最經濟的方法，收集環保技術資訊，建立發展國內環保工業的環境，並對從事環保投資的企業提供所需資訊服務。
7. 中油、台電因油價下跌及升值所獲得之額外利潤宜專案用於本身及相關產業之防治污染工作。	7. 油電工業均具污染性，宜在成本下降時，大規模從事環保投資，儘快反應此一外部成本。

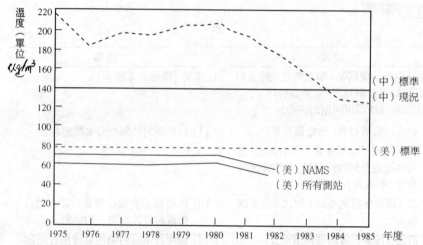

說明: 我國資料爲各測站年算術平均值之平均值; 美國資料爲各測站之年幾何平均
      值之平均值。

資料來源: 蕭代基 (1987)〈空氣污染防治政策之檢討〉,《我國當前環境保護問題及其
         經濟對策》(中國經濟學會), 頁51。

附圖1　中美兩國懸浮微粒年平均值趨勢及空氣品質標準

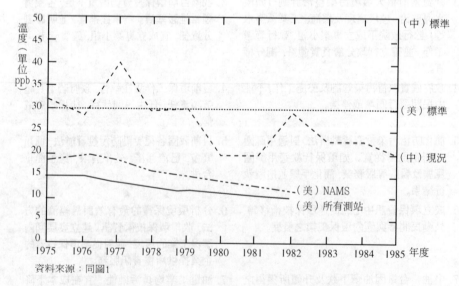

資料來源: 同圖1

附圖2　中美兩國二氧化硫年平均趨勢及空氣品質標準

附表1 台灣地區主要河川污染情形

河流長度(公里)	時間	未(稍)受污染 長度(公里)	%	輕度污染 長度(公里)	%	中度污染 長度(公里)	%	嚴重污染 長度(公里)	%
淡水河系									
新店溪 83.0	1985年1月–6月	65.0	78.3	5.0	6.1	4.5	5.4	8.5	10.2
	1986年1月–6月	63.2	76.1	11.5	13.9	2.2	2.7	6.1	7.3
基隆河 87.0	1985年1月–6月	35.0	40.2	32.8	37.7	2.0	2.3	17.2	19.8
	1986年1月–6月	43.7	50.2	14.7	16.9	9.4	10.8	19.2	22.1
大漢溪 135.1	1985年1月–6月	106.5	78.8	16.2	12.0	2.2	1.6	10.2	7.6
	1986年1月–6月	98.2	72.7	24.5	18.1	2.2	1.0	10.2	7.6
頭前溪 63.0	1985年1月–6月	50.7	80.5	12.3	19.5	—	—	—	—
	1986年1月–6月	63.0	100.0	—	—	—	—	—	—
後龍溪 58.4	1985年1月–6月	50.9	87.2	2.0	3.4	5.5	9.4	—	—
	1986年1月–6月	46.9	80.3	1.5	2.6	10.0	17.1	—	—
大安溪 95.8	1985年1月–6月	95.8	100.0	—	—	—	—	—	—
	1986年1月–6月	95.8	100.0						
大甲溪 140.2	1985年1月–6月	136.4	97.3	2.8	2.7	—	—	—	—
	1986年1月–6月	140.2	100.0	—	—				
烏溪溪 116.8	1985年1月–6月	82.6	70.7	9.0	7.7	25.2	21.6	—	—
	1986年1月–6月	88.6	75.9	6.0	5.1	22.2	19.0	—	—
濁水溪 186.4	1985年1月–6月	186.4	100.0	—	—				
	1986年1月–6月	186.4	100.0	—	—				
北港溪 81.9	1985年1月–6月	10.0	12.2	7.1	8.7	64.8	79.1	—	—
	1986年1月–6月	2.8	3.4	10.3	12.6	2.5	3.1	66.3	80.9
朴子溪 75.9	1985年1月–6月	17.3	22.9	12.0	15.9	36.3	47.9	10.1	13.3
	1986年1月–6月	4.4	5.3	4.3	5.7	21.2	28.0	45.8	60.5
八掌溪 80.9	1985年1月–6月	23.3	28.8	13.5	16.7	44.1	54.5	—	—
	1986年1月–6月	24.8	30.7	9.8	12.1	18.3	22.6	28.0	34.5
急水溪 65.1	1985年1月–6月	11.6	17.8	10.2	15.7	35.3	54.2	8.0	12.3
	1986年1月–6月	11.5	17.7	1.9	2.9	25.0	38.4	26.7	41.0
曾文溪 138.5	1985年1月–6月	86.4	62.4	17.6	12.7	26.5	19.1	8.0	5.8
	1986年1月–6月	93.9	67.8	3.0	2.2	41.5	30.0	—	—
鹽水溪 41.3	1985年1月–6月	10.0	24.4	10.2	24.7	8.4	20.3	12.7	30.8
	1986年1月–6月	4.0	9.7	4.0	9.7	10.5	25.4	22.8	55.2
二仁溪 65.2	1985年1月–6月	21.2	32.8	10.0	15.3	19.0	29.1	15.0	23.1
	1986年1月–6月	13.8	21.2	10.7	16.4	25.7	39.3	15.0	23.1
高屏溪 170.9	1985年1月–6月	148.6	87.0	22.3	13.5	—	—	—	—
	1986年1月–6月	132.3	77.4	20.5	12.0	18.1	10.6	—	—
東港溪 46.9	1985年1月–6月	37.5	80.0	3.5	7.5	5.9	12.5	—	—
	1986年1月–6月	14.7	31.4	24.5	52.5	7.7	16.4	—	—
林邊溪 42.2	1985年1月–6月	30.8	73.0	11.4	27.0	—	—	—	—
	1986年1月–6月	42.2	100.0	—	—				
卑南溪 84.4	1985年1月–6月	84.4	100.0						
	1986年1月–6月	84.4	100.0						
秀姑巒溪 81.2	1985年1月–6月	81.2	100.0						
	1986年1月–6月	81.2	100.0						
花蓮溪 57.3	1985年1月–6月	57.3	100.0						
	1986年1月–6月	57.3	100.0						
蘭陽溪 73.1	1985年1月–6月	73.1	100.0						
	1986年1月–6月	73.1	100.0						
合　計 2,070.3	1985年1月–6月	1,502.0	72.6	198.9	9.6	278.8	13.5	89.7	4.3
	1986年1月–6月	1,466.4	70.8	147.2	7.1	216.6	10.5	240.1	11.6

資料來源: 台灣地區空氣污染防制、水污染防治年中檢討報告 (1986年2月至6月)、衛生署印, 1986年11月。
轉引黃宗煌 (1987)〈水污染及其防治的經濟策略〉,《我國當前環境保護問題及其經濟對策》(中國經濟學會)。

附表2　空氣污染物別統計

| | 超過 100日數 | 最大指標污染物別別日數 | | | | | |
		TSP	SO_2	$TSP \times SO_2$	CO	O_3	NO_2
南港	14	13	1	0	0	0	0
板橋	72	59	1	0	0	12	0
三重	147	100	1	0	31	15	0
七賢	23	6	0	0	13	4	0
復興	43	12	15	0	1	15	0
三民	31	2	0	0	0	29	0
鳳山	44	29	6	0	0	9	0
松山	9	9	0	0	0	0	0
永和	34	34	0	0	0	0	0
中壢	6	1	0	0	0	5	0
台中	20	20	0	0	0	0	0
台南	10	10	0	0	0	0	0
合計	453	295	24	0	45	89	0
		(65.12%)	(5.30%)	(0.00%)	(9.93%)	(19.65%)	(0.00%)

資料來源: 台灣地區環境統計現況與展望 (中國統計學社, 1987年4月), 附表9。

附表3　歷年台灣地區垃圾清運

		總人口 (千人)	處理量 (公噸/日)	每人平均一日垃圾量 (公斤)
台灣地區				
台北市	1980	2,213	1,700	0.77
	1983	2,327	2,116	0.91
	1986	2,539	2,690	1.09
高雄市	1980	1,189	1,111	0.93
	1983	1,256	823	0.66
	1986	1,311	1,320	1.02
台灣省	1980	14,105	11,242	0.53
	1983	15,105	13,311	0.61
	1986	15,499	14,346	0.69

資料來源: 行政院衛生署環境保護局, 1986年度台灣地區市鄉鎮垃圾水肥清理狀況調查資料彙編, 1987年6月, 頁9–10。

當前勞工問題的檢討與對策

1989年5月

一、前言

近年來, 國內勞工運動漸趨頻繁, 勞資爭議案件日增, 其型態已轉爲複雜。過去少見的怠工、集體休假、罷工、示威遊行請願等方式一一出現; 訴求的範圍也從過去爭議遣散、解雇、積欠工資轉爲以往少見的分紅之要求, 而勞工運動所涉及的行業則涵蓋公用事業與公營事業。這些現象背後形成的原因值得重視, 而且有必要探討其對策。

二、產生問題的原因與基本對策

我國過去經濟發展的過程中, 勞資關係向稱和諧, 勞工意識並不明顯, 勞資雙方極少出現對立的狀況。其主要原因可歸納爲: (1) 平衡的發展策略; (2) 快速的經濟發展提供充份的創業與就業機會, 以及 (3) 以中小企業爲主幹的產業組織。各項原因分述如下。

一般而言, 在勞力剩餘的經濟, 勞工供給充沛, 而資本相對缺乏。在此情況下, 若產業發展政策傾向於發展多用資本的產業, 則產業結構較不平衡而形成所謂的技術雙元性 (technological dualism)。其結果是在同樣的資本累積速度下, 就業機會縮小, 而在雙元的就業市場中, 勞動不相往來。復由於資本密集產業爲追求規模經濟, 企業趨向大型化, 工會也趨向大型化, 勞工的疏離感增

表1　中韓兩國製造業結構變化測定數

	熵數測定值		標準差測定值		集中係數	
	中華民國	韓國	中華民國	韓國	中華民國	韓國
1965	2.5725		0.0533		32.246	
1966	2.6393		0.0464		30.153	
1967	2.5869		0.0510		31.523	
1968	2.6277	1.9369	0.0460	0.0835	30.038	40.855
1969	2.6342	1.9180	0.0452	0.0868	29.805	41.396
1970	2.6580	1.9254	0.0430	0.0875	29.173	41.591
1971	2.7052	1.9272	0.0391	0.0873	28.103	41.490
1972	2.6835	1.9127	0.0404	0.0889	28.460	41.757
1973	2.6750	1.9722	0.0435	0.0774	29.314	39.883
1974	2.6890	1.9390	0.0412	0.0805	28.688	40.374
1975	2.6834	1.8917	0.0409	0.0896	28.602	41.872
1976	2.6993	1.8895	0.0399	0.0895	28.338	41.857
1977	2.6972	1.9044	0.0399	0.0874	28.336	41.498
1978	2.7101	1.9098	0.0392	0.0869	28.140	41.418
1979	2.7366	1.9284	0.0373	0.0836	27.640	40.873
1980	2.7154	1.9204	0.0390	0.0837	28.090	40.880
1981	2.6945	1.9055	0.0393	0.0862	28.180	41.294
1982	2.7184	1.9066	0.0381	0.0870	27.846	41.435
1983	2.7341	1.9058	0.0370	0.0887	27.573	41.713
1984	2.7076	1.8818	0.0394	0.0938	28.206	42.607
1985	2.7089		0.0397		28.276	

資料來源: 薛琦,〈中韓產業結構與政策之比較分析〉(初稿)

說明: 熵 指數值越大標準差及集中係數值越小表示產業發展型態趨向平衡發展。

加, 容易出現對立情況。不過, 在我國過去的經濟發展過程中, 政府並未刻意發展重工業, 各產業平衡發展的程度較高 (見表1中韓的產業平衡發展指標)。正因為如此, 我國的產業快速發展, 需要更多的勞力, 就業機會多, 失業率低, 大幅減少了摩擦性失業的比例。其次, 我國的產業組織一向較偏重中小企業。一

方面表示創業機會多, 另一方面勞資也容易產生休戚與共的感覺。前者更使得勞工可自由選擇創業或就業, 本身即不易自始就認定爲勞工階級。這些原因大幅減少了勞資對立的狀況。因此勞資關係和諧, 成爲經濟快速成長的原因之一。但近年來, 勞資關係丕變, 造成勞資對立升高的原因有以下長期與短期因素。

1. 隨著經濟的快速的發展, 儲蓄率維持高水準, 資本快速累積, 資金成本下降, 企業經營趨向大型化, 企業集團與連鎖經營方式日漸普及。此一情況不利於勞工創業, 使得勞工容易站在本身的立場爭取福利。

2. 早期的勞工多來自農村, 過去的生活水準與教育水準均低, 對工資的期求不高, 工作勤奮且容易滿足。經過了三十多年的經濟快速發展之後, 生活水準普遍提高, 教育普及, 新加入勞動市場勞工的想法以及對工資的預期與早期勞工有顯著不同。再加上部份企業的管理方式未能配合情勢變化而做適當調整, 仍維持權威式的管理, 導致對立升高。

3. 在解嚴前, 由於有嚴格的法律束縛, 勞工運動一方面不被允許, 也不容易引起同情。此一情形在解嚴前後, 政治環境改變, 活潑的政治環境促成頻繁的勞工運動。最近的實證研究支持此一看法[1]

4. 近年來經濟持續景氣, 對勞動需求殷切, 勞動市場有利勞方, 勞方爭議力量加強, 容易出現勞方主導的爭議。另一方面, 由於總體經濟的失衡, 外匯準備鉅額累積造成貨幣供給額大幅成長, 游資充斥, 盛行金錢遊戲。結果股票與房地產等資產價格高漲, 產生資產重分配現象。勞資本屬於資產分配的弱方, 心存不平, 爭議乃生。近年來頻頻發生的分紅及處分資產爭議事件係因此而產生。

5. 1984年頒佈的勞基法, 其中對勞動條件的規定並不是立法旨意中所宣稱的「最低條件」, 造成諸多窒礙難行之處。同樣重要的是勞基法將勞資關

---

[1] Yun-han chu (朱雲漢) (1989) "Strong State in Retreat: Democratic Reform and Social Protest in the Republic of China," a paper presented at the Conference on Taiwan's Development Experience in Comparative Perspective, sponsored by the National Taiwan University and University of Pittsburgh, Pittsburgh, April.

係予以制度化, 對於過去按慣例、市場力量得以解決的問題, 現在卻必須依法行事。在這種制度轉換的時期, 可預期容易出現爭議。

總合以上的因素, 當前社會上頻生的勞工問題實源於長期經濟發展, 短期景氣循環以及制度變更所衍生的結果, 並非無脈絡可尋。至於其對社會經濟產生的衝擊, 若與韓國比較, 仍屬緩和。但此並不表示政府可對勞工問題掉以輕心。事實上在勞資爭議期間, 政府未能就法的立場明確說明雙方的權利及所應受之約束, 並認真就不適當之法條進行協商、修正, 也是擴大勞工問題的原因之一。基於此一體認, 在擬訂對策上可採下列原則:

(1) 採長期、立即、階段式, 有計劃地修改勞基法及其相關法規, 尤其對勞資雙方目前已有共識之部份應儘快修改。

(2) 導正勞工運動, 使其朝雙方有利的方向發展, 推動簽訂團體協約, 將分紅入股制度化, 建立長期和諧的勞資關係。

三、政策建議

建議	說明
1. 修改勞基法部份	
(1) 修改勞基法中有關退休之規定, 或與勞保合併, 或採與公積金制度併行方式。	現行勞基法有關退休規定限於同一生產事業, 且追溯既往, 前者形成提前離職低薪勞工 (多為女性年輕勞工) 補貼資深高薪退休勞工的結果, 對弱勢勞工極不公平; 後者造成資方負擔驟增, 導致以各種方法規避的不良後果。
(2) 推動失業保險, 取代有關資遣規定。	資遣本身具有保險性質, 宜開辦失業保險予以取代。
(3) 對工時、休息與休假之規定, 不宜從高硬性規定, 宜保持彈性, 再由各業按本身特性予以分別規定, 或訂入各業別的「施行細則」。對於藉「集體休假」以	現行辦法對工作條件統一規定, 必然對某些產業或廠商的運作產生窒礙難行之處, 對勞資雙方都不利, 宜儘速修改。

建議	說明
達成罷工之實的規定, 宜排除。 (4) 勞基法中其他有關婦女勞工、加班費、年終獎金等之規定也應基於上述原則修改。	
2. 勞基法經上述修改後, 其適用範圍可擴大涵蓋公共行政以外之服務業。	經上述修正後, 勞基法適用範圍可擴大涵蓋服務業, 甚而考慮以負面表列 (即除各級政府機關與其他主管機關指定事業以外之行業) 方式規定適用範圍。但如勞基法未作大幅修正, 鑑於其目前規定之窒礙難行, 與服務業作息時間之特殊, 種類之繁多, 如擴大範圍至服務業, 必然產生糾紛, 宜加以避免。
3. 工會法宜循以下下方向修正:	
(1) 第6條「應」組織工會改為「得」組織工會。	(1) 工會之成立與否, 宜由各行各業之不同廠商、工人自由決定, 不宜硬性規定。事實上, 工會密度之降低是歐美先進國家近年來的發展趨勢。
(2) 放寬對工會組織與運作之管制, 並減少需由主管機關核准或派員監督之事項。	(2) 原第 17、19、22 至 25 條對於工會組織與經費之規定過於繁瑣, 宜簡化之。又各條中凡關於向主管機關報備、申請核准或派員監督之規定, 均應簡化, 以減輕勞工行政負擔。
(3) 第 26 條應加列對公用事業工會罷工之限制。	(3) 為保障社會大眾權益, 對公用事業工會之罷工應有適當之限制。
4. 公營事業勞工主導勞工運動之情況應予避免。	公營事業不致倒閉, 由其勞工主導勞工運動將不再考慮對經營績效之影響, 不以負責的態度處理勞資爭議。因此, 勞工運動必須由民營企業勞工主導。如果公營事業勞工意識過份膨脹, 宜加以民營化, 以免變成政府與整個社會的包袱。
5. 儘快通過公平交易法, 以取代「非常時期農礦工商管理條例」, 尤其後者第11條不准罷工之規定, 目前造成相當大之困擾。	非常時期農礦工商管理條例第 11 條明白規定重要生產事業不准罷工, 雇主可引用此法令指罷工為違法, 與工會及勞資爭議處理法允許罷工之精神不一致, 應予刪除, 或儘快通過新法取代之。

建議	說明
6. 在修改勞基法及相關法令時, 加強對工會與勞工領袖的培養與國外考察, 借鏡先進國家的經驗, 推廣國內成功勞資關係廠商的做法與成效, 以負責的態度, 重建和諧的勞資關係, 積極推行「以廠爲家, 以廠爲校」運動。	勞資雙方在新的環境下, 如何重建和諧的勞資關係, 是一重要工作。其中對勞工運動領袖如何培養與加強其再教育, 可參考國內外成功之案例, 廣爲宣傳, 並實地考察。
7. 仿照日本制度籌設全國總工會聯合研究所或改組財團法人中華勞資關係研究所, 廣泛從事國內外經濟、社會與勞動問題的調查與分析, 發行定期刊物, 提出政策性建議, 以促進勞工生活水準之提昇。	透過連合研究所之調查與客觀分析, 以建立政府與工會的共識, 促進和諧的勞資關係。尤其每年工資率之調整, 應依據聯合研究所的計量分析, 預先公告指導方針, 避免工資之過度上漲加速物價上漲, 並配合生產工程之變化與改進, 促進勞動力之重新配置與再教育, 以提昇勞動生產力。

積極有效地開發新電源之建議

1989年10月

一、前言

台灣電力供應系統在1966年前爲「水主火從」時期, 爾後進入「火主水從」局面, 在1970年代經歷兩次石油危機後, 目前核能與燃煤置容量配比達55%, 而兩者發電結構比則高達70%。但爲配合經濟發展, 能源經濟之時勢所趨, 已由石油經濟轉趨電力經濟, 而適切、穩定的電源開發更是經濟發展之動力來源。然1980年代初期經濟成長持緩, 致成1987年電力備轉容量比率有高達35%之紀錄, 超越平均備轉比率25%有10個百分點, 但因近3年來國內經濟高成長, 致成未來3年皆籠罩著限電陰影, 且未來新電源開發, 如核四廠尙未受到社會大衆肯定前, 更應考量電源開發多元化, 以力求供電穩定性。本報告針對電源開發之相關問題, 提出改進建議。

二、問題分析

1. 電源亟待開發, 增加供電能力

電力乃產業生產動力之來源, 公元2000年台灣長期經濟成長年平均成長率訂在6.5%之目標, 而電力穩定地供應更形重要。依據台電公司長期負載預測報告, 其尖峰負載之年平均成長率爲5.5%, 故電力彈性係數平均爲0.87, 維持在

目標值一以下。但電力供應不足陰影難以消弭，此因近年來電力裝置容量成長率陷於停擺狀態，未來成長亦緩慢，故未來3年缺電量約在100萬至150萬千瓩，因此急需開發電源以降低限電對經濟、社會所造成之損失。

2. 配合產業結構調整，朝電力投入係數低產業發展

為繼續推動1979年第二次能源危機後政府倡行之能源節約措施，及1980年代起正值國內產業結構轉型期，未來朝附加價值高、電力投入係數低之產業發展，而多耗電能行業，如鋼鐵、鋁業、紙業、化工及水泥等業更應仿效日本經驗，逐予降低其用電結構比；相對地促進少耗電能行業，如資訊、電子、精密機械、運輸機械及加工食品等業發展。如此當能減輕對電力負載之壓力，並能發揮電力使用效率，而有助於經濟成長之提升。

3. 新電源開發應多加利用 LNG 發電

LNG 是一種非常乾淨的能源，其與核能、石油、煤等燃料性質迥然有別，在今社會大眾環保意識高漲下，更突顯 LNG 發電之重要性，且在1970年代初期日本有鑑於偏賴石油之不可靠，而在能源危機後，大量從印尼引進 LNG，以朝向能源多元化邁進。而上述核能、石油、煤之燃料發電成本雖低於 LNG 發電，但如考量其環保及社會成本，以及核廢料處置等，則再再高過 LNG 成本甚多，故未來開發 LNG 發電是世界電力經濟之潮流所趨。

4. 國際輿論對燃煤之反擊

世界各國在1980年代以來，鑑於溫室效應，使大氣臭氧層逐漸受二氧化碳之破壞，使得破洞年年擴大，且南極冰原之溫度逐年提升，海水上升3至5公尺，陸地面積日減，導致對全球人類身體之健康有害，故歐美先進國家於1988年6月在加拿大多倫多市召開「大氣變化因應對策之國際會議」，其會議宗旨抑低二氧化碳至最低程度，並期望減少燃煤之使用量，遂提倡其替代性能源 — LNG，

且倡議在公元2005年前減少10％之燃煤量，相對等地增加 LNG 使用量，遂致收到20％之成效。

三、政策建議

內容	說明
1. 積極有效地開發新電源	1987年台電公司總裝置容量達1,659萬瓩，備轉容量比率高達35％，但隨後3年其成長幾近停擺狀態，備轉容量比率逐年下降，預估1991年更跌至13.5％，幾爲安全備轉容量比率25％之半，故應未雨綢繆，早作電源開發之因應計劃，在大型發電廠無法興建前，宜速發展小型發電廠。
2. 大量使用 LNG，改善發電結構	1970年代初期日本東京電力公司與東京瓦斯公司共同引進阿拉斯加的 LNG，用在南橫濱火力發電，至今已近20年光陰，廣爲日本各大電力公司所採用。台電公司應考量在核四廠受阻情況下，大量引進 LNG，除減輕社會大衆對電源開發之抗衡外，並平衡供電結構比，以降低燃煤發電之結構比。
	台電公司預估公元2000年 LNG 年需求量爲300萬公噸，似嫌太少，應考量加倍，且應早日規劃其相關措施，以期落實 LNG 發電之擴大化。
	因目前在環保意識高漲下，台電公司提出諸多核能與火力電源開發計劃皆受到當地居民與社會大衆的抗爭，致成電源開發嚴重落後，爲彌補上述問題，唯有選擇人民所信賴的潔淨能源 — LNG，加入新電源開發行列。
	去年於加拿大多倫多市召開之「大氣因應對策之國際會議」及今年太平洋經濟合作會議，都再再提出燃煤使用對大氣臭

內容	說明
	氧層的破壞問題, 故台電公司該順應時勢所趨, 大量替換燃煤, 轉而取用 LNG, 以正國際視聽。
	根據台灣地區整體能源計劃, 有關電力發電 LNG 需求量在1995年及2000年, 分別需要200萬及300萬公噸, 佔當年裝置容量11.6% 與12.3%; 相對地, 其發電結構比分別為10% 與12%。目前日本 LNG 使用在發電上, 其佔裝置容量與發電結構比率皆在20%, 且未來有增加趨勢, 故可見中、日兩國在 LNG 使用比率上有顯著差距。台電公司在 LNG 發電上, 應大幅提升發電結構比, 倘若在供應來源穩定前提下, 基於環保及社會成本高漲, 至2000年增加到600萬公噸以上。
3. 中、日、韓合作共同開發 LNG, 產、運、銷一體作業	基於關切 LNG 長期供應來源穩定性, 假若由中油公司、台電公司分別向國外簽約採購, 甚至在海外尋求合作開採對象, 但終究不符規模經濟之效益。諸如在採購 LNG 運輸作業等, 所產生之保險費, 協議價格能力, 甚至運送船隻遭受意外事件等之補救問題, 在在顯露勢單力薄之短處。故短期言, 先尋求日方合作, 共同赴馬來西亞合作開採; 長期言, 再尋求韓國加入共同合作行列, 以壯大聲勢, 并朝向加拿大與阿拉斯加開採 LNG。如此不但可確保 LNG 之供應, 且其生產、儲存及運輸成本均將大幅下降。

有效解決當前中低收入購屋問題之建議

1989年10月

一、前言

近年來台灣都會地區房地產價格狂飆,對尚未擁有房屋的中低所得家庭形成沈重的壓力。房地產屬耐久資本財,短期內供給彈性不大,而當前游資仍未有適當管道加以疏導,投機性需求未減,房地產價格居高不下。就長期言,此一供需失調以及房價與所得間失衡的現象固然可因市場力量及政策效果而得到解決,但目前房屋問題已形成一社會及政治問題。由於其問題之本質容易被誤導,對年底選舉可能發生負面影響;另鑑於政府相關單位所提方案多從長期著手,無法有效解決當前問題,本報告建議嶄新的突破性作法,期能在短期內有效解決中低收入者的購屋問題。

二、問題分析

1. 台灣目前都會地區房價與1986年6月價格比較,平均漲幅介在2至3倍,台北市目前房價每坪介於20至40萬之間。同一期間製造業薪資平均每年僅增加10%,明顯拉大薪資收入與房價的差距。於是,根據經建會分析,依台北市家計調查報告各該年每月平均家庭所得推估,在1985年以當時高房價每戶138萬元為準,儲蓄率30%,則儲蓄滿3年,支付10年期貸款,或儲蓄5年,支付7年貸款,可購屋一棟。1988年以低房價270萬

元爲準, 儲蓄3年須支付35年期貸款, 或儲蓄滿5年, 須支付25年貸款, 才能購屋一棟。至於高房價, 則即使儲蓄10年, 亦無能力貸款購屋。這是當前中低收入未購屋者所面對的嚴重問題。

2. 就長期而言, 根據經建會估計, 台灣地區都市計劃內建築用地有7萬公頃, 加上非都市計劃可建用地4萬6千公頃, 足供2000年都市人口 (1,980萬人) 及住宅需求 (572萬戶) 之用。就台北市而言, 目前仍有空地450公頃, 占全部土地面積15%。而且老舊市區改建, 及增加已經使用但低容積率使用土地, 還能增加約四分之一的樓地板面積。此一數字還未包括台北市週圍土地在變更都市計劃後, 所能取得的建地。因此台灣目前房價並非建地不足, 而是規劃及短期投機氣氛過於濃厚所致。

3. 目前政府所提出的因應措施方案 (如附件), 可分成五大項: 財稅金融措施、興建住宅、土地政策及都市規劃、配合措施以及法令制定。方案要點先從穩定價格著手, 然後在中長期增加供給。仔細檢討此五大項27小項的措施, 多有重覆, 或未訂出具體目標, 或未詳細評估各項方案可能產生的效果。分別敍述如下:

   (1) 對鼓勵興建國民住宅, 提供融資協助而重覆者, 包括 (一)2, 協調土銀提供建築融資; (一)7, 協調銀行支援經政府核准獎勵之民間投資興建國民住宅計劃; (二)3, 融資輔導民營企業興建員工住宅; (二)4, 運用國宅基金及社會福利基金興建出租國宅; (二)5, 編列預算或融資支援興建學生宿舍; (二)6, 以融資鼓勵興建或購買國宅, 每年2萬戶爲目標。

   (2) 僅列方向, 未列目標者, 包括: (二)7, 推動國軍眷舍改建國宅; (二)8, 協調取得台糖土地; (三)3、4; 加強公地處分; (四)4, 遷移都市內公私辦公室。

   (3) 開發淡海新計劃, 可建住宅2萬9千戶, 增加興建國宅 (最近兩年) 2萬5千戶, 輔助勞工建宅每年6千戶, 融資鼓勵民間興建住宅每年

2萬戶。這些措施對房屋供給、房價有那些影響？是否甚至會造成房屋供給過多，再次形成浪費，均無客觀的評估。

4. 目前頗受矚目的「無殼蝸牛」運動，據悉其中半數為學生參與。這些參與運動者顯然大多並非市場土地有效需求者。其著眼點為3、5年後的房屋市場，對此一頗具情緒性的反應，前述方案無法予以適度的疏導。

三、建議

建議	說明
1. 採預售房屋信託憑證方式，即房屋期貨，以期在短期內抑制房價飆漲，確保住屋者在一段期間後能以合理價格取得住屋。該辦法的內容包括：	「因應措施方案」缺乏短期有效措施抑制飆風，(僅加強稅捐查核一項)，對年底選舉不具號召力。至於各種購屋融資辦法反而在短期內增加需求，更使得房價不易下降。
(1) 選定適當可興建住宅用地，在3年後提供新建國宅，供憑證受益人選配。	「無殼蝸牛」多為年輕人，其著眼不在目前，而在未來。提供房屋期貨正可滿足其目前情緒上的不滿，而在長期可解決問題。
(2) 憑證持有人在取得房屋前，須定期繳付定額存款，以減輕購屋時之負擔。	發售房屋信託憑證，提供正當儲蓄管道，有收縮通貨作用，並取代目前民眾並不熱心的「購屋儲蓄存款實施辦法」。
(3) 責成土地銀行與財政、內政兩部共同研擬詳細辦法。	建宅用地可採出售與出租兩種型態，依不同型態訂定合理出售價格與土地出租條件 供購屋者選擇。
2. 政府對社會大眾所關心之財經問題，在提出解決方案時應把握重點，力求簡潔、明確、層次分明而具說服力及政治號召力，以免問題日趨惡化。	「當前住宅方案」共列出5大項，27小項。惟如前所述，多項措施重覆而不具體。許多項目僅為輔助性質，不宜與其他較重要之措施並列。
3. 方案重點之一在於增加住屋之供給，此一措施對未來房價或民間建築業的影響宜安為評估。尤其當明年景氣轉弱，房地產	方案中在其問題檢討部份，認為台灣地區每年住宅需求14萬戶，但供給約10萬戶。此一現象為長期或短期現象，又前者

建議	說明
市場可能改爲買方市場時, 宜規劃代替方案。	是否包括投機性需求, 方案中均未予提及。政府增加或鼓勵興建住宅後, 是否與一般民間業者發生排擠效果, 而且目前景氣已具衰退徵兆, 政府措施對未來房地產市場之影響, 宜加以審愼地評估。

附件:

「當前住宅問題因應措施方案」全文見: 行政院經濟建設委員會78年9月21日收文號碼6124或行政院 (函) 78年9月19日發文字號台78內第24460號。

吸取日本國鐵民營化成功經驗,
推展台鐵民營化之建議

1990年6月

一、前言

自台灣光復以來, 省政府所屬的台灣鐵路管理局 (以下簡稱台鐵), 即以提供國人客、貨運的交通運輸服務爲政策性目標而營運至今。台鐵曾經是絕對優勢之現代化交通機關, 對於振興土地開發、促進經濟發展及提高國民生活水準均有很大貢獻, 但近年來由於持續性的高度經濟成長, 並隨著產業結構趨向高度化及國民所得水準的大幅增加與提升, 致使鐵路運輸與汽車及航空運輸間之競爭十分激烈, 再加上主客觀環境的變化, 已迫使台鐵走向連年赤字的命運。

我們綜觀鄰國的日本, 當初就是由於長期虧損的經營危機爲最大理由, 而促使了日本國鐵於今天逐步地實現了民營化。而台鐵無論就政策性任務、壟斷性及法令等各方面應無不可民營化的理由, 因爲:

1. 民間亦可達成發展交通運輸業的政策性任務。
2. 交通運輸市場十分競爭, 並無壟斷性質。
3. 鐵路法並未限制民間經營鐵路事業。

所以台鐵民營化應具有可行性。

本報告即在針對台鐵民營化的可行性之相關問題, 並參酌日本國鐵逐步民營化之過程與經驗, 提出改進建議。

二、問題分析

1. 組織型態爲管理局, 非公司組織型態

因台鐵係公營企業, 且事業內容具有高度公共性, 在預算、人事、運價及重要投資方面所受之監督及干預甚多。無法如一般事業隨環境變化而作彈性調整, 此種無經營自主權的現象, 造成經營責任不明, 無法作有效之績效評估, 因而降低生產及服務品質。此外, 勞資關係亦不能適當地反映經營實態, 此亦是效率不彰的原因之一。在業務拓展方面, 也無法多角化經營而減少服務項目。

2. 一元化組織之缺點

(1) 員工人數龐大: 超過20,000人之龐大組織實已超過適切之經營管理規模。且管理階層對偏遠地區有鞭長莫及之感, 員工向心力較弱。

(2) 營運上無法配合地區性經濟實況, 無法有效地發揮地區性之競爭力, 漸漸脫離了使用者實際上的需要。

(3) 績效評估不易: 全國一體之收支管理, 致使各產品線 (指客、貨運等) 間易生依賴關係, 致績效評估不易, 也因此無法保持競爭意識。

三、政策建議

內容	說明
1. 頒定法律, 作好民營化之準備	日本政府有鑑於其國鐵經營逐漸惡化, 遂在1983年成立了「日本國有鐵路重建監理委員會」, 探討國鐵改革的方式。後又於1986年頒訂國鐵改革8大法案等相關法律, 決定自1987年4月1日起實施日本國鐵的民營化。日本在經周延之研究及慎重考慮之後才決定了國鐵民營化的方向, 因此我國在決定實施台鐵民營化之

內容	說明
	前，可參酌日本作法，按步就班，不宜遽然行之。而應先就台鐵之經濟規模、未來之營運策略等進行評估，決定是否進行資產重整、業務分割後再考慮民營化之進行方式，俾便能夠順利推動改革及移轉民營。
2. 保障員工權益	由於台鐵員工規模龐大，在實施民營化過程中，必定將產生員工過剩之問題，若員工權益未能妥善安排，恐遭巨大阻力，且大部份員工未必能十分瞭解民營化，此點應進行充分溝通。此外我國亦可參酌日本設立「國鐵過剩人員雇用對策本部」的作法，在縮減剩餘人員的過程中，除了台鐵本身擬定目標循序漸進外，政府更應設立專責機構，制定法令，特別重視安排退職員工能有新的工作，以免造成勞工失業、轉業之社會問題。
3. 債權與債務的分配	台鐵連年來均屬嚴重虧損狀態（1988年度虧損約為 19 億元），長期負債及其利息沈重負擔是台鐵虧損的重要原因之一。為使各新公司得以健全之態勢開始營運並求其穩定經營，台鐵將來在移轉民營化時，若負債配合資產一起移轉，將造成公司間產生很大之收益差異。因此為使新公司能成功地繼續經營下去，在債務移轉時，作較有彈性的分配，另外加上如「安定基金」等的配合，不致將政府的包袱，原封不動地移至民間手上，而令民營業者產生排斥心理。
4. 民營化之具體方式	(1) 由特定人承購： 若在短期內台鐵欲移轉民營，而獲利能力等尚不能符合上市規定，可運用由特定人承購的方式，不但可掌握及挑選買主，更可要求其完成特別政策任務。 (2) 股票公開上市： 此法對台鐵而言需要較長之整頓期

內容	說明
	間,短期內恐無法實施,擬視未來適當時機採行之。 (3) 授權或委託經營: 　　所有權仍掌握在省府,但委託民間經營,以提升營運效率。
5. 政府改革之決心	改革之行動要有法令爲後盾,立法後方能顯示政府依法行事之明確性及整個改革規劃之完善性,更能表達政府改革之決心。唯龐大債務及過剩員工之解決均會面臨民意及利益團體之考驗,政府之決心及公權力之行使,可說是推動改革成功之要件。而政府在交給民間經營之前亦應儘量改進或提昇經營效率及財務狀況,期望至民間接手時,能成功地經營,並達到繼續提供高品質服務之目的。

全民健康保險之建議

1990年7月

一、問題背景

國內雖然已有公保、勞保、以及農保等健康保險制度, 但與先進國家相較, 全民健康保險制度仍不完整, 而對低收入者及遭遇突發性災難的人民之照顧也有待加強。於是, 不少人士主張推行全民健康保險制度。去年在台灣區選出的78名區域立委中, 即有41人在政見中主張實施或加速實施全民健康保險。然而各先進國家的經驗以及我國公保、勞保與農保的現況, 皆顯示全民健康保險制度的經費來源、費用負擔方式、乃至全國醫療資源的配置等問題若不事先完善規劃, 全民健康保險的經費可能會形成政府的沉重負擔。尤其人口之老年化與醫療技術之進步, 將促使醫療費用趨於膨脹。目前經建會已有「全民健康保險專案規劃小組」及指導委員會, 並曾舉辦「全民健康保險國際研討會」。經建會並在本年6月20日正式通過「全民健康保險制度規劃案」, 全民保險提前在1994年實施。而且低收入戶與殘障者之保險已決定提早開辦。本建議僅站在經濟觀點提出局部性之意見, 而非全面性的架構及規劃。

二、建議事項

建議	說明
1. 以政府預算補貼的對象應只限於低收入戶、殘障者以及遭遇特殊災難或病患的人民。一般保險對象係以全體國民爲對象，保險費應足以負擔各種費用。將來政府財政許可時，再考慮擴大補貼範圍。	若一開始補貼範圍太大，則在醫療成本像先進國家一樣將無法適當控制，必然形成沉重之財政負擔。故須先適當控制補貼範圍，等醫療服務及醫療成本穩定合理後，再視政府財政情況擴大補貼範圍較爲妥當。事實上以目前的經濟實力，能用於社會福利的經費不多，補貼預算應優先用於弱勢者以加強對社會福利的貢獻。當選立委中，主張加速建立全民健康保險者絕大多數亦同時主張加強對弱勢者的保護，或者對弱勢者先行實施健康保險。台灣地區78名區域立委當選人中主張保障弱勢者多達47人，遠超過半數。而一般人也多認同保險費不應由政府補貼之想法。 何況理論上保險是一種相互合作、分擔風險的制度。因此，政府的職責是在建立保險制度，並監督其合理經營，而不是以政府預算來負擔保險費用。至於對低收入戶、殘障者，以及遭遇特殊災難或病患之補貼，性質上係社會救濟，與保險不同，其範圍應該有所限制。
2. 立法明文規定，若保險費收入不敷支出，則次年費率應依一定公式自動加以調整，以確保財務之健全。	若不明文規定調整公式，則因種種短期性考慮而未能及時調整，或引起太多爭議以致無法順利調整，造成保險制度的財務困難。
3. 公營之醫療保險應訂定合理標準，讓被保險人除保險費外，尚須負擔部份實際醫療費用。 當然受益者負擔，不可損害社會保障的目的。負擔總額應該在個人所能負擔之範圍內，絕不可因個人負擔之增加而阻礙重病之早期發現與早期治療，反而導致社會全體的醫療費用的增加。	爲了減輕浪費，有效利用醫療資源，部份負擔已成爲國際潮流。部份負擔的方式甚多，可以對不同疾病、不同住院天數、不同科目、以及不同支出總額等設定不同之比例由被保險人自行負擔。而且據調查，國內多數人已能接受部份負擔之想法。
4. 醫療費用之膨脹因素應予客觀的分析，而	病患之早期發現，可節省社會全體的醫療

建議	說明
加以有效地控制。加強保健, 初期醫療諮詢服務, 以及其他醫療輔助服務, 可早期發現病患, 減少醫療之需求。	費用, 提高人民之福祉。
5. 保險宜採非強制性, 並允許非公營機構以不同方式經營醫療保險。	公營事業之經營本有其限制, 而對於社會上不同 條件的人民而言, 最好的保險制度不盡相同。故強制參加某種特定體系乃至採行全國單一制度皆不適合, 而宜仿照美國的做法, 允許民間提供各種不同的保險方式, 以適應不同之需要, 並透過競爭, 提高效率。但政府可規定期限, 要求每個人皆須加入一個至少滿足幾項基本要求之保險體系。
6. 醫療資源之分配及管制應只限於公營醫療網。醫療服務的多元化與專門化, 係現代社會的基本趨向。醫療資源之分配及管制, 應避免「粗診粗療」的危險, 以及組織的硬化。	雖然國外有加強管制醫療供給之傾向, 但以國內 公民營事業一向存在之效率差距及行政效率來看, 不宜輕言全面管制醫療資源之增加及其地區分配, 而宜僅管制公營部份, 以使其發揮節制民營部門和彌補民營不足的功能。
7. 現有公營保險體系可定期逐步整合為單一體系, 以達到全體國民相互扶助的目的。	若想將各體系一次或快速歸併, 恐引起不必要之爭議, 故可定期逐步調整, 以減輕爭議。保險費中雇主負擔的部份常成為爭議的對象, 但從長期的觀點, 該部份和薪資並無差異。所不同的除稅負之外, 只是在短期薪資未對應調整時, 雇主負擔比例的調整將成為強制性的實際薪資調整, 因此會引起爭議。若定期逐步調整, 則薪資即可以配合改變, 而使勞資雙方的實際成本與收入不受影響。
8. 人口高齡化所導致的醫療費用之增加, 可藉老人保健設施之擴充與適當的就業機會之安排等替代手段, 部分加以抑制。	醫療與社會福址之整體規劃, 不但可避免醫療費 之膨脹, 而且提高國民福祉。中產階級的基礎愈為穩固, 站在效率與公平的觀點, 一部分社會福祉事業應該依市場原理加以推動。而且區域性社會福祉事業與各項活動, 應鼓勵市民自動參與, 盡可能避免高齡者被隔離, 而加強與一般市民的日常交流, 維持其生活的正常化 (normalization)。

對勞基法84條爭議之建議

1990年8月

一、問題背景

勞基法84條原條文規定, 公務員兼具勞工身份者, 其有關任免、薪資、獎懲、退休、撫卹及保險等事項, 應適用公務員法令之規定。而實際上他們適用「經濟部所屬事業人員退休、撫卹及資遣辦法」以及「交通部所屬事業人員退休規則」, 與一般公務員亦不同。於是單就退休撫卹規定來看, 形成他們不如勞工及其他公務員, 甚至主管不如部屬的現象。這種現象中有些確實不公平或不恰當, 但有些則已由薪資或其他方面得到彌補。然而不管實際上是否公平, 人們總想得到所有好處, 以致這種表面上不公平的現象, 已引起這類員工長期的抗議, 最後造成此次條文之修正, 而使這批員工變成可以得到所有好處亦即可擇各種辦法中較優者適用。然而此次之修正未必合理, 其中最值得注意的即是原先退休撫卹偏低的部份, 不少已由較高的薪資或其他工作條件加以彌補, 若薪資不變而退休金提高, 對其他員工和一般勞工及民眾而言也不公平。舉一個非勞工的例子來說, 政府的約聘人員薪水多比同樣學經歷的正式人員爲高, 但約聘人員全無退休金, 若兩者要分別只就自己較低的那一部份要求比照提高, 則實際上並不是增加公平, 而是提高待遇。這類現象暴露了我國退休制度的兩大問題, 那就是大多數人對退休金的觀念不正確, 以及退休制度的混亂。目前84條修正案面臨的問題也許是政治問題大於經濟問題, 本報告僅就經濟面提出下列建議。

二、建議事項

建議	說明
1. 應宣導使政府官員、勞工、乃至一般人民瞭解退休金係由工作報酬中保留下來, 而不是政府或雇主額外的恩惠。	同工同酬是公平的原則, 而在自由經濟, 市場 機能也會使同樣的工作能力及工作條件下, 退休金較高的工作, 其每期薪資維持較低。目前許多人士不明白此道理, 或者忽視此道理以爭取個人利益, 故宜加強宣導與討論, 使人們能以正確的態度來討論退休金問題。
2. 基於上述原則, 退休金制度之調整不應溯及既往。不管84條是否復議或做其他法令之修改, 在施行辦法上都應該規定, 退休金之計算應依退休人員在新辦法和舊辦法施行期間的服務年資之比例, 分別適用新辦法和舊辦法計算其退休金。唯現行辦法確有不公平之處者, 可以研究其補償辦法。	在適用舊辦法期間, 勞工應得報酬中保留為退休金之金額, 和適用新辦法時應保留之金額不同, 其差額已由勞工以薪資之方式領取, 自不得由辦法之更改而要雇主重新再給一次。故新辦法不應溯及既往。至於適用新舊辦法之比例, 其詳細計算方式, 宜請主管機關研擬。若採用這種原則, 84條不復議也不致造成太大之影響。實際上勞基法實施時, 退休金之計算在施行細則28條條文及其後的相關解釋中, 大致也是採取這種原則。
3. 目前各項退休制度過份繁雜, 且有不少不盡合理之規定, 今後宜朝第一項建議之原則調整, 即應確定退休金是工作報酬的一部份, 退休金制度只是強制保留工作報酬的一部份做為員工退休後生活的基本保障, 同時保留下來之退休準備金亦為該員工所有。至於員工願保留更多報酬做為退休之用, 或雇主願額外增加退休金以吸引員工長期工作等情況, 皆由員工及雇主自行訂定, 政府不宜強制。	本次爭議使當前退休金之制度不合理之處更形明顯, 若不及早修正為合理而明確之制度, 今後仍將有其他紛爭。同時各種制度一併檢討修正, 亦可以減少每修正一種制度, 不同類人員皆選自己有利之部份要求比照, 以致造成政府和雇主負擔過度增加之現象。

外籍勞工問題

1990年9月

一、背景

1. 人數估計

去年9月勞委會表示外籍勞工總數僅18,000人，但非官方估計在10萬至20萬人之間。根據今年入出境局資料，目前非法滯留東南亞國籍人士計38,000人。另據去年菲律賓電視台報導，僅菲人在台滯留者即有70,000人。馬來西亞方面報導，馬人在台有17,000人。如以10萬人計算，其佔我國目前服務業工作人員、生產及有關工人與體力工總數 (上三項合計364萬人，係外籍勞工主要就業型態) 比率，爲3%弱。

2. 對外籍勞工之需求

近兩年工商界普遍表示勞力不足。根據主計處調查，1988年工業與服務業缺工 (扣除經常退離者) 25萬人，佔該年受雇人數5.67%，其中營造業 (9.92%)與製造業 (6.84%) 較嚴重。就徵募不易的原因言，「無人應徵」比率最高，達76%，其次依序爲「與應徵者興趣不合」(66%，因爲複選問卷，與上項相加超過100%)、「要求待遇太高」(64%) 與「技術不合需要」(58%)。在廠家期望政府部門採取措施 (亦爲複選) 方面，「樹立青少年正確職業觀念」最高，佔64%，其次依序爲「導正社會風氣」(57%)、「加強就業輔導機構主動配合」(57%)、

「加強職業訓練」(52%)、「開發勞動力」(50%) 與「有條件開放外籍勞工來華工作」(49%)。

此外, 14項建設的承包商經常表示勞工不足, 要求政府開放外籍勞工來台。

3. 現行法令

行政院最近修正通過的就業服務法草案中, 准許「爲因應國家重要建設工程或經濟社會發展需要」, 向中央主管機關申請引進外籍勞工。聘僱期間最長不超過兩年, 不得更換雇主及工作, 且雇主需繳納就業安定費與保證金。雇主如非法僱用外籍勞工, 最高可處3年以下有期徒刑, 而經常非法從事外籍勞工仲介者, 最高可處五年以下有期徒刑。但此僅爲草案, 尚未經立法院通過實施。

稍早行政院已通過准許14項建設之包商申請引進外籍勞工, 期限最長兩年, 且雇主需繳足以支付遣返費用之保證金。但循此合法管道向政府提出申請的包商絕 無僅有, 申請勞工人數僅百餘人。可見目前在台之外籍勞工, 幾乎均爲非法。

4. 已產生之問題

(1) 非法外籍勞工已有10至20萬人如屬實, 足以顯示現有之入出境管理與滯留外國人遣返作業缺乏效率, 形同門戶洞開。

(2) 已存在之非法外籍勞工如不加以處理, 其往後之就業、婚姻、子女、疾病與死亡, 均將成爲社會問題。

(3) 非法入境之外籍勞工, 通常是由原居住國之職業介紹所招募, 講明一定工作條件, 再以觀光名義入境。由於來台後實際工作條件往往較原先答應者差, 而且台灣雇主爲了確實能從薪資中扣繳已墊付之來台費用, 率皆扣留護照, 勞工因此處於不利地位, 有時與雇主發生衝突, 有時甚至脫離原工作, 轉入犯罪行業, 造成治安問題。根據警政署統計, 1988年外國人犯案44人, 1989年增加到206人, 已引起社會的關切。

(4) 目前已實施的14項建設引進外籍勞工辦法, 與擬議中的就業服務法, 均採申請許可制, 但是政府究竟應採何種原則來處理申請案件, 以及雇主應繳納就業安定費究應如何訂立, 目前尚無定論, 亦即我國外籍勞工政策仍未明朗。在非法外籍勞工已經人數眾多的情況下, 明確訂立外籍勞工政策, 應為當務之急。

二、分析與對策

1. 外籍勞工政策

外籍勞工應否引進, 須檢討「整體社會效益是否大於成本?」與「成本由誰負擔?」二問題。

關於前一問題, 目前提出的效益論主要有:

(1) 可解決勞力不足問題, 降低生產成本。

(2) 目前已有十餘萬人, 可見想禁也禁不了。

成本論觀點有:

(1) 如開放來台, 外籍勞工之婚姻、後代、病老、犯罪等均將造成嚴重之長期社會問題。

(2) 為管理外籍勞工, 政府需承擔管理成本。

(3) 開放後外籍勞工可能形成利益集團, 益難處理。

(4) 勞力密集工業自動化的腳步將趨慢, 不利工業轉型。

從其他國的歷史經驗來看, 上述各項社會成本均不容忽視, 而且以台灣之地狹人稠與正處轉型的關鍵時期, 必須承擔相當大的成本。何況我國如開放外籍勞工來台, 中共方面可能要求開放大陸勞工來台, 屆時必將使兩岸關係更形緊張。

在「成本由誰負擔」方面, 外籍勞工之引進勢必對與其有互補性的生產因素有利, 亦即對資本主和高技術勞工有利, 對與具有代替性之生產因素, 亦即體力工和家庭服務人員不利。由於後者在社會為弱勢團體, 外籍勞工即使引進, 亦應課稅以補貼受其不利影響之低技術工人。

根據以上分析, 當前外籍勞工政策應為:

(1) 以禁止為原則, 開放為例外。

(2) 例外開放應限於以短期外籍勞工因應的、一次性的或突發性的特殊行業勞工短缺, 例如承包14項建設的營造業。引進外籍勞工後, 應整批安置, 並應確定兩年期滿後返國。

(3) 就業安定費之訂定, 除應足以補償外籍勞工之社會成本與執法成本外, 應以不影響本國相同性質勞工目前之工資水準為原則。其收入之一部分應用於我國 低技術勞工之職業訓練與生活條件之改善。

(4) 基於人道原則, 合法外籍勞工應受我國法律 (含勞基法中有關工作環境與安全等規定) 之保障。

2. 入出境管理與既存外籍勞工之處理

入出境管理與滯留外籍人士之遣返應加強。政府可徵收入境費, 充作遣返作業基金, 並在警政單位成立特殊編組, 專門負責非法外籍人士之遣返。

對既存外籍勞工, 應據入出境資料逐一清查, 並要求其以正式管道申請工作許可; 申請未獲准者, 應即遣返回國。此外, 就業服務法中的雇主與仲介業者之違法罰則部分, 應徹底執行。

3. 勞工不足的對策

我國人口成長率自40年代開始下降, 人口老化的過程也逐漸開始, 導致勞動力的成長呈長期下降的趨勢, 由1973年最高峰7.4%逐步降低到目前的1.7%。這

是勞工不足的長期因素。

　　短期因素方面, 1987至1989年景氣過熱, 復推行14項建設, 廠商對勞工需求上升, 同期間勞動參與率反因金錢遊戲盛行而下跌, 致使勞動供給短缺。

　　不過, 短期因素在最近已有減緩的現象。金錢遊戲已因股價、房地產價格下跌而趨緩, 經濟成長也因景氣不佳而明顯下降, 勞工供需失調的現象將好轉。在14項建設所需的營造工人方面, 由於工作辛苦, 本國勞工確實難尋, 而且這是一次性的需求瓶頸, 可以專案引進外籍勞工。

　　長期勞工不足的趨勢, 不適合以長期引進外籍勞工 (吸收移民) 的方式來因應。事實上, 長期勞工不足不是一件不好的事。勞動稀少代表勞動昂貴, 代表一般人民生活水準的提高, 正表示經濟發展的成果。今後的努力方向, 不應在於如何保持勞動的價廉, 而在於制訂一套有效的產業政策, 加速廠商自動化的脚步, 提高勞動生產力, 提升婦女與銀髮人員勞動參與率, 使我國能順利進入勞動逐漸昂貴、經濟持續成長的工業化國家經濟發展階段。

三、政策建議

建議	說明
1. 外籍勞工以禁止爲原則, 開放爲例外。	勞動昂貴代表一般人民生活水準之提高, 是經濟發展的成果。今後應在工資不斷上漲的前提下, 繼續提高生產力的方向前進, 不宜以引進外籍勞工的方式, 保持勞動之低廉。而且外籍勞工之引入隱涵極大之社會成本, 又容易引發是否開放大陸勞工來台的敏感問題, 故應原則禁止, 例外開放。
2. 爲14項及其他國家重大建設需求例外引入外籍勞工時, 應 (1) 整批安置, 期滿後返國。 (2) 課徵足夠之就業安定費, 以補償社會成本, 保持本國同性質勞工工資水準	外籍勞工之引進, 對原屬弱勢團體的低技術勞工不利, 是以就業安定費之課徵, 可用來彌補社會成本。而且外籍勞工以不影響本國同性質勞動目前之工資水準爲原則。同時可考慮自就業安定費中取出

建議	說明
不受其影響。	一部分, 用於我國低技術勞工職業訓練及其生活條件之改善。
3. 於就業服務法通過後, 大舉清查現存非法外籍勞工, 要求外籍勞工依法申請許可, 如許可不准, 應即遣返。	既存之10至20萬非法之外籍勞工, 必須清查處理, 以免成為社會的死角, 引發社會問題。
4. 強化入出境管理與非法滯留人士遣返作業, 徹底執行就業服務法中對雇主和仲介者之罰則, 以杜絕非法外籍勞工。	警政單位應成立專責小組, 負責非法滯留人士之遣返。同時應依擬議中就業服務法之規定, 對非法雇用或仲介外籍勞工者, 予以重罰, 以減少需求。
5. 繼續開放國人對外投資, 同時應有前瞻性的產業政策, 促進本國產業的升級。	引進外國勞工和到勞動價廉的外國投資, 二者相較, 前者容易造成社會問題, 後者可促使產業國際化, 故以後者為優, 可在國際舞台上依比較利益原則做產業活動之整體規劃。但是根本之道, 仍在加速國內產業的自動化, 提高勞動生產力, 使我國產業能在工資不斷上升的前提下, 持續成長發展。工作環境之改善與女性、高齡勞動者的有效運用將有助於緩和勞工不足的問題。

對土地政策之建議

1991年4月

一、問題背景

財富分配不平均係最受國人重視的經濟問題之一，而與財富分配不均有密切因果關係的土地炒作和金錢遊戲等非生產性投機活動，降低了國人從事投資和勞動等生產活動的意願。靠投機活動輕易獲致暴利的財富分配不均現象，更是目前社會治安問題的根源之一。因此，如何促進財富分配的公平與平均，係目前最重要的問題所在。

　　政府所該做的並不是把現有的財富更平均地分配給一般公衆，而是一方面創造更多的財富，使原來財富較少的人能得到夠多的財富，以滿足其生活的需要和目標；另一方面也要讓今後新創造的財富之分配，以及舊有財富之重分配，都能更符合社會的公平和正義。就土地政策而言，這兩方面的目標主要表現在「地盡其利」和「漲價歸公」兩種政策目標上。

　　事實上土地問題和金錢遊戲問題也正是改善財富分配最重要的政策方向。因爲這兩個問題不僅是目前財富分配不均的主要根源，其對人民生活、產業生產和投資、乃至民衆心理的不良影響最爲顯著。這兩個問題的解決不僅不會如同累進所得稅妨礙投資及工作意願，甚至還會使工作意願及投資環境得到改善。而值得注意的是，這兩個問題近幾年嚴重的程度已到了不能再拖延的地步，故不管爲了長期發展或解決當前的問題，都亟須採取適當的對策。日本田中內閣「列島改造計劃」歸於失敗的一個主要原因即在於對土地漲價利益之歸屬沒

有事前做妥當的規劃。本報告擬對土地問題提出下列建議，謹供參考。

二、建議事項

建議	說明
1. 六年國建計畫特別受益的地區，如車站、交流道、購物中心、大學、工業區等新建設所在地，政府應以區段徵收、土地重劃、以及合作開發等方式，將周圍較大範圍的土地全部納入並將相當比例之土地歸為公有，以使土地使用價值提高的利益大部份歸全民所有，而當地人民所得到的利益也足夠分散。	國建計畫建設所到之處，土地利用價值將大幅提高。若土地漲價利益歸於私人，不僅極不公平，而且勢必引起利益團體介入，除了敗壞政風，建設的規劃也將因私人間利益的爭奪，而更難進行或定案。若能將建設所帶來的利益大部份歸於全民，則政府可以利用這些利益來充當建設經費，減輕六年國建經費可能不足的問題。同時各地區及利益團體對建設地點的爭議也可以減輕，因為從事建設的地方並未得到太大的私人利益，而建設較少的地方仍可以間接得到一些利益。於是各項建設反而能更客觀地依全國的利益來規劃。建設所在之處，也不必再因土地被徵收者和其他人之間利益的重大差異，而造成土地徵收的困難和其他不公平的現象。
2. 在地價低廉地區建設新工業都市，使其住宅區、工業區、商業區、以及學校和醫院等公共設施及生活環境都達到先進國家標準，以便帶動產業升級之新工業能吸引足夠的人才加以發展。新工業都市土地之取得，應以土地重劃和合作開發等方式，使利益主要歸於全民。	目前都市地價高漲，生活環境惡劣，增加了工商業投資的困難，也降低了高級專業人才回到或留在國內工作的意願。而鄉村地區地價雖低，但生活不夠方便，子女教育亦成問題。且工廠即使移往鄉村，當地土地亦可能隨著暴漲，不易形成理想的新社區。若由政府在地價低廉的地區取得廣大土地，建設新工業都市，則可同時提供規劃完善的工業區、價格便宜的住宅、以及現代化的公共設施及生活環境，使當地和先進國家的中小型城鎮類似，自能吸引高科技產業及人才，促成台灣的產業升級。日據時代一些糖廠附近的建設就當時而言，即具有這種新工業鄉鎮的性

建議	說明
	質。全島要快速建設成先進國家之水準較爲困難, 但發展一些新工業都市並不困難, 且可以做爲其他地區之示範, 故宜加以推展。
3. 地目或土地用途之變更應更具彈性, 變更的條件應予制度化與透明化, 而把變更用途所產生的大部份利益收歸全民所有。	隨經濟的發展, 土地原先的用途必時有所變更, 而爲配合國家建設及國土規劃, 許多土地必須變更用途。然而各類非農業用土地若已數量不足, 且在未來又只有少量農地可變更用途, 則這些非農業用土地之價格將高出農地甚多, 而得以變更土地用途者將獲得暴利, 土地炒作及特權介入勢難避免。實際上若能讓更多農地轉成都市或工業用地, 則地價必可下降, 而市場力量也將促使農地不致全部乃至大部份變成非農業用地。
	政府必須明白規定可以申請變更用途之條件, 例如土地位置、與各型都市之距離、交通、總面積等因素。政府也須依這些條件, 規定變更用途時須捐給政府之土地比例, 以及變更用途後的建蔽率等土地利用條件。例如變更爲住宅用地的近郊土地可容許較高的建蔽率或容積率, 而偏遠地區則除非要以大片土地建設新都市, 否則即只容許建設農莊式之住宅。
	土地用途變更之彈性化與制度化, 將使各類土地之供給能依市場力量而自動調整, 減少少數人壟斷炒作而使地價暴漲之機會。同時對政府捐贈適當比例, 也能發揮漲價利益大部份歸公的目標。透明化的變更用途條件及使用限制, 可促使「鄉村都市化」的理想較易實現。
4. 以空地稅和限制對空地之融資來減少土地之投機炒作。	防止土地炒作之根本辦法, 是增加土地的供給, 以抑制地價長期上漲的趨勢。不過, 台灣土地畢竟不多, 單靠農地改變用途無法使土地多到足以完全靠市場力量來抑制投機炒作的地步。故政府須加強課征空地稅, 且愈靠近市中心區者空地稅率愈

建議	說明
	高。至於一般性的融資也可能間接流向土地炒作,但土地融資仍應加以適當的限制,密切注意資金流向,使借錢炒作的機會減少。
5. 加強台北及近郊交通建設,使生活及上班圈擴大。	雖然有必要發展更多中小型都市,特別是新工業都市,以分散都市人口壓力,但台北市仍有其獨特之政治經濟地位,其居民之居住問題必須設法解決。若市區和郊區交通改善,上班距離延長,則一方面低收入者可住到較遠之郊區,另一方面一些公司也可遷至郊區,都市即可較爲分散發展,地價亦可降至較合理之水準。而爲了長期之發展,這種交通及都市建設應以包括桃園至宜蘭的大台北區爲規劃範圍。市區的松山機場一帶及關渡平原則可像香港的一些新社區朝高空發展,以兼顧維持綠色空間與容納大量人口。
6. 宜速訂法律,規範並輔導舊市區之改建與更新。	舊市區土地低度利用者甚多,而道路等設施不符合現代社會者亦衆多。然而這類地區多半分屬許多地主,若無適當法令規範,民間自發性的力量幾乎無法將之更新爲現代化之都市,甚至不能改建爲規模較大之建築。符合一定條件之都市土地,宜立法規定只要有某一比例以上之地主同意,即可以強制重建或更新。
7. 不宜大幅補貼國民住宅之購買者。	要降低人民居住成本的根本辦法,是依上述各項政策,一方面由變更用途、改善交通、以及都市更新等供給面的政策,使土地的有效供給增加,另一方面又利用地價上漲率之降低及對投機炒作行爲的抑制,而使投機性之土地需求減少。如此才能使地價合理化,眞正解決人民的居住問題。若高地價問題不根本解決,則光靠政府補貼而低價出售若干國宅,只有買到國宅的人得到利益,並不公平。
8. 對住宅租金及租約須加合理的限制。	房客找新租房及搬家的成本通常高於房東尋找新房客的成本甚多。因此,房東對

建議	說明
	房客常有一些壟斷力量, 政府有必要對租金及租約加以公平合理之限制, 以保障房客之利益。這類保障並不是要把房租壓制到不合理的低水準, 而是要限制房租調整的速度, 以及限制房東不續約的權利, 以免房客因房東壟斷力量而常處於不利地位。

對使用者付費原則之建議

1991年7月

一、問題背景

近來數種公用事業費率及高速公路通行費相繼向上調整。這類價格調整之準則再度受到注意。在這些爭議中, 使用者付費是常被提到的一個概念。不過這個觀念之實際應用並不像直覺上這麼單純, 主管機關和一般輿論界若能更深入瞭解這個觀念的真正意義, 則不僅可減少許多爭議, 對各項未來建設的定價也能預做符合消費者付費原則的估計, 以利這些建設將來定價及償還能力之評估。

　理論上, 政府大部份支出都應由稅收來支應較為合理, 然而事實上在稅制無法公平合理的情況下, 稅金可能不是依負擔能力課徵。因此, 增稅可能擴大稅制的不公平性。另一方面, 政府的建設雖然也以各區域的均衡發展為目標, 但實際上難免因建設之不可分割性或先後順序等因素, 而對部份地區或部份人民帶來較大的利益。使用者付費或受益者付費的原則, 便是減輕這兩方面不公平性的主要手段。另一方面, 若公共建設不足而一時無法增加時, 為了讓既有公共建設得到最有效的利用或創造最大的社會福利, 適度地讓使用者提高付費又可以讓使用該建設之利益偏低者退出, 而改善資源利用效率。任何擬採使用者付費原則之建設, 皆應依據上述使用者付費的原則, 研擬其費率。

二、建議事項

建議	說明
1. 各項採取使用者付費原則的建設所收之費用, 不應高於特殊的或追加的建設與維持基本生活需要的起碼的建設兩者間的成本或利益的差額。使用者付費不宜負擔全部建設的利益或成本。	維持基本生活需要的起碼的建設是人民付稅所該得到的, 不能再予收費。使用者付費的本意應在於一方面藉此項收入把建設提升到稅收無法支持的水準之上, 同時在建設無法全面平均實施時, 藉此項費用來維持人民間的公平。故人民應負擔的只是特殊的建設與起碼的建設之間的差額, 並非全部建設之利益或成本。例如兩地之間興建高速公路, 可以帶給人民很多方便, 但即使不興建, 政府仍須維持一條兩地間之道路, 故在實行使用者付費時, 使用者負擔的成本應限於高速公路和一般道路成本之差異。使用者得到的利益也只應計算兩種道路之利益的差距。當然, 起碼的建設的利益不易估算。此一概念之提出, 旨在澄清觀念上之混淆, 實際應用上, 不一定要十分精確地去估計利益或成本的差距。
2. 使用者負擔的成本應僅限於包括土地成本在內的建設經費之利息負擔、維修費用, 以及未經修復之折舊或損耗, 而不必負擔還本。若建設的容量已不敷需要, 則使用者付費的訂價可酌予提高。至於還本, 應編列政府預算, 或以建設所產生的開發利益做為財源。	大部份建設可以長期存留, 不管要在20、30、乃至50年內付清本息, 都是加重目前使用者之負擔。原則上目前的使用者不必負責還本, 因為建設成果並未消失。實際上建設本身仍在增值, 因此現在使用者只須負擔利息、維修費用、以及未經修復之折舊或損耗。原則上這裡所謂利息是指建設成本按現在價值來計算, 而利率則按實質利率來計算的利息負擔。換言之, 若物價上漲使以前建設的成本按現在價格來計算而提高, 則現在使用者應付的名目費用即應提高。唯為防止政府債務過度累積, 同時政府實際上也不能出售公共建設來取得資本利得, 因此利息的計算可採長期平均名目利率, 但建設成本仍應

建議	說明
	依物價調整爲現在成本,才符合使用者付費之原則。
3. 費率應小幅度分段調整。	事實上,大部份公共建設之費率不算高,但大幅度的調整仍會引起人民之不滿及少數人負擔或適應上之困難。今後宜採較小幅度分段調整的方式,以使費率更符合實際成本或利益。
4. 重要費率項目應設獨立之委員會負責訂定,以減少爭議。計畫或執行失當所增加的成本則不應由使用者負擔。	在依成本定價的原則下,成本的浪費或不合理,不易被發現,同時也對使用者不公平。故宜有獨立委員會分別監督各項擬由使用者付費之建設成本,並負責費率之擬定。
5. 土地漲價歸公是更重要的受益者付費原則。	公共建設的受益者不一定是使用者。高速公路交流道下的餐廳老板可以一輩子不上高速公路,而仍得到高速公路的利益。各項建設的利益大多和地域有關,而會表現在地價上。建設利益在地域分佈上的不公平性也最爲顯著 (例如趙家旁邊有車站, 錢家旁邊有垃圾場), 且在土地上資本化的利益,遠比使用公共建設的利益更爲可觀。故漲價歸公不論就公平性或就受益者付費的觀點,都值得加強運用。但目前工程受益費以工程所在一定範圍內爲受益者的做法, 宜檢討改進,因爲許多工程並不是在附近就可受益,也不是在很近的地方才可受益。以交通建設而言, 或可考慮在一般公路左右兩公里範圍、高速公路交流道五公里半徑內、以及各類鐵路車站一定半徑範圍內,依建設的性質或成本,適度提高土地增值稅率,也就是課徵土地特別增值稅。當然,交流道和車站附近土地若能事先全面徵收,則更爲公平。
6. 普遍性的建設,利益及成本與一般建設差距太小的建設,或收費成本相對太高的建設,以及公共財性質很強的建設,皆應避免使用者付費。	普遍性之建設應由稅收來支應。若利益差距小或收費成本高,則所收費用尙不足負擔行政費用,自不應收費。公共財性質強烈之建設,如一般公園,個人之使用和

建議	說明
	享受幾乎不會減少他人之利益時, 不收費以增加利用率可以提高社會福利, 故不宜收費。不過這些建設帶來的開發利益和它們帶動地區發展所造成的政府稅收, 仍可以彌補一部份建設成本, 故政府不必太執著於使用者一定要付費的原則。

土地交易利得課稅問題之建議

1991年11月

一、背景說明

1. 現行土地交易利得稅制之缺點

我國憲法第143條第3項規定:「土地價值非因施以勞力資本而增加者, 應由國家徵收土地增值稅, 歸人民共享之。」此條文明確指出, 土地交易利得應課徵土地增值稅, 以完成漲價歸公之目標。據此, 土地稅法與平均地權條例明列了土地增值稅的課徵。

理論上, 土地增值稅的計徵, 應以土地買賣的實際成交價格為基礎, 方屬公平合理。不過, 由於難以掌握實際成交價格, 現行土地增值稅制不得已乃以土地公告現值為準。然而, 土地現值每年僅公告一次, 故一筆土地在一年內有多次交易獲有暴利者, 在公告現值尚未調整之情況下, 無須負擔任何土地增值稅。再者, 土地公告現值一向偏低, 平均可能不及市價之一半。而且由於土地交易所得已另有課徵土地增值稅的制度, 故所得稅法特別訂有土地交易所得免徵所得稅之條文。從而, 售地者或從事土地投機者常可獲致巨額利益, 不僅免徵所得稅, 若須繳納增值稅, 其稅負也極為有限。甚且, 此一土地交易利得稅制也時常成為關係企業間或企業與其主要股東間從事不當利益輸送之合法管道。(常見的作法是公司將持有的土地以低價賣予其主要股東或刻意安排的人頭, 再由其以市價賣出。)

因此, 現行土地交易利得稅制不僅達不到漲價歸公之目的, 亦與所得稅量能課徵的基本原則不符。既損失了稅收, 也有違社會公平正義。此外, 土地投資 (投機) 之所得稅負明顯較其他投資爲輕, 更是促成過去幾年土地投機盛行, 地價畸型飆漲的一大因素。

2. 恢復課徵土地交易所得稅之爭議

爲了維護課稅公平原則、充裕稅收、抑制土地投機與地價飆漲, 並遏阻部分財團藉土地交易進行利益輸送之情事, 財政部於今年8月間首度傳出在所得稅法修正草案中擬恢復課徵土地交易所得稅之構想。其方案之要點爲: (1) 刪除個人及營利事業出售土地其交易所得免納所得稅的現行規定; (2) 政府徵收的土地, 及個人出售都市自用住宅用地三公畝以內、非都市地區自用住宅用地七公畝以內或一定金額以下之土地, 免課所得稅; (3) 爲避免重複課稅, 農業用地等減免土地增值稅款部分, 視同已繳土地交易所得稅。已繳納的土地增值稅, 也可自結算應納的所得稅額中扣抵, 惟扣抵數不得超過因加計土地交易所得所增加的應納稅額。

土地交易所得稅事實上並非新生的稅目。在1985年年底以前, 所得稅法規定對營利事業應課土地交易所得稅; 惟自1986年起修訂予以免徵。因此, 財政部此次只是擬對營利事業「恢復」課徵, 並對個人的大面積、大金額的土地交易「開徵」土地交易所得稅。

然則, 此一用意甚佳之構想自經報紙披露後, 即不斷遭到各界之質疑與批評。持保留或反對態度者的主要理由, 有下列幾點:

(1) 土地交易所得稅與土地增值稅二稅並存, 易生重複課稅之誤解。

(2) 依實際成交價格課稅, 稅負增加, 售地者將稅負轉嫁, 將使房地產價格更形上揚。

(3) 售地者須先繳交土地增值稅, 再自土地交易所得稅額中扣抵, 使稅務行政趨於複雜。

(4) 規定一定面積以上之個人土地交易方納入課稅範圍, 將誘使土地所有人利用多次買賣分割方式規避稅負。此不僅徒增土地買賣移轉之過戶手續與土地行政之負荷, 且有礙土地的有效利用。

(5) 土地實際成交價格不易掌握; 以之為課稅基礎, 易生以高報低、稅務人員牟利貪污等後遺症。又實際成交價若可掌握, 將現行土地增值稅改依實際成交價格課徵, 即可達到與土地交易所得稅同樣作用, 不必恢復課徵土地交易所得稅。

面對此一不小的反對聲浪, 財政部一方面反覆說明土地增值稅可抵繳交易所得稅, 故無重複課稅之虞, 而且財政部自信可克服取得實際土地交易價格的技術問題; 另一方面也多次指出: 土地交易所得稅僅是迂迴、次要、不得已的備用手段。若內政部能將土地增值稅的計徵基礎由公告現值改為成交價格, 則財政部並不堅持課徵土地交易所得稅。

在輿論要求漲價歸公、打擊土地投機之壓力, 以及財政部與輿論多明白指出, 依實際交易價格課徵土地增值稅是另一直接有效的解決辦法之情況下, 內政部於10月間亦決定依據行政院土地專案小組之建議, 在平均地權條例修正草案中, 將增值稅的課徵方式修正為「土地所有權移轉或設定典權, 依公告土地現值審核計徵土地增值稅。但土地移轉或設定典權之面積或金額超過一定標準者, 按實際移轉價格課徵。同一土地所有權人在5年內分次移轉土地或設定典權者, 其移轉或設定典權之面積或金額應予合併計算。」

至此, 有條件地按實際交易價格課徵土地增值稅或交易所得稅之構想, 可說已獲內政與財政二相關主管部門的共識。尚待決定的問題是, 以實際成交價格計徵土地增值稅或是恢復課徵土地交易所得稅此二彼此替代方案中作一抉擇。唯在10月3日的行政院院會上, 郝院長認為土地交易徵稅只是土地政策中之一環, 應與全盤土地政策一併考量, 故裁示土地專案小組在3個月內就土地政策問題作全面檢討, 提出報告與建議, 屆時再據以決定土地交易利得稅制。行政院所以決定延時裁決, 咸信部分是為了避免此一問題成為影響年底國大代

表選舉的變數。

3. 二稅制方案之優劣比較問題

財政部與內政部所研擬的土地交易利得課稅草案，雖然都擬以實際交易價格作為核稅之依據，故皆可達到增加稅收、漲價歸公與打擊土地投機的目標，但二稅制在下列幾方面，仍存在顯著的差異：

(1) 租稅之主導權

土地增值稅由內政部制定，而所得稅則由財政部主導。以往有關土地增值稅之改革，財政派與地政派爭論不休，看法互異。因此，二稅制之抉擇也涉及了內政與財政二部會職掌之分配。進一步言，土地增值稅是否宜劃歸財政部管轄，以維持稅制之整體性？抑或仍維持由內政部制定，以作為土地政策之一環？應有再加檢討的必要。

(2) 稅收之歸屬

所得稅屬國稅；土地增值稅則屬地方稅，且為目前稅收普遍嚴重不足的地方政府之最主要自主財源。因此，課徵土地交易所得稅可能加深中央與地方政府財政收支劃分問題之嚴重性。

(3) 稅制之複雜度

若課徵土地交易所得稅，售地者須先繳交土地增值稅，然後再自土地交易所得稅額中扣抵。此增加徵納雙方的稽徵與納稅成本，故直接按交易價格課徵土地增值稅較簡單易行。

(4) 預期稅收

土地增值稅係按增值倍數累進課稅，稅率最低為40%，往上還有50%與60%；

而所得稅雖然也是累進課徵, 但綜所稅最高稅率僅40%, 營所稅率更只有25%。此外, 土地增值稅有優先受償規定, 不易發生欠稅; 而所得稅無此規定, 發生欠稅較難求償。

(5) 對土地利用效率之扭曲

土地增值稅採倍數累進課徵, 土地持有期間愈長者, 漲價倍數愈高, 其適用的累進稅率即愈高。因此, 稅率累進有鼓勵短期炒作, 不利土地長期保有與開發的不良副作用。而已經持有長期者, 爲了延遲繳納高累進稅率, 極可能產生閉鎖效果, 寧可坐收租金、任其荒蕪或低度利用, 而不願讓售土地, 以致妨礙了土地的有效利用。相形之下, 土地交易所得稅在這方面所產生的困擾較輕微。

(6) 修法與實施時間

所得稅法每年皆須修正, 故只要行政院有課徵土地交易所得稅之決心, 該年即可提出修法, 並於次年開始實施。土地增值稅則列於土地稅法與平均地權條例中。內政部此次擬將土地增值稅問題與平均地權條例中的其他條文一併檢討修正。然而平均地權條例的修正事涉全盤土地政策之檢討與調整, 牽扯層面甚廣, 其討論與修法恐將曠日費時。因此, 修改土地增值稅制之構想, 須經較長時間才可能實現。

(7) 繳稅時間

如果採用增值稅, 土地過戶之前就須繳清稅款; 若採用所得稅, 則土地交易完成後第二年申報所得稅時, 才須繳交稅款。

綜合以上之分析, 土地交易所得稅除了在修法時效與土地利用效率兩方面略具優勢之外, 加重中央與地方財政收支劃分問題之嚴重性、使稅制趨於複雜、增加徵納成本、稅收數額可能不及增值稅、課稅時點也落於增值稅之後。因此二稅制比較起來, 按實際交易價格課徵土地增值稅應是較佳的選擇。

不過，即或採行按實際交易價格課徵土地增值稅之作法，在稅制與執行細節上，還有一些值得改進或注意之問題：

(1) 實施之時效問題

近幾年土地投機與地價飆漲嚴重，藉土地交易行利益輸送之案例頻仍，兼以所得與財富分配日形惡化，故輿論屢有加重土地交易利得稅負之呼籲。目前，內政部擬將土地增值稅制與平均地權條例之其他條款一併檢討修正。然而，平均地權條例之修正涉及全盤土地政策之檢討，修法所需耗費之時日可能甚長。固然，土地增值稅制應是土地政策之一環，但其政策目標為打擊土地投機、貫徹漲價歸公，與其他土地政策頗有差異，故在制度設計上，與其他土地政策之關聯性不高。因此，內政部允宜就土地稅法或平均地權條例中與土地增值稅相關之條文，儘速完成修法。

(2) 累進稅率之商榷

如前所述，土地增值稅採取按增值倍數累進徵收之作法。此不僅增添稅務行政之複雜性，而且有鼓勵短期持有，不利長期開發，或造成已長期持有者寧可低度利用不願讓售的不良副作用。因此，增值稅宜考慮縮小累進差距，或改採固定的比例稅率。又為了達成漲價歸公的理想，此一增值稅率可酌量從高。

(3) 土地公告現值調整問題

現行依土地公告現值計徵土地增值稅之作法，其最大優點是明確簡便；而最受爭議者，則為公告現值一年僅調整一次，而且比市價顯著偏低。依內政部及財政部之構想，個人售地為小面積或一定交易金額以下者，仍將依土地公告現值課徵利得稅。這將大幅減少須依交易價格計徵增值稅之案件比例，有利於稅務行政之簡化，故為值得予以肯定之作法；但是公告現值仍有必要儘速調整至市價之八、九成，以防止土地所有人藉多次買賣分割方式規避稅負，並兼顧稅制

之公平性。(公告現值所以不建議調整至與市價一致,主要是因市價無明確客觀標準,且偶呈下跌。) 至於現值公告次數是否有必要增加為一年兩次,則可再加斟酌。由於公告現值之調查,每次須耗費相當時間與人力;而在公告現值已接近市價,且大面積及大金額土地交易改依市價課徵增值稅之作法下,土地投機與地價飆風應可有效抑制,1年內多次調整公告現值的必要性也大為減少。

(4) 實際土地交易價格之掌握問題

對大面積或一定金額以上之土地交易,改依實際交易價格課徵利得稅是這次稅制改革方案之重點,但也是爭論最多,在實際作業上最為困難的一點。對實際交易價格之掌握,除了有賴稅政單位藉追查資金流程等方法,防止低報交易價格之外,尚有必要輔以土地交易資料之登記建檔制度,並建立土地估價師制度,以評估申報交易價格之合宜性。此外,宜考慮配合實施「照價徵收」之辦法,成立機構,編列預算,或委由土地銀行辦理,對申報成交價格被評定為偏離市價一定比例以上,且經通知改善仍拒不調整者,賦予照其所申報價格收購,然後再予拍賣之權責,以嚇阻售地者短報實際成交價格。

現行土地增值稅制原先亦係依實際交易價格計徵。其實施結果,低報價格、稅務人員牟利貪污,以及買賣雙方與仲介或土地代書間因密告逃稅而興訟之案例頻生,故後來才改為按公告現值課徵。依目前內政部與財政部之構想,僅對大筆土地交易改依實際交易價格課稅。在大筆交易較為引人注目且較容易查核之情況下,若能輔以公正的土地估價師制度以及照價徵收之辦法,則先前依實際交易價格計徵增值稅之弊端應不難去除。

二、政策建議

建議	說明
1. 儘早確立按實際交易價格計徵的土地交易利得稅制。	為了遏阻土地投機、地價飆風與藉土地交易行利益輸送之情事,應儘早按實際交

建議	說明
	易價格課徵土地交易利得稅。此一利得稅制雖是全盤土地政策中之一環，但與其他土地政策之關聯性並不高，故不必俟全盤土地政策之檢討完成，即可在修正土地增值稅與恢復課徵土地交易所得稅二者間作一抉擇，早日修法付諸實施。
2. 按實際交易價格課徵土地增值稅比土地交易所得稅具有較多的優點，故宜採前者。	土地交易所得稅除了在修法時效與土地利用效率兩方面略具優勢之外，將加深中央與地方財政收支劃分問題之嚴重性、使稅制趨於複雜、增加徵納成本、稅收數額可能不及增值稅、課稅時點也落於增值稅之後。因此，二稅制比較起來，按實際交易價格課徵土地增值稅優於土地交易所得稅。
3. 縮小土地增值稅率之累進差距，或改採固定之比例稅率，並酌量提高稅率。	現行土地增值稅採取按漲價倍數累進課徵之作法，不僅增添稅務行政之複雜性，而且有鼓勵短期持有土地，不利長期開發，或導致所謂閉鎖效果，使已長期持有者寧可低度利用，而不願讓售之不良副作用。因此，土地增值稅率宜適度縮小累進差距，或改採固定的比例稅率。唯為了達成漲價歸公之理想，此一比例稅率可酌量從高。
4. 個人售地在一定面積或金額以下者，仍依土地公告現值計徵增值稅，但應將土地公告現值儘速調整至市價之八、九成，惟仍維持每年公告現值一次之作法。	土地實際交易價格之掌握，一般而言較不容易，且資訊成本較高。又土地投機與利益輸送所涉及的，通常又多為大面積、大金額之交易。因此，只對大面積、大金額的土地交易，按實際交易價格課徵增值稅，而對一定面積與金額以下者，仍按公告現值計徵，應是較合乎經濟效益之作法。唯為防止土地所有人藉多次買賣分割方式規避稅負，並兼顧稅制之公平性，有必要將土地公告現值儘速調整至市價的八、九成。在現值公告次數方面，由於現值之調查與公告，每次須耗費相當時間與人力，而在公告現值已接近市價，且大筆交易改按實際成交價格課徵增值稅之

建議	說明
	作法下, 地價漲勢應可有效抑制, 故提高公告現值調整頻率的必要性也將降低, 宜仍然維持每年公告土地現值一次之現行作法。
5. 對一定面積或金額以上的土地交易, 改依實際交易價格課徵增值稅, 並採以下幾種方法, 確實掌握實際土地交易價格: (1) 稅政單位以追查資金流程等方法, 防止價格低報; (2) 建立土地交易資料登記建檔制度; (3) 建立土地估價師制度; (4) 確立「照價徵收」辦法, 成立機構, 編列預算, 或委託土地銀行, 對申報交易價格偏低達一定程度以上, 且經通知改善仍拒不調整者, 照申報價格收購, 再予拍賣。	按實際土地交易價格課徵增值稅, 最大困難爲實際交易價格之掌握。除了有賴稅政單位之努力外, 資料之建檔與土地估價師制度之建立, 亦有相當大的助益。又若能確立照申報價格收購再予拍賣之辦法, 對低報成交價格者, 必可產生莫大的警惕與遏阻作用。
6. 內政部與財政部二主管部門應協調合作, 共同克服實際土地交易價格之掌握問題。長期而言, 土地增值稅是否宜劃歸財政部管轄, 亦宜加以研究。	土地增值稅與土地交易所得稅之抉擇, 涉及內政部與財政部職掌之重分配。不論日後行政院之決定爲何, 二部門皆有義務協調合作, 共同解決實際土地交易價格之掌握問題。至於土地增值稅制是否宜劃歸財政部主管, 以維持稅制之整體性, 有加以檢討研究之必要。

公平交易法的解釋與執行

1992年2月

　　公平交易法實施在即, 在社會上引發了相當熱烈的討論, 反應出許多不同的觀點與立場。有些人認為公平交易法會使我國未來市場的交易走向公平、公正、制度化的狀態, 對整體經濟水準的提昇有很大的助益。亦有人認為公平交易法會對企業界形成過多的干預, 造成投資環境的惡化。究竟公平交易法的制訂, 會對我國經濟帶來怎麼樣的影響? 應如何解釋、如何執行才能凸顯其正面意義, 降低負面影響? 這是本報告所要討論的主題。

一、公平交易法的內涵

公平交易法共49條, 其內容主要在於規範8種交易行為。

1.　對於獨占事業的規範。公交法第10條明白規定, 獨占事業不得以不公平的方法阻礙其他事業參與競爭, 或從事對商品價格或服務報酬作不當之決定、維持或變更等行為。獨占事業由中央主管認定, 並予以公告。目前主管機關對獨占的定義還在討論之中, 大致上除了市場占有率以外, 還將考慮產品的替代可能性, 事業對產品價格的影響力, 以及阻礙其他事業進入市場的難易程度。至於究竟有那些廠商會被列為獨占, 目前還未確定。被列為獨占的廠商若違反了第10條規定, 將遭受處罰, 最高可以處3年以下有期徒刑。

2. 對於事業結合的規範。根據第11條規定, 事業結合後的市場占有率或規模如果達到某一標準, 必須先經過中央主管機關的審核才可以結合。第12條規定, 如果主管機關認為其結合對整體經濟之利益大於限制競爭之弊, 則得予許可。第13條規定, 如果未向主管機關申請許可而擅自結合者, 中央主管機關得禁止其結合、限期命其分設事業、處分全部或部分股份、轉讓部分營業、免除擔任職務或採取其他必要之處分。

3. 對聯合行為之規範。公交法第7條將聯合行為定義為事業以契約、協議或其他方式之合意, 與有競爭關係之其他事業共同決定商品或服務之價格, 或限制數量、技術、產品、設備、交易對象、交易地區等, 相互約束事業活動之行為。不過有7個例外條款, 包含 (1) 為降低成本、改良品質或增進效率, 而統一商品規格型式者; (2) 為提高技術、改良品質、降低成本或增進效率, 而共同研究開發商品或市場者; (3) 為促進事業合理經營, 而分別作專業發展者; (4) 為確保或促進輸出, 而專就國外市場之競爭採取聯合行為者; (5) 為加強貿易功能, 而就國外商品之輸入採取聯合行為者; (6) 經濟不景氣期間, 為有計畫適應需求而限制產銷數量、設備或價格之聯合行為者; (7) 為增進中小企業之經營效率, 或加強其競爭能力所為之聯合行為者。如果事業的聯合行為不屬於這7個例外條款, 而有違反第7條規定者, 將受到懲罰, 最高亦可達到3年以下有期徒刑。目前市場上有那些行為會構成不正當之聯合行為, 有待日後公平交易委員會的認定, 不過報導中常被引用之事例有過年期間理燙業聯合漲價; 1983年台玻及新玻協議內銷數量依照57對43之比例來分配; 同年煉焦廠統由礦聯公司出面協議, 限制焦炭之銷售; 1987年貨運業者對磁磚業要求調高運費四成, 致使磁磚延緩出貨, 造成價格上揚; 以及1989年紅磚廠協議公休減產等。

4. 對轉售定價之規範。事業對於其交易人就供給之商品轉售與第3人或第3人再轉售時, 應容許其自由決定價格 (公交法第18條), 亦即製造商不得對零售價格有所規定; 有此類約定者, 其約定無效。不過一般消費者之

日常用品, 經主管機關認定有同種類商品在市場上可爲自由競爭者, 不在此限。目前市場上汽車與家電業往往對零售價格有統一規定, 公交法之實施將使這些約定失效。

5. 對妨礙公平競爭行爲之規範。公交法第19條禁止6種妨礙公平競爭之行爲: 包括事業以損害特定事業爲目的, 而影響其他事業與該特定事業之購買、供給及交易行爲; 事業無正當理由, 對其他事業給予差別待遇行爲; 事業以脅迫、利誘等不正當方法, 迫使競爭對手的客戶與自己交易; 迫使其他事業與自己結合或聯合; 以不正當手段獲取其他事業之產銷機密、客戶資料及生產技術秘密; 以及事業以不正當限制其客戶之事業活動爲條件, 而與之交易的行爲。違反這些行爲者, 依照第36條規定, 最高可以處兩年以下有期徒刑。此一規定對於目前市面上一般日用品的交易將有所影響; 此類商品之販賣, 常會有一些特殊的約定, 例如一事業賣甲產品給經銷商, 而該經銷商也一定要購買其乙產品 (所謂搭售), 不然就不賣甲產品給該經銷商, 或者廠商以較大折扣誘使經銷商只賣該廠商的產品, 不賣其他品牌的商品。這些行爲在日用品的交易上非常普遍, 日後可能都會被禁止。另外第五款中所定義之偷取商業情報行爲在各行各業均常見, 例如製造業剽竊其他廠商的生產技術, 以及服務業竊取其他商號客戶名單等; 這些行爲均觸犯公平交易法。

6. 對商品商標之維護。公交法第20條禁止仿冒他人之商標、標誌或名稱。違反本條規定者最高可處3年以下有期徒刑。

7. 對不實廣告之規範。公交法第21條規定, 事業不得在商品或其廣告、包裝或容器上, 或以其他使公衆得知之方法, 對於商品之價格、數量、品質、內容、製造方法、製造日期、有效期限、使用方法、用途等, 或對於事業之營業狀況, 爲虛僞不實或引人錯誤之表示或表徵, 致消費者產生混同或誤認。違反本條者最高可處3年以下有期徒刑。另外, 廣告代理業在明知或可得知情況下, 仍製作或設計有引人錯誤之廣告, 應與廣告主負連帶賠償之責任。目前社會上虛僞不實的廣告相當普遍, 其中尤以食

品、藥品以及建築業最爲嚴重。例如建築業的樣品屋坪數常較實際坪數多10%至15%，而且其廣告上的透視圖亦常與實際的尺寸有所出入，這些行爲以後均將被禁止。

8. 對多層次傳銷的規範。多層次傳銷的定義在第8條，謂就推廣或銷售之計畫或組織，參加人給付一定代價以取得推廣、銷售商品或勞務及介紹他人參加之權利，並因而獲得佣金、獎金或其他經濟利益者而言。第23條規定，多層次傳銷其參加人如取得佣金、獎金，或其他經濟利益，主要係基於介紹他人加入，而非基於其所推廣或銷售商品或勞務之合理市價者，不得爲之。詳細的管理辦法由中央主管機關定之。違反本條規定者，最高可以處3年以下有期徒刑。目前國內存在許多家多層次傳銷公司，素質良莠不齊，部份公司的行爲很像老鼠會，可能會觸犯公交法的規定；至於以商品之實際銷售爲主要營業收入來源的正派公司，則不致違反公交法。

二、公平交易法的解釋與執行有關建議事項

公平交易法的條款，可以依其爭議性大小，概分爲兩大類。第一類爲較不具爭議性的條款，其目的只在於使交易行爲能更趨於制度化、正常化，故在正式實施時，不致受到正當經營廠商的反對；基本上，前述8項規範中的後4項均屬於此類。其中第7項對廣告之規範，旨在匡正廠商以不實廣告來吸引顧客的現象，相信會獲得平常不作誇大廣告廠商的支持。再如第8項對多層次傳銷的規範，其約束對象是以老鼠會型態經營的公司；鑑於這些公司對社會安全與秩序的負面影響，此一條款應會獲得各界的普遍支持。此外，公交法維護商標權益，禁止廠商以脅迫、利誘或其他不正當方法，獲取其他事業的產銷機密、交易對象資料及其他有關之技術秘密，以及禁止廠商無正當理由對他事業給予差別待遇行爲；這些規定的目的都在保護正派經營之企業，並將交易導向公平的方向，

對於廠商、消費者及全體社會都有好處。因此，這一部分條款屬於較容易執行的部分。

另一類條款則是具有相當爭議性的，前述8項規定中的前4項屬於此類。例如廠商的聯合、獨占與事業結合，究竟這些行爲中的那幾種類型對整體經濟及公共利益有益，而不違反公交法？那些又違反公交法？這些問題容易引起社會各界之疑慮。不過，值得注意的是，在公平交易法中，對這些比較具有爭議性的條款，都爲日後法律的解釋者與執行者保留了相當大的彈性。以聯合行爲爲例，雖然第7條明定禁止廠商之聯合行爲，但同條又有七個例外條款；只要公交法的執行機關認定廠商的行爲符合這七個條款，就可以不予處罰。事業結合亦然：公交法第12條規定，如果事業結合對總體經濟的利益大於限制競爭的不利益，中央主管機關得予以許可；此條款中並未清楚定義何謂整體經濟利益，顯然已將解釋權交付主管機關。而第10條對獨占的規定，其內容均加上了有廣大解釋彈性的形容詞：第1款，事業直接妨礙或間接阻礙他事業參與競爭，必須是以「不公平」的方法爲之才會受處罰；第2款，事業決定商品價格或服務報酬，在決定時必須是「不當」的。第3款，事業給予交易相對人特別優惠，必須「無正當理由」；第4款，是在事業「濫用」其市場地位的情況下始成立。由這些內容可知，公交法的規定在文字上均具有很大的彈性，如果解釋得當，不至於令業者動輒得咎；但是從另一方面來看，公交法亦給予主管機關很大的裁量權。可見影響公交法成敗的一個重要因素，就是主管機關在解釋與執行此法時所抱持的態度與所使用的方式。爲了揚此法之利，除此法之弊，以下提出三點建議，供主管機關參考：

建議	說明
1. 建立健全的心態，主管機關 (公平交易委員會) 應體認到，公平交易法基本上是要促成交易的公平性，而不是干擾正常的商業行爲。	公平交易委員切不能因爲擁有很大的裁量權，及爲了增加自己對企業的影響力，而濫用此一裁量權。倘若如此，廠商將動輒得咎，市場上的正常交易也會受到非常多的干擾。主管機關在裁量時應考慮到，

建議	說明
	公交法的立法精神在於低度立法, 亦即在出發點上先假設各企業是好的, 除非能夠確實證明該企業的行爲錯誤, 否則不予懲罰。尤其公交法目前還在試行階段中, 必須慢慢學習及累積各種案例之經驗, 才能瞭解應如何執行, 始對整體社會最好。故公交法在剛執行時, 不宜太過主觀武斷, 而應透過判例的累積, 逐漸摸索出最合適之執行方式。
2. 謹慎判定獨占事業及其不當行爲, 獨占行爲並不能只以市場占有率一個指標來決定, 而必須考慮到其他經濟現況。	舉例來說, 雖然某一個廠商可能在市場中的占有率很高, 但是該廠商並不能阻止其他行業加入市場競爭, 則該廠商事實上面臨潛在的競爭, 應屬於競爭廠商, 而非獨占廠商。此外, 在考慮進出口的可能性後, 許多產業若面臨了全世界的競爭, 可能就不會構成獨占行爲。以美國 IBM 公司爲例, 此公司在美國的市場占有率不低, 但就全世界而言, IBM 公司將面臨世界各國電腦廠商的強力競爭, 由此一立場來看, IBM 公司不能算是獨占廠商。台灣是一個中型開放經濟社會, 更需考慮進出口問題。如果容許一行業自由進口, 國外廠商可以來此自由供應產品, 滿足國內需求, 則國內廠商將很難獨占市場。事實上, 就我國的開放程度而言, 抑制廠商獨占市場的最好方法恐怕是開放進口, 而不是屬行公交法中對於獨占事業之規範。
3. 謹慎判定不正當之聯合行爲。	聯合行爲在我國市場中相當普遍; 根據物價督導會報對台北市25個商業同業公會訂價行所作的調查結果顯示, 只有6個公會不參與會員的訂價行爲, 其它19個公會都參與, 而且有15個公會還制訂統一價格供會員參考。但是這種行爲是否一定不好? 主管機關在解釋時必須非常謹慎。公交法第14條即廣泛地規定了7項廠商可以聯合的例外條款, 相對於這些例外情形, 第7條有關聯合行爲的定義,

建議	說明
	其所規範的行爲反而成爲少數。主管機關在執行時，也應採用這個觀念，亦即主管機關必須確定廠商的聯合行爲會故意阻撓另一事業參與，或故意提高價格，以致損害消費者的權益，才應加以處罰。除了這些情形外，一般的合作、連繫、爲了防止惡性競爭所作的價格方面之規範、或如例外條款中所載爲改善品質、增進效率或降低成本等聯合行爲，均應予以容許。尤其如第6條之規定，在經濟不景氣期間，爲有計畫適應需求而限制產銷數量、設備或價格之共同行爲者，應予以允許。事實上，這些合理聯合行爲之正當性在晚近之經濟理論中亦逐漸受到重視。過去美國在執行反托拉斯法案時，通常對企業間的任何契約或協定均抱以懷疑態度，認爲會阻礙市場競爭；但在晚近的經濟理論 (參見 Oliver Williamson 所著之 Markets and Hierarchies 與 The Economic Institutions of Capitalism 二書) 指出，很多企業間互相簽訂契約，其目的並非爲了限制競爭，而在於消除彼此間的不確定性，並建立長期的合作關係。主管機關在執行時，也應有此一認知，不宜妄加處罰廠商的聯合行爲，而應在有足夠證據顯示此一聯合行爲對社會利益有負面影響時方予以處罰。

三、結語

基本上，公平交易法本身是理想的。就較不具爭議性的法令而言，其實施將可促進交易的公平性，就另外一些具有爭議性的法令而言，其條文上並未作過分嚴苛之規定，而是具有相當大之彈性，給予主管機關很大的裁量權。公交法的成敗，取決於主管機關如何解釋及執行這部法令。如果其解釋與執行是爲了增

大主管機關的權力、增加其對企業界的影響力，並以強硬且吹毛求疵的態度來執行，則此法將會對企業造成很大干擾，導致投資環境的進一步惡化。相反的，如果主管機關能採取前述建議，在心態上先認知此法的真正目的，不濫用法令來增加其權力，同時對獨占及聯合行為作很謹慎的判定，瞭解這些行為之所以要在公平交易法中規範的原因，其相關之但書，及構成處罰要件之行為，則公交法將可獲得良好的執行成果，成為一個良法，進而提升整體經濟環境的水準。

對新市鎮及高速鐵路建設之建議

1992年3月

一、問題背景

為了解決台灣地區之土地與交通問題, 加強交通建設與新市鎮之開發是正確的政策方向。不過, 近來高速鐵路的經費來源及興建方式引起了相當大的爭議, 而新市鎮的開發方向似乎也值得再深入探討。這類重大建議目前所存在的問題之重要根源包括三項: 第一是缺乏國土規劃的具體目標。六年國建的幾項目標雖然極為正確, 但僅屬於上層的目標。若要做好良好的都市及交通建設, 仍須繪出一個清楚的藍圖或目標, 來說明我們想把全島建設成何種形式的地區。具體地說, 台灣西部地區可能發展的方式至少有下列數種:

1. 以大都市為主之發展, 人口及商業密集在大都市及其郊區, 其餘地區為農業及工業區, 即點狀之發展。

2. 沿交通幹道, 使大中小型都市一路相連地發展, 形成帶狀都會, 即線狀之發展。

3. 以中小型都市及社區為主之發展, 依鄉村都市化之方向, 使人口及商業較平均地分佈到廣大的地區, 即面狀的發展。

這三類發展方式當然各有其利弊, 而所需的交通建設及都市發展方式亦各不相同。政府要做成重大的交通建設之決策前, 應該先想好我們到底採行那一類發展方式。

　　相對於政府在國土規劃目標之不夠明確, 目前交通及新市鎮等相關建設計劃的第二個問題是, 政府在各項特定建設上過多的干預, 例如各地購物中心的設置和地點由政府來決定即屬過多之干預。在政府規劃及執行能力非十分良好的情況下, 政府過多的干預使市場機能失去作用。因此, 將來建設的結果極可能效率不高, 甚至不符人民的需要。

　　交通及新市鎮建設的第三個問題是, 土地漲價歸公及土地取得的困難。交通及都市建設有很大的外部利益, 而其中最重要的即是由於這些建設與土地之間的互補性, 相關土地的利用價值將因建設而大幅提高。換言之, 這些建設的主要外部利益是表現在相關土地價格的上漲。因此國父在實業計劃中早已明白指出, 交通建設的財源是土地的增值。他當年主張先借外債來從事建設, 而在未來以土地增值收入來償還。由於目前土地制度無法有效使漲價大部份歸公, 因此, 交通建設的經費便遭遇很大的困難。而土地炒作更使地價因建設而大漲, 造成購地成本的劇增。目前內政部把新市鎮都劃在公有土地內的做法, 恐怕就是為了逃避這種漲價無法歸公及利益團體炒作土地的問題。但這一來新市鎮的數量、大小、位置, 以及高速鐵路的路線等選擇就極可能受到扭曲, 而無法做到最合理的規劃。

　　如果這三項問題不先解決, 交通及新市鎮建設不僅將面臨資金及建設人才不足, 以及規劃不當等問題。以這些建設來平抑地價及改善人民生活品質的目標也甚難達成。

二、建議事項

建議	說明
1. 儘速研商決定西部地區的主要發展方向是點狀、線狀或面狀。長期來看, 面狀可能較為合適, 短期內則可先做大體上屬於線狀之發展。	以大都市為主的點狀發展將造成較多的都市化問題, 都市內的交通及公共設施需求通常較多, 社會及治安問題較大。一般來講, 大都市的環境品質較低而地價及生

建議	說明
	活成本較高。故大都市的發展雖不可避免，但應避免促成更多大都市的產生，或甚至採取只發展大都市的建設方式。線狀及面狀的發展較能促進區域的平衡，而給各地人民較公平的發展機會。台灣地區土地面積不大，面狀的發展應可更充分利用土地，並達成「鄉村都市化，都市鄉村化」的目標，以提高生活品質。因此，線狀及面狀的發展應該是長期發展的理想目標。唯在建設能力的限制下，建設初期只能先就一些較易發展的線及少量的點和面來發展，而不是一下子就做全面的建設。
2. 新市鎮不宜規劃太大。小市鎮、社區，以及購物中心等之地點，不宜全由政府指定，應讓市場機能得以發揮作用。	以最近有關高速鐵路和新市鎮的規畫來看，政府似乎不僅想使目前的大都市更大，同時也要發展幾個數十萬人口以上的中型都市。不過，中或大型新都市並不是我們理想的發展目標。普遍建設小都市和社區應該是更符合我國現況的做法。
	中大型都市的地價往往高於小都市，因此建設新的中大型都市平抑地價的作用較小。同時以建設中大型都市爲主的做法，也將擴大都市與非都市地區地價的差距，而可能增加土地投機者的利益，引起更多利益團體之介入，並且較難達到各地平衡發展的目標。
	另一方面，都市愈大則交通及其他都市問題愈複雜，所需之規畫、建設、以及資金的投入也愈多。就以往開發林口新市鎮和規畫內湖新市區等經驗，以及目前政府的人力物力來看，幾年內要建設好計畫中的新市鎮，恐非政府能力所及。
	即使政府規畫完美，都市中公共建設之外的其他各種建設及工商業活動，畢竟多半仍要由民間來進行。民間卻不太可能在一個新地區裡，同時進行各項投資建設來形成一個中型的都市。

建議	說明
	都市通常是慢慢形成的。在現有都市中，民間投資多半是因應市場需求的變化來發展。若要民間在都市形成之前，即僅依政府規畫來做各種投資，則不僅其偏高的風險會降低投資意願，就算政府設法讓民間去投資，最後也將有很多不符需要的建設出現，而形成資源的浪費。
	若將國土規畫的目標放在眾多小都市及社區的發展，則一方面許多地區都有資格和機會成為新社區，眾多潛在供給來源的競爭，即可減少地價暴漲的不勞而獲，而使地區發展及財富分配較能平衡。另一方面，政府只要有適當的法規來規範，小都市或社區的規畫與開發，可以全由民間自行依市場需求來承擔，政府在規畫、執行及資金方面的負擔可大為減輕。
	政府可行的做法之一，是明定各類土地申請變更用途的條件，包括土地的天然條件、鄰近地區的發展情況、以及土地面積的大小等，允許符合一定條件的土地，由地方政府或全體地主申請變更土地用途，而政府則依這些條件和用途的差異，分別抽取不同比例的土地，做為公共建設和漲價歸公之用。
	在這種辦法之下，只要政府的交通及其他全面性公共建設沒有太大的缺陷，民間及各級政府單位必能找出許多適合的地點來發展新社區，或者發展工業、商業、居住、教育、以及其他服務業皆能相互配合的小型但現代化之新工業都市。而各地區間之競爭，以及政府抽取部分土地以使漲價大部分歸公的做法，也將減少炒作而使地價較為合理。
	若比較以往民間所開發的新社區與政府規畫的新市鎮，同時考量造成台灣以中小企業為主的環境及民族性，即可發現，由政府來規畫十萬乃至數十萬人口的新都

建議	說明
	市之風險太大。政府宜重新檢討目前的計畫,而規劃符合全民利益的整體性交通及都市建設之藍圖。
3. 各項建設吸引民間參與的方法是合理的制度及可以讓市場力量發揮作用的選擇空間,獎勵未必是理想的方法。	最近全國經濟會議的建議案中主張獎勵民間投資新市鎮之購物中心、百貨公司、商業金融辦公大樓、廠房,以及住宅等建設。其實新市鎮若有發展之機會,民間自然會去投資。如前景不好或風險太大,除非獎勵極大,也不易引來足夠之民間投資。勉強獎勵的結果,很可能造成投資之浪費。台灣土地及其建設之需求甚大,只要制度合理,且給民間機會,民間即會投資。若須獎勵,則顯示制度與規劃不良。非法經營的萬客隆等新的經營方式,不但未受到政府特別獎勵,反而受到限制,而廠商在利潤動機下仍然不顧一切地投資這類新商場。
4. 高速鐵路宜在釐清西部地區發展方式,並修正土地政策之後再興建。	若我們要以發展北中南三個大都會為主要發展方式,則高速鐵路路線可做為都會之捷運系統而儘速興建,造成大都會間以鐵路為主之交通形式。目前高鐵的規劃和這種想法較為接近。特別是在新市鎮仍難快速發展起來的情況下,高速鐵路極可能造成三大都會區更大之發展。若我們要採帶狀或面狀的發展,則高速鐵路各站和其他地點之連絡方式必須詳細規劃。在帶狀發展下,高速鐵路各站最好和縱貫鐵路重疊,並將縱貫線改為區域間車次極密,乃至類似捷運系統的經營方式,使旅客要到小站,可在其附近之大站下高速鐵路之後改搭縱貫線捷運到達小站。日本新幹線即具有這種性質。若我們要採面狀的發展,則因事實上大小型都市仍將繼續存在,若要蓋高速鐵路仍可採用類似帶狀發展的方式。惟在面狀發展之情況下,汽車可能是較主要的交通工具,高速鐵路是否必須興建,或只要改善縱貫線即可,

建議	說明
	值得再研究。例如美國東部由於波士頓到華盛頓之間呈現大、中、小都市並存的面狀發展，和台灣西部將來的可能面狀發展方向甚爲接近，但美國東部在沒有高速鐵路的情況下，交通也並未出現重大之障礙。
	由於高速鐵路所需土地甚多，且不管如何興建都會影響廣大土地之價值，宜先修改土地政策，使土地能合理取得並使漲價合理歸公，再來定案與執行。交通部急著買地以防土地漲價的想法可以理解，但實際上和民間追漲搶購的心理並無兩樣，極可能反而助長漲勢。建設的目的不是在建設本身，而是在改善人民生活品質。平抑地價正是其中重要的目標之一。政府和人民不同，不僅不應搶購，反而應冷靜思考如何避免地價上漲的方法。政府宜邀集眞正瞭解問題之人士，以極密集的討論方式，在短期內對土地制度做合理的修改。大規模的會議，如全國經濟會議，或偶而才開一次會的小組，都不易做出良好的建議。
5. 交通制度及其他軟體建設亦須檢討，以減輕硬體建設之需要。	交通部門認爲未來運輸需求將大幅增加，故必須大量從事交通建設。這種因需求壓力而要增加硬體建設的現象在國內極爲常見。但事實上很多需求壓力是可以靠一些其他安排來加以減輕。例如目前台北市內及高速公路之擁擠，自用車之快速增加顯然是主要原因。若更多人願意去坐公共汽車，交通之擁擠即可減輕。但多年來我們在這方面的努力太少，高速公路之公共客運只由二家壟斷的做法更不合理。若高速公路的公共運輸系統能大幅改善，擁擠現象及交通建設之需求皆可減少。另外未來區域間建設若能更平衡發展，不再爲了小孩在台北上學而必須在龍潭上班卻住在台北，則交通的需求亦可減少。香港有些新社區的建設使居住、購

建議	說明
	物、休閒, 乃至教育文化活動皆在相連的幾棟大樓之中, 大形減輕了市內交通的需求。這類軟體面的改進, 值得各政府部門多加研究, 不要面臨任何需求壓力即一味以增加硬體建設來應付。
6. 交通建設由民間投資的構想雖值得考慮, 但其策略必須先詳加研究。	民間雖可投資交通建設, 但許多交通建設的外部利益甚大, 不易由票價來回收投資報酬, 故民間不一定願意投資。交通部門將車站附近土地由投資者取得, 以該部份外部利益內部化的想法原則雖然正確, 但程度卻很難恰到好處, 稍一不慎即可能造成使投資者獲得太多額外土地開發利益的結果。而且交通建設規模龐大, 很可能只有大財團才能參加投資, 故如何使其獲利公平, 以避免社會財富分配惡化而引起人民之不滿, 更值得注意。解決這個問題的辦法之一, 可能是讓可能投資者分別提出計劃書, 其中包括未來票價訂定方式及服務水準, 要求政府協助方式或補助金額等詳細內容, 公開讓競爭者及一般民眾相互質疑, 最後再由政府決定合作的對象。將大計畫先合理分割成小的計劃, 或規定讓更多人民參與投資, 也都是可以考慮的方法。而且這類具體的做法必因特定建設而異, 必須就各特定計劃審慎研訂分別的做法。
7. 以土地信託的方式促進新市鎮開發的構想值得考慮, 但其做法必須詳加規劃。	土地信託係由土地所有者將其權利移轉給受託者, 由受託者籌募資金, 開發建設, 藉受託者的專業能力加以管理運用, 分年取得分紅。土地信託增加土地的供給; 受託者取得信託憑證, 將土地證券化, 可彈性處分。新市鎮的開發, 必須由多數土地所有者取得土地, 由公正的受託者協調土地所有者的權益較易推行。而且土地信託並不買賣土地, 自不致觸發地價之暴漲。不過, 受託者的資格, 信託契約與開發計劃之內容, 委託者的權益均宜詳加規定。在日本, 受託者限於信託銀行。

對長期土地政策方向之建議

1992年5月

一、問題背景

國內各界對土地問題的嚴重性已有共識。在近程政策方面之建議包括, 公共建設所在地點之大面積區段徵收、訂定更有彈性但須由政府收取部份土地之土地用途變更辦法、允許民間投資開發。中小型新工業都市及新社區、訂定法律規範舊市區之更新、加強台北市及近郊之交通和其他公共建設, 以及以空地稅和融資限制來減輕土地投機等做法, 都值得繼續推行。本報告就幾項長期政策方向, 謹提建議供參考。

二、政策建議

建議	說明
1. 空地稅宜分地區等級及使用密度課徵, 且不宜全面課徵。	空地稅是防止土地投機的工具之一, 但空地的存在也是維持合理地價並使人們興建新工程時有充分選擇機會的必要條件。因此, 空地稅不宜對所有空地全面課徵, 而只須對有明顯屯積炒作傾向而使土地低度利用之地區課徵。對付土地投機的基本方法是減少投機的報酬。政府宜從供給面來降低地價上漲的趨勢, 以及利用土地增值稅和地價稅等方法來達成漲價

建議	說明
	歸公。以空地來投機之所以需要再另加懲罰, 一方面是因爲空地實際移轉價格較高, 投機獲利可能較大, 另一方面則是空地之低度利用造成社會資源的浪費。前一種原因, 若增值稅以實際交易價格課徵即可減少投機之報酬。基於後一種原因課徵空地稅時, 應該只對土地不利用之損失較大的地區, 如市中心區, 依損失大小程度之不同, 分區課徵不同的空地稅率。雖非空地, 但故意低度利用者也有同樣之社會損失, 故應依其低度利用之程度課徵空地稅。
2. 地價稅率應以漸進而且預先公告方式提高到較高之水準。	地價稅正如同政府向地主收取地租。若地價稅很高, 則實質上土地有很大一部分所有權屬於政府, 故從長期觀點, 高地價稅也有一些漲價歸公之效果。而高地價稅降低地主淨收入, 也有減少土地收益現值而平抑地價的作用。唯爲避免人民負擔遽增, 可採漸進辦法, 例如未來10年每年增稅多少, 往後20年再每年增稅多少。只要未來的調幅現在即先行宣布, 其影響立即會反映在目前地價之水準。
3. 大量興建國宅的計劃宜審愼評估其效果。	如果地價無法平抑, 且無法提供每一個中低收入家庭國宅, 則國宅政策只使少數人受惠, 並不公平。政府機關規劃興建國宅的效率問題亦頗值擔憂。再以目前六年國建大量工程同時進行之情況下, 再大量興建國宅也可能使營建工人及砂石等建材之供應更成問題。眞正解決國民住的問題仍須平抑地價。國宅若是要出售, 則其唯一主要好處是打破目前建設公司之暴利。但要打破這種暴利可能由下列三種方法著手更爲有效: (1) 加強稽查, 使其暴利現形且須納稅。(2) 協助民間以自行合作之方式從事住宅之合建, 如國父對合作事業之主張。這種合作並可以各政府機關、廠商、或人民團體爲單位加以推

建議	說明
	動。(3) 土地用途變更彈性化, 由政府抽取一部分變更用途土地, 使建地更容易取得, 而避免財團控制大部分乃至全部建地。
4. 公有土地或國宅出租方法須做整體計劃, 且須政府擁有大量土地才可行。	公有土地只租不賣的做法近來受到許多人支持。然而若政府出租之土地不多, 則以較低租金出租的結果, 只是租到的人得到利益, 並不能達到土地政策的最終目的。而對很多人而言, 購買房地產是一種投資方式, 想從中取得土地增值的利益, 故若地價繼續快速上漲而不歸公, 則無土地的民眾雖然因向政府租土地或房屋, 而支付較低之租金, 但在和地主階層有鉅額土地增值利益相比之下, 其財富仍將相對萎縮, 故只租不賣並不能真正解決財富分配的問題。若要以出租公有房地產來解決財富分配問題, 則政府可出租的房地產必須多到能使地價平穩下來 (或有其他政策使漲價大部分歸公)。目前政府擁有之土地恐不足以達到這些目的。若能加強區段徵收及合作開發等方法, 並採取變更土地用途即須由政府抽取一部份土地的做法, 或者採取土地開發權制度, 使任何新增之土地開發權都有相當比例歸政府所有, 則政府即可擁有愈來愈多之土地, 長期而言, 公有土地出租的策略即可能發生平抑地價的作用。不過有關出租之方式, 仍須事先參考外國經驗詳細規劃。
5. 若土地證券化之制度能建立, 則各項公共建設可將受益較大之土地全部徵收, 其中非公共設施使用的部份再證券化, 而以這些證券做為一部份或全部徵收補償費。	這種做法可讓不同地點之地主較平均地得到土地增值的利益。例如高速公路路線上的地主在這種方式下, 可能分得交流道附近新社區之土地證券或股權, 他們抗拒徵收的情形即可減輕。為了使分配更平均, 不同地點之土地證券甚至可加以綜合, 而以相互基金股權的方式補償地主。當然, 土地證券化後如何管理那些土地,

建議	說明
	以及其他相關法規制度，都須先行建立。特別值得注意的是，這種公共建設補償的方法來建立土地證券化，其副作用較小。與之相對照，若證券化一開始就先允許出售證券取得資金再來買地，則可能加深土地炒作的可能性。

對自願就學方案之建議

1992年6月

一、背景說明

自願就學方案始自1990年初李內閣之12年國教, 當時曾引起各界之反對, 5月內閣改組後, 自願就學方案暫緩辦理, 改爲「實驗」方式規劃。1990年9月設置第一年實驗班。當時教育部表示, 實驗至少4年, 若實驗失敗即不再推廣。1991年9月設置第二年實驗班。第一年實驗班學生可選擇接受分發或參加聯考, 第二年之學生則不能參加聯考。1991年底, 台北市教育局宣佈, 從1992年起全面「試辦」。這項宣布引起極大之反對與爭議, 400多名教授聯名反對, 並提出種種質疑。雖然目前的升學考試制度確有改革之必要, 但此次之自願就學方案從各個角度來看並未能眞正解決問題, 反而可能使教育發展更不正常。某些教育主管對於反對之意見不但不能提出合理之答覆, 甚至有意氣或獨斷式的講法, 充分顯示這項方案有待進一步深入檢討。

二、建議事項

建議	說明
1. 這項辦法中的「班級常模五等第」計分方法將增加分數的誤差, 而製造更多不公平及惡性競爭, 故不宜採用。	這項計分法是依 10%、 20%、 40%、 20%、10% 之比例把同班學生分成五級, 分別給予5至1分。這種分數計算方法的

建議	說明
	原意是促使學生不要分分計較, 但事實卻將適得其反。從統計學的觀點, 由百分制改爲5分制, 即是分組資料組距的擴大, 因此必將增加總成績與平均成績的誤差。基於基本統計常識來判斷, 吾人深切懷疑負責這項規劃之人員的能力。強制使中間分數比例最高的做法, 亦缺少實證之基礎。教育界人士常把常態分配掛在嘴上, 但眞正知道什麼是常態分配的人恐怕很少。眞正要常態分配, 分數可得從負無窮大到正無窮大。事實上單一科目學生成績的分配通常不是對稱的, 勉強用一定比例做成對稱分配, 可能使得5分之學生與得3分之學生在實際上只有極小之差距, 甚至可能只是一題之筆誤, 乃至是一題被老師看錯而已。於是, 在事前不知自己能考多好, 也不知各分數之分割點的情況下, 學生的反應可能不是「反正多對一題與否都是4分」, 而可能是「錯了這題就可能由5分掉到3分 (40%的分數差距)」。於是, 學生對考試可能更爲緊張, 壓力更大。
2. 依方案中之辦法, 任何一科一學期成績之變動可能對分發結果有甚大影響, 故除學生每次考試都甚爲緊張之外, 學生、家長、乃至老師將有更大之誘因做舞弊。	依該方案, 一個學生若每科每學期都是班上最好之10%, 即皆得5分, 則在國一占20%, 國二國三各占40%的情況下, 他可得滿分342分。若一個學生的國三國文由5分降爲4分, 則總分會減少342分中之2.4分, 相當於目前聯考 (滿分700分) 的4.9分, 對分發結果影響甚大。舞弊的利益直接而明顯, 無法禁絕。
3. 聯考制度是全區學生相比較, 而本方案則是同班學生自行競爭分數之高低, 故同班學生之衝突增加, 違反教育之本意, 舞弊更將風行。	聯考制度多人一起競爭, 同班同學考好不太可能恰好傷害到同班同學。因此, 同學間互相切磋功課及具有共同榮譽感之情況甚爲普遍。本方案中之計分方法使本班同學必須相互競爭高分。因此, 許多人將不願再和他人切磋, 許多老師及家長將有誘因從中舞弊, 而同學之間可能不只變成冷漠, 甚至可能互相排擠, 打小報告,

建議	說明
	乃至陷害。就學制度之改革不可變成如此。
4. 五育分數並計並不表示五育能眞正並重。本方案整體而言可能破壞五育。	除群育可能因前述相互競爭而遭破壞外，音樂、美術及體育等科目本來是以培養興趣及氣質爲目的，在列入計分後即可能變成爲分數而學習。且這類科目之成績較難精確評定，於是上焉者可能爲求公正，而把這類課程變成刻板的塡鴨式敎育，下焉者則不免有出賣分數或威脅學生之情形發生。
5. 目前的升學問題主要在於大學供給之限制。這個問題及解決，任何其他方案都無法眞正解決問題。	大學入學競爭，使學生想擠入好高中，而爲進入好高中，必須進入好國中，或國中裡的好班。最後階段的瓶頸自然製造了較早階段的競爭。　這個道理和公路上的瓶頸並無兩樣。在大學供應量固定不變的情況下，任何升學方案都只能使一定人數的學生進入大學，增加了某一群人的機會就減少了另一批人的機會。不同的升學方案只是形成不同的競爭方式，不宜只看到原來聯考的競爭不見了，而未注意到國中三年裡在同一班上的競爭壓力及其缺點。在競爭不可避免的情況下，升學方案應促使競爭對敎育的不良影響減少，且使競爭更爲公平而增進敎育投資的效率。目前的自願升學方案從兩方面來看，都沒有好處。若說它有好處，即是在於前述分數誤差的擴大，使一些程度較差的學生反而有更大的機會升入理想之學校，因此那些學生可能感到升學壓力減輕。
6. 解決高中升學壓力的根本辦法是多辦大學，若短期內辦不到，而想減輕學生一時升高中之壓力，則或可多辦高中，並平衡各校之師資設備，使想上高中的學生都能按學區或抽籤分發上高中。	打破文憑主義的辦法是不要去控制文憑的數量，並保證文憑的品質。政府再興辦大學雖未必適當，但放寬並鼓勵民間興學確屬必要。至於多辦高中之辦法，只是權宜之計，大學不增，則高中生之壓力將增加，只是減少國中升高中之壓力。不過，國中階段就可能開始補習考大學。因此，多辦高中並不是根本的辦法。

建議	說明
7. 自願升學辦法引起台北縣市之對立, 將來亦可能使區域間教育資源不平衡的問題少了一條由學生之流動來解決的途徑。	縣市如此對立, 以及台北市教育局長之言論, 實非所宜, 更何況台北縣市應擴大為大台北都會區。
8. 坊間有謠言說急於實行自願升學方案係因總統孫女明年將進入國中, 宜注意謠言之來源。	台大經濟系同事分別由兩個地方聽到這種謠言, 但無法判斷是何方人士散播。

對基本工資之看法

1992年8月

一、背景說明

最近勞委會建議將現行基本工資由11,040元調高為12,720元, 調幅為15.2%。經濟部認為調幅太高, 建議調幅為6.9%。行政院院會已決議相關單位重議後提出建議。從純粹經濟分析的角度來看, 15.2%之調整幅度確實太高。惟勞委會及基本工資審議委員會所提出的這項數字是根據行政院以往所核定, 而且以前已在適用的公式加以計算, 同時上述調整幅度也已在報章大幅報導。故政府若無充分理由即採取較低之調幅, 將遭受批評。

二、建議事項

建議	說明
1. 基本工資之擬定, 不應以滿足勞工基本生活為目的。	(1) 勞動基準法21條規定工資不得低於基本工資, 而「基本工資, 由中央主管機關擬定後, 報請行政院核定之。」其中並未規定基本工資必須足以滿足勞工基本生活。工廠法第20條雖規定「最低工資率之規定, 應以各廠所在地之工人生活狀況為標準」, 但也未明訂要養育多少人和達到何種生活狀況。故法律並未規定最低工資必須滿足勞工的生活需要到何種程度。

建議	說明
	(2) 社會基本生活水準很難認定。若只求溫飽,則基本生活所需之費用並不大。但隨著社會的進步,站在社會公平的立場,應該讓低所得民眾有超過生存所必須之外的享受,而這部份之標準卻很難訂定,勉強訂定標準的結果,可能扭曲勞動市場。
	(3) 政府對最貧困階層的救濟,給予低收入者工作機會和提高生產力之機會,以及改善公共設施,都是使貧困階層生活水準提高的具體辦法。藉最低工資的訂定而做價格管制的效果並不確定。
2. 太高的基本工資將使部份勞工失去工作機會,對其生活反而造成更大之傷害。這些勞工若投入不當行業將影響社會治安。	(1) 我國並無失業救濟制度,工資太高若造成失業,則失業者的生活將比接受低工資時更為惡化。
	(2) 從統計資料看來,目前工資低於基本工資的勞工,主要是低教育之新進女工。如果這類勞工失業,則可能有不少女工因家庭生活壓力而投入色情等地下經濟活動。
	(3) 若低工資勞工確實受到雇主剝削,則提高基本工資可能減少剝削。但若這些勞工的工資和他們的邊際生產價值相當,則除非廠商能將成本轉嫁到價格上,否則提高工資即會減少就業量,而在國內勞工流動性甚大的情況下,賺取低工資的非技術工人很容易轉移工作。因此受到基本工資照顧之勞工不太可能因為沒有基本工資限制就會受到剝削。提高基本工資減少剝削的效果可能遠低於減少就業的效果。
	(4) 依最低工資低報實際工資,以減輕雇主勞保負擔之情形,有必要做進一步的調查,並設法矯正此種不合法的做法。不過,以這樣的方式低報實際工資的工廠如屬於邊際工廠,則基本工資的大幅度調升將迫使這些工廠停業,增加工人失業。
3. 少數偏遠地區或特殊屬性之勞工確有可能被專買者剝削,但增加他們的就業機會可能比提高基本工資更為	(1) 增加就業機會之選擇,即可減少被專買而被剝削的機會。增加就業機會的措施至少包括偏遠地區之產業發展、交通之改

建議	說明
有效。若爲此一目的而制定基本工資，基本工資應低於絕大多數工人之實際工資。擬議中之基本工資超過30萬名勞工之現有工資，似屬偏高。	善、工作能力之訓練、乃至目前對殘障雇用比例之強制規定等。 (2) 我國交通已甚方便，人民知識水準亦高，眞正會被專買者壟斷而維持低工資之低技術工人數量甚少，目前工資最低之30萬工人中絕大多數並非被剝削者。故基本工資不應該如勞委會所建議提升這麼高，高於工資最低之5萬名一般經常性勞工的工資可能即足以防止弱勢勞工被剝削。
4. 基本工資一旦超過實際上的最低工資，則利用公式調整最低工資的方式，若公式不恰當，即有可能引起循環性的工資上漲。而即使不造成循環性上漲，不當的公式也可能使基本工資水準不符實際目標，而產生其他副作用。故基本工資的調整公式宜審愼加以重新檢討。	(1) 如同一般工資的指數化調整 (Indexation) 一樣，最低工資或基本工資如參照實際工資來調整，可能產生循環性上漲的現象。目前所用之公式是否有這種問題，值得加以檢討。 (2) 現行的公式之一是以所得最低之十分之一的家庭之總消費以其中就業人口所除之商，加上製造業平均工資的二分之一，而取其平均，再以消費者物價調整爲現在價格，做爲基本工資。這種公式可能誇大必要的基本工資。就每人消費這部份來說，低所得家庭之平均消費傾向通常較高，其消費甚至可能高於所得，而其所得又不是全部來自工資收入。故最低所得階層的每一就業人口平均消費有可能接近甚至超過其中每一就業人口的平均工資。而就製造業平均工資而言，低工資者的工資幾乎必然小於製造業平均工資的二分之一。因此，以這兩項數字平均做爲基本工資的結果，可能高於實際上低工資階層的工資甚多，而造成執行上之困難。因此這一公式的計算結果去年和今年都未被採用，而採用另一種計算公式。 (3) 現行另一種計算公式是根據製造業勞工平均生產力的增加率來調整。如果這種公式的調整幅度小於上一種公式，則採用這一公式。這就是去年和今年勞委會建

建議	說明
	議之依據。企業界認為勞動生產力之增加並非全屬勞工的貢獻, 故不應全屬勞工所有的主張雖不無道理, 但實際上工資成本只占總附加價值的一部份, 即使照平均生產力的增加率來調整工資, 工人並沒有拿走生產力增加的全部成果, 而只拿走工人原來在附加價值中之比例。這樣的調整是拿走太多或太少, 要依生產力增加的原因而定。根據平均生產力增加率調整的最大問題是各類勞工生產力的增加並不相同, 而在經濟發展過程中, 非技術工的真正生產力極可能是增加較慢的一群人。我國近年來的產業發展也明顯傾向於高技術人力密集產業。故以製造業勞工平均生產力的增加率來調整基本工資, 極可能高估非技術工人生產力增加的程度。如前面之分析, 依據另一公式調整可能造成非技術工人的失業。
5. 經濟發展過程中, 非技術工人工資及生產力提高的正常途徑是促使其相對稀少性增加。政府宜採取措施, 增加技術人力、減少引進外籍非技術工人、以及加強技術訓練, 而非採用價格限制的方式以提高低工資者的工資。	(1) 美國的清道夫和搬運工人不會比台灣同樣的工人更有技術, 但因供給相對較少, 工資自然提高。這種相對稀少性之改變是一國把經濟發展成果分享低生產力者之重要途徑, 也是我們要走的正確途徑。 (2) 政府若決定不採用行政院以往核定的調整公式, 則除了向勞工界清楚說明以往公式之缺陷, 以及不宜大幅調高基本工資之道理外, 也應同時宣布採取減少引進外籍非技術工, 以及加強非技術工之技術訓練等政策, 以市場力量來提高低工資階層之工資, 以避免勞工之反彈。

對土地增值稅按實際移轉價格
課徵方法之建議

1992年9月

一、背景說明

內政部最近研擬了「當前土地政策及其實施方法報告」，其中考慮的層面已較以往之土地政策周詳，但仍有許多值得補充改進之處。而近日內政部又把原擬對非自用住宅用地按實際移轉價格課徵土地增值稅的辦法，縮小爲只對一年內不止交易一次的土地按實際移轉價格課稅。這項轉變很容易被聯想爲受財團之壓力而做成的讓步，甚至有些官員也以正義的化身自居來展開批評，採行二分法，造成社會的兩極化對立，任何改進或修正意見均被刻意貼上「與財團掛鉤」或「向旣得利益妥協」等標籤。因此，原已不甚完善的土地政策規劃甚至有可能演變成泛道德或泛政治化的爭議，而失去理性的研究、思考，以及決策。當務之急應是更理性而充分地研究，以提出完整的土地政策。

二、建議事項

建議	說明
1. 土地政策的根本目標，是要在合理的成本下，讓人民與企業得到生活或生產上所需要的土地。漲價歸公主要是做爲達到上述目標的手段之一。它本身雖然也具	若完全站在公平的觀點，土地漲價在扣除一般物價上漲率之後的部份，應該百分之百歸公。然而土地交易時的增值利益若眞的要百分之百歸公，則人們出售土地的

建議	說明
有避免不勞而獲,以使社會財富分配更爲公平之目標,但不能只爲了分配公平的目標,而忽略了土地政策的根本目標。	意願將大爲降低,發生閉鎖效果 (lock-in effect),土地將不易移轉到較有價值的用途上,降低土地利用的效率。而在不是百分之百漲價歸公的情況下,稅率及課稅方法須在公平及效率之間取得一個平衡,不宜只談公平或只談效率。
2. 土地增值稅的眞正的爭論點在於實際稅率的高低。到底是按公告現值或按實際交易價格課徵,並不是問題的關鍵所在。	在不是百分之百漲價歸公的情形下,按實際交易價格課徵,或是按較低的公告現值課徵,但提高其稅率,可達到相同的實際稅率,而當實際稅率相同時,它們的效果也就沒有重大的差異。因此,並不必從道德面去強調非按實際價格課稅不可。在按公告現值課稅時,必須檢討的是,實際稅率有時候爲何讓人覺得偏低。這種實際稅率偏低的主要原因第一是公告現值偏低,第二是現值每年只公告一次,第三是稅率累進的方式不合理。其中第三個原因即使改按實際交易價格課稅也不能解決。至於第一及第二兩項,理論上若能眞正改按實際交易價格課稅,確可以解決問題。不過政府若有本事查知實際交易價格,也就有本事經常公告接近事實的土地現值,因此第一及第二項原因解決的關鍵仍在於政府如何取得實際交易價格,而不是按實際交易價格或公告現值課稅。到底實際交易價格較好或公告現值較好,要看在政府資訊有限的情況下,那一種方法較能使大家公平地負擔相近的實際稅率而定。兩種方法的選擇是行政效率的問題,不是道德問題。本報告認爲第四點建議中之混合方法較爲可行。
3. 內政部只對一年內不止交易一次之土地按實際交易價格課稅的辦法並不妥當,不宜採行。	買賣雙方很容易設法拖延過戶時間,而投機者也多半不須要一年內交易兩次。同時這項辦法中的實際交易價格仍然很難取得,以時間而非以土地性質來課徵增值稅的做法,也使土地之前一次交易價格如何核定費思考。如果以公告現值計算,則

建議	說明
	明顯加重稅負, 對不得已而須做二次買賣的人不公平。如果以公告現值加成或其他方法來估計, 則除了不準確之外, 有時也可能反而成為一個避稅的方法。因為中間有一段地價之增加是免稅的, 而估計的前次交易價格也許偏高。因此若把未來再交易所需負擔的稅考慮進來, 說不定按實際交易價格課稅的結果有時反而能節稅。
4. 為了得到實際價格, 政府應該使土地交易更公開化, 而不能只依賴政府的查核。因此最好能建立土地交易公告制度; 凡是單一地主擁有的土地超過一定標準, 或者一次交易中之土地超過一定標準, 或者同一土地在一定期間內交易超過一定次數時, 或者政府指定的特定地區內的土地, 其土地交易應先行公告, 公告期間第三者出價高於公告價格一定比例時, 即應出售給第三者, 或按第三者所出之價格徵收土地增值稅。	一般商品多半大量生產, 產品標準化, 且有生產成本做為其價格之客觀依據, 因此政府按廠商自行申報的實際交易價格課稅通常沒有太大的問題。但像進口品實際上仍有許多高價低報乃至高關稅商品偽報為低關稅商品的情形。土地的交易較少, 每塊土地各有特色, 同時又沒有生產成本可資參考。因此, 其價格之查核遠比一般商品困難, 勉強要查核勢必導致貪污和關說之類的困擾。較好的辦法是讓交易公開如上述。為減少交易雙方之困擾, 可規定第三者之出價至少須高於原申報價格百分之十以上才有效。藉這種公開交易方式所取得之地價資料, 也可以協助政府評估相近地段之地價, 而可使公告現值更接近實際價格。
5. 以實際交易價格課徵增值稅的初期, 若要減少衝擊, 與其估計前一次交易時之實際交易價格, 不如按此次實際交易價格與公告現值的加權平均做為課稅之依據, 而逐年調高實際交易價格的權數。	估計以前之實際交易價格會遭遇困難, 而易有爭議和弊端。依當時公告現值加成的做法, 對公告現值偏低之地區仍不公平。若政府長期而言仍是想讓公告現值接近市價, 則本辦法將使所有土地價格經過一段期間後皆由公告現值逐漸增加到市價, 負擔較為公平。若由政府估計前一次交易實際價格, 或按當時公告現值加成, 則因其中的誤差較大, 且誤差集中在新辦法實施後的首次交易中實現, 因此較不公平。而且長期而言, 推估前一次交易價格的做法將使由當時公告現值漲到推

建議	說明
	估出來之前一次交易價格之間的地價上漲所得完全免稅。本建議雖然可能使一部份所得暫不繳稅，但只要此土地未來不能用自用住宅為理由免稅，增值所得遲早還是要繳稅，因此較為合理。另外值得注意的是，不管是財政部或內政部的建議，前一次交易價格的認定都是一個永遠存在的問題和可能的漏洞，因為有的土地可能變更用途，而每塊土地都可能有時一年內交易一次以上，而有時一年以上才交易一次。
6. 增值稅的稅率應依持有時間而改變，持有愈久者稅率應愈低，而持有時間愈短者則愈高。	土地增值利益也是一種所得，持有時間愈久，則分散到各年的真正所得就愈少，因此在未能和其他所得合併課稅的情況下，持有時間較長者宜適用較低稅率。然而目前依上漲倍數累進課稅的結果，持有愈久反而稅率愈高，並不合理。若要依上漲倍數累進課稅，則此上漲倍數應該改為持有期間扣除一般物價之上漲率後，每年平均之上漲倍數，較為公平合理，且對短期之投機行為產生壓制作用。而長期囤積土地者，則應課徵空地稅等其他方法增加其稅負。
7. 土地政策是整體性之政策，各種措施從其本身來看都有其弱點，重要的是要讓所有措施同時施行之後，土地價格才能夠合理。目前許多議論只就增值稅一項來爭議，很容易讓人忽略整體政策之重要性。	若地價暴漲，即使百分之百漲價歸公，一般人民和生產者仍要面臨高昂之地價，而影響其生活及生產活動。若嚴重土地不足，或者貨幣當局讓貨幣供給及放款大量增加，則即使增值稅能使投機者卻步，地價仍會高漲。因此增加對住宅及工商業所需之土地的有效供給，改進土地利用效率，與健全土地交易制度，加強交通及其他公共建設，以及防止金融過度膨脹等等，都是土地政策必須考慮的層面。而這種整體性的考慮尚待加強。

土地增值稅課徵方法之分析與建議

1992年11月

一、背景說明與問題分析

近幾個月來, 全國輿論界為了土地增值稅的課徵方式問題, 呈現兩極化的對立, 甚至演變成泛道德化與泛政治化的爭議。此一問題在行政院對平均地權條例修正草案之審查會上也因而遭到蓄意規避, 以致迄今懸而未決。唯這項深受矚目之政策改革仍宜及早定案, 以促進土地市場之正常化。

實際上, 國人對於改進土地政策以防止投機炒作, 並平抑地價的目標, 都有共識。政策改革所面臨的困難是如何在技術上達到真正的公平, 並使一般未從事投機炒作的民眾瞭解其利益不會受到不公平的傷害。解決這些困難的主要辦法, 即是要把各種辦法所可能遭遇的困難及這些辦法能夠成功的先決條件詳細加以討論, 而規劃出使這些先決條件能夠逐步達成的做法。等到先決條件都能滿足之後, 新的政策自然就可以順利推動。目前增值稅的問題可分成稅基和稅率兩部份, 而稅基的部份可再分成目前價格, 前次移轉價格, 以及建築及土地改良部份價值等之認定等三項, 稅率的部份則包括長期合理的稅率, 以及稅基計算方法更換期間的合理稅負等兩項。這些問題如能一併考慮, 而提出整體性能相互配合的方案, 並先行建立配合這些方案的必要制度架構, 則稅制的改革必可得到人民的支持而順利推行。

以下就各項問題分別加以分析:

1. 目前價格之認可

以公告現值做爲目前課稅價格的好處是明確, 但現實上卻發生偏離市價或實際
交易價格太多, 且各地偏離程度不一致的情形, 而造成明顯的不公平。實價課
稅或調高公告現值接近市價兩種方法都是想解決這個問題, 但也一樣都會遭遇
到市價難以掌握的問題。財政部認爲一般商品都能按實價課稅, 土地當然也能。
但是一般商品多半是相似或相同品質的產品有多次交易乃至有多家廠商生產,
且有生產成本做爲價格之參考, 因此廠商申報的價格較不會失眞。儘管如此,
貨物稅仍不容許廠商自行申報價格, 採用和公告價格相似而由政府公告的完稅
價格來課稅。財政部不久之前也因爲不易解決高價低報的問題, 而將一批商品
改按數量而非價值課徵進口稅。土地交易較少, 每塊土地對不同買主的用途也
大不相同, 而且土地沒有生產成本可資參考。因此, 土地的價格比一般產品更
難認定。

財政部曾提出五種掌握移轉價格的辦法, 但這些辦法即使一起使用, 也仍
有不少漏洞。財政部的第一種方法是認爲守法者占多數, 只要對少數低報價格
者加強查核從重處罰, 即可發生阻嚇作用。然而在現實利益誘惑及集體犯罪不
易被抓的心態下, 不守法者仍多, 且執行單位在未深入調查之前, 也不知道誰
是不誠實的。因此, 須做調查的案件仍多, 而且執行單位選擇性調查的結果, 可
能使有辦法的人照常逃稅, 而沒有辦法的人吃虧。執行人員的操守也極可能因
種種壓力和誘惑而趨於惡化。其實由目前所得稅逃漏的情形即可證明, 大家的
誠實申請目前仍不容易做到。

財政部的第二種方法是由資金流向及資產淨值查核來著手, 或由營利事業
的帳證記錄來查核。這種辦法在針對過去發生的事也許有一些用處, 但未來一
旦成爲正式做法, 人們自然會先設法預防, 像一些貪污者把錢直接存到國外一
樣, 並不容易追查。而數量一多追查的成本也大幅提高。目前即使針對少數逃
漏稅、背信、或貪污的案件調查資金流向, 其結果仍未能完全令人信服。

財政部的第三種方法是認爲買方基於下次移轉時稅負的關係, 不願意配合

低報價格。不過, 增值稅在自用住宅及繼承之土地皆可減稅或免稅, 將來甚至生產用地也要減稅, 而且下一次交易可能是在多年之後。因此, 低報成交價格帶給賣方的現在利益可能遠高於買方之未來損失, 雙方因此有甚高的誘因來串通, 賣方得以較高價格出售土地。

除了上述三種方法以外, 財政部也想利用仲介、廣告、以及其他資料, 藉電腦建檔作爲查核之輔助工具, 這即是其第四和第五種方法。這些做法掌握到的多半是自用住宅的參考價格, 用處較小。大家認爲最該加強課稅的大宗土地投機性買賣因爲案例較少且較會設法虛報, 價格仍不易掌握。

這些價格掌握之困難在採取公告現值制度時也一樣存在, 但性質略有不同。目前平均而言, 公告現值低於市價甚多的現象是執行單位有意造成的, 並不難改正。不過, 既使改正了這個缺點, 各塊土地的實際價格與附近地段平均地價仍有甚大之差距, 而要精確掌握這些差距可能比掌握有買賣之土地的實際交易價格還要困難。因此, 政府對地價之資訊若未能改善, 則調高公告現值和按財政部之方法進行實價課稅所造成的不公平性略有不同。各地段之公告現值若能調到接近平均市價, 同一地段各土地公告價差不大, 則其不公平在於特定土地和附近地段平均地價之差異未被考慮, 是一種制度和資訊不足所造成的不公平。而以查價方式來進行實價課稅, 則主要的不公平在於有人較有辦法規避, 甚至可能有辦法不被查核。因此, 其不公平性和個人特權有關。原則上後一類不公平性很可能比前一類更爲嚴重。

爲了取得更正確的地價資料, 交易的公開化至爲重要。在公開交易制度充分建立之後, 稅基即可以較爲公平。而在此之前, 我們也可以先建立土地交易公告制度, 符合一定條件的土地買賣必須公告, 第三者出價高出一定程度時即須賣給第三者, 或按其出價納稅。其他土地則按這些實際交易價格資料, 以及其他資料以較客觀合理的方式來推估, 而不是由地方上的地價評議委員來決定。有關土地交易公告制度在前呈「對土地增值稅按實際移轉價格課徵方法之建議」已提出具體建議, 不再重覆。

2. 前次移轉價格之認定

即使目前價格能正確掌握，公平的增值稅尚須掌握正確的前次移轉價格。而在制度轉變的時期，甚至兩項價格都正確也未必公平。不管是按實價課稅或調高公告現值接近市價，如果以前次移轉時之公告現值做為前次移轉價格，都可能使出售土地者之增值利益被誇大，而使其稅負意外地增加。這種增加並不公平，容易引起人民的反彈。

有些人士主張按上次移轉時之公告現值加成做為取得成本。但各時期，各地區乃至各筆土地公告現值和市價的差異都不一致，要分別估計加以調整並不容易做到公平。若有利害關係人士介入，又可能產生另一種不公平。若未來採取部份土地實價課稅而部份土地按公告現值課稅的雙軌做法，則未來仍須不斷估計前次交易價格或市價，因為某一年以自用住宅名義出售而按公告現值課稅的土地，一段期間之後可能又當一般土地出售而須按實價課稅。這種情形若政府未有市價資料，第一次交易的雙方甚至可以故意高報地價來減少第二次交易的稅負。若政府要採取這種加成的做法，一定要先試查一些實例加以估計並加以評估其可行性，以免施行後才發現不可行。

以公告現值加成做為取得成本的另一個缺點是，從新辦法實施時之公告現值到實施當時市價之間的增值利益將可能完全免稅。人們可在新辦法實施前辦一次移轉，按公告現值納了增值稅之後，下次交易即可按目前市價做取得成本來納稅。由於近年來地價的上漲是空前的，也因此而造成公告現值和市價大幅偏離的現象，甚至各地偏離的程度大不相同。以公告現值加成做前一次移轉價格的做法稍一不慎，不僅因為稅基中斷而損失大量稅收，而且各地主分到的利益可能不公平，最近幾年炒作土地者能設法免去大筆稅負更是不公平。

雖然目前公告現值低於市價，但政府從未放棄將公告現值調到接近市價的目標。許多人民也瞭解他買的土地即使不漲價，因為公告現值逐漸調整的關係，將來出售時仍須負擔一部份增值稅。因此，目前公告地價偏低並未使增值該課的稅完全流失，其中至少有一部份可以由未來的稅收彌補回來，並不像直覺上

所想的那麼不公平。倒是以公告現值加成做為前次交易價格，反而會使稅基及稅收大量流失。目前公告現值低於市價，可說是累積了未來的稅基，將部份增值稅收移到未來。這種作用在地價起伏波動時可以使增值稅收較為平穩，並使公告地價不易因地價下跌而低於市價，因此並非一無是處。由此看來，以公告地價加成做為前次交易價格，不只是不公平，其實也等於政府放棄了一筆本來人民知道遲早該納的稅，並非適當的做法。未來不管目前地價要採實價課徵，或要調高公告現值使其接近市價，前次交易價格都以不調整較為恰當。而這樣所造成之稅負提早實現的問題，則以稅率的調整來著手更容易做到公平。

3. 建築及其他土地改良之價值與增值如何分割之問題

一般國家皆將房地產合併課稅，我國為了配合平均地權的土地政策，而將房地產分開課稅。當土地上建築有房屋時，其買賣售價甚難區分土地與房屋的成交價格。因此，一旦土地增值須按實價課稅，而房屋的增值不予課稅，則房地產移轉時，納稅義務人即有動機低報土地成交實價，提高房屋部份的成交價格，以規避土地增值稅的負擔。其他改良之投入除有類似問題之外，其價值的估計亦頗為困難。不過，若土地公開交易更為普遍之後，地價的推估可以更為正確，這些問題的重要性將相對降低。

4. 長期合理稅率

目前增值稅按上漲倍數累進課稅的做法，使持有土地愈久者稅率反而愈高，可說是對投機者有利而對長期使用者不利，有改進之必要。以固定比率課稅是一種簡單可行的辦法。若仍然維持按漲價比例累進課稅，而把漲價比例定義為持有期間每年平均漲價比例，則對防止投機更有幫助，而且也可以解決一部份政策改變對民眾的衝擊，值得考慮採行。

理論上最公平的辦法是把財產交易所得併入綜合所得課稅。不過，在技術限制下，這類交易所得通常只能攤到最近幾年所得中課稅，對長期持有財產者

也不完全公平。若把增值稅看成增值收入之所得稅, 則其他條件不變, 持有愈久者分攤到每年的所得愈少, 適用較低稅率應屬合理。而短期投機者適用較高稅率, 將有打擊投機的作用。這種持有較久, 稅率較低的做法, 也可以使長期持有者減輕由於稅基計算方法調整而受到的傷害, 有利於制度之改革。至於長期屯積土地者, 則不僅可課徵空地增值稅的方式來對付, 也可以採用空地稅來懲罰, 不必完全藉增值稅率加以抑制。

5. 制度更換期間的合理稅負

由於目前公告現值的偏低, 將來做合理化的調整, 不少人的稅負勢必意外地增加, 而造成他們意外的損失, 並導致不滿。因此, 政府必須提出合理的解決辦法。以提高前次交易價格, 縮小稅基來減輕稅負的做法可能免除了太多的稅負, 並造成不公平, 其道理已在第二項中說明。若為免過份加重調整過程之稅負而降低稅率, 則實際上不容易做到公平。而且可能使長期稅率因此而偏低, 其採行須審慎。公告現值的逐步提高不僅和政府一向的政策宣告相一致, 而且也可以避免稅負的遽增, 可考慮採行。唯為避免在按公告現值交易與按實價課稅的土地之間的不公平, 按實際價格課稅的部份也可按實際價格和公告現值的加權平均做為課稅價格。政府可以5年為期, 讓5年後公告現值達到市價的八成以上, 同時價格透明化的交易制度也應建立起來, 而使不管按實價或公告現值納稅的土地之稅負皆相差不多。這種漸進的地價調整, 加上前述依持有時間調整漲價比例的稅率制度的引進, 以及政府增加土地有效供給與交通和其他公共建設以平抑地價之努力, 應可使人們不致覺得負擔增加太多。

由這些討論可看出, 不但土地問題需要其他多種政策相互配合才能達成目標, 即使是做為土地政策之一環的增值稅, 也需要很多種手段同時配合才能達成預期目標。增值稅的改進應該同時做好這些配合措施, 不宜在配合措施未推行甚至未研擬之前, 就先宣告乃至單獨施行, 以致人民負擔遽增或遽減。

綜合上述討論, 土地增值稅宜採雙軌制, 即可能涉及投機炒作之土地以實

價課稅爲原則, 而其他土地則以公告現值課稅, 但公告現值應在5年內逐步調高到市價之八成以上, 而按實價課徵之部份則宜建立土地交易公告制度來防止地價低報。事實上內政部和財政部的方案也都是雙軌制, 只是實價課稅的範圍不同, 同時未提出取得實價的可行辦法而已。若將來土地交易制度能夠更爲透明化, 則雙軌制即可合併爲單軌。

配合目前課稅價格之改變, 前次交易價格雖不必調整, 但應該以前述課稅價格的漸進調整, 以及稅率的合理化, 來避免人民負擔之遽增。這項稅率的合理化除了稅率本身可比照所得稅率降低之外, 也可考慮讓稅率隨持有期間每年平均上漲比率的提高而增加。不過, 有關稅率及其累進方式, 皆須再加研究。

至於變更地目或土地使用限制所引起的增值利益, 因其增值可說完全依賴公權力在一瞬間所造成, 和一般增值不同, 故最好另訂辦法課稅, 且在變更時即課徵, 不必等到第一次交易。

二、政策建議

建議	說明
1. 採取土地公告現值與實價課徵二者並行之雙軌制, 對涉嫌土地投機炒作、利益輸送以及變更土地用途賺取暴利者, 依照實際成交價格課徵土地增值稅, 其餘仍依公告現值課稅; 公告現值應依據實際可得資料來調整, 而在5年內達到市價之八成以上爲目標。價格透明化之土地交易制度建立後, 兩軌制度即可合而爲一。	對涉嫌炒作、利益輸送與變更土地用途者, 應依實際成交價格課徵增值稅。至於其餘土地交易, 則因慮及掌握實際交易價格之成本、上次土地取得成本之認定不易, 以及房地產增值難以分割等實務處理上之困難, 仍宜暫依公告現值課稅。
2. 內政部與財政部應審愼研究, 尋求共識, 訂出原則或標準來認定涉嫌投機炒作或利益輸送之土地交易, 將之納入實價課徵之範圍。	在實際作業上, 如何判斷那些土地交易涉嫌投機炒作或利益輸送, 並非易事。主管部門應審愼研究, 使訂出的判斷原則或標準能客觀明確, 而且不易讓有心者藉法律漏洞規避之。
3. 建立土地估價師制度、以及土地交易公	符合前述原則或標準, 被納入按實課稅的

建議	說明
告與資料登記建檔制度等, 使土地交易制度化、公開化、透明化, 以協助稽徵機構掌握土地的實際成交資訊。	土地交易, 或在一定期間內曾經變更過地目, 或交易面積達一定標準, 或者政府指定的特定地區內的土地, 其交易必須由土地估價師簽證, 且須先行公告。公告期間第三者出價高於公告價格一定比例時, 即應出售予第三者, 或按第三者之出價徵收土地增值稅。
4. 建立照價徵收辦法, 成立機構, 編列預算, 或委託土地銀行, 對申報交易價格偏低達一定程度以上, 且經通知改善仍拒不調整者, 照申報價格收購, 再予拍賣。	若能確立照申報價格收購再予拍賣之辦法, 對低報成交價格者必可產生莫大的警惕與遏阻作用。
5. 改組或廢除各縣市的地價評議委員會, 酌量增加調整公告現值之次數, 甚或對地價大幅波動地區機動調整公告現值, 或宣布該地區之交易全部必須公告。	目前各縣市的土地公告現值必須經過地價評議委員會審定, 而委員會的成員包括若干民意代表與地方「公正人士」, 極難避免地方利益團體與金錢勢力的介入, 故宜將之改組或廢除。而且視地政人員之負荷能力, 酌量增加調整公告現值之次數, 以及對地價大幅波動, 有炒作之嫌的地區隨時機動調整公告現值, 將可縮小公告現值與市價之差距, 也有助於抑制投機炒作。
6. 改採固定比例的土地增值稅率, 或依持有期間每年平均上漲率累進之稅率。	現行土地增值稅採取按漲價倍數累進課徵之作法, 不僅增添稅務行政的複雜性, 而且有鼓勵短期持有土地, 不利長期開發, 或導致所謂閉鎖效果, 使已長期持有者寧可低度利用, 而不願讓售之不良副作用。
7. 變更地目或使用限制之土地, 應予變更時即對其增值利益課稅, 且稅率應高於一般增值稅率。	這類變更的利益全由公權力造成, 和一般增值不同, 且又是目前問題極大之不法利益來源, 宜另訂辦法課稅。
8. 除了土地增值稅制之改革外, 應由維持穩健的貨幣政策、放寬農地使用限制、妥訂國土規劃與改善交通建設等方面著手, 來穩定地價, 減少炒作; 並以區段徵收、市地重劃與綜合開發計劃等為手段, 協助達成土地漲價歸公的目的。	土地增值稅只是抑制土地炒作與達成漲價歸公的許多可能措施中的一環。主管機構除了關注土地增值稅之改革外, 對其他的可能措施也應予以足夠的重視。尤其中央銀行對其維護物價穩定與金融秩序的基本角色與職責, 應該有清楚的認

建議	說明
	識。1980年代後半,因為貨幣政策沒有在適當的時期有效地加以執行,所以太多的貨幣追求有限的股票與房地產,投機風潮四處擴散。超額流動性所導致的股票與房地產價格大幅度上漲,扭曲證券與不動產市場的正常功能,敗壞工作倫理與社會風氣,造成社會財富的集中與所得分配的不均。中央銀行應該有可信賴的專業基礎,充分了解過去的教訓。

土地增值稅課徵方法之分析與建議

1992年11月

一、背景說明與問題分析

近幾個月來, 全國輿論界為了土地增值稅的課徵方式問題, 呈現兩極化的對立, 甚至演變成泛道德化與泛政治化的爭議。此一問題在行政院對平均地權條例修正草案之審查會上也因而遭到蓄意規避, 以致迄今懸而未決。預料此一爭議在年底立法委員選舉期間及其後必將再度浮上抬面, 成為舉國矚目的焦點。

　　任何政策的修訂, 都應在「理想」與「務實」二者間, 求取適度的平衡點。過於「務實」, 將陷於裹足不前, 積重難改, 進而失去民心; 空有「理想」, 則易流於不切實際, 滯礙難行, 甚而賠上政府的公權力。現行依土地公告現值課徵增值稅之方法在公告現值比市場價格嚴重偏低, 以及一年僅調整一次的兩項重大缺失下, 不僅造成土地增值利益幾乎完全歸私, 而且大幅助長土地投機炒作與企業大股東藉土地交易進行利益輸送之歪風。再者, 財團或特權階級透過政治上的運作, 將賤價收購的農地或山坡地變更用途, 坐收土地增值的暴利, 也是現制下飽受批評的弊端。這些現象所造成生產意願低落、投機盛行、官商掛勾、公理正義淪喪, 以及所得與財富分配惡化等問題, 已普遍引國人的反感, 亟欲政府在土地增值稅之作法上有所更張。當9月初內政部變更立場, 由支持按實際交易價格課徵增值稅, 改而恢復仍按公告現值課稅時, 反對與批評之聲浪所以高漲, 甚至演變成情緒性與泛道德的訴求, 其根本原因即在於對土地增值稅現制的嚴重不滿。民意既然如此, 土地增值稅至少在某個程度或範圍內反映

「理想」, 按照實際交易價格課徵, 以抑制投機炒作、利益輸送, 以及變更地目之暴利, 並將實價課徵明白提示為長期努力目標, 已是不得不走的一條路。

依實際交易價格課徵土地交易利得稅, 乃是各國普遍之作法。惟我國若欲遽然全面改依實際交易價格課徵土地增值稅, 確實也存在著下列三項難以克服的問題:

1. 實際交易價格難以掌握

買賣一方若是營利事業, 稅捐機關可由業者的帳薄及資金進出, 查核實際交易價格; 若為私人間之交易, 則低報成交價格問題必將叢生。雖然買賣雙方利害不同, 買方基於下次移轉時稅負之考慮, 不一定會同意賣方低報價格, 但以時下民間土地交易多流行「賣淨」, 即約定增值稅由買方負擔之情況下, 賣方不願負擔增值稅, 買方也勢必難以抗拒節省增值稅之誘惑, 而致同意低報成交價格。1972年以前按實際交易價格徵稅, 所造成一片作假, 甚而政府機構與公營事業買不到土地的殷鑑, 不宜予以輕忽。而在價格的查核方面, 即使一般商品多具相似的產品, 且有生產成本可做為價格的參考, 我們過去也曾依賴完稅價格, 也就是公告價格來課徵某些商品的貨物稅或進口關稅; 最近財政部也因部份商品高價低報情形不易追查, 而將其關稅由從價稅改為從量課徵 (無異於依公告價格課徵從價稅)。此足見實際價格查核之不易。而每塊土地因其座落地點、風水、用途等之差異, 各具不同的價值, 兼以土地不似一般商品有生產成本可資參考, 其交易價格認定之困難更將數倍於一般商品。又在目前尚欠缺可資客觀查核實際成交價格的土地交易公告與土地估價師等制度之情形下, 以台灣地區每年高達6、70萬筆以上的土地移轉案件, 逐一查核不僅必須投入昂貴的稽徵成本, 且將衍生嚴重的稽核人員風紀問題。

2. 上次土地取得成本之認定問題

土地增值的計算, 賣價若以實際交易價格為準, 進價成本按買進時的土地公告

現值, 則目前持有土地者出售土地時, 不僅增值稅負擔陡增, 且其所承擔者有極大部分是應由以往的賣主負擔的漲價稅負, 有失公平。而進價成本若按當初購進價格認定, 不但有憑證提示和查證的困難, 也與依上次取得時的公告現值加成計算之作法一樣, 有既往不究, 任令以往依公告現值課徵所累積的增值稅基流失之作用, 既斲喪稅基, 也不符公平原則。又若爲了減輕依公告現值爲進價成本所造成的稅負陡增, 而降低稅率, 此作法也將減損按實課徵原本所欲發揮打擊土地投機炒作以及杜絕利益輸送之功能。

3. 房地產分開課稅衍生的房地產價格與增值如何分割之問題

一般國家皆將房地產合併課稅, 我國爲了配合平均地權的土地政策, 而將房地產分開課稅。當土地上建築有房屋時, 其買賣售價甚難區分土地與房屋的成交價格。因此, 一旦土地增值須按實價課稅, 而房屋的增值不予課稅, 則房地產移轉時, 納稅義務人即有動機低報土地成交實價, 提高房屋部份的成交價格, 以規避土地增值稅的負擔。

以上三大問題是現行按公告現值課徵增值稅所不會遭逢的困難。進一步言之, 依公告現值課徵增值稅不但有簡便易行的優點, 而且其因公告現值低於實際成交價所減少的稅收, 事實上也並不如批評者所言的那麼嚴重。此乃因土地增值稅的稅基計算有其連續性, 意即本次核定的交易價格即爲下次核定土地增值時之減項, 所以依公告現值課稅, 當現值低於市價時, 政府雖然在個案上減少了稅收, 但是該稅收並沒有終極喪失, 只要公告現值逐漸調整, 接近市價, 以前未收到的增值稅收, 終可由以後的交易者收取。因此, 依公告現值課稅, 並非對土地增值不予課稅, 而只是緩課而已; 或換言之, 公告現值的低於市價, 實際上有累積稅基, 將增值稅收在目前與未來之間進行重分配的作用。此一重分配作用在土地市價呈現升降起伏波動時, 不僅有緩和增值稅收波動的功能, 且可減少政府按實價課稅時, 對跌價的土地須予退稅的麻煩。不過, 當然不容否認的, 按公告現值課徵增值稅, 確實有助長土地投機炒作等的不良作用。

在兩種課徵方式皆非完美無缺之情況下, 於「理想」與「務實」中求取適度的折衷妥協, 已是無可奈何的選擇。適當的作法似應是採取「雙軌制」, 即在維持依公告現值課稅的基本架構, 並予改進之原則下, 對所擬抑制的土地投機炒作、利益輸送與變更地目賺取暴利等行為, 依據實際成交價格予以課徵土地增值稅。事實上, 內政部與財政部先後提出的幾個改革方案都為雙軌制, 差別只在按實價課稅範圍之大小不同而已。過去這段期間兩部會間以及民間泛道德化之爭議, 應屬多餘。

在採取雙軌制下, 佔絕大多數的正常土地與房地產交易仍依公告現值課徵土地增值稅, 可大幅降低全面採行按實課徵予社會帶來的衝擊。又實價課徵範圍縮小, 稽徵機構也才有足夠的人力稽查短報交易價格者, 進而有效抑制投機炒作與利益輸送。此外, 實價課徵既然是以土地投機炒作、利益輸送與變更地目者為適用對象, 房地產增值無法分割的問題不會存在; 而且政策的目的既然是要抑制此類土地交易, 以其土地取得時的公告現值為其成本計徵增值稅, 正可收到增加其稅負, 擴大發揮抑制此類交易的作用。[1] 因此, 公告現值與實價課徵二者並行的雙軌制, 既可兼收雙方之長, 且無雙方之弊, 故為值得採行的良策。

在確定採取公告現值與按實價課徵二者並行的雙軌制後, 吾人必須審慎研究之問題, 還有那些土地交易應列入按實價課徵範圍? 如何防止這些交易藉法律漏洞規避按實課徵? 應採行那些輔助措施或建立何種制度, 以有效掌握實際

---

[1] 以取得土地時的公告現值為進價成本, 並以實際成交價格為賣價所計算出來的土地增值稅, 通常並不至於如反對者所宣稱的會使實際稅負超過100%。證明如下: 假設取得土地時的實際進價是 x, 公告現值是它的 r 倍 (r 小於1), 又賣出時的實際交易價格為進價 x 的 m 倍, 增值稅率為 t。那麼, 實際增值利益為 $m-1$ 倍, 所須繳納的增值稅為實際進價的 $t(m-r)$ 倍, 故其淨獲利倍數為

$$(m-1) - t(m-r) = m(1-t) - (1-tr)$$

除非土地漲價倍數甚小 (m 接近1), 稅率甚高 (t 接近1), 而且取得土地時的公告現值與進價差異懸殊 (r 值甚小), 否則此一淨獲利倍數必為正數。就所欲抑制的土地炒作與變更地目之案例而言, 土地漲價倍數 m 皆甚大, 因此不可能出現淨獲利倍數為負值之情形。

成交價格之資訊? 土地公告現值之決定方式與調整次數如何改進? 增值稅率是否宜維持累進? 如何解決土地徵收價格與課徵增值稅所依據之價格不一致之問題? 等等。

大體上言, 社會大眾已有共識, 應將涉嫌投機炒作、利益輸送與變更地目之土地交易納入按實課稅之範圍; 唯有實際作業上, 應依據怎麼樣的原則或客觀標準認定其確實屬投機炒作與利益輸送之交易? 確有必要責成內政與財政二部再加縝密研究。以內政部最近提出之修正方案為例: 該方案擬將3年內多次移轉者, 以及土地變更用途後第一次移轉者, 納入按實價課稅之範圍。此方案即至少存在著兩種規避按實課徵之管道: (1) 土地投機可以利用設定地上權方式, 替代移轉登記, 以減少移轉次數; (2) 變更土地用途者可以安排一次遠低於市價的假交易, 以應付第一次移轉按實價課稅之規定。

在掌握實際交易價格方面, 多位專家學者主張的建立土地估價師制度、土地交易公告與資料登記建檔制度, 以及照價徵收辦法等, 皆是值得考慮的輔助措施。在改進現行土地現值公告辦法方面, 應改組或廢除各縣市的地價評議委員會, 使公告地價之調整不受制於地方利益團體與金權勢力, 並宜視作業人員之負荷能力適度增加調整公告現值之次數, 甚或對地價飆漲、涉嫌炒作土地的地區, 隨時機動調整公告現值。再就土地增值稅率言之, 現制採取按增值倍數累進課徵之作法, 土地持有期間愈長者, 漲價倍數愈高, 其適用的累進稅率即愈高。因此, 稅率累進有鼓勵短期持有, 不利長期開發, 或造成已長期持有者寧可低度利用不願讓售的不良副作用。因此, 宜考慮改採固定的比例稅率。至於土地徵收價格與課微增值稅所依據之價格不相一致的問題, 在短期內或將難有良策, 而只能藉公告現值的加速調整至與市價接近, 並俟相關輔助制度建立後, 廢止公告現值改為全面按實課徵, 方克解決之。

最後, 吾人也必須了解土地增值稅制只是抑制土地炒作, 以及達成漲價歸公的許多可能措施中的一項。穩健的貨幣政策、農地利用政策的適度放寬、完善的國土規劃, 以及交通建設之改善等, 都有利於穩定地價, 減少炒作; 又區段徵收、市地重劃與綜合開發計劃等也都有助於達成土地漲價歸公的目的。國人

與政府主管機構在熱烈討論土地增值稅制如何改進之時, 也應予這些相關措施同等的關注。

二、政策建議

建議	說明
1. 在短期內採取土地公告現值與實價課徵二者並行之雙軌制, 對涉嫌土地投機炒作、利益輸送以及變更土地用途賺取暴利者, 依照實際成交價格課徵土地增值稅, 其餘仍依公告現值課稅; 長期則將按實價課徵列爲努力目標。	任何政策之制訂與修改, 都應在理想與務實二者間求取適當的平衡點。爲了伸張社會公平與正義, 緩和按公告現值課徵土地增值稅所衍生的流弊, 對涉嫌炒作、利益輸送與變更土地用途者, 應依實際成交價格課徵增值稅。至於其餘土地交易, 則因慮及實際交易價格難以掌握、上次土地取得成本之認定不易, 以及房地產增值難以分割等實務處理上之困難, 宜暫仍依公告現值課稅。只對上述三類土地交易按實課徵, 困難較少; 依公告現值對其餘交易課稅, 也只造成增值稅的緩課, 不致嚴重影響稅收, 長期而言, 則應將按實價課徵列爲努力目標, 以使土地增值稅之課徵踏入正軌。
2. 內政部與財政部應審愼研究, 尋求共識, 訂出原則或標準來認定涉嫌投機炒作或利益輸送之土地交易, 以將之納入實價課徵之範圍。	在實際作業上, 如何判斷那些土地交易涉嫌投機炒作或利益輸送, 並非易事。主管部門應審愼研究, 使訂出的判斷原則或標準能客觀明確, 而且不易讓有心者藉法律漏洞規避之。
3. 建立土地估價師制度、以及土地交易公告與資料登記建檔制度等, 使土地交易制度化、公開化、透明化, 以協助稽徵機構掌握土地的實際成交資訊。	符合前述原則或標準, 被納入按實課稅的土地交易, 或在一定期間內曾經變更過地目, 或交易面積達一定標準, 或者政府指定的特定地區內的土地, 其交易必須由土地估價師簽證, 且須先行公告。公告期間第三者出價高於公告價格一定比例時, 即應出售予第三者, 或按第三者之出價徵收土地增值稅。
4. 建立照價徵收辦法, 成立機構, 編列預算,	若能確立照申報價格收購再予拍賣之辦

建議	說明
或委託土地銀行, 對申報交易價格偏低達一定程度以上, 且經通知改善仍拒不調整者, 照申報價格收購, 再予拍賣。	法, 對低報成交價格者必可產生莫大的警惕與遏阻作用。
5. 改組或廢除各縣市的地價評議委員會, 酌量增加調整公告現值之次數, 甚或對地價大幅波動地區機動調整公告現值。	目前各縣市的土地公告現值必須經過地價評議委員會審定, 而委員會的成員包括若干民意代表與地方「公正人士」, 極難避免地方利益團體與金錢勢力的介入, 故宜將之改組或廢除。又視地政人員之負荷能力, 酌量增加調整公告現值之次數, 以及對地價大幅波動, 有炒作之嫌的地區隨時機動調整公告現值, 將可縮小公告現值與市價之差距, 也有助於抑制投機炒作。
6. 改採固定比例的土地增值稅率。	現行土地增值稅採取按漲價倍數累進課徵之作法, 不僅增添稅務行政的複雜性, 而且有鼓勵短期持有土地, 不利長期開發, 或導致所謂閉鎖效果, 使已長期持有者寧可低度利用, 而不願讓售之不良副作用。因此, 宜改採固定比例的土地增值稅率。
7. 加速調整土地公告現值, 縮小與市價差距, 並俟土地估價師制度、土地交易公告與資料登記建檔制度, 以及照價徵收辦法等相關輔助制度建立, 按實課徵的客觀環境成熟時, 廢止公告現值改爲全面按實課徵。	公告現值與按實課徵並行的雙軌制, 乃是短期權宜性作法, 長期仍應朝全面按實課徵改制。因此, 公告現值應加速調整, 以縮小與市價之差距。又俟相關輔助制度建立, 客觀條件俱備後 即將土地增值稅全部改爲按實價課徵。
8. 除了土地增值稅制之改革外, 應由維持穩健的貨幣政策、放寬農地使用限制、妥訂國土規劃與改善交通建設等方面著手, 來穩定地價, 減少炒作; 並以區段徵收、市地重劃與綜合開發計劃等爲手段, 協助達成土地漲價歸公的目的。	土地增值稅只是抑制土地炒作與達成漲價歸公的許多可能措施中的一環。主管機構除了關注土地增值稅之改革外, 對其他的可能措施也應予以足夠的重視。

智慧財產權有關的問題與改進建議

1992年12月

一、問題說明

近年來每次中美貿易諮商, 智慧財產權都是主要議題, 其談判過程亦總讓人回憶清朝末期在列強堅甲利兵之下許多痛苦的談判及屈辱的妥協。今天智慧財產權問題對高科技發展影響至鉅, 其問題大致如下:

1. 美國在1980年代以後, 工業競爭力日漸下跌, 逐漸使用智慧財產權作為保護工業, 排除競爭手段之一。在立法上訂定特別301報復條款, 在司法上授予 ITC (International Trade Commission) 快速審判並禁止進口權, 在行政上由美國貿易代表署 (US Trade Representatives) 接受美國廠商訴願並主持談判, 向貿易對手國施壓。而美國廠商則大舉申請專利、著作權用以對他人興訟。自1980年初, 美國 Texas Instruments 成功地自日本 DRAM 製造商取得大筆權利金之後, 美國即興起智慧財產權訴訟熱, 藉以取得營業外收入或打擊競爭對手。以 Texas Instruments 公司為例, 1991年其營業虧損為188百萬美金, 但其權利金收入高達256百萬美金, 足可抵銷其營業虧損而有餘。今 (1992) 年, Texas Instruments 預估權利金收入將可達到四億美元, 而其營運則無利潤, 全賴智慧財產權收入創造利潤。

2. 自 TI 公司點燃智財權戰爭之後, 十餘年來, 日本首當其衝, 韓國其次,

都付出可觀之訴訟費用及權利金。隨著我國產業及技術之升級，我國亦已逐漸捲入智財權之糾紛之中。目前我國資訊電腦業每年給付美方之各項權利金已超過美金1億元，但仍常被美方指責仿冒，凡利用原發現或發明者的基本構想開發出來的產品，即構成侵犯美國智慧財產權而加以追訴索賠，證明智財權問題日趨嚴重。

3. 對智財權糾紛，我國朝野目前甚少了解。以觀念來說，智財權可分商標、著作權、專利、營業秘密等，每一種智財權的權利之確認、登記、侵害與否之判別、訴訟之程序及管道、主管之機關、適用之法律皆有不同，可謂極為複雜。前不久郝院長曾謂:『侵害他人智慧財產權是海盜行為，我們應尊重他人智慧財產權』。這種談話事實上是把極複雜之權益糾紛視為道德上之對錯問題，對智慧財產權問題過份單純化。

4. 由於政府對智慧財產權缺乏了解，所以目前國內無論立法、司法、行政以及對外之談判，都顯得混亂。以立法而言，最主要的影響來自美方壓力，其次是國內許多替外國大企業服務之律師，再其次是學者及『發明人協會』等團體，產業界之聲音反而最被忽視。以專利法而言，美、英兩國之專利法純係民法，無任何刑罰規定。日、德雖有刑責，但主要在處分虛偽標示專利權及行政上之舞弊等，對專利侵害雖亦有刑罰，但一般法官、檢察官等極少以刑事案件處理專利糾紛。然我國專利法不僅規定侵害專利有刑責，而且係五年徒刑; 且認證從寬，並時常需由被告人負舉證責任。又檢警單位遇有專利侵害舉發時，亦常以刑事案件處理，將被告人動則予以搜索傳訊。再如專利權之核准，日本對外國人申請專利，通常先予公告，最少需待3年方予核准，甚至有拖延十數年不予核准者，以爭取時間，便利本國產業因應。日本政府在1990年6月的美日構造問題協議的最終報告，始承諾在5年以內做最大的努力，將專利審查處理的平均期間縮短為24個月。然我國中標局過去對外國人申請專利，通常短期間內即核准。在1990年，平均每案只花7個月即核准外人之專利申請。

5. 就中美談判來說，美國貿易代表署事前都先聽取美國廠商之詳細訴願，

再以充分之資料, 作明確之要求。而我國談判代表皆係由各單位臨時派員編湊成軍, 事先很少作好準備協調, 亦很少與我國廠商事前諮商。在談判時, 各單位代表往往意見不一。最後談判結果, 各單位亦常自作主張, 各行其事, 並有超出美方要求, 以超高標準管制本國企業之情形。

二、建議

建議	說明
1. 政府應儘速指派一政務委員成立專案小組, 從我國產業現況、立法、司法、行政各方面通盤檢討, 釐訂國家之智慧財產權政策。其中產業之發展應列為優先考慮。	我國政府官員應該建立共識: 即智財權問題是民事, 不是道德問題。尊重與侵害之差別, 是付費多少的問題, 而非對錯的問題。對先進國廠商繳付權利金, 如朝野技巧因應, 則可大幅減少付費, 間接減低產業升級之成本。有了明確的國家政策之後, 在司法上, 應要求檢調單位及法院設置智財權助理調查官, 以協助審辦智財權案件。
2. 今後凡對外智慧財產權之談判, 應設專人長期專注此項工作, 一則可累積經驗, 再則可增加談判之一致性。	談判人員應避免完全由國貿系統人員擔任, 以免為短期貿易利益, 犧牲長期工業發展之推動力量。
3. 政府應鼓勵民間同業團結力量, 集中財力, 一方面努力研發並至各國申請建立智慧財產權, 一方面合力應付智慧財產權之談判及訴訟。	產業的升級固須尊重智慧財產權, 但政府與高科技產業應共同努力, 避免為智慧財產權付出過高之代價。面對訴訟商業化的趨勢, 為應付美國智慧財產權的要求或特別301報復條款, 國內應積極培養具有愛國心, 可信賴而有才能的律師。與其採行緊急因應措施, 不如重視智慧財產權有關資訊的收集, 早期預警制度的建立與交涉能力的提升。

都市停車問題之建議

1993年5月

一、問題背景

停車在各中大型都市已成為嚴重的問題, 許多人出門開車, 因為找不到停車位而耗費許多時間, 以致降低工作效率, 而違規停車也嚴重妨礙交通。目前台北市不僅一般性違規停車極為普遍, 路口停車及雙排停車的情況也極普遍, 導致許多道路一側少掉兩個車道, 其他車輛人員在快車道上下車, 機慢車乃至行人被逼入快車道, 險象環生。這種普遍違規的現象除了妨礙交通及國際形象之外, 也對國民守法習慣和道德有極不良的副作用, 應予改善。

二、建議事項

建議	說明
1. 停車不是人民權利, 設置停車場也不是政府義務的觀念應予建立。政府只要不用不合理的方式限制停車場之經營, 不要限制和管理停車的費用, 則嚴格取締違規停車, 即可讓市場力量自動提供停車場。	現在很多人總以為自己有權利而政府有義務, 於是違規停車時還振振有辭地指責政府提供太少停車場。如果政府有義務為開車的人建停車場, 那麼也有義務為穿衣服的人買衣服, 當然更有義務為每個人提供房子。實際上停車場並非公共財, 可以透過市場機能加以提供。政府只要不用不合理的方法來限制人民提供即可。停車的人若認為他們有權違規停車, 則將

建議	說明
	妨礙開車走路的人眞正具有的開車及走路的權利。故政府及人民應先建立停車是一種個人要自行購買的服務之觀念, 不是我有車就有停車權, 政府就須提供停車位。
2. 取締違規停車最有效的辦法就是密集開罰單。	以台北市違規之普遍, 有時整排黃線路邊都停滿, 有時甚至橫著停或停雙排, 一個人一天可開之罰單在數百張以上, 足以負擔其薪資及行政費用, 且有甚多剩餘可做政府收入, 而發揮阻嚇效果。拖吊雖可增加被拖者之成本, 但可藉提高罰金及強迫上課等方式來達成。拖吊本身耗費很多社會成本, 包括拖吊車及其人員成本、拖吊場成本, 以及拖吊時對交通的妨礙。故除非違規停放之地點對交通構成甚大之妨礙, 否則高罰金比拖吊符合社會之效率原則且節省政府成本。另外拖吊的數量總是有限, 許多人會存投機心理, 拖吊的效果不如重而密集之罰款。
3. 爲了辦事而路邊停車確有需要, 但路邊停車時間應分區限制, 並定期巡邏, 逾時者立開罰單。	人民爲了辦事或購物, 路邊停車確方便不少而提高效率, 但若讓長時間停放之車輛占用路邊, 則不僅使辦事的人更難停車, 方便上下班才使用之車輛停車會使交通更惡化。故路邊應保留給臨時辦事者停車而非上下班者停車。國外有許多都市依各路段事務性及車輛多寡之不同, 分別訂定停車時間限制, 有兩小時、一小時, 波士頓甚至有短到六分鐘的限制。而巡邏人員即依限制停車之時間, 即兩小時或一小時等走過一次, 依地點抄錄車號, 逾時仍停於原處即開罰單。如此眞正辦事的人才能有地方停車, 上下班用的車須自行找其他停車位或改用公共運輸上下班, 對交通改善有甚大之幫助。
4. 重要市區上下貨應有時間限制。	上下貨常是違規停車及阻礙交通之重要因素, 故在較熱鬧之市區, 除非能完全不利用馬路及人行道, 否則卡車之上下貨

建議	說明
	只准在夜間或交通量較少之時間進行, 工程吊裝等占用馬路之情形亦應有時間限制。
5. 上述停車取締辦法可由主要道路開始, 分批逐步實施, 同時配合改善公車系統。	若一下子全面實施, 人民恐無法調適, 故由交通最擁擠之路段分批實施, 而利用這時差來改善公車及計程車等公共交通工具, 使一些人樂於改乘公共交通工具。
6. 建築工程占用馬路時, 工地旁應禁止停車。	許多工地皆可合法占用一部分道路以利施工。此時若工地旁仍容許停車, 即會佔用更內一線車道, 且更可能誘發工地以外路邊之雙排停車。工地占用馬路時, 其旁不可再停車, 水泥車等工程車則應在限制時間內才可停下來施工。
7. 各大都市交通主管宜每週乘坐公共汽車上下班一天, 以切身體驗交通問題。	各大都市交通主管官員, 應眞正深入民間, 體會一般人之生活, 乘坐公車上下班, 以加深對實際問題之了解。

新市鎮開發之建議

1993年5月

一、問題背景

1971年間我國曾選定林口、南崁、台中港、大坪頂、及澄清湖等5處地區開發新市鎮, 1979年曾想集中力量開發林口、台中港、及大坪頂, 惟至今成效不彰。主管機關認為問題出在缺乏一套完整的新市鎮開發法規, 因此內政部最近提出了新市鎮開發條例草案, 並獲行政院院會通過。然而這項新市鎮開發條例在新市鎮開發的目標、手段、以及程序上有待進一步檢討, 以發揮開發新市鎮的積極貢獻。

二、建議事項

建議	說明
1. 開發新市鎮的目的應加入配合生產及產業升級及降低土地成本兩項。	條例草案第1條只提到區域均衡、都市健全發展、誘導人口及產業合理分佈, 及改善國民居住及生活環境等目的, 而未提到配合生產與產業升級和降低土地成本兩項目的。因此, 在草案的手段和程序就忽略了新市鎮開發達成這兩項目的可能性及應有之做法。地價高漲是國內近年的嚴重問題。目前產業界不易取得適合之生產用地; 即使取得, 員工上班、居住

建議	說明
	等問題, 仍不易解決, 海外人才回國服務亦面臨極高之居住成本, 致使產業發展和升級遭遇困難。這種困難只靠分別規劃之工業區與都市並不能完全解決, 而需有整體計劃, 開發附有工業區之城市或附有城市之工業區。實際上目前到海外投資之台商也常有機會做土地之綜合開發以配合其相關產業及員工之需求。國內若仍把工業區和都市規劃分離且有太僵化之規定, 甚至完全由主管機關主導, 則產業外移之動機將會增強, 高地價又使既有廠商更易取得外移之資金。故土地政策及新市鎮等政策皆應考慮平抑地價、降低居住成本, 以及促進產業發展和升級之目標。
2. 新市鎮不一定要很大, 也不一定要能成長, 屬於其他都市週邊之新社區也不一定要有完整 之都市機能。	內政部目前所規劃的新市鎮都很大, 但大都市之機能複雜, 政府的規劃能力不夠, 結果很難成功。台北的信義計劃區和大直重劃區都算不上都市, 只是新社區, 但經多年建設, 目前仍有許多土地荒廢, 仍未形成眞正之新社區。可見更大規模的建設必須極爲謹愼, 所需時間甚長, 不能滿足目前急迫的需要, 也極難成功。大都市的地價通常也較高, 並不符合平抑地價之目標。因此, 最好先從小市鎮做起。台灣產業以中小企業爲主, 大企業也多是經過一段期間才達到現有規模, 我們的能力和民族性並不宜一下子做大規模的計劃。至於草案第3條要求新市鎮要有完整都市機能及足以成長亦非必要。除了地價較高之外, 大都市面對更多之交通、環保、及治安等問題, 我們並不須以發展大都市爲台灣整體發展之目標, 有很多好的中小型都市可促使居住環境更爲良好, 相鄰的都市在機能上亦可相互配合。故新市鎮不一定要大, 不必一定要有完整的都市機能, 何況什麼叫完整之都市機能也很

建議	說明
	難定義。而一個都市只要符合居民的需求，在經濟中扮演其特定之角色即可，並不一定要一直成長。國內很多大學城或其他好城鎮可以多年不成長，但仍是居住及投資的好地方。因此草案第3條成長之要求不需要。至於內政部在第3條說明這些規定是要防止小規模之住宅社區假新市鎮之名，恣意開發一節，只要有最小面積限制，且須經主管機關許可即可防止恣意開發。
3. 新市鎮之選擇應自由化，讓地方政府及民間符合一定條件者皆可申請，中央只保留審查權。換言之要由目前「中央選地」→「徵收」→「建設」→ 吸引人口及產業這種供給領先需求 (Supply leading) 的做法，改爲「中央訂標準」→「地方、民間及地主依產業及地方發展需要規劃申請」→「中央審核」→「配合產業發展及人民需要而建設」這種配合需求而供給 (demand following) 的做法，以提高效率減少浪費。	草案第四條規定新市鎮之地點由內政部勘選。這種中央集權的做法，由過去新市鎮開發成效不彰的事實看來恐不可行。除了權力太集中及機構執行能力的問題之外，由中央勘選地點在建設程序上也可能出現兩個問題，而使新市鎮難以成功。第一、地點若先選定，且在政府能力限制下而無法一次選擇許多地點，則當地地主將會預期有很大的利益，致使土地徵收工作受到很大的抗拒。徵收之困難再加上地價之偏高，正是以往新市鎮開發失敗的重要原因。若改爲符合一定條件者皆可提出申請，則市場力量會引導較適合之地區加以開發，各地競爭的結果地價不致太高。若規定申請前須經多少比例地主同意，則可以進一步減輕徵收不易的問題。草案中解決徵收問題的手段只有強制徵收一法，目前做不到，今後恐怕也不易做到。第二、草案除由中央勘選地點之外，中央也要選定「有利於新市鎮發展」之產業，而給予獎勵 (第21條)。這樣的做法等於是主管機關也要選定新市鎮的產業，可說違反經濟自由化的原則。實際上很多新都市都是靠產業發展起來的，程序上是先有產業或其投資計畫，都市再配合發展起來。若以產業爲中心，先看看什麼產業要

建議	說明
	投資再配合其生產及員工之需要來發展新市鎮及其他相關產業,則因為主要動力已經存在,不須政府去選擇、規畫、甚至獎勵即可更容易發展起來,同時對產業升級的幫助也較大,亦即為升級而投資的產業要有新市鎮來配合其需要,而不是先有新市鎮再去找有什麼產業來投資以促使產業升級。台灣有些都市像虎尾早年就是因發展產業而建立之新市鎮,目前六輕也想要有麥寮新市鎮配合開發。草案捨此符合市場力量的程序不採,而要政府強力介入,程序上不僅不易成功,反而將阻礙產業升級。
4. 在前述考慮及目前政府財政困難的情況下, 各種獎勵之規定皆宜刪除。	新市鎮宜由市場力量促進其自然發展。目前許多小鄉村已在市場力量的影響下發展成10萬人口以上的都市, 它們的問題只在於規劃不好及土地漲價未能歸公。其實許多民間企業一直想做大型新社區或小型新市鎮之開發,而限於法規無法做到。然而目前的草案卻把新市鎮看成沒有人要的東西,必須要種種獎勵和補貼才能發展。若政府規劃不好, 確需獎勵。但若依前述建議, 由地方和民間主導, 中央只負責條件之訂定及計劃之審查, 則很多新市鎮可經市場力量發展起來, 產業發展及地區平衡等問題在促進產業升級條例已有相關之規定。特別是目前政府財政困難, 若要花許多錢徵收土地及建設, 另外又給種種獎勵和補貼, 將來不知何時才可回收, 並不恰當。若由地方及私人部門來主導, 政府不花錢, 只坐收一定比例之區段徵收之土地, 則對解決目前之財政問題反有益處。 基於上述理由, 草案第10條之土地未處理前免徵地價稅之規定, 第13條投資於新市鎮建設之股份有限公司得享投資抵減, 加速折舊、免徵地價稅、金融機構優

建議	說明
	惠貸款、及由政府協助在證券市場籌募資金等規定，第19條對進入新市鎮人口及產業之長期優惠貸款，第20條住宅及其他設施之優惠租售，第21條對投資經營於新市鎮地區股份有限公司之投資抵減、增值稅退稅等規定，第22條新市鎮內建築物減免房屋稅、地價稅、及契稅之規定，皆應刪除。這麼多獎勵之規定，顯示草案構想中之新市鎮不吸引投資，也違反經濟自由化之方向。我們該做的是依第3項建議的做法，使新市鎮之開發受到歡迎，且政府可得到利益，而不是像草案的做法，不僅耗費很多建設經費，還要損失很多政府資源來獎勵和補貼。
5. 草案中下列各項違反自由化的做法不僅降低效率，也增加政府人力及預算負擔，宜刪除或修改。	
(1) 第10條主管機關視人口及產業引進情形興建住宅、商業、工業、及其他都市服務設施，興建完成後再標售或標租。	什麼產業能發展，住宅該怎麼蓋，都可由市場決定，主管機關不宜管太多。
(2) 第14條租售土地應附投資計劃，審查合格始得投標，得標後須依計畫進度進行投資。	這樣的審查及照計畫進行之規定，不只嚴重阻礙市場機能，最後可能演變成類似機關採購時之投標資格與產品規格限制的情況，只有少數人能投標。至於不可變更之規定，也忽視了外在環境或不可知之因素迫使投資計劃必須改變的可能性。這樣缺乏彈性之規定只讓有辦法的人先設法得標，事後再修改，就像工程變更設計追加費用的情形一樣，很難避免官商勾結及不公平的情況。
(3) 第20條有利於新市鎮發展產業之範圍由行政院定之。	通常行政院不可能比市場精明，政府不必管這麼多。
(4) 第23條以政府預算支應規畫設計費，並設立「新市鎮開發基金」來從事建設，及補貼 (第10條)。	這個基金可能又要避開立法院等監督及各種行政、法規之限制，且增加很多人力及經費，不符合勤儉建國的原則，也不符

建議	說明
	合鼓勵民間從事國家建設的目標。這個基金要做的不是不必要的補貼，就是民間原來就能做的事。
6. 新市鎮不一定要由政府或專業的新市鎮開發機構負責，大企業或幾家民間企業合作皆可以完成新市鎮的開發。專業開發機構的設立更不可加以限制。	草案24條規定新市鎮開發得委託新市鎮開發機構辦理，其理由是新市鎮之開發經緯萬端，非主管機關及現有人力所能負荷，增加機關和人力則將來遣散困難。這些理由其實印證前述政府不宜主導全部新市鎮之勘建和規劃的主張。而這些理由也表示新市鎮之開發不一定要由專業機構來負責，因為它們也有未來人員遣散等問題。實際上民間在進行任何重大建設或複雜產品之生產時，本來就能透過企業間之有效合作來解決問題，不必任何事皆有專業之機構。若依本建議讓地方及生產事業自行配合其生產投資而申請建設新市鎮，他們也能自己找到其他事業來合作開發，不一定要專業機構。草案第25條之說明中說新市鎮開發所涉及之工作很多，不是個別公司所能勝任的說法，完全違反市場經濟分工合作的原理。若照這樣的說法，汽車工廠自己也要生產輪胎和塑膠布，政府的中心衛星工廠政策可以改為合併政策，中小企業也都無法生存。實際上新市鎮的開發雖然事情很多，但任何主導者皆可把部份工作分包出去，不見得要由一個機構做所有的事。
	草案中內政部要限制新市鎮開發機構家數的做法，更可能造成特權，其理由是要「避免人力資源浪費，營造良性競爭，確保服務水準」。這種理由若能成立，所有的產業家數都可以由政府來限制。行政部門不可有這種極度違反自由化的想法。

全民健康保險給付範圍與
財務規劃之建議

1993年6月

一、背景分析

自從行政院於1986年間將全民健康保險 (以下簡稱全民健保) 列為未來施政目標以來, 全民健保即成了國人關注的焦點。隨後行政院曾多次宣示全民健保將在明年 (1994年) 實施, 時間都已相當緊迫, 可是目前不僅許多基本條件尚未具備, 應有的準備工作尚未展開, 甚至國內各界對全民健保制度本身仍乏共識, 尤其是對健保給付範圍與財務規劃, 更是眾說紛紜, 主張各異。目前除了衛生署所提出的全民健保法草案以外, 立法院另有立法委員提出的數套不同健保方案。此外, 國內外的學者專家對全民健保的給付範圍與財務規劃, 仍時有新的主張出現。這些現象, 令人對全民健保能否如期實施, 不免感到十分疑惑。

全民健保的給付範圍與財務規劃, 所以會引起廣泛的討論, 主要乃因全民健保係一花費至鉅, 且將長期實施的政策。觀察外國實施之經驗, 成功者少失敗者多; 財務陷入困境, 成為政府財政一大負擔, 或是造成醫療資源嚴重浪費, 支出節節上升者, 更是比比皆是。目前國內的公保、勞保與農保, 在醫療保險方面也產生了相當的虧損與醫療浪費現象。以國內外的這些痛苦經驗為殷鑑, 全民健保制度若不妥善規劃, 穩健實施, 勢將對我國的資源配置與政府財政造成長期且深遠的負面影響, 甚至可能禍延子孫。再者, 近幾年政府財政收支狀況轉趨惡化, 承擔全民健保經費或彌補其虧損之能力日愈薄弱。因此, 全民健保之給付範圍與財務規劃更須審慎, 以免使已惡化的政府財政狀況益形雪上加

霜。

　　醫療浪費基本上乃是健康保險無可避免之惡。在繳付保費之後，就醫即不須再付費用或所須自行負擔費用比例 (即部分負擔比例) 偏低的情形下，被保險人基於貪圖便宜或是不願吃虧的心理，必定不會珍惜醫療資源，而有過度使用或浪費的現象。衛生署於1991年5月所作台灣地區國民醫療保健支出調查之結果，即顯示有保險的人平均門診利用次數為無保險者的1.3倍，住院次數為2.4倍。而國內公、勞、農保之虧損，除了肇因於上述因保險而導致的醫療浪費，保險費率在行政與立法部門濫作好人，取悅選民的心理下，難以按照精算結果收取，更是主要的原因。

　　目前，衛生署所規劃之作法，是擬先將現有公、勞、農保逐步擴及眷屬，最後再將其他人口納入健保。因此，衛生署所規劃完成，正由行政院審議中的全民健保法草案，為了遷就公、勞、農保之現制，在規劃時難以擺脫原有制度之牽制，以致在給付範圍與財源取得方面，多沿襲舊制，將門診與住院、小病與大病一併納入保險給付範圍，並以由政府、雇主與被保險人共同分擔的保險費為主要的財源。雖然，此全民健保法草案已對舊制作了一些改良，例如採取部分負擔制以增加被保險人就醫時的成本意識，進而減少不必要的醫療浪費；採行總額預算制度以控制醫療總支出；提高投保薪資上下限的差距，以減少以薪資稅為保費所產生的累退性等；但這些改革是否足以振衰起弊，有效去除舊制所存在的醫療浪費與財務虧損現象，並顧及費用分攤的公平性，尚存有不少令人啟疑之處，也因而外界才有不同方案或看法的提出。

　　衛生署的全民健保方案，最引人物議的一點，是在不要求自付額下，將小病與大病一併納入保險給付範圍。保險的原意本來就是要保障足以影響人民生計的大風險，因而，「大風險集體分攤，小風險個別負擔」，或是「保大不保小」應是健康保險的基本原則。衛生署的方案明顯與此原則不符。其所可能引發的後果是全民健保一大部分的醫療資源與行政成本將耗費在被保險人獨力即可承擔的小病之醫療照護與給付手續上，進而損及對足以危害生計之重病與慢性病的照護能力，以致健保之原意遭到斲喪。此外，「無自付款」以及有限的部分負

擔比例, 也難以有效地減少醫療浪費。最近中央研究院劉遵義院士、沈富雄立委, 以及不少國內學者專家相繼提出只保重病 (或住院) 不保小病 (或門診) 之呼籲, 劉院士且主張應設定某一金額的自付額, 此二建議確有其值得參考的地方。

在控制醫療總經費方面, 衛生署方案對總額預算制度寄望甚深。外國實施此制度的成效雖然不錯, 但它實施起來非常複雜, 所需醫療消費數據相當多, 非有醫療從業人員之高度誠實配合難以奏功。又在當前與未來的政治社會環境下, 總額預算訂下來之後, 行政與立法部門是否能抗拒利益團體的壓力, 堅守此一總額限制, 亦頗令人啟疑。因此, 總額預算制度雖然是一值得努力的方向, 但其實際可行性與功效似仍有慎重評估的必要。又若經評估可行, 相關部門也應及早展開準備工作, 以順利推動之。

在保險費的計算方面, 衛生署方案主要是以薪資稅方式徵收, 且是以投保薪資作為保費計算基礎。此一作法雖有其方便、效率之處, 但目前公、勞、農保投保薪資嚴重偏低的問題, 必然又將在全民健保中重演, 進而導致入不敷出的虧損現象。再者, 衛生署方案雖已將投保薪資上下限之差距予以擴大, 但未將資本所得納入, 而僅以薪資為計算保費之基礎, 終難免其性質為累退稅之譏。主管部門似宜考慮將保費課徵基礎予以擴大, 改以所得為保費計算基礎。此不僅可充實健保財源, 且較符合「量能課徵」的公平性原則, 有利於所得的重分配。準此, 劉遵義院士所提「在所得稅課徵時附加健保稅 (以及煙酒附加稅等), 以替代現制與規劃中的薪資稅」之建議, 應也是值得慎重考慮之作法。此一作法不僅可免除現有低報投保薪資之問題, 且可減少採行薪資稅制度時, 容易造成雇主偏好員工加班, 而不願增雇員工的負面扭曲作用。此一健保附加稅之免稅額宜設定得比所得稅免稅額為低, 以擴大稅基, 同時兼雇「低收入者完全免費」以及「受益者付費」與「風險共同分擔」的保險基本精神。又容或將國內的資本所得稅逃漏嚴重此一事實納入考慮, 以所得為課徵保險費基礎充其量也只是退化成以薪資所得為課徵基礎而已, 在負擔公平性方面必定不會比現制為差。

　　全民健保在制度設計上，如何加上彈性調整之機制，以免除政治因素之干擾，亦是應予深思的一點。依目前公、勞、農保之作法，任何有關費率、分攤比例，以及部分負擔率之調整，皆須經過立法部門的同意。而過去之經驗也顯示，民意代表在選票之壓力下，對可能加重被保險人負擔的任何建議，多橫加阻撓。在當前各政黨爭相取悅選民的客觀政治環境下，若不在全民健保制度上，加上彈性調整的機制，則一旦發生醫療浪費與財務虧損情事時，即可能喪失知錯能改的機會與空間，而使全民健保難以為繼，或由政府承接永無止境之虧損，致陷政府財政於永絕不復之困境。

　　準此，全民健保法有必要明訂全民健保制度應自負盈虧，除了政府應分攤的保費、行政支援費用，以及低收入者之免費醫療費用外，不得以政府的一般稅收彌補全民健保之虧損。此外，全民健保法亦應明訂成立費率委員會，授權其視需要自動調整保險費率、健保附加稅率、自付額與部分負擔率等，唯事後應向主管機關報備。如此，全民健保制度方能免除政治與其他因素之干擾，其財務也才可能趨於健全。

　　又由於全民健保之影響深遠，故其推動宜審慎漸進。逐步漸進的作法可從推動過程中學習經驗，觀察得失，作為擴大實施時改進的參考。在實際作法上，全民健保有必要先將公、勞、農保作有效的整合，統一其給付、費率與承辦機構，按精算結果提高費率，並試行自付額、部分負擔與總額預算等制度。俟現有公、勞、農保趨於健全之後，再逐步擴大將其他尚未保險者納入。

　　另外，在經濟自由化以及民營化的國際潮流中，由政府獨攬健康保險，未必為明智的作法。在全民健保制度中，如何預留由民間承辦部分健康保險的空間，以減少公辦健保的流弊，或補充公辦健保之不足，亦是值得深思的一點。某些支出金額過於龐大的醫療項目，似仍應由被保險人透過民間健保來分攤其風險。

　　全民健保之實施，在我國可謂劃時代之大事，其對國民健康、醫療部門之發展、資源配置與政府財政等方面，都將產生至深且鉅的影響，故有必要審慎規劃，穩健實施。衛生署有必要對各種可能方案之利弊與可行性詳加比較，截長

補短, 制定以最少的醫療投入、最低的行政成本、最公平的財務分擔, 而能達到維護國民健康目的的全民健保制度。根據各國之經驗, 全世界並沒有一種有百利而無一弊的全民健保制度, 任何制度都是利弊互見。我們所要選擇的, 是一種適合國情, 流弊最少, 能兼顧效率、公平, 且簡單易行 (即行政成本低) 的制度。

　　衛生署所規劃的全民健保草案, 現已送至行政院審議中, 日後尚須送請立法院審查。行政與立法部門在審查時, 應多召開座談會、公聽會, 以博採眾議、集思廣益。

　　最後, 在目前未經廣泛討論、研究規劃未盡妥善、準備尚未週全的情況下, 行政部門實應有鄭重考慮將全民健保開辦期限稍予延後的可行性。在具體作法上, 行政部門可先進行現有公、勞、農保之統合與健全化, 宣稱其為全民健保的奠基工作, 並以其整頓需時為由, 將其他全民健保措施之定案與施行予以延後。利用此空檔, 衛生署與行政、立法部門應儘速進行全民健保制度的縝密研究、規劃、溝通與比較, 以建立共識, 制定出最適合我國國情, 流弊最少, 能兼顧效率、公平與簡易性的作法與制度, 隨後即時展開必要的準備工作, 以期全民健保之正式推動, 發揮其造福全體國民的正面功效, 而非禍延子孫。

二、政策建議

建議	說明
1. 審慎考慮將全民健保開始實施時間略予延後的可行性; 自1994年起先展開現行公、勞、農保的整合與健全化工作, 爭取較為寬裕的時間, 儘速進行全民健保制度的研究、規劃、溝通與比較, 以凝聚共識, 制定出最佳的健保制度, 隨後即時展開必要的準備工作。	全民健保對國民健康、醫療部門的發展、資源配置與政府財政等, 將發生深遠的長期影響, 故應審慎規劃, 穩健實施。目前衛生署雖已擬具全民健保法草案, 但其內容尚未經廣泛討論, 給付範圍與財務規劃遭到質疑的地方甚多, 不僅學者專家尚乏共識, 而且應有的準備工作也尚未展開。在這種情形下, 貿然在1994年開辦, 恐將造成嚴重不良後果, 禍延子孫。行政院

建議	說明
	可以自1994年起先展開現有公、勞、農保的整合與健全化事宜，宣稱其為全民健保的奠基工作，並利用此一整合期間，儘速制定出最適合我國國情，流弊最少，能兼顧效率、公平性，以及行政成本低的全民健保制度，隨後即時展開必要的準備工作。
2. 以自付額與部分負擔制度，輔之以免費定期健康檢查、婦幼保健等預防性、諮詢性服務，以及民營健康保險制度，來抑制醫療浪費，並減少「小病不醫拖成大病」之現象。	(1) 自付額與部分負擔制度能提高被保險人就醫時的成本意識，是先進國家民營保險業者賴以控制醫療浪費的有效作法，故有值得參考的價值。 (2) 依「保大不保小」，或「大風險集體分攤，小風險個人負擔」之保險原則，被保險人在經濟能力許可範圍內的小額醫療支出，不必納入全民健保範圍，以減少醫療浪費與行政處理成本。因此，宜以家戶平均每人所得的某一比例作為自付額上限。在此自付額以下的醫療支出，由被保險人自行負擔；年內累計醫療費用超過自付額上限之支出扣除部分負擔比例後，方由全民健保體系予以給付。 (3) 為了減少在自付額以內的小病因捨不得醫療而拖成大病的現象發生，可在全民健保方案中賦予被保險人定期免費健康檢查的權利，並加強婦幼保健等預防性諮詢服務。 (4) 在民營化的世界潮流下，為了減輕公辦健保的流弊，或補充公辦健保之不足，全民健保制度之規劃宜預留由民間保險業者承辦部分健康保險業務之空間。例如某些支出金額過於龐大的醫療項目，宜留歸民間保險業者承保。
3. 審慎評估由醫療供給面以總額預算制來控制醫療總支出之可行性與功效。若評估可行，可嘗試由公、勞、農保先行試辦，	總額預算制依先進國家之實施經驗，可有效控制醫療總費用之膨脹。唯此制度實施起來相當複雜，所需醫療消費數據相

建議	說明
然後視成效再決定採行。	當多, 且須醫療從業人員有誠實配合的高度意願, 才能順利施行。且「橘逾淮而爲枳」, 在先進國家行之有效之措施, 是否一定適用於我國? 行政與立法部門是否能抗拒利益團體的壓力, 堅守總額預算之約束? 這些問題都有事先妥予評估的必要。若評估可行, 可先由現行的公、勞、農保試行總額預算制, 然後視其成效再決定是否應予修正、廢止, 或是推廣及於整個全民健保制度。
4. 考慮以家庭所得爲保險費的計算基礎, 在所得稅課徵時附加收取健保稅, 以替代現行以投保薪資爲保費計算基礎之作法。	(1) 現行公、勞、農保之投保薪資比實際偏低, 保費設有上限, 而且未將家庭的資本所得納入保費計算基礎, 致使保費成爲累退程度極高的一種稅, 不符「量能課徵」之公平性原則。改以家庭所得課徵健保稅, 可免除上述缺點, 充實健保財源, 有利於所得重分配, 且可減少現行薪資稅制度所容易造成雇主偏好員工加班而不願增雇員工的負面扭曲作用。 (2) 爲了兼顧「低收入戶完全免費」以及「受益者付費」與「風險共同分攤」的保險基本原則, 健保附加稅的免稅額之設定應比所得稅爲低。
5. 全民健保法應明訂全民健保制度自負盈虧, 政府一般稅收不得用以彌補全民健保之虧損; 且須明訂成立費率委員會, 授權由其調整保險費率、健保附加稅率、自付額與部分負擔率等。	全民健保的財源與費率若受制於行政與立法部門, 將因選票等政治因素考慮, 難獲同意作應有之調整, 以致財務虧損嚴重, 其結果若非全民健保難以爲繼, 即是由政府承接永無止境的健保虧損。爲了杜絕此種現象, 應明訂政府不得以一般稅收彌補全民健保之虧損, 以迫使全民健保隨時對其財源與費率作應有之調整。又明訂成立費率委員會, 由其負責財源與費率之調整, 則有統一事權以及減少政治與其他因素干擾的作用。
6. 全民健保之推動, 應採逐步漸進之作法。先整合公、勞、農保, 並試行自付額、部	逐步漸進之作法可由經驗中學習教訓, 觀察得失, 作爲擴大實施時改進的參考。目

建議	說明
分負擔與總額預算制; 俟公、勞、農保趨於健全, 各制度試行效果良好後, 再將之逐步擴展至全民健保。	前公、勞、農保的問題甚多, 先使之趨於健全, 方可為全民健保奠下良好的基礎。又以之為自付額、部分負擔與總額預算等制度的試金石, 也可彰顯這些制度之利弊, 進而調整修正之。
7. 行政與立法部門在審議全民健保時, 應多召開座談會與公聽會, 以博採衆議, 集思廣益。	衛生署在研擬全民健保方案過程中, 國內專家學者參與者不多, 故目前對草案內容質疑者衆, 且有不少不同方案與建議的提出。以全民健保影響之重大, 其規劃與定案應十分審慎, 故在審查過程中有必要多舉辦座談會與公聽會, 以集思廣益, 制定最妥適, 能兼顧效率、公平, 以及行政成本低的全民健保制度。

對高速鐵路興建計劃之建議

1993年9月

一、問題背景

高速鐵路是國建六年計劃中最龐大的一項建設計劃, 而其建設對全台灣各地未來發展的影響深遠, 因此它會引起很多爭議實屬必然的現象。立法院院會刪除高鐵興建預算以來, 各界對此問題的爭辯一直十分熱烈。儘管在這些爭辯之中有不少偏見或不成熟的看法, 也有一些基於私人或地方利益所做的主張, 但基本上這種熱烈的爭辯應可使我們在未來對高鐵的興建與否, 以及其興建方式或替代方案, 做出更為合理的決策。以目前贊成及反對雙方的爭辯內容來看, 許多和高鐵有密切相關的問題似乎仍有待更深入的思考或研究。其中地區均衡發展的問題、土地的取得與地利共享問題、民間投資問題以及未來運費的預測等等, 都有再深入檢討的必要。

　　近百年前所建的縱貫鐵路雖然早有其他各種交通工具來替代, 但是縱貫線經過及設站與否, 卻是台灣西部許多市鎮過去數十年中興衰的重要原因。如今高速鐵路能設之站更少, 各地之間的利害衝突更大, 在高速鐵路興建與否的爭議中, 我們即可明顯看到地區性意見的差異; 有車站的地區傾向於支持興建, 而未計劃設置車站的地區則傾向於反對。這種現象表示高速鐵路目前的規劃確實未能公平地照顧到各地方之利益。而做為一個平均每個國民要負擔數萬元興建經費, 而且對整個區域發展型態會有重大影響的計劃, 高速鐵路若不能帶給各地較公平的利益或較平等的發展機會, 吃虧地區的民眾確實很難服氣, 政府即

使用各種方法勉強取得資金, 計劃推行時仍將面臨甚大的阻力, 而且客觀地說, 對部份地區之民衆也確實不公平。

　　目前高速鐵路計劃地區性利益差異的原因之一是土地增值利益分配的不公平。設站地區的地主乃至土地炒作者可以得到極大的利益, 而未設站地區的人民卻不只被迫以偏低之地價徵收土地, 呼嘯而過的快速列車之振動和噪音, 以及鐵路路基可能造成的區隔效果, 也都會使沿線的土地遭受損失。因此, 高速鐵路用地徵收時, 若不設法把車站所在地之大部份增值利益收歸全民共享, 並以其中的一部份來彌補沿線地主的損失, 則因此而造成的不公平將使高速鐵路計劃難以得到全民的支持。

　　相對於鐵路沿線地主的損失和利益之分配, 高速鐵路對區域發展的影響可能涉及更多人。因此, 高速鐵路對區域發展若有甚大的不公平, 則高速鐵路將受到愈多人民之反對。目前高速鐵路雖以促進區域均衡發展爲目標, 但在缺乏適當配合建設的情況之下, 高速鐵路主要僅方便了車站附近的地區, 離車站較遠的城鎮, 以及沒有車站的縣市, 都很難得到高速鐵路的直接利益。例如雲林縣民若要利用高速鐵路由台北返鄉, 則由台北住所先坐車到台北車站, 乘高速鐵路到烏日, 再搭乘縱貫線到斗六或斗南, 然後可能須再乘一次或兩次汽車, 才能回到家裡。這一連串搭車及等車的成本加起來, 很多人可能寧願自行開車回家, 也就是很多人可能發現高速鐵路並未帶給他方便。在這種情況下, 高速鐵路很難發揮促進這些地區發展的作用。

　　高速鐵路無法照顧到多數地區的結果, 除了對各地區之不公平及興建時易遭反對之外, 未來可能造成之各地不均衡發展也與進行這項建設之目標背道而馳。在高速鐵路未使西部地區之發展集中在7個車站附近以前的一段期間, 高速鐵路未能便利更廣大地區之結果, 人們對高速鐵路的需求無法快速增加, 以致高速鐵路的自償性及可行性更低。需求不夠多而使車次無法很密的結果, 甚至可能造成惡性循環而使人們對高速鐵路的需求更爲降低。

　　而在較屬技術性的建設計畫方面, 至少經濟面的民間參與方式及運量預測在原來的建設計畫中也都不夠完整。因此, 重新提出高鐵興建預算之前宜審愼

加以檢討。

二、建議事項

建議	說明
1. 高速鐵路應設更多車站。	許多地區人民反對高鐵的原因之一是當地未設站, 而爲眞正促進區域均衡發展, 也有必要設更多車站。依目前之規畫, 台北至高雄共7個站, 平均站距66公里, 而新竹、台中間爲94公里, 台中、嘉義間爲86公里。然而日本東海道新幹線平均站距36.8公里, 山陽新幹線36.7公里, 東北新幹線35.7公里, 上越新幹線37.1公里。同時東京至新大阪15個站間站距超過60公里者僅一處, 卻有5處小於30公里。故技術上並不難增設車站, 只要將停部份車站之快車和停較多車站之普通車的時刻做適當之規劃即可辦到。
2. 高速鐵路應與縱貫鐵路配合, 而將縱貫鐵路改爲類似捷運車次及車站皆甚密集之經營方式。	爲讓高鐵能服務更多旅客及地區, 一定要使車站地區之外的民衆能較方便轉車, 故除台北高雄的捷運系統之外, 也應讓乘客一下車即可在同一車站換乘火車到目的地或更接近目的地之鄉鎭。若由台鐵來扮演各高鐵車站到附近縱貫線上鄉鎭的轉運工作, 則因目前縱貫線車站仍是主要城鎭集中之處, 其他重要城鎭和縱貫線車站之間原本亦有方便之交通, 故應較能滿足多數人之需求。
3. 車站附近應擴大徵收面積, 並將路線土地和車站附近土地合併區段徵收, 以使更多民衆共享增值利益。	土地的徵收不僅和高鐵之建設成本及建設能否順利推展有關, 也和高鐵的投資報酬有關。交通建設的主要利益之一是促進交通建設所到之處的土地利用價值增加, 而這種利益通常也將表現爲地價的上漲。由於這種利益通常不能成爲交通建設投資者的收益, 因此交通建設的社會利益高於投資者能從營業中得到的利益, 甚

建議	說明
	至使交通建設的投資報酬率低到無法還本或無法吸引民間投資。但若在進行交通建設時能先將一部份會受益的土地徵收，則其土地增值利益即可成爲投資者的報酬，而增加投資的獲利性。目前政府雖然也有將車站設於公有土地，或是將車站附近土地區段徵收的計畫，但其徵收範圍或公有土地若太小，則未能由投資者回收的利益仍可能太多而使建設的投資報酬率偏低。因此未來若要興建高速鐵路，則其車站附近的土地徵收範圍應該大幅擴大，以回收更多開發利益。
	土地徵收面積的擴大，不僅可興建高鐵的開發利益有較大的比例成爲投資者的報酬，也可以使土地增值利益分配給更多人，而減輕少數人得到暴利之不公平現象，更避免少數政客或土地投機者爲取得暴利而企圖影響建設地點及方式的問題。在目前區段徵收發回四成土地的做法下，同樣的建設若徵收面積小則地主發回之土地皆在附近，增值利益即會較大。若擴大徵收面積，使發回的土地有些較爲偏遠，即可發生稀釋的效果而降低地主或投機者的暴利。以高速鐵路而言，政府應把車站之興建而可能形成都市之土地皆納入徵收範圍才較合理。甚至路線使用之土地也可合併辦理區段徵收，而以發回車站附近之土地爲補償。若採用這種做法，不僅增值利益可由更多人分享，而且即使預算不恢復，土地徵收仍可進行。
	高鐵以前委託台灣土地開發信託投資公司所做的研究以須修改法令、緩不濟急、以及地主可能不習慣等未經分析的理由來反對這類做法及土地證券化，但其反對理由均無充分依據。依現行法令仍可以做到我們所做之建議。同時只要地主仍可選擇拿公告市價加成之補償金，這種做

建議	說明
	法對大部份地主都更有利, 絕不會因沒聽過就不接受。
4. 車站地點不必先完全確定, 而以地方配合土地徵收之程度來決定地點。	擴大地利分享的做法雖然較公平, 且可將更多建設利益收歸全民, 但緊靠車站之地主則必將因獲利減少而反對。這種反對除可由其他地主的贊成來制衡之外, 政府也可用不先確定車站地點的方式來解決。規劃單位只需先開列出車站的可能地點之範圍和條件, 由願意被選為車站之地點的地方政府乃至地主自行協調, 提出願接受區段徵收之承諾, 規劃機關再由自願做承諾之地點選擇較適當者來規劃車站和路線。這種讓各地區相互競爭的做法, 亦可大幅降低土地徵收的困難。而由於技術上幾乎每縣皆可設站, 因此若各地都提出充分的土地來配合, 實不妨各縣皆設車站。
5. 運費需求的估計宜再檢討, 以提出更精確之預估。	高鐵曾委託數項運量研究, 而其結果並不一致, 每日運量的估計值由187,071人次至292,654人次不等, 且目前採用之預測並未充分考慮其他配合措施。某些預測結果, 如基本費率在3元以下時營收隨費率而提高或不變, 但費率調到3.1元, 營收即下降17.75%, 暗示需求彈性由接近於負1立即跌至負6, 顯然估計方法有問題。而運費的估計不僅影響車次和車站等規劃, 亦影響投資報酬率或自償比率甚鉅, 故宜謹慎重新檢討。
6. 民間參與的方式應再深入研究, 以擴大民間參與並保障高鐵之品質。	反對高鐵的人士有不少是認為應該民營或擴大民間參與。而高鐵目前雖然也有民間參與的規劃, 但規劃不夠詳細, 而且是按建設硬體設施將高鐵分割成數部份來詢問民間參與的意願, 較難引起民間投資的意願, 故應再深入研究各種可能參與方法, 包括除土地外全部由民間負責, 請外國高鐵相關公司加入投資, 以及股票公開發行等辦法。

建議	說明
	目前交通部所提出之獎勵民間參與交通建設條例草案雖然有些可行之新觀念, 但對提供民間投資者的獎勵有太多的規定, 且以太多方式給予獎勵, 因此將造成實際獎勵程度不易估計的結果。政府可能因此而給予太多不必要的獎勵, 也可能因獎勵不足而找不到民間投資者, 更可能因爲規定的複雜性, 而被當成圖利少數人的途徑。故該項條例立法前應予再行檢討。

老人年金制度爭議之省思

1993年10月

一、問題分析

近幾年來, 社會福利已成爲朝野兩黨爭取選民支持的最重要政策訴求之一。政黨競爭轉而重視公共政策, 本是民主政治發展上一項可喜可賀之演變, 惟令人憂心的是朝野兩黨常在未經完整、審慎的檢討、設計與規劃下, 匆促提出以討好選民的社會福利政策。此類政策雖可在短期內博得特定階層選民的歡心, 但常對整體社會中各階層、族群、與世代間所得之重分配, 儲蓄與生產之誘因, 以及政府的財政負擔帶來深遠的負面影響。

社會福利制度在大多數先進國家早已燦然大備; 以我國目前之所得水準以及社會、人口等結構之變化, 也確有能力與必要推動社會福利制度。惟近幾年來, 許多先進國家已因社會福利制度之不當, 面臨財政困難與經濟停滯等危機, 而紛紛開始檢討其社會福利制度。台灣現在才開始規劃社會福利制度, 可說掌握了最佳時機, 可利用先進國家的殷鑑, 避免重蹈其覆轍。不過, 值得擔憂的是, 近幾年來台灣在社會福利方面的發展, 卻似乎正步著這些國家的後塵, 可能導致財政危機與經濟停滯的方向前進。

兩黨競逐選民, 所推出的社會福利政策成爲政府財政的重大負擔, 農民保險就是一例。在民進黨執政的高雄縣執意開辦農保之壓力下, 台灣省政府倉促推出農保, 全面實施。在未經審慎規劃, 對投保者之資格未予適當界定, 保費又儘量從低以嘉惠農民之作法下, 農保推出才3年, 虧損已超過350億元。又全民

健康保險雖然在專家眼中將是下一個塡不滿的「錢坑」，學者多質疑在1994年底前實施過於倉促，甚至決策者對這些問題亦都有深切的了解，但是在民進黨大力提倡社會福利措施以及年底縣市長選舉的壓力下，行政院被迫一再重申全民健保如期實施之承諾。

最近成爲兩黨攻防主調之一的老人年金制度又一是例。民進黨避談財源如何籌措問題，提出予65歲以上老人不論貧富每人每月發給5,000元 (3,000元) 津貼之主張，且將之列爲民進黨縣市長候選人的共同政見。雖然此一主張有譁衆取寵、畫空洞大餅取悅選民之嫌，但執政黨在不便正面反對此一老人年金訴求，本身又暫時拿不出具體更佳的替代方案之情況下，除了質疑民進黨主張的經費來源，只能要求中央儘速規劃，提出屬於執政黨的老人年金制。依過去之經驗來推測未來此一制度可能的發展，一是步上農保的後塵，在民進黨主政的縣市貿然推出老人年金制度後，執政黨在全台灣地區被迫跟進，全面採行；另一是執政黨倉促應戰，未經審愼規劃，提出後遺症十足的替代方案，付之實施。不論未來的發展是上述二者中的那一個，都非國家之福。

面對此一進退兩難之窘境，行政部門的妥善因應策略，應是基於國家整體福祉之考慮，堅定正告各縣市政府與各黨縣市長候選人，若未經中央政府整體規劃，貿然採行老人年金制所需之財源，須由縣市政府自行籌措，中央政府不予補助。又爲了因應社會對福利措施之需求，行政部門也有必要儘速進行老人年金制以及其他社會福利政策的妥善、全面規劃，訂出時間表，承諾在審愼規劃後，如期實施。

澎湖縣最近推出老人年金制之經驗顯示，在地方財源有限之情況之下，單一縣市並沒有實施老人年金制之能力。澎湖縣長高植澎當初打出老人年金每月3,000元的競選訴求，雖然打動了島民的心，幫助其贏得了縣長選戰，但試辦了1個月之後，即財源無以爲繼，不得不向省府及中央伸手求援。當年高雄縣率先推出農保，若非省府隨即跟進，以高雄縣有限之財源，農保在該縣可能在短期內亦將夭折。因此，行政部門在讓國民清楚了解中央政府確已正積極規劃相關社會福利制度之同時，以上述堅定、嚴正態度阻絕地方政府輕率推出老人年金

制度之政策, 應可收到相當效果。

老人年金制 (以及其他社會福利政策) 之所以必須審慎規劃, 由先進國家實施之殷鑑, 實已不難得知。老人年金制不僅事涉老人福利與政府財政負擔, 且將影響家庭倫理、世代間所得移轉, 以及社會的工作與儲蓄意願, 故其規劃不可不慎。

中國傳統家庭倫理講究的是幼吾幼、老吾老, 以及養兒防老。父母哺育兒女、受教育, 並協助其成家立業; 而兒女長大後, 則奉養父母, 飴養天年。兒女奉養父母之傳統觀念, 雖因大家庭制度逐漸解體以及社會風氣之轉變而漸遭破壞, 但仍普遍根植人心。老人年金制度之實施, 以社會保險或補貼替代了兒女的奉養, 長遠而言, 將有減弱兩代間依存關係之作用, 其對傳統家庭倫理觀念的維護, 可能產出負面的影響。

再者, 不少學者之研究指出: 我國儲蓄率比先進國家爲高, 是我國快速經濟成長之主要支撐力量之一; 而我國社會福利制度之不健全, 則是促成高儲蓄率之導因之一, 意即國人習慣於以年少時的辛勤工作與節儉儲蓄, 自力累積財富 (廣義而言, 包括上述已成家立業之兒女), 以備老年之需, 而不仰賴社會福利措施。相形之下, 先進國家過於優厚的社會福利制度, 降低了其國民的工作與儲蓄意願, 進而導致其經濟成長率之停滯。因此, 我國老人年金制度與其他社會福利措施之設計, 也應注意及此, 儘量降低其對工作與儲蓄意願之不利衝擊。

在對世代間所得移轉之影響方面, 社會福利制度之推行, 必須有其財源, 故必定涉及所得之重分配。它可能是由同一世代中較有能力者手中移轉至需要救助或補貼者; 若其實施導致政府財政的赤字, 則是由後代子孫來承擔現代人享用社會福利的成本。此種現代人掠奪後代子孫財富之現象, 不足取。

綜上所述, 老人年金制度確有審慎規劃的必要。事實上, 行政部門對老人年金制度之規劃, 業已從事多年。公教人員退休後支領月退休金之辦法, 早已付諸實施; 勞委會對勞工老年附加年金制度之規劃業已完成; 農委會也已研擬農民年金制度草案; 內政部則已成立研議小組, 正進行國民年金制度之規劃。不過, 這些部門各自進行與自己主管業務有關的老人年金制度之規劃, 也正暴露

了我國社會福利制度設計上的一大缺失, 那就是事權不一, 各行其是, 缺乏整體規劃與彼此之配合。行政院有必要加以整合, 設立跨部會的協調委員會, 對這些年金制進行整體的規劃考量。

　　爲了減輕政府財政之負擔, 並降低對個人儲蓄的不利衝擊, 目前各行政部門所研議的年金制皆朝社會保險的方向進行規劃, 由當事人先按月繳付部分費用(保險費), 以便退休後或老年時, 仍有一筆年金可供基本生活所需, 確是正確的作法。唯在保險費率之制定上, 行政與立法部門宜揚棄過去所常有攏絡選民之心態, 改按財務規劃達某一高水準的自給自足率所需之精算費率收取之。以過去勞、農保之經驗爲例, 行政院原先送審的勞保費率是13.4%, 立法院審議最後以7%定案; 農保原先是10.19%, 最後以6.8%定案。這些偏低的費率, 乃是造成勞、農保嚴重虧損的主要原因之一。近有學者估計, 勞委會所研提的勞工老年附加年金制若欲維持財務健全, 合理的月提撥率約在8%至14%之間, 而勞委會卻以「世代互助」之理由, 建議將保費費率訂在4%至7%的一半水準。此若屬實, 勢必造成勞工老年年金制難以爲繼, 或將禍延子孫。

　　又在採取社會保險方式辦理老人年金制度之情況下, 對保險費率之設計, 亦宜加上彈性調整之機制, 以避免行政或立法部門在取悅選民之考慮下, 對可能加重被保險人負擔的任何費率調整建議, 橫加阻撓。因此, 老人年金制度之費率宜採原則性立法, 可經由行政命令或授權費率委員會視需要調整之。

　　此外, 目前各家人壽保險公司皆有以保障老年生活爲目的而設計的各項保險方案。在老人年金制度之規劃上, 如何與壽險公司的此類保險方案相配合, 以減少公辦年金制度的流弊, 或補充年金制之不足, 亦是應予注意的一點。

　　最後, 爲了減少前述老人年金制對兒女奉養年老父母之傳統觀念的不利衝擊, 似可考慮對與年邁父母同住, 奉養父母的家庭酌量予以補助, 以激勵並維護兒女奉養父母的良好傳統, 進而緩和老年人安養問題之嚴重性。

二、政策建議

建議	說明
1. 儘速進行老人年金制與其他社會福利政策的審慎而全面性的規劃，並訂出時間表，承諾在規劃準備完成後，如期實施。	以我國目前之所得水準，以及社會人口等結構之變化，已有能力與必要加強推動社會福利制度。與其多在民進黨與選舉的壓力下，倉促推出不成熟、後遺症十足的社會福利措施，不如化被動為主動，正視此問題，及早對老人年金制與其他社會福利政策作審慎而全面性的規劃。
2. 正告各縣市政府與各政黨縣市長候選人，若未經中央政府整體規劃，貿然採行老人年金制所需之財源，須全由該縣市政府自行籌措，中央政府不予補助。	在當前中央與地方的財政收支劃分方法下，各縣市若無中央政府的補助，即無實施老人年金制之能力。澎湖縣自行推出老人年金制，試辦不久，即難以為繼；數年前高雄縣率先實施農保，若非省府隨即跟進，相信高雄縣亦難以持久。中央政府有必要讓地方政府清楚了解老人年金制將由中央統一規劃，不容地方政府各行其是，貿然採行。
3. 在行政院設立跨部會之協調委員會，對農委會、勞委會與內政部所規劃的農民、勞工與國民年金制予以整合，作整體的規劃評估。	目前我國分由農委會、勞委會與內政部進行農民、勞工、與國民年金之規劃，缺乏整體的配合。在這些年金制正式立法實施前，有必要由跨部會之協調委員會在整體考量下作適當之整合，以免重蹈目前公保、勞保、農保與全民健保整合不易之覆轍。
4. 確立以社會保險方式推動老人年金制之原則，其保險費率之制定應使財務規劃達某一適當比例的自給自足，避免加重政府太大的財政負擔。	在政府財政收支狀況日趨惡化之時，老人年金制度應採取社會保險方式，由當事人先按月繳交保險費，作為老年或退休後之年金。此一保險費率應使老人年金制的財務規劃達到某一適當比例的自給自足，不足之處方由政府彌補。這種作法可減輕政府財政之負擔，並降低老人年金制對個人儲蓄之不利衝擊。
5. 老人年金制之保險費率宜採原則性立法，授權行政部門以行政命令或費率委員會視需要調整之。	年金制之保險費率若受制於立法部門，極可能因選票等政治因素考慮，難獲同意作必要之調整，以致財務虧損嚴重，政府負

建議	說明
	擔加深。爲了杜絕此一現象, 保險費率之設計必須透過立法授權, 加上彈性調整之機制。
6. 研擬與民間商業保險互相補充的老人年金制, 儘量發揮商業保險的功能。	透過民間人壽保險公司的商業保險, 既可同樣達到保障老年生活之目的, 且可免除公辦年金制度所可能產生的低效率與加重政府財政負擔等流弊。因此, 老人年金制之規劃應與民間商業保險適當搭配, 儘量讓商業保險發揮其功能。
7. 對與年邁父母同住, 奉養年邁父母之家庭酌量予以補助, 以激勵兒女奉養父母。	我國傳統由兒女奉養父母之觀念, 有助於解決老年人安養問題。老人年金制度有替代兒女奉養父母之作用, 故可能降低兒女奉養父母方面之責任感。若對與年邁父母同住、奉養父母之家庭酌予補助, 將可緩和老人年金制對奉養父母傳統觀念的不利影響。

「全民健保」規劃之再檢討

1993年11月

一、前言

行政院已通過衛生署版全民健保法草案, 成立小組, 協調推動。該案原本預計在2000年實施, 後經李煥、郝柏村兩位院長之兩度修改, 打算提前至1994年實施。然而如此急就章的「提前」, 使規劃作業欠缺充分討論。此一計劃若冒然於1994年實施, 後果至為嚴重, 其不良影響, 遠甚於急功燥進之「六年國建」, 勢必變成政府部門預算的大黑洞, 財政收支之嚴重惡化將無法避免, 台灣的長期經濟發展將受到不利影響。

二、問題背景

1. 衛生署的預算數字嚴重低估

依據衛生署1990年做的估計, 全民健保實施後在1994年的醫療支出約為3,160億元, 佔 GDP 的5.03%。這個數字是「尚未納入總額預算規範」下算出來的, 居然遠較全世界各先進國家1988年的數字為低 (美11.3%、英5.9%、加8.6%、德8.9%、瑞典9.0%), 其中德、加、英、瑞四國之費用比例較美國低, 是因為該四國採用了總額預算制 (詳後)。即使到2015年, 衛生署估計醫療支出佔 GDP 的比例仍只有6.61%。

下列三點觀察值得加以注意檢討:

1. 台灣人民的醫療消費型態與浪費習慣, 比起歐美諸國恐怕有過之無不及;

2. 到2015年, 台灣的人口老化情形也與歐美國家相差無幾;

3. 公勞農保經常有病人與醫生串通詐領保費之「舞弊」, 是歐美國家所少
   見。

　　基於以上三點觀察, 台灣實施全民健保後的醫療支出比, 在尚未以總額預
算制限制經費之前, 絕不可能「遠低於世界各國」。更何況, 衛生署如果對其如
此低的預估數字有把握, 則根本就無需附加總額預算制。如果衛生署對上數預
估沒有把握, 則不宜在1994年全面實施。

2. 衛生署版推估之錯誤

衛生署所推估的全民健保醫療支出遠比世界各國爲低, 主要是因爲該推估犯了
以下兩個錯誤: 全民健保有少許自負額的規定, 即門診自負20%、住院自負
10%, 衛生署的研究人員「假設」該項自負規定可使門診減少30%、住院減少
10%, 依此估計未來之醫療支出。然而醫療資源的浪費有兩種類型, 一是「不
必要的看病」, 二是「醫生病人勾結的舞弊」。前者在歐美國家相當普遍, 是衆
所皆知的醫療資源浪費, 後者則是台灣 (尤其鄉鎮地區)「以保單換沙拉油、味
精、四物、當歸」的實況。自負額的規定對第一種浪費確實有抑制作用, 國外
研究也予以證實; 但是對第二種浪費, 自負額20%只是使勾結舞弊的雙方, 由
「100%利潤空間」減少爲「80%利潤空間」, 勾結利得仍然是遠大於零, 醫療資
源的浪費誘因並沒有改變。衛生署任意「假設」20%的自負額會使門診醫療支
出減少30%, 一則與外國研究有相當差距, 國外 Newhouse 等人的研究, 顯示
當自負門診25%時, 醫療支出僅減少19%, 其彈性係數遠小於衛生署版本。二
則未掌握台灣資源浪費之型態與特性。台灣目前已受勞、農、公、軍保涵蓋的
健康保險人口, 約爲總人口的一半。所謂「全民健保」, 就是要預估若對那「另

一半」人口實施強制健保, 會增加多少醫療支出。依據統計, 公保在1981至91年間每人醫療支出 (定基指數) 之增加率每年不及9%, 勞保每人成本同期間之增加率每年不及6%, 但農保自1985年開辦以來, 6年間每人成本年成長率超過200%, 其中第1年即成長400%。要推算實施「另一半」原先未保險之人民的健保醫療支付, 就要推估這「另一半」人民在屬性上較接近那一類人。由於勞保涵蓋的大都是青壯人口, (1992年底60歲以上人口僅佔3.19%), 而公保涵蓋的大都是有固定薪水, 知識水準中上的公務人員, 相對而言, 其保險給付較少。另一方面, 農保涵蓋較多「老弱」, 1992年60歲以上之農保被保險人佔42.6%, 遠高於勞保之被保險族群。「另一半」尚未被保險之人民, 在屬性上, 顯然是較接近農保人口, 因為「另一半」未受保險人有很大的百分比係勞保工作者之眷屬, 是「老弱婦孺」居多。因此, 若要以過去的給付型態預估開辦全民健保未來的醫療支出, 衛生署所假設的20%成長率絕對是偏低的, 這個錯誤所造成的後果必將十分嚴重。

3. 總額預算制可能衍生的問題

所謂總額預算制, 大致說來就是將每年醫療支出的總經費予以限定, 其目的係藉總金額限制, 防止世界各國普遍的醫療費用浮濫擴張。如果衛生署對其醫療支出數字有把握, 則到2015年醫療費用佔 GDP 之比例僅達6.61%, 根本無需採取「總額預算制」。衛生署一方面低估全民健保的醫療費用, 另一方面又鼓吹總額預算制, 似乎顯示其對預算之推估沒有信心。其實在醫療單價 (p) 固定下, 總額預算制就是將總的醫療使用量 (q) 加以限制。然而只要醫療資源浪費與舞弊的誘因未除, 民間所激發的醫療 (真或假) 需求就必然遠大於供給, 因此總額預算制必然導致醫療資源之配額 (rationing) 或管制。從國外經驗來看, 醫療管制背後的監督與管理成本甚鉅, 而醫療品質的惡化亦勢所難免。歐美若干國家以預算限制醫療支出雖可擋住預算赤字過度膨脹, 但醫療品質之明顯下降 (例如要排隊好幾個月才能住院) 亦為眾所週知。衛生署全民健保案之自負

額規定較之歐美先進國家並無進步之處, 而國人浪費舞弊之情形顯然亦不遜於歐美國家。衛生署案中僅提總額預算制「限制支出」之利, 隻字未提其「增加監控成本」、「降低醫療品質」之社會成本, 誤導決策, 恐非負責之舉。

4. 沈富雄版草案與劉遵義版草案

除了衛生署版草案之外, 國內曾經提出公開討論的全民健保法草案尚包括沈版與劉版。沈版的概略內容是「保住院不保門診」, 劉版的概略內容是「25,000元以下自付, 25,000元以上由保險金支出」, 兩者都是以「保大不保小」為原則, 精神上、理念上、效益上都遠優於衛生署版。蓋今日勞、農、公保之所以支出不斷擴大, 乃肇因於「零自負額」之制度漏洞, 該漏洞會造成以下兩種浪費; 一為 (如流鼻涕、喉嚨痛之類) 小病隨意就診拿藥之浪費, 二為醫師病人勾結以虛假支出圖利之「舞弊性浪費」。國外經驗顯示, 10–20%自負額並不能有效遏止醫療支出之浪費趨勢, 而國內之舞弊性浪費更不可能因為自負額的小量增加而稍減。因此, 「保大不保小」事實上是有效遏止醫療支出的必要措施。有人或許以為, 保小病將無助於中低收入戶之醫療保健, 然而如果真的要照顧中低收入戶, 可以其他補助或其他特殊條款予以補足, 不能為了少數中低收入戶而以「全民」的制度性扭曲為手段, 否則所付出的慘重「效率性」代價, 絕對無法對其自以為是的「公平性」考量給予正當的理由。

衛生署版的全民健保規劃人, 對於沈版與劉版的草案, 概以與「民眾期望」不符為由, 予以否定, 並武斷的認為這些方案之「可行性」均甚低。然而原先的公、勞、農保既然有重大缺點, 衛生署又支出了大筆研究計劃經費, 所完成的研究計劃要有「遠見」。衛生署版草案基本上只是原先公、勞、農保的「邊際改善」, 整個財務計劃也只是做一些簡單的加總運算, 較之沈、劉二版創意殊少。

就沈、劉二版相比較, 劉版 (25,000元自負) 較佳。蓋沈版 (保住院不保門診) 易產生「病人拜託醫生准許住院以節省保費」之流弊, 如欲監控此類浪費, 行政成本不可避免。劉版以金額為給付取捨點, 一則無住院門診互換之流弊,

二則自負金額日後調整甚爲方便, 三則監督成本較低, 四則其保費設計爲所得稅, 較衛生署版之薪資稅爲佳。

三、政策建議

建議	說明
1. 衛生署版之全民健保方案不夠周延, 預估經費支出嚴重低估, 有加以進一步檢討之必要。	若依衛生署版之全民健保草案冒然實施, 未來全民健保支出將變成我國政府預算之一大黑洞。
2. 行政與立法部門在規劃或審議全民健保草案之過程, 應多召開座談會與公聽會, 以博採衆議, 集思廣益。尤其政府決策階層宜邀請劉遵義院士等海外學人回國與之長談, 以免全民健保規劃爲少數人所誤導。	衛生署在研擬全民健保方案過程中, 國內外專家學者參與者不多, 故目前對草案質疑者衆多, 且有不少不同方案與建議的提出。衛生署版推估之嚴重錯誤應予重新檢討。

對選戰文宣策略的建議

1993年11月

一、背景

隨著縣市長選舉日的接近, 各黨的文宣戰略紛紛出籠。已公布的國民、民進和新黨文宣總訴求、口號和政見如下:

	國民黨	民進黨	新黨
文宣總訴求	「有愛真好」— 有能力、愛國家、真實在、好將來。	「清廉、勤政、鄉土」— 反金權、清廉疼台灣; 要福利, 勤政跨世紀。	「反金權、反特權」— 一切為小老百姓的福祉努力。
選舉口號	一個理念、兩項原則、三大行動、四個決心、五項承諾。	福利、交通、環保。團結、清廉的民進黨對抗分裂、歪哥的國民黨。	選國民黨不甘心、選民進黨不放心、選新黨最安心。兩黨不過半、台灣不完蛋。
訴求重點	1. 唯有政治安定、社會才能進步繁榮。 2. 求好而不討好、做事而不做秀。 3. 抓貪官辦污吏、抓流氓辦黑道、抓走私辦販毒。 4. 嚴辦選舉暴力、制止選舉買票, 絕不濫開支票、反對分化省籍。 5. (1) 由中央統籌早日發放農民及老人年金, 1994年6月底前完成規劃, 儘速實施國民年金制度。 　　(2) 儘速修改財政收支劃分法, 充裕地方財源; 各地該放領之公地應及早辦理。	1. 對年滿65歲以上者, 發放老人津貼, 每月5,000元。 2. 落實憲法規定, 國中、國小學雜費全免。 3. 全面清理縣市被佔用公地、廣建國宅。 4. 成立工程發包中心、建立工程品質等級制度、杜絕利益輸送。 5. 清理垃圾、保育森林、整治河川、設置親水公園。 6. 配合國土整體開發、規劃區域捷運系統。 7. 設立婦女會館、並普設托	1. 不炒地皮、不耍特權、乾淨選舉不買票。 2. 清查所有縣 (市) 政懸案、弊案。 3. 掃除黑槍、毒品。 4. 農地釋出、眷村改建、大力推動無殼蝸牛一戶一屋。 5. 提升縣 (市) 立醫院醫療設備品質, 看病不必到台北市。 6. 中小學教室燈光達到750照度, 降低班級人數, 全面免費供應營養

國民黨	民進黨	新黨
(3) 1994年底前, 實施全民對工、農、婦孺、原住民及殘障人士之福利應有特別照顧措施。	兒所, 以利婦女成長及就業。	午餐。
(4) 廣建國宅、重建眷村、增闢公園、體育場及住民休閒去處, 加強基層文化建設, 以提高民衆生活品質。	8. 提供無障礙環境, 照顧殘障同胞。 9. 推動母語教育, 尊重各族群文化傳統。	7. 絕不增設高爾夫球場, 違規高球場一律重罰停業。所有承諾, 4年任內實施。
(5) 強化公共政策, 確實解決交通、環保、治安、教育、公共安全及配合振興經濟方案等問題。	10. 提升縣市政府原住民行政層級, 主管任用原住民。	

比較三黨政見, 國民黨者雖較平實可行, 但在野黨的口號較爲聳動。例如在文宣總訴求方面, 民進黨的「反金權」、「要福利」和新黨的「反金權、反特權」即較國民黨的「有能力、愛國家、眞實在、好將來」醒目。

在實際選戰文宣交兵的過程中, 在野黨的戰術運用相當靈活, 給予國民黨甚大的壓力。在民進黨方面, 目前是以「破」— 反貪污 — 和「立」— 社會福利 — 爲重點。在前者方面, 民進黨原本打算提出「十大弊案」, 包含台北市捷運案 (30餘億元)、大哥大案 (10億元)、中鋼案 (331億元)、中油案 (9億4,000萬元)、賤賣國土案 (386億元)、和平新邨案 (10億元)、松華新邨案 (55億元)、及國民黨竊據國土案 (1,054億元) 等, 後來因考慮舉證問題, 並未如數公布, 不過在個別講演和說明會中, 以上各「弊案」經常被提出來作爲訴求重點。

在社會福利方面, 民進黨主張65歲以上老人每人每月一律發放5,000元。根據該黨宣稱, 目前65歲以上老人約140餘萬人, 扣除軍、公、教和榮民, 大約有70餘萬人, 每年僅需500億元, 上述各種「弊案」之「貪污數額」加起來遠超過此數, 所以財源不是問題。

新黨的文宣戰目前主要是鎖定特定國民黨提名候選人的「炒地皮」行爲或「財團背景」, 作爲訴求重點。該黨強調是「小老百姓的代言人」, 所以在講演時側重金權政治、貧富不均、房價太貴等議題。

相形之下, 國民黨的文宣截至目前爲止較居於守勢, 沒有一套響亮的口號

可以轉守爲攻。即使在守方面, 也並不特別突出, 對於所謂的弊案、貪污和金權
政治, 或者很少說明, 或者說明得不夠具有說服力。在社會福利方面, 雖然立即
宣布自明年7月起擴大實施老年津貼: 最低收入者每月6,000元, 次低者3,000
元, 受惠人數共約22萬人, 但是沒有利用宣布的機會說明政策的原委和立場,
錯失了反守爲攻的機會, 而且予人隨民進黨樂聲起舞的印象。

最近以來, 這種情勢已經漸漸有所轉變。院長已經指示各部會, 對政府施政
毫無根據或扭曲事實的批評和指責, 各部會應適時提出澄清與說明。法務部長
也一再對外說政府肅貪和反金權的決心, 並舉出這幾個月日益上升的檢舉來函
數目, 證明已經引起全民的重視。國民黨文工會則宣稱, 將搜集民進黨主政的
七個縣資料, 展開「罪行揭發」, 而且, 最重要的, 主席親自前往爲各地國民黨
提名候選人造勢, 已經在媒體上掀起一股熱潮, 在此關頭, 有必要檢討過去在
文宣上所處的形勢, 布署新的戰略, 以便趁此時機轉守爲攻, 以改變整個選戰
文宣的態勢。

二、基本對策

面對以上的情勢, 應該採取的基本對策有左列各點。

1. 凡在野黨提出之具體政見如有不可行或不負責任者, 應全面反駁, 並以
提出更好、更合理、更可行的方案轉守爲攻。

以老年年金爲例, 民進黨所提出的制度是不分收入高低一律每人每月付5,000
元, 以致家產萬貫的老人一樣每月可得5,000元, 違反社會公平原則; 而且這樣
漫無標準的給付, 將對國家財政造成永久性的傷害, 增加下一代的租稅負擔, 這
基本上是一個戕害和斷送子孫福利的不負責任方案。

表1刊載了1990年以來, 預估到2036年我國人口結構的變化。目前65歲
以上的老人大約142萬, 扶養比是10.06% (約10位15至65歲人口扶養一位
老人), 但是隨著人口的老化, 65歲以上老人人口將快速增加, 10年以後到了

表1　台灣地區年中總人口、依賴人口與工作年齡人口推計數 — 1990年至2036年

年別	人口收 (千人)				百分比 (%)			扶養比 (%)		人口老化指數 (%)	西元
	總計	0-14歲	15-64歲	65歲以上	1-14歲	15-64歲	65歲以上	幼年人口	老年人口		
1990	20,215	5,474	13,510	1,231	27.08	66.83	6.09	40.52	9.11	22.49	1990
1991	20,414	5,404	13,717	1,293	26.47	67.20	6.33	39.39	9.42	23.91	1991
1992	20,610	5,326	13,927	1,357	25.84	67.57	6.59	38.24	9.75	25.50	1992
1993	20,803	5,241	14,139	1,423	25.19	67.97	6.84	37.05	10.08	27.15	1993
1994	20,992	5,150	14,352	1,490	24.53	68.37	7.10	35.88	10.38	28.94	1994
1995	21,177	5,057	14,565	1,555	23.88	68.78	7.34	34.72	10.67	30.74	1995
1996	21,358	4,956	14,774	1,878	23.25	69.17	7.58	33.61	10.98	32.60	1996
1997	21,538	4,878	14,981	1,679	22.85	69.56	7.79	32.56	11.20	34.39	1997
1998	21,715	4,794	15,185	1,736	22.08	59.93	7.99	31.57	11.43	36.19	1998
1999	21,891	4,721	15,380	1,790	21.58	70.26	8.18	30.69	11.64	37.94	1999
2000	22,055	4,678	15,545	1,842	21.20	70.45	8.35	30.09	11.65	39.39	2000
2001	22,237	4,650	15,697	1,890	20.91	70.69	8.50	29.62	12.04	40.65	2001
2002	22,410	4,633	15,837	1,940	20.68	70.67	8.85	29.26	12.25	41.88	2002
2003	22,582	4,634	15,960	1,988	20.52	70.58	8.80	29.03	12.45	42.88	2003
2004	22,752	4,649	16,069	2,034	20.43	70.62	8.95	28.93	12.67	43.61	2004
2005	22,922	4,675	16,168	2,079	20.39	70.54	9.07	28.91	12.88	44.43	2005
2006	23,089	4,705	16,262	2,122	20.38	70.43	9.19	28.94	13.05	45.09	2006
2007	23,253	4,737	16,352	2,164	20.37	70.32	9.31	28.97	13.24	45.70	2007
2008	23,413	4,769	16,438	2,206	20.37	70.21	9.42	29.01	13.42	46.34	2008
2009	23,569	4,800	16,519	2,250	20.38	70.09	9.55	29.05	13.63	48.91	2009
2010	23,720	4,827	16,593	2,300	20.35	69.96	9.69	29.09	13.85	47.62	2010
2011	23,864	4,849	16,651	2,354	20.32	69.82	9.86	29.10	14.14	48.57	2011
2016	24,452	4,729	16,976	2,747	19.34	69.42	11.24	27.86	16.19	58.12	2016
2021	24,531	4,540	19,837	3,454	18.28	67.81	13.91	26.96	20.51	76.09	2021
2026	25,094	4,374	16,497	4,223	17.43	65.74	16.83	26.51	25.60	96.55	2026
2031	25,253	4,367	16,053	4,333	17.29	63.57	19.14	27.20	30.11	110.10	2031
2036	25,220	4,451	15,596	5,173	17.55	61.84	20.51	28.54	33.17	116.20	2036

資料來源: 經建會,人力規劃處 (1991)《中華民國台灣地區民國 79-125 年年人口推計》。

2003年, 將增至199萬, 2011年將增至235萬, 2036年將增至517萬, 屆時老人扶養比將提升至33.17% (三位15至64歲者扶養一位老人)。

民進黨提出的方案如果成眞, 老人年金的給付1994年將爲894億, 假設年金每年依物價指數成長3.5%, 到了2011年總支出將爲2,569億, 到了2036年將達1兆5,700餘億。該黨宣稱肅貪所得足以支付老人年金支出, 即便是眞, 也只是一次性的, 那麼未來10年、20年、30年的預算那裡來? 還是必須增加稅收, 或是中止計畫, 與其說這是社會福利的促進, 不如說是國民福利的斷送計畫。

在計算財政負擔時, 民進黨如果扣除軍、公、敎、榮民人員, 將引發新的問題。目前勞保也有老年給付, 爲何仍可納入, 但軍、公、敎等則否? 社會上多的是家產萬貫的老人, 軍、公、敎中則不乏低階低收入的退休者, 爲何前者可領年金, 而後者不行? 再者, 如果以後爲了支付年金, 需要加稅, 請問軍、公、敎、榮民是不是也可以排除? 如果不行, 那這個方案的公平性又在那裡? 這些道理一旦深究, 不但將使民進黨立即喪失來自軍、公、敎、榮民的選票, 也將使社會了解此方案之不公平性。

事實上, 即使扣除軍、公、敎、榮民, 由於此制度所需金額總數龐大, 而且逐年快速增加, 對國家財政和後代子孫的傷害如一。此種年金制度, 是將現代人的短暫快樂, 建築在未來子孫永久的痛 苦之上, 其理甚明。

旣然如此, 國民黨的文宣部門即應針對這些弱點與矛盾, 大力駁斥。而且, 應當提出對案, 以示選民誰是負責任的政黨。就老人年金而言, 與其65歲以上老人統統有獎, 不如針對眞正需要救助的老人, 也就是低收入、無依的老人, 不論身分, 予以支援。這樣做可以眞正發揮人溺己溺的精神, 在財政上也不至於造成重大問題, 才符合公平、合理、可行、負責任的原則。事實上這就是政府最近提出來的對案, 預訂從明年7月起實施, 可惜的是相關單位沒有利用此對案提出的時機, 大力宣導其理念及其可行性, 以轉守爲攻。

就老人年金制本身而言, 民進黨支票已開, 無法收回, 而且在未來勢必仍將宣傳, 則可在其每一次宣傳時, 針對弱點反擊, 並趁機宣導國民黨所提出對案

和其負責的態度。本黨應強調: 討好選民而未經審愼設計與規劃的社會福利政策, 將對整體社會中各階層、族群與世代間所得之重分配, 儲蓄與生產之誘因, 以及政府的財政負擔帶來深遠的負面影響 (請參考前呈「老人年金制度爭議之省思」)。

在反貪污方面, 國民黨也應採取比目前更積極的攻勢。前述「十大弊案」, 有的已經在偵查、起訴或審理之中, 有的已經判刑, 這就顯示政府肅貪的決心和初步成效。其他沒有根據的, 如果民進黨敢提出, 可以立刻採取法律行動, 使其必須負舉證責任。如此一來,「十大弊案」的攻勢即使敢提出, 也將在短期內遭到反擊。

再者, 政府可以比目前更積極的態度, 宣導肅貪的決心和初步成效。在決心方面, 可將目前進行中的各項子計畫作有系統性的、大規模的宣傳, 在初步效果方面, 可以統計近一年來所有被起訴的貪污案件, 和近月來檢舉函的數目, 作爲證明。而後可在文宣上強調反貪污運動民進黨是用說的, 而國民黨是用做的。而且國民黨應強調肅貪正是擺脫以往包袱, 力求革新的決心。

其他在野黨的攻勢, 基本上均宜依此要領, 應予個別擊破, 並趁機製造國民黨的聲勢。

2. 在擬定各項反守爲攻的個案時, 國民黨從政黨員應大力支援。

要能找出在野黨提出方案的弱點, 並了解如何轉守爲攻, 必須掌握資料, 也必須對方案所涉問題有深入的了解和實務經驗。行政機構挾其人才、資料、知識、經驗, 應負起反擊訴求的責任。而且旣然國民黨全黨均在爲繼續執政而奮鬥, 從政黨員尤其是政務官以上黨員, 當然應當全力配合與支援。

事實上, 如果沒有行政機構的支援, 光靠黨務系統, 很難在短期內抓住對方的弱點, 更難, 也沒權責在短期內提出更切實可行的對案。黨務系統是對手文宣資料的搜集者, 和反擊戰的總集成者; 從政行政主管則應是反擊方案的主要策畫者。

在民主制度之下, 政務官以上官員的去留是隨執政政黨的更迭而定, 當然不能置身於選舉之外。只要在擬定對案時是根據眞實的資料、本身最佳的判斷

和國家的長期利益, 應不致違反行政中立原則, 甚至可說是吸收民情、精益求精的具體表現。

3. 國民黨可視時機提出一項全面革新方案, 以樹立新的形象

近一年來, 事實上執政黨已經推動了不少興革方案, 包含振興經濟方案、行政革新方案和肅貪方案。前呈「行政革新芻議」報告中所陳者, 許多已在推行之中。不過政府並沒有整合這些努力, 有時會使得這些個別的努力為人所忽視或淡忘。再者, 社會上的確也存在許多其他的問題, 值得重視, 值得努力解決。基於此, 政府可視時機決定是否要提一個「全面革新」或「國家現代化」方案, 整合目前的努力, 也收納其他尚未納入的重要問題, 以作為國民黨繼續執政最主要的訴求和理想。

這個方案的整體構想可如圖1所示。圖中顯示一個真正為民服務、以民眾福祉為依歸的政府, 所應有的「神經反應」系統。「搜集民情」等於是神經, 將民情、民怨反應到中樞, 而後神經中樞研究如何改進施政, 包含修法、立法及改善行政效能, 並發布實行, 也就是回應民眾的要求; 到下一循環, 再徵求民眾的反應, 了解改革成效, 並作繼續努力的參考, 如此周而不息, 不斷進步, 達到現代化政府的標準。具體而言, 此方案可循以下步驟進行:

(1) 在第一階段, 應先建立一個有系統搜集民情、民怨的管道。社會上的確存在不少民怨, 有些是個別的, 與政府無涉, 但也有許多是法令窒礙難行、或行政機關執法方式偏差的結果, 後者即是建立現代化國家必須檢討改正之處。光憑媒體報導或少數個別檢舉了解民怨恐有所不足, 政府宜利用現行行政體系, 建立一個有系統的搜集管道, 以真正了解民怨、民情。在此階段可以考慮於各級政府的研考及政風機構設申訴專線及專用信箱, 並鼓勵民眾多來電來信申訴, 同時這些機構也可以主動地發掘民情、民怨。這一步可在選戰階段進行。

(2) 在第二階段, 待民怨、民情搜集之後, 凡屬合理者, 政府即應針對其中可歸咎於法令或行政效能之處, 擬定改進計畫。政府宜根據民怨、民情的

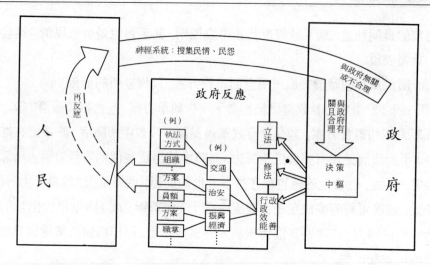

圖1 「以人民福祉為依歸」的「國家現代化」方案構想

多寡和強度, 決定緩急順序, 而且凡屬行政效能革新者, 應立刻納入行政
革新計畫之內, 嚴格要求執行, 再依據新的民情反應考核成果, 主其事者
必須為成敗負責任。

(3) 在民怨、民情繼續搜集過程中, 事實上有些民怨、民情已經多次在民意
調查中展現, 即應當先行處理, 不待完整的結果。據了解, 這些至少包含

(A) 交通

(B) 治安

(C) 環保 (垃圾和廢土等)

(D) 土地政策 (土地炒作等)

(E) 貪污和金權政治

針對以上每一點, 政府均可選擇一至數項目前甚為嚴重, 但花費力氣少而
且短期內可收成效者, 擬定實施方案, 以展現國民黨的能力和決心。

三、政策建議

建議	說明
1. 針對反對黨提出政見中不可行或不負責任者，提出反擊，並趁勢提出更切實可行的對案，反守爲攻。本黨應強調本土化的本黨正在擺脫過去的包袱，爲建立新的遊戲規則正在做全面性的努力。如果對新的遊戲規則的建立不做必要的努力，一味批評過去所發生的問題，則只會帶來社會的不安定。	以民進黨提出的老人年金爲例，該方案一方面欲將軍、公、教等排除在外，一方面又不分收入高低、統統給獎，基本上違反公平原則。而且該方案如果實施，即便所謂肅貪所查獲的贓款能夠收回使用，也只是一次性的，絕對無法支付日後長期的需要。此方案之實施，即使排除軍、公、教等，所需的款項亦非國家財政所能承受，以後不是停辦，就是要加稅，不論那一條路，都是禍害子孫，所以是一個將現代人短暫的快樂建築在子孫長遠痛苦之上的惡性計畫。這些點國民黨均應澄清，並予以嚴詞反擊。
	比較負責任的作法是將救助及於眞正需要救助的老人。目前政府所提出的計畫，對象是低收入的老人，正是這樣的構想，如此才能眞正發揮人溺己溺的精神，也不至於對財政造成過大的負擔。像這樣對案的推出，應大力宣傳，並明白比較不同方案的優劣點，以轉守爲攻。
	其他反對黨提出的反貪污、反金權的攻勢，也應秉持同樣原則處理。對於國民黨肅貪的決心和已有的成效，應作有系統的大規模宣傳。對於反對黨不實的指控，則應利用法律程序，賦對方予舉證的責任。
2. 在擬定各項對策時，國民黨從政主管黨員應大力支援與配合。	行政機構挾其人才、資料、知識及經驗，最了解反對黨所提各案的弱點，也最了解如何制定更優良的對策，所以陣前文宣戰的進行，必須有陣後從政主管黨員的大力支援與配合，才易竟功。政黨政治之下，政務官之去留繫於政黨能否執政，不宜也不可能置身於選舉之外，只要在擬定對案時是根據眞實的資料，本身最佳的判斷和國家的長期利益，應無不可，甚至可說是

建議	說明
3. 可視時機考慮推出「國家現代化」方案或「全面革新」方案, 以樹立國民黨新的形象, 成爲主要的執政訴求和黨員共同奮鬥的理想。	體察民情、精益求精的具體展現。 這樣一個方案可以整合已推行的振興經濟、行政革新和肅貪方案, 也可以收納新的需要興革之事項。這個方案在圖一的架構下, 將能有效落實國民黨「與人民站在一起」、「以人民之福祉爲先」的理念, 成爲一套對民情、民怨敏感的神經反應系統: (1) 先建立一個有系統搜集民情和民怨的管道, 以徹底了解人民需要政府爲他們做些什麼, 政府應如何改進以增進人民的福祉。 (2) 根據所搜集資訊, 凡屬合理者, 若涉及法令不宜或不全, 立即著手修法, 立法, 凡涉及行政措施偏差, 立即責成相關部會改善, 並依新一波的民情反應考核成果。 (3) (A) 交通 (B) 治安 (C) 環保 (D) 土地政策和貪污及金權政治是已知在歷次民意調查中均出現的課題, 應立即著手改善, 不待民情的搜集結果。宜針對各個課題, 選擇一至數項目前甚爲嚴重, 而短期內可收成效的方案, 大力推行, 以展現執政黨的能力和決心。 藉此方案本黨應樹立新形象, 凝聚黨員的向心力, 讓此方案成爲黨的理想, 全體黨員努力的目標和方向。尤其對反對黨的訴求, 應強調,「求變」要「變得好」, 如果沒有如何求變的根本理念, 而不負責任的要求變化, 則必定爲亂流所捲入, 其後果將不堪設想。

對高速鐵路合作對象
選擇方式之建議

1993年12月

一、問題背景

高速鐵路之興建對各地經濟發展及私人利益分配皆有重大之影響。因此, 高速鐵路的興建與否及興建方式在國內引起爭議。在這爭議過程中, 前呈報告所建議之土地擴大跨區區段徵收的方式已逐漸取得學者、主管機關, 以及立法部門的共識。目前很多人主張, 擴大車站所在地附近的徵收面積, 並且把路線用地一併納入區段徵收, 一方面減少車站附近少數地主或土地投機者之利益, 另一方面降低沿線土地徵收之阻力。土地徵收問題只要內政部和各地方政府對徵收土地及變更都市計畫有充分配合的意願, 即可以在現行法令架構下, 以低的成本及阻力取得土地。

然而對高速鐵路各項規劃做進一步觀察, 以及最近台北市捷運系統及其他採購案所出現的一些問題, 卻顯示高速鐵路的採購或選擇合作對象的方式有檢討的必要。

高速鐵路目前要和那一國合作尚未定案, 但規劃單位目前已對車速、車次、載客人次、營運及建設成本都做了完整的預估, 並以這些預估做為評估興建與否及編列預算之依據。這種詳細的規劃, 當然表示規劃單位之努力, 但由於規劃所依據之規格和日本、法國以及德國現有之系統皆不完全相同, 而三國現有之系統在速度、載客人數、列車長短及大小、以及路基建設方式等方面皆有很大之差異。因此, 利用前所未見之三不像規格來做規劃時, 難免會面臨缺乏客

觀數據以供比較之困擾。實際上規畫單位曾分別委託不同單位做運量及財務等
之預測或規劃, 而不同單位所提出之結果也有非常大之出入。這種現象難免令
人懷疑各項估計之正確性, 甚至令人懷疑各項規劃之可行性。舉例來講, 日本
新幹線採高架方式, 但其車速低於我國之規劃, 而車速較高之德國系統並未高
架。因此, 我國以較高車速採取高架方式是否可行及高架之強度及成本, 有加
以審慎檢討之必要。

　　更嚴重的問題是, 由捷運木柵線的經驗來看, 購買外國未曾使用過之新系
統的成本及風險高。在我國高速鐵路規格詳細規劃的情況下, 各國現有的系統
都不能立即在我國使用, 得標的廠商必須將現有系統做相當程度之修改。而這
種修改設計的成本當然是由我們來負擔, 修改結果的成敗風險也有不少要由我
們來承擔。我們花了偏高的成本之後, 工程的完工可能無法如期, 完成的產品
品質也可能不如預期。除了木柵線以外, 過去的一些採購案, 如多年前的自強
號電聯車曾發生同樣的問題。

　　反觀新加坡等國之經驗, 若採購現有之產品, 則不僅品質可以得到較確定
之保證, 藉著國外相同建設之成本分析, 得以更低之成本來完成建設。實際上
除了土木工程部份可能受地質、氣候等因素之影響而須做略為不同之設計外,
我們特別需要和外國不同之地方應該不多。因此, 為了成本及品質之控制, 最
好能選擇國外某一個現成的系統來合作, 不必另行規劃一個與眾不同的系統。

　　不過, 在現行的法規下, 我們卻很難選擇一個特定的系統來合作。因為系統
規劃如果極為接近或甚至等於某國之系統, 則形同綁標, 競爭者及國內監督單
位可能皆無法同意, 而建設成本也可能因缺少競爭而偏高。如果只訂下一些簡
單的基本條件來招標, 則由於各系統本身提供的服務有甚大之差異, 造價最低
而得標的廠商卻不一定是最合適的廠商。以往標購大客車時, 經常買到一些在
市場競爭下民間業者根本不願購買之車種的原因, 除了可能有官商勾結之外,
主要因為這些低品質的低價車在私人的觀點根本不划算, 但在簡單的比價競標
下, 品質的差異被忽略。因此, 低價低品質的產品即可以得標。由此看來, 選擇

高速鐵路合作對象的方式, 甚至選擇其他政府採購對象的方式, 都值得檢討改進。

二、建議事項

建議	說明
1. 工程之規劃建設最好由一家廠商統包, 以防止各項工程及設備間無法配合的問題。	除非規劃單位有很高之能力及豐富之經驗, 否則規劃後分包給不同廠商承建的結果, 可能到做好才發現某些地方無法配合, 發生各承包商間相互推卸責任的情形。台北市捷運即有這類之問題。
2. 統包規劃建設之廠商應限於國外現有系統之負責廠商或有這種廠商做為主要投資及技術合作者之廠商, 而其規劃之標準應為現有系統或經其改良之可行系統。不過, 工程若要由一家國外現有系統之廠商承包, 則由於各系統有甚大差異, 目前的工程招標方式無法選出最適當的廠商, 故必須修訂現行法規。	(1) 我們不必為了不一定能做到之改進, 而耗費更多成本及承擔更多開發新系統失敗之風險。最好由現有系統之負責廠商來統包全部規劃及興建。 (2) 若要修訂法規, 則選擇承包廠商的可能方法之一是, 由主管單位先按現有系統及其改善承諾, 依各系統以往之建設成本, 分別推估我國採用不同系統可能要承擔之成本, 然後主管機關再評估各系統之優劣點, 評定採各系統我們所須負擔之成本, 然後再和各系統之廠商分別議價, 而依各廠商所要求之價格與我們願意負擔之成本的差異比例, 來決定選取之廠商。這樣的做法若要成功, 除了法令之修改外, 主管單位成本及優劣之估計也須精確而公正。
3. 若依目前獎勵民間參與交通建設條例草案, 要承包廠商以投資等方式來參與建設, 而不是單純承包, 則可以避開一般招標之限制, 而採用第二點建議之說明乙中的辦法來選擇合作者。惟目前獎參條例草案中並無選擇投資者的競標辦法, 也可能導致未來無法有效監督之漏洞, 應加以	對於同一項建設有數家廠商願意參與時, 一定要有一套明訂的程序來選擇。這種選擇不像招標那麼單純, 不同廠商提供的承諾與品質不盡相同, 無法由單純的價格競爭來做選擇, 宜把類似建議二之說明乙中的程序明訂於政府法令中, 以免產生弊端。

建議	說明
補充, 明確規範。	
4. 除了前述規劃及工程發包方式有待改進之外, 主管單位目前擬採用的民間參與方式也須改善。較好的可能方式是把全部投資經營皆由一家廠商負責, 以便整體規劃, 建設與經營充分配合。	主管機關目前規劃的民間參與方式是, 把建設的硬體分成幾個部份來詢問民間投資之意願。然而鐵路的經營具有整體性, 只投資路線乃至修護者管不到營運, 對自己的獲利能力將無法充分加以把握。故每一個潛在的投資者都可能因為有太多營收決定因素操在他人之手而降低投資意願。日本國鐵之民營化除貨運單獨分立之外, 客運部份是分地區經營, 同一地區中之各項設備及營運並沒有進一步細分。英國之民營化雖分割較細, 但也不像我們的規畫分割那麼細。
5. 若在政府負責徵收土地並明訂費率計算方式之後, 將規劃、建設、以及營運都包給同一家廠商負責, 則可以先估計各系統之社會效益, 再由各投資者提出要求政府補助之金額, 而以兩者之差做為選擇合作者之主要依據。	這種做法和建議二說明乙之精神相似, 須依賴主管單位之精確計算, 且須先建立法源。這所指之營運不一定包括鐵路之全部營運, 而可以採取僅就建設好的路線租給客貨運營運者的方式。這種做法可使規畫建設方式能與未來之營運更密切配合, 並由單一廠商負全部成敗責任, 可提高投資效益。
6. 若建議五之做法因投資金額太大而使民間不肯在合理的補貼金額下投資, 則可由政府和鼓勵外國擁有技術者參與投資。	我們可訂定國內參與投資比例, 由各界人士參與投資或公開募股, 不足之數由政府或國外擁有技術者承諾投資, 以提升民間投資意願。
7. 若採取前兩項做法而在政府補貼及參與投資比例甚高而仍然無法找到願意參與之合作對象, 則應重新檢討高速鐵路興建之必要性。	若在政府補貼及參與投資比例已達相當水準, 而有經驗之外國廠商以及民間仍不願參與, 則由沒有實際建設及經營經驗之主管機關來規劃、分包建設、以及管理營運, 其風險太大, 不如不做。

有效運用我國科技預算之建議

1994年3月

一、問題背景

我國非國防研發支出佔國民生產毛額的比率, 1991年爲1.7%, 低於日本與韓國。不過, 國防有關研發支出, 金額龐大。我國投資科技事業, 又多採取延攬國外科技人才回國創業或組織技術團隊等方式。因此, 研發支出佔國民生產毛額比率本身的國際比較, 低估我國研發能力, 有必要做適當的調整。

我國科技預算分別由國科會、經濟部 (科技顧問室、工業局、工研院)、交通部 (電信研究所、運輸研究所)、國防部 (中山科學院、航發中心) 等單位編列, 部分項目重複, 未能充分發揮其效益。國科會及工業局對新產品開發補助的適用標準不一, 導致部分廠商重複申請, 扭曲有效資源之合理運用。工研院等政府科技研究機構又自行選擇研發項目, 未能與國內廠商之中長期需要密切配合。政府科技預算應以提升國內企業技術水準,「技術立國」爲首要目標。

二、政策建議

建議	說明
1. 整合分散在各不同機構的研發經費預算, 重新調整分配, 並定期檢討其執行績效。	科技預算隸屬不同機構, 部分研發項目重複, 科技新產品開發補助標準不一, 導致重複補助等扭曲有效資源有效運用之情

建議	說明

	形。科技預算之執行效益應定期由客觀的第三者加以評估，未來預算之分配宜依據其執行效益加以調整。
2. 工研院等政府研究機構之研發方向與項目之選擇應該與民間企業之需要密切配合，以促使有限資源的有效運用。目前民間企業已累積相當程度的研發能力。我國未來科技研發，應該由具有企業家精神之民間企業，而不是由技術官僚主導。研發項目不宜由政府做由上而下的選擇，而應該由民間企業主導，政府研發機構則給予必要的配合與協助。	以往工研院多自行選定研發項目，並且研發僅做到原型產品 (Prototype) 之階段，以致企業界與開發銀行承接工研院移轉之技術 (如瑞智、弘一、駿祥等)，其量產仍需經過一段期間之改進，影響廠商承接之意願。工研院之研發項目應配合廠商之需要，並且與有關廠商共同開發，以避免量產階段可能遭遇之諸多困難。
3. 工研院所推動之新產品研發之策略聯盟應該審慎選擇具有研發能力之合作對象，以便做到國內企業技術水準提升的目標。	工研院所推動的筆記型電腦策略聯盟之參加廠商高達46家，其至包括若干貿易經銷商。因為多數廠商共同使用相同之開發成果，參與筆記型電腦之障礙雖然能予降低，但廠商間價格競爭卻導致利潤下跌，不具自行研發能力之許多廠商已倒閉。目前參加聯盟之廠商繼續生產者，僅剩10多家。策略聯盟之目的不在單純地降低參與生產之障礙 (barriers to entry)，而在於配合未來發展之需要，審慎選擇具有研發能力之合作對象，開發具有國際競爭力的新產品或關鍵零組件。
4. 工業局應檢討輔助新產品開發之專利權與專門技術所有權之歸屬，以及補助經費償還方式等有關規定，以提高廠商申請輔助之意願，加速產業升級之腳步。	工業局「鼓勵民間事業開發工業新產品辦法」及「主導性新產品開發輔導辦法」，係由工業局提供計劃經費50%之無息貸款。惟該辦法規定「研發之專利權與專門技術需依研發出資比率與經濟部共有」，產品開發完成後自滿一年起分2至5年按季分期償還本金外，尚需按銷售額支付1至4%之技術使用費。最近又有要求申請廠商提供銀行保證之議，對附加價值高的尖端技術產品之開發，影響高科技廠商申請補助之意願。
5. 創業投資公司應發揮積極引進新技術，鼓勵並協助高科技事業創業之功能。政府	目前創業投資公司之投資對象仍然集中於技術成熟產品，促進技術移轉之績效不

建議	說明
亦應改善生活居住環境, 積極招攬國外科技人才回國創業, 以減輕直接編列科技預算之財政負擔。	彰。駐外科技組人員亦應加強國外科 技人才資料之收集, 鼓勵這些人才回國創業, 並由有關政府機構給予必要的協助。
6. 中小企業提升技術水準之需求, 與大型企業不相同。工技院或生產力中心宜組織技術服務小組協助其改進製造過程或提高生產效率。	中小企業受限於規模、資力及研發人力, 無法提出完善計劃以符合政府輔助之條件。而且其要求多在製造過程之改進或生產效率之提高, 對中小企業之直接技術輔導應予加強推行。

公營事業民營化之檢討

1994年3月

一、前言

1980年代以來, 國際間公營企業民營化蔚為風潮。1989年7月, 政府成立「行政院公營事業民營化推動專案小組」, 負責推動民營化政策, 並研擬「公營事業民營化推動方案」, 明訂民營化之政策目的為: (1) 增加經營自主權, 提高經營績效。(2) 籌措公共建設財源, 加速公共投資, 藉以提升生活素質。(3) 增加資本市場籌碼, 擴大資本市場規模, 以健全資本市場之發展。(4) 吸收市場過剩資金, 紓解通貨膨脹壓力。

　　民營化政策推動以來, 計已完成以下幾項重要工作: 1. 核定中鋼、中工、中化等22家事業為第一批移轉民營之對象。2. 修訂完成「公營事業移轉民營條例」。3. 訂定「公營事業移轉民營條例施行細則」。4. 核定財政部、經濟部及台灣省所屬事業移轉民營從業人員權益補償辦法。5. 核定財政部、經濟部、交通部及台灣省所屬事業移轉民營從業人員優惠優先認購股份辦法。目前釋股情形, 由於受到股票市場榮枯不定的影響, 1989年至今僅釋出中鋼、中化、中工、陽明海運, 三商銀及中產等事業小部份股數, 合計581.3億元。

二、推動民營化之措施與執行情形

過去數年民營化政策推動進程遲緩, 成效不佳。為落實此一政策, 1993年7月

行政院通過振興經濟方案, 將落實民營化政策納入其中, 責成主管機關訂定民營化時間表, 並開放油、電等事業予民間經營。執行事項有三:

1. 台機、中工應於半年內, 中化應於1年內, 中鋼應於2年內完成移轉民營。

2. 責成各公營事業主管機關於1993年9月前訂出其他已列入民營化計畫事業單位之移轉民營時間表, 送經建會彙整。

3. 責成經濟部於1993年底前完成石油業法草案, 開放民間經營競爭; 修訂電業法, 發電開放民營。

　目前各主管機關辦理情形摘要如下:

1. 經濟部:

(1) 台機公司: 民營化計畫書已送立法院審議, 於1994年3月進行股權標售, 因無人投標而致拍賣不成。主管機構將改採分廠出售, 或以破產處理。

(2) 中工公司: 民營化計畫書已送立法院審議, 原規劃採公開標售國庫所持股權51.49%及從業人員認股19.15%方式辦理, 惟立法院預算、經濟委員會聯席會議決議, 釋股方式由公開標售改為公開承銷, 釋股作業正重新辦理中。預計1994年6月底前移轉民營。

(3) 中化公司: 民營化計畫書已送立法院審議, 第二次釋股承銷底價及訂價公式已報審計部核准, 預計1994年6月底前移轉民營。

(4) 中鋼公司: 經三次釋股, 目前民股已達23.16%, 本年規劃繼續釋出15.35億股, 占該公司資本額21.13%, 因股本龐大, 國內市場胃納有限, 正積極研究國外釋股之可行性。預計1995年6月底前移轉民營。

(5) 中船公司: 正實施優惠資遣辦法, 並考慮基隆廠標售事宜, 預計1997年6月底前移轉民營。

(6) 台肥公司: 擬採標售股權一次釋股50%以上, 預計1996年度達成

民營化。

(7) 中油公司: 預計1994年底成立事業部, 1995年開始成立部分子公司, 2000年達成民營化目標。

(8) 台電公司: 新電廠儘速開放民營, 1994年底完成民營化方式評估, 1995年6月選定民營化方式, 民營化時程視評估結果再決定。

(9) 台鹽公司: 1994年底改制爲公司組織, 預定2001年度完成移轉民營。

2. 財政部:

(1) 中產公司: 第一次釋股作業採上市前公開承銷方式釋出15%股權, 承銷作業於1993年11月完成, 1994年1月股票掛牌上市, 預計1994年6月底前移轉民營。

(2) 中國農民銀行: 先辦理現金增資25億元, 改善財務結構, 增資部分由民股認購, 公股所占比例將由現行92.28%降爲61.52%。無民營化時間表。

(3) 交通銀行: 1995會計年度計畫辦理現金增資30億元, 增資部分由民股認購。

3. 交通部:

陽明海運: 於1994年6月底前釋出公股2.5億股, 民股比例將提高爲49.06%, 未訂移轉民營時間表。

4. 台灣省政府:

已成立「台灣省政府省營事業移轉民營輔導小組」, 於1993年11月分梯次舉辦民營化座談會, 要求各省營事業機構訂定民營化時間表, 其具體方案尙未正式提出。

三、民營化執行進程緩慢之原因

自1989年7月行政院成立「公營事業民營化推動專案小組」以後, 迄今已4年7個月, 就已宣布移轉民營的22家事業目前尚無一家完成民營化, 執行進程緩慢, 其原因主要如下:

1. 行政系統執行不積極

公營事業家數頗多, 業務性質各異, 且分屬不同之主管機關, 各主管機關對民營化執行策劃態度不一致, 有些機構欠積極, 甚仍未訂定民營化時間表。再加上民營化工作千頭萬緒, 主管機構對民營化缺乏經驗, 當前民意高漲, 事業員工常有堅持與各種要求, 致使民營化工作進度大幅落後。

2. 股市不振, 公股訂價過高, 投資人認購意願低

台灣股市不穩定, 股價波動大。當股價由高檔巨幅滑落期間, 正值民營化推動之際, 影響公股之釋出。公營事業股票上市, 並沒有把握股市活絡, 股價巨幅上漲之有利時機。

此外, 「公營事業移轉民營條例」及其施行細則規定, 並依證券交易法第22條之2所定方式出售公股時, 應由主管機關組織評價委員會評定底價及承銷價格。評價委員會成員大部分為機關代表, 基於職責, 希望公股釋出能兼顧國庫收入, 甚至堅持不可賤賣國家資產, 以致評定之公股承銷價難獲市場接受, 甚而在公股釋出後不久, 承銷價即低於市價 (如中鋼), 造成投資人裹足不前, 使公股釋出未能達成計畫目標 (如中工)。

3. 公股承銷方式強調資本大眾化, 易造成承銷失敗

國內市場公股承銷制度採用公開抽籤方式配售投資人, 雖可達到公平原則及股權分散之目的, 但由於法人機構與民間企業不易掌握經營權, 以致影響承購意

願。如採代銷方式承銷, 散戶投資人認購意願不足時, 再洽特定人認購, 未必能
順利進行, 造成承銷失敗。

4. 國外釋股比例過低

外國許多民營化案例, 對於規模龐大的公營事業移轉民營, 為避免對本國市場
因規模不大, 造成過大的衝擊, 經常借助國外市場, 釋放部分公股。其國外市
場釋股所占比例則視民營化國家資本市場之大小而定, 本國資本市場愈小, 則
國外市場釋股比例愈高, 如英國為15%, 荷蘭47%, 紐西蘭67%, 墨西哥高達
93%, 目前我國僅有中鋼公司於1992年發行海外存託憑證3億6,000股 (占當
時中鋼股本5.29%)。

5. 移轉民營需經立法院審議, 使民營化時程增加不確定性

立法院1992年6月18日審查台機公司1993年度預算附帶決議:「為杜絕不當
利益輸送, 浪費人民血汗錢, 應將該公司民營化計畫書送立法院審議」。後於審
查1994年度中央政府總預算執行條例附帶決議:「國營事業釋出官股結果, 如
其持股低於50%, 應送立法院同意方能實施」。

6. 釋股審查程序冗長, 增加民營化時程

依國有財產法及有關規定公股釋出在主管機關組織之評價委員會評價之後, 仍
需報請行政院及審計部同意, 公文往返期間冗長。例如中工公司股權標售案送
請審計部同意, 歷經三次公文往返, 費時64天。中產費時40天。

7. 申請股票上市之作業流程冗長, 未能有效把握有利時機

申請股票上市作業流程繁雜而冗長, 核准上市後又有3個月內須辦理承銷之規
定, 缺乏彈性。

四、結論與建議

公營事業民營化不但是世界潮流, 也是政府既定政策, 須賴各主管機關積極推動, 突破執行上的障礙, 始能達成政策目標。在「振興經濟方案」實施之後, 各主管機關對於落實民營化政策已採較積極之作法, 影響民營化執行緩慢之原因部分已消除, 但仍有下列問題有待主管機關研擬更具突破性之措施, 謹提出以下建議:

建議	說明
1. 將各主管機關負責推動民營化之績效, 列入重大行政革新考核項目, 積極推動。	
2. 對仍未列出民營化時間表者, 責成主管機關於短期內提出民營化具體方案及時間表。	目前已核定移轉民營之 22 家公營事業中, 未訂定完成民營化時間表之事業計有財政部所屬的交銀及農銀, 交通部所屬的陽明海運, 台灣省政府所屬的三商銀等 13 家事業, 共 16 家。各主管機關應明確訂定已列入移轉民營事業之民營化時間表, 並積極規劃推動。
3. 對於已列入移轉民營對象之事業, 其移轉民營進度遲緩者, 明確規定經營虧損政府不再予補助。	
4. 公股承銷價及底價之訂定, 應多考量市場之接受性。	
5. 公營事業申請股票上市之作業應予簡化, 核准上市後須辦理承銷之有效期間應予延長, 以便有效把握有利之上市時機。	
6. 釋股方式應採標售股權及公開承銷併行, 提高法人及機構投資人握有股權比重, 借以增進企業經營及股價穩定性。	
7. 公營事業民營化的順利推行, 亟需健全的證券市場加以配合。外人投資國內股市額度的放寬, 可考慮與公營事業民營化的步驟相配合, 以減輕對股市之衝擊。	為單純地造成短期多頭的心理狀態, 而且以加入「關貿總協」或建立區域性金融中心做理由, 主張大幅度放寬外人投資國內股市的額度, 而對總體經濟穩定的衝擊並沒有做適當的評估, 也沒有考慮到資本賬進一步開放所應建立的先決條件是不負責的態度。

國民年金制度的規劃

1994年7月

一、問題分析

1. 健保與年金

在台灣逐漸完成政治轉型、實踐政黨民主政治之際, 原本尖銳的政治議題, 日漸失去觀眾。如今朝野政黨的角力空間, 大都集中在社會福利政策方面, 而最近一兩年所討論的社會福利, 又大都是指社會保險。目前在台灣正進行兩項社會保險工程的規劃, 一是全民健保, 二是國民年金。全民健保已由衛生署規劃完畢, 國民年金正由經建會緊密研究中, 預計8、9月可完成初步研究結果, 年底可報行政院。全民健保的目的, 是爲了維護全體國民的健康; 國民年金的設計, 爲保障國民老年生活之無虞。政府所以要介入健康保險市場, 是基於經濟學理上「反向選擇」(adverse selection) 的考慮, 意即若由國民自由選擇是否參加健康保險, 將只有健康狀況較差者參加, 因此必須以公權力強制全體國民投保, 才能免除反向選擇的困擾。至於政府何以要介入年金規劃, 至今尚未有令人信服之說理。蓋國民年金之構想, 實爲一種「強迫儲蓄」, 透過公權力強制年輕國民繳納保費, 待其年老時再予以逐年發還。實施國民年金之後, 每個年老國民藉著年金的領取固然得有基本生活保障, 然而即使政府不介入年金規劃制度, 每個年輕國民仍然可以自行以儲蓄或其他方式安排老年生活之經濟來源, 政府並沒有介入的必然性。即令有少數老人因年輕時儲蓄規劃不良、或家庭支助不

足而生活困難, 政府亦可以一般福利補助方式予以救濟。因此, 以公權力全面推動年金制度, 強迫國民儲蓄, 似乎欠缺學理依據。此外, 如果同時推動健保與年金, 政府財政負擔必須予以審愼評估, 否則一旦實施, 則難以回頭, 後果將十分嚴重。

2. 兩種年金類型

國民年金概分兩種, 一是隨收隨付制 (Pay as you go), 另一是準備制 (fully funded)。所謂隨收隨付制, 是指政府向當期的年輕人課稅 (或收保費), 隨即付給當期的老年人。此制的缺點是, 每年收、付金額與當年老年人口比例有密切的關係, 當人口逐漸老化時 (如台灣之現況), 隨收隨付制將隨人口老化而產生極爲驚人的財政赤字。準備制則爲標準的強迫儲蓄, 強制年輕人儲蓄, 再於他們年老時以年金給付償還, 是一種強迫式的「自己養自己」的年金。此制的缺點有二, 一是該筆年金準備長年累積, 數量龐大, 且由政府保存, 其運用效率令人憂慮。二是若實施準備制, 必須要投保人投入足夠金額, 且年紀老時才能發效, 因此絕不可能「立即實施」, 也因而即將來臨的選舉期間, 必將面臨選民的強大壓力。世界上許多國家之所以實施隨收隨付制的年金, 是爲了彌補許多二次大戰時年輕國民所遭遇的不穩定社會環境的痛苦。而這些國家也確實面臨了人口老化而帶來的「年金財政破產」的危機。

3. 當前若干年金規劃的措施

(1) 民進黨縣市長做法

民進黨若干縣市長候選人在上次選舉時提出「敬老年金」之政見, 保證在當選後發給65歲以上老人每月3,000、5,000元不等之年金。這項政見將年金視爲老年福利措施, 既非隨收隨付制亦非準備制, 完全不顧財務來源, 實非負責之議。此外, 世界各國之福利政策, 多由中央政府主導, 涵蓋全國, 以免各地福利

不一而產生眞、假的移民套利行爲。每月5,000元的給付金額不小，擇縣發放必將產生移民套利之後果。

(2)「現制」的規定

民進黨所提老人年金草案雖然粗糙，然而其能得到廣大社會福利學者的迴響，也確實顯示現今福利制度有所不足。目前的農民沒有老年給付，勞工有老年給付 (勞工保險條例) 與退休金 (勞基法)，然因投保金額偏低，勞工年老退休時所領金額甚少。另一方面，公務人員有老年給付 (公務人員保險法) 與退休金 (公務人員退休法)，且後者完全由政府預算支應，公務員年輕時無需繳納對等稅費。該兩筆給付總額遠大於勞工之退休與年老給付，且得享受福利優惠存款，社會福利學者多認爲此爲差別待遇，有改革之必要。

(3) 行政部門的年金規劃

爲因應社會各界改善社會福利的呼籲，內政部、勞委會、農委會均分別委請學者進行規劃「國民年金」、「勞工年金」、「農民年金」草案，再加上原來公、教人員已有之福利制度，形成多頭馬車，難以整合。綜觀上述三個年金草案，其規劃皆由社會學者主導，甚少財經專業人員參與。其中老年給付需年輕工作者與雇主 (含政府) 繳納保費者，其保費分擔比例概以「塡空題」方式寫上一主觀比例數字，完全沒有「對雇主負擔」或「對政府財政影響」之評估與分析，甚爲粗糙。三種年金版本皆主張採取準備制，然而也都有「減額年金」之規劃，以因應投保未滿規定年數之發放情形。由於減額年金之計算公式不公平，提前發放減額年金形同在過渡期間實施隨收隨付制。各版本亦沒有評估其發放公式會如何受日後年齡結構老化之影響。故總體而言，內政部、勞委會、農委會之年金草案，僅表現出各單位之主觀偏好，未納入政府財政之客觀限制，並非完整之架構。

　　目前內政部、勞委會、農委會三種版本皆交由經建會綜合規劃，該會宜研擬一套較爲完整可行的方案。

建議	說明
1. 愼重考慮推動國民年金制度的必要性與得失。爲達到相同的目的, 政府也可採取改善勞工農民的福利環境、調整勞工保費結構, 以及加強中低收入戶、殘障與貧困老人的補助等方法。	儘管在野黨與社福學者將老人年金 (或國民年金) 議題炒得火熱, 但政府必須冷靜因應, 不能率爾形成「勢在必行」的政治氣氛。國內軍公敎退休福利較佳、勞農民退休福利較差、與部分老人生活困苦確實是事實, 然而此種福利差異不必然要以規劃國民年金的方式補救。如何改善勞工農民之福利環境、調整勞工保費結構, 以及加強中低收入戶、殘障與貧困老人補助預算, 皆爲值得研究的改革方向。全面規劃國民年金, 基本上是一種「大政府」的走勢, 擴充了政府的角色, 以政府的公權力強制國民儲蓄。西方國家的經驗顯示, 政府收進 1 元稅收, 扣除行政管理費用後, 眞正能用於民衆的不足 5 角。而政府一旦推動國民年金, 則無法再回頭。因此, 國民年金的規劃, 必須在概念上先充分檢討「大政府」走勢之是否必要。若概念上不認同大政府的邏輯思考, 則在政府財政負擔沉重的當前情況下, 不宜做國民年金的規劃。
2. 如果概念上認同「大政府走勢」, 年金制勢在必行, 則必須衡諸政府的財政負擔能力, 擬訂實施時間表, 逐步推動。	在目前權利意識高漲之時代, 犧牲任一族群之利益來補貼其它族群, 必將引起極大反彈, 因此實施「減額年金準備制」對投保未滿規定年數者之補貼必須由政府承擔, 以致政府之總支出勢必暴增。經建會在整體規劃時, 應將各種年金的財政負擔一一列算, 然後衡量財政負擔能力, 擬訂實施時間表, 分段逐步實施 (如先推動農民年金, 5 年或 10 年後再實施勞工年金)。
3. 精確估算推動國民年金制度所需的政府負擔。	以往勞保或公保之保費爲單一費率, 給付部分含醫療給付與老年給付等。一旦全民健保實施, 醫療給付將與老年給付分開。醫療給付的預算概值儘管有爭議, 可由衛生署版全民健保規劃報告中求得, 而國民年金將來對勞保之老年給付, 刻正由

建議	說明
	經建會估計中。政府之財政負擔必須合併全民健保與老年給付兩部分, 才能得到較精確的數字。將來政府該不該辦國民年金, 若辦又該如何分期舉辦, 皆與此財政預估數字息息相關, 切忌在數字與政策明朗化之前, 對外發表任何政策宣示。
4. 審慎評估實施國民年金制度對儲蓄、資本累積與整體經濟可能產生的影響。	哈佛大學教授 Martin Feldstein 曾經估計, 美國實施社會安全年金制度, 使該國資本累積減少三分之一, 影響鉅大。雖然美國是採隨收隨付制度, 經建會目前以準備制進行規中劃, 然在過渡期間必須對現存老人做補貼, 形成部分的隨收隨付制, 因此也對儲蓄與資本累積有部分的影響。此外, 保費由雇主負擔之比例的高低, 對其生產成本、出口競爭力以及雇用勞工意願之影響, 也有審慎評估的必要。經建會必須對這些問題做審慎評估, 以免一旦年金實施後對未來之經濟發展導致無法補償的負面影響。

全民健保制度與實施時機之探討

1994年7月

一、問題分析

國人普遍關注的全民健康保險方案，目前留待立法院審查者，除了行政院送審的版本外，另有立法委員提出的多種方案。這些方案對健保給付範圍與財務規劃各有主張，少見共識。新近，爭議的焦點又進一步延伸至全民健保的推動究竟應採取「公辦公營」或「公辦民營」之型態。

全民健保之所以會引起如此廣泛的關注，不僅因為它是一項花費至鉅的重要措施，更因為它不像公共建設，若有浪費，其浪費只是「一次即止」而已；全民健保乃是一條「不歸路」，一旦開始採行，即得永續經營，無法終止。在足以作為殷鑑的外國失敗經驗比比皆是的情形下，再考慮我政府的財政收支狀況已日趨惡化，承擔全民健保經費或彌補其虧損之能力日愈薄弱，我國對全民健保制度的規劃不能不審慎為之。

衛生署所規劃的行政院全民健保方案，由於牽就現有公、勞、農保制度，將門診與住院、小病與大病一併納入保險給付範圍。而為了抑制「大小病通保」所必然產生的醫療浪費，以及醫療總支出節節上升，乃加上保險人就醫時必須負擔部分比例費用的部分負擔制，以增加被保險人就醫時的成本意識，並採行總額預算制，以控制醫療總支出。

「大小病通保」基本上違反了「大風險集體分攤，小風險個別負擔」的保險基本原則，必將導致全民健保大部分的醫療資源與行政成本耗費在被保險人獨

自即可承擔的小病之醫療照護與給付手續上。主張「大小病通保」的公共衛生學者認為小病不保將使患者因捨不得就診而拖成大病。此一說法是否為真，應有慎加研究的必要。除了貧困看不起病者之外，因須自負醫療費用即捨不得看病的人應是極少數；而貧困者也只須施以醫療補助或免費醫療服務，其問題即可解決，故而是否有必要為照顧捨不得看病的少數人，而「大小病通保」，以致付出昂貴的醫療浪費與行政成本之代價，值得決策當局深思。目前猶待立法院審查的沈富雄與吳東昇等全民健保版本，建議只保重病或住院，不保小病或門診；又中央研究院劉遵義院士在去年中研院經研所討論會上曾建議應設定某一金額的自付額，全年累積醫療支出超過此一自付的部分，才由健保負擔。這些建議確有其值得參考之處。

各國經驗顯示，部分負擔的比例若是偏低，其在抑制醫療浪費方面之功能變成有限。而總額預算制在實際執行時，所需的資料收集與行政成本相當高。它是否能獲得國內被保險人與醫療從業人員的誠實配合？在國內的政治環境下，行政與立法部門有否抗拒利益團體壓力之勇氣，堅守總額預算限制不予調高？而在醫療浪費嚴重，總額預算又被嚴格執行時，醫療從業人員是否將因服務報酬偏低而降低服務意願，以及醫療品質惡化，出現患者須等待多時方得就診之情事？這些疑點在總額預算制納入立法之前，應有先予澄清之必要。

在財務規劃方面，衛生署方案依循公勞保舊制，採取由政府、雇主與被保險人共同負擔的薪資稅方式徵收保險費，且以投保薪資作為保費計算基礎。此一現行作法之流弊有目共睹。決策當局允宜考慮如劉遵義院士及吳東昇立委等所提議的，改在所得稅課徵時附徵健保稅，並課煙酒附加稅等方式作為健保的財源。此種作法不僅可充實健保財源，較符合「量能課徵」原則，而且可緩和雇主的勞動成本負擔，減少衛生署方案對雇主僱用員工意願之抑制作用。

最近，沈富雄等民進黨立委，慮及全民健保由隸屬中央衛生主管機關之「中央健康保險局」承辦，可能將如同一般公營事業單位，不免有經營效率不彰，特權關說介入等缺失；彼等也認為全民健保既然牽涉政府、雇主、被保險人與醫藥服務提供者，故全民健保之決策單位宜由各界代表人士組成，以免業務偏於

一方或淪為少數人員把持。因此在三月間連署提出了「全民健康保險基金會組織條例」，送請立法院審查。此一由基金會承辦全民健保的「公辦民營」構想，獲得行政部門的認同，故衛生署在五月間也研擬了「全民健康保險基金會組織條例草案」，考慮全民健保承辦機構由原設計之公營機構體制改為民營性質的基金會，準備賦予其公設保險法人地位，以及獨立的人事、會計制度及財務經營自主權。

若全民健保的給付範圍與財務規劃，由享有人事、會計、業務與費率調整自主權的基金會承辦全民健保，將有助於提昇經營效率、確保財務平衡、與釐清政府財務責任，且可減少持權關說之干擾。又基金會董事由包含政府、雇主、被保險人與專家等各方面之代表組成，共同監督、控制費用，勢必有利於減少醫療浪費，並避免費率過度調昇。這些優點從學理上講，皆言之成理。尤其是基金會若享有調整保險費率的自主權，並自免盈虧，即可免除現行公勞農保雖虧損累累，但應有的費率調整卻難獲有選票壓力的立法委員贊同之窘境，這對健全全民健保財務與減少政府財政負擔，助益甚大。因此，由基金會「公辦民營」方式承辦全民健保，此一構想立意甚佳。

不過，欲使付費的資方與被保險人的權益能在基金會董事會中受到充分之維護，必須董事人選由當事人團體經由適當的程序選出，不宜如衛生署草案所建議由衛生署遴薦。此外，吾人若認為採取「公辦民營」方式，即可消除公營的經營效率不彰問題，並解決前述行政院全民健保方案所必然產生的醫療浪費現象，則可能是一過於天真的想法。通常，民營企業經營效率之所以優於公營事業，除了係由於其經營具有高度自主性與調整彈性以外，更重要的是它面臨市場的競爭壓力，非維持高度效率即無法生存。「公辦民營」的全民健保基金會，容或經立法賦予在人事、會計與財務上之自主權，可免於受到行政與立法部門的干擾，但它在健保市場上「只此一家，別無分號」的獨占地位，以及在法律上所享有對被保險人強制參加之拘束力，也使它不須面對市場的競爭督促力量，故難有節約成本、提高效率的適當誘因。因此，如何在制度設計上，一方面賦予其自主經營之適當彈性，另一方面又能保持中央主管機關對基金會的有效監

督, 促其提高經營效率, 是猶待深思的問題。另外, 在公辦民營之外, 只保大病、適度的自付額與部分負擔比例等措施, 仍然是減少醫療浪費、控制醫療費用快速成長的必要配合措施。

由此可知, 公辦民營方式欲順利通過立法程序, 充分發揮功能, 立法院應同意授予基金會在人事、會計、業務與費率等方面之充分自主權。唯在國內的公共事務或公共服務委由民間辦理者, 罕有成功先例之情況下, 欲求立法院充分授權基金會獨立經營與自行調整費率, 恐非易事。因此, 行政部門又放棄「公辦民營」的理想, 採取「公辦公營」的原先規劃。

最後, 有鑑於全民健保之影響極爲深遠, 而爭議與歧見又多, 國內公共衛生、保險、社會與經濟學者最近在學術界發起連署, 呼籲政府在相關研究尙未周詳、立委與學者對方案之共識尙未形成、國民對全民健保的影響與成本負擔尙無充分了解、法案尙未通過立法, 而且相關準備工作也多尙未展開之目前情況下, 將全民健保的全面實施日期予以延後。此一呼籲除非有政治上不可延後之特別考慮, 似值得決策當局予以正視。以全民健保之重要性與影響之鉅大, 其制度之擬定應十分審愼, 且其實施也確實需要相當的準備與宣導期間。若是顧及以前所作在今年底以前開辦的政治承諾, 決策當局似可選擇在某一地區或針對某些類被保險人, 對方案中的某些較具爭議性的措施在年底前開始作局部性的試辦, 然後視其實施成效之良窳以及政府的財政負擔能力, 再決定是否逐步漸進地全面實施。此外, 在延緩全面辦理全民健保之同時, 也宜對貧困者施予適度的醫療補助或免費醫療服務, 以減少其因延後實施全民健保所受到的不利影響。

二、政策建議

建議	說明
1. 行政與立法部門應捐棄政黨歧見, 參考各國經驗, 客觀評估各種全民健保方案之優	目前留待立法院審查的全民健保方案有多種版本。由於全民健保花費至鉅, 且一

建議	說明
劣, 摘取各方案之優點, 制定出一種適合我國國情, 流弊最少, 能兼顧效率、公平、且行政成本低的全民健保制度。	且實施即難以走回頭路, 再加上各國失敗之經驗比皆是, 政府的財政負擔能力又日趨惡化, 故對全民健保制度之規劃必須十分審慎。行政與立法部門有必要參考各國經驗, 公正、客觀評估各方案的利弊得失, 綜合各方案之優點, 制定最適當的健保制度。
2. 採行自付額或「保大不保小」與部分負擔制度, 以抑制醫療浪費。	自付額與部分負擔制度能提高被保險人就醫時的成本意識、撙節不必要的醫療支出。又依「保大不保小」的保險原則, 被保險人在經濟能力許可範圍內的小額醫療支出, 不必納入健保給付範圍, 以減少醫療浪費與行政處理成本。因此, 健保財源之規劃, 宜以每戶平均每人所得的某一比例作爲自付額上限, 年內累計醫療支出超出此一上限之金額扣除部分負擔比例後, 方由全民健保體系予以給付。
3. 審慎評估總額預算制之實施可行性與功效。	總額預算制是先進國家爲了抑制醫療保險支出迅速膨脹所採行的補救措施。此一措施在我國是否能獲得醫療供需雙方的充分配合? 行政與立法部門是否有抗拒利益團體壓力之能力而堅守總額預算之限制? 此措施之嚴格執行, 在醫療浪費無法有效控制之情形下, 是否會導致醫療品質惡化? 這些問題, 應有事先詳予評估之必要。
4. 考慮在所得稅徵收時附徵健保稅, 並課煙酒附加稅, 作爲健保之財源。	現行公勞保採行由政府、雇主、與被保險人共同負擔的薪資稅爲保費來源, 且以投保薪資作爲保費計算基礎。此一作法, 流弊甚多。改在所得稅上附徵健保稅, 並課煙酒附加稅, 不僅可充實健保財源, 較符合「量能課徵」原則, 且可減輕雇主負擔, 減少對雇用勞動意願之抑制作用。
5. 若全民健保的給付範圍與財政規劃依行政院版本通過立法, 應加強行政與立法部門間之溝通, 促成儘早改以基金會公辦民營方針, 承辦全民健保業務, 且在立法上,	(1) 由享有人事、會計、與財務高度自主性的基金會, 以公辦民營方式承辦全民健保業務, 比起公辦公營而言, 可提高經營效率、確保財務平衡、釐清

建議	說明
一方面賦予基金會在人事、會計、業務與費率調整的高度自主性，一方面維持對基金會的適度監督，以督促其提高經營效率。	政府財務責任，並可減少特權關說。尤其是自負盈虧之基金會，若享有調整保險費率之自主性，對健全全民健保財務與減輕政府財政負擔，必有相當大的助益。 (2) 基金會董事由包含支付保險費用者在內的各界代表組成，共同監督、控制費用，以減少醫療浪費，避免費率過度調昇。其中代表雇主與被保險人董事，應由當事人團體經適當程序選任，而非由衛生署遴薦。 (3) 全民健保基金會對被保險人有強制參加的拘束力，且在健保市場上處於獨占地位，缺乏市場競爭壓力，故難保有節約成本、提高效率之適當動機。因此，在制度設計上，仍應保持中央主管機構對基金會的適度監督，以督促其提高經營效率。 (4) 欲說服立法部門放棄對基金會的監督權，並非易事。此有賴行政部門與立法部門的充分溝通，尋求共識。
6. 鄭重考慮將全民健保全面實施的日期延後，惟對貧困家庭施予醫療補助或免費醫療服務，以資配合。	全民健保除了因數度做政策宣示，以及貧困者急需免費醫療或補助外，並無必須趕在今年底以前全面開辦的迫切理由。目前全民健保的相關研究尚未周詳，立委與學者對方案尚無共識，國人對成本負擔尚未了解，法案尚未通過立法，準備工作也多尚未展開。在此種狀況下，不宜倉促在今年底以前全面開辦全民健保。行政與立法當局宜鄭重考慮將全面開辦期限予以延後，以利方案的充分討論，並預留適當的準備與宣導時間。此外，為了減少延緩開辦對貧困者之不利影響，應對貧困者予以醫療補助，或免費醫療服務以資配合。
7. 在今年底省市長選舉前，以逐步漸進之方式，開始推動全民健保。首先選擇在某一	全民健保茲事體大，影響深遠，而且一旦實施，即難以回頭，因此其推動宜採取逐

建議	說明
地區或針對某些類被保險人, 試行某些成效有待考驗的健保措施; 視其成效與政府負擔能力, 再逐步推展至全民健保的全面實施。	步漸進之作法。在今年年底省市長選舉前, 政府可考慮選擇在某一地區或針對某些類被保險人, 試行某些成效有待驗證的措施, 俟其成效良好, 且政府有財力負擔, 再逐漸擴大保險範圍。此一逐步漸進的作法, 在今年底前展開, 可呼應在今年底前開辦全民健保之承諾。

對核四問題之看法與建議

1994年7月

一、問題背景

核四廠的興建近來引起激烈的爭論，經濟部長以去留做賭注，有政務官聲稱不蓋核四經濟發展就會受到嚴重的傷害，企業界領袖登報或在言論上強力擁護核四或指責反核人士，而反核者中也有「反美帝」乃至威脅進行破壞的言論出現。這種正反意見對立的加深、企業家介入一邊可能觸動的反商心理、以及過份強調不蓋核四之傷害可能使人們對台灣經濟發展之信心下降，皆非社會之福。核四廠縱使在經濟成本上較其他發電方式有利，我們未必值得付出上述各項代價。更何況純由經濟面來看，目前蓋核能廠並不定最有利。因此，政府宜基於目前油價已降低很多，能源危機再發生之機會不大等理由，改採核四能蓋最好，不蓋的傷害尚可彌補的態度。為維持　總統在民間超然崇高之名望，我們懇請總統不為核四一再背書。

二、建議事項

建議	說明
1. 我國能源及電力使用效率比先進國家偏低很多，和日本相比，我們的效率不及日本的一半。因此，我們一方面須致力於能	以 1985 年幣值來計算，　我國 1990 年每千美元　GDP　所耗用之初級能源為 0.481公噸油當量，但日本僅0.254公噸，

建議	說明
源節約。另一方面先進國家能源效率較高的原因主要不在於每件產品所耗的能源較少，而是同樣一件產品所含的附加價值較高。故我國產業不斷升級，則我國未來能源及電力使用效率將逐漸提高，能源及電力需求成長的速度可能比預期者低。政府的能源政策應把這項因素考慮在內，不必一味照過去需求增加趨勢來要求增加供給。	OECD 國家平均亦僅 0.385 噸，而在 1973 至 1990 年之間，我國這項係數值減少 9.7%，但日本和 OECD 國家分別減少 31% 和 26% (附件1)。1990 年我國每美元 GDP 所耗用之電力也比日本和法、英、德、荷、西等國高出約 75% (附表2)。在製造業方面，我國 1990 年每美元附加價值使用的油當量為 0.343 公斤，日本卻僅有 0.168 公斤，我國製造業每美元附加價值耗電量比日本多了 60%，比德國甚至多了一倍以上 (附表3)。顯見我國能源效率亟待提昇。根據經建會去年所完成的「我國製造業能源密度之變動分析與國際比較」研究報告，我國製造業能源密集度比先進國家偏高的原因一部份是由於產業結構偏向耗能產業所造成，但大部份是因為製造業所屬各產業的能源密集度多高於外國所造成。以日本為例，我國製造業平均每元附加價值所耗能源比日本高了 103%，其中 22% 是由於我國耗能產業的比重較高所造成，其餘 81% 卻是由於各項產業的能源密集度分別高於日本相對應的產業所造成 (附表4)。我國一方面固然要避免發展耗能密集度高的產業，另一方面更要提高各產業能源和電力效率。先進國家各產業能源效率較高的原因之一在於其節約能源的努力和技術，我們必須學習趕上。惟其能源效率較高的更重要的原因在於其產品的附加價值較高。舉例來說，若日本和我國生產一部電視所用的能源或電力相同，但日本電視因為品質設計等因素其售價為我國產品的三倍，則日本每部電視的附加價值高於我國甚多。於是，每單位能源或電力所能產生的附加價值亦即其能源效率高於我國。我國近年來產業不斷升級，產業發展將偏向質的改變而不是以往量的成

建議	說明
	長。因此, 每單位產品的附加價值也可望提高而使能源或電力效率顯著提高。未來能源和電力需求成長的速度應該不會像過去以產量成長來帶動經濟發展時那麼高。
2. 在油價高漲時期核能發電確較便宜, 但目前油價已不高, 而核能安全等因素卻相對增加其成本。以目前的成本來估計, 核能成本和火力大致相同, 主管機關不宜強調核能便宜, 也不宜以此做為一定要蓋核四之理由。	以美國火力廠與核能廠的實際成本而言, 核能廠每度電的成本遠高於火力廠 (附表5)。台電依1990年價格所做之估計, 火力廠之成本雖比核能廠高2至5成 (附表6), 但若依目前油價估計, 兩類廠之成本已大致相同。未來相關價格及利率的變化也會影響相對成本, 故核能較便宜的說法有待進一步檢討。
3. 即使按台電估計之成本, 以火力廠取代核四, 產業生產成本僅增加萬分之三點三, 影響不大。相關單位不宜再強調, 不蓋核四就會嚴重傷害經濟發展, 以免進一步降低國內投資意願。	電力成本約占廠商總生產成本的1.69%, 而核四廠建廠完成, 其發電量只占總發電量4.6%, 故即使依台電估計之相對成本來計算, 以火力廠取代核四只增加發電成本約2%, 而使各業生產成本平均增加約萬分之3.3, 影響微小, 小於工資上昇千分之1.5的直接影響, 只要新台幣貶值一分就可以抵銷。即使是製造業中甚為耗電的鋼鐵業, 其每元最終產值直接間接所使用之電力亦不過7分或7%, 因此以天然氣廠取代核四所造成之成本上升僅約千分之1。由這些數字可發現, 即使核能發電較為便宜, 其對廠商生產成本的影響很小, 主管單位的宣傳卻把它誇大。結果, 固然有引導民意支持核四的作用, 但許多學者卻因懷疑主管單位其他說法的可靠性, 而更嚴重的使企業界產生不必要的恐慌, 而動搖國內投資意願。
4. 減少二氧化碳等氣體排放是核四相對於火力廠最主要之優點。但二氧化碳之國際管制仍未定案, 我國把核能廠的興建延後而先建火力廠反而更為有利。	若以燒煤廠替代核四, 我國二氧化碳排放量約增加4.3%, 汽力煤氣廠增加2.6%, 而復循環燃氣廠則只增加2.2%。故核能減少二氧化碳排放的作用確值得重視。然而二氧化碳的排放目前國際上尚無如何限制之共識, 只有部份先進國家承諾在

建議	說明
	西元2000年降回1990年之標準, 但這項承諾並無拘束力。由於美國每人二氧化碳的排放量高達19.97噸, 遠高於大部份先進國家 (附表7), 因此將來若要設訂每人或每單位國民所得排放量之限制, 美國將不會同意。而另一方面, 由於氣體排放和生產或所得水準有密切關係, 因此若要各國一律維持某一年之水準, 勢必限制開發中國家的經濟發展。因此, 較可能達成的限制方式或許是, 最進步的國家維持某一年的水準, 而中度發展及開發中國家則由某一年開始把氣體排放量之成長率降到某一水準。而以何年為基準, 到目前仍屬未定。故站在我國的立場, 則較佳的策略是在排放量限制之前先建火力廠, 以墊高我們的基準, 而在開始限制之後再蓋核能廠, 以降低我國排放量之成長率。把核能廠延後的這種做法, 也有等待更佳核能技術, 並使人民更深入瞭解核能利弊之作用。至於是否該在國際限制之前先行自我限制, 以表示善盡國際義務並改善國際形象, 我們與其在爭議性這麼大的核能問題上努力, 不如在保護生態及智慧財產權方面努力更為重要。
5. 核能燃料不需經常填換, 國內存量可用期間較長, 可視為準國產能源, 而減少原料價格波動及戰爭封鎖之風險。唯這些利益不足以做一定要興建核四之理由。有些官員和企業家以目前電力不足做為興建核四之理由, 而忽略興建火力發電廠更具時效的問題。	核能燃料現行存量約為1年半之用量, 而油存量則只有數個月, 故在面臨禁運封鎖等問題時, 核能可支持較久。不過我們遭禁運封鎖之可能性不大, 萬一發生, 出口等許多經濟活動也將受阻, 用電量亦大幅下降, 因此油煤存量可支持之時間將更長, 而即使有禁運封鎖之事情發生, 時間也不可能太長, 故這項安全顧慮似無必要。而除存量可用較久之外, 核燃料占總成本之比重也較火力廠低, 因此核能廠蓋好後之成本波動較火力廠小。這在核能廠成本較低時為一明顯利益, 但在核能廠成本不一定較低時, 其發電成本卻有

建議	說明
	時可能高於火力發電。更何況一般國際能源價格上昇時, 能源密集產品價格也常隨而上升, 我國若用火力廠而讓電價反映成本, 廠商的國際競爭力所受之影響並不大。同時核四占總發電的比例亦僅4.6%, 如前所述, 價格波動對廠商的影響微小。此外核能廠之高固定成本及較長興建期間, 也使其在各項成本波動時, 有較高之風險, 成本甚至有偏高之可能。因為核能廠建廠期間較長, 所以今年即使通過預算, 能否繼續興建仍有很大之不確定性。若為解決近期之缺電, 火力廠更為適合, 主管單位也明白這點, 但有些報導和企業家的想法卻總以為缺電所以要核四, 或沒有核四就會缺電, 這種不正確之認識可能影響投資意願, 主管機關有加以釐清之必要。
6. 各核能廠應注意暴力破壞的問題。	核能廠本身的運轉即使極為安全, 但人為疏失或破壞仍可能造成甚大的傷害。目前已有自稱反核團體登報威脅採取破壞性行動, 而在我國目前特殊之政治情勢下, 不少人有國家認同的問題, 少數人為其政治私利或理想甚至會不惜出賣台灣。因此, 各核能發電廠皆應加強安全管理, 以免一兩個不滿的人員以破壞核電廠作為威脅或報復全民之手段。
7. 在核四廠的利益或不蓋核四之傷害都不太大, 而核能的安全問題卻無法取得全民共識的情況下, 民主方式是決定興建與否的主要辦法, 但民意和民主的解釋卻應十分小心。	若某項計畫之利益很大且十分明顯, 行政部門自宜盡力促其實現, 但在核四目前的情況下, 以行政權力或執政黨之紀律, 要實現計畫, 似乎代價太大。即使核能發電安全, 天下並無絕對安全的事情, 台電過去之表現又不能令人放心。因此, 即使核能專家認為人民之恐懼是多餘的, 在未能說服人民之前, 人民仍有感到恐懼並加以反對之自由。在這種爭議無法全靠冷靜之研究及辯論來解決的情況下, 民主的方式似為解決辦法之一, 但我們目前並無這

建議	說明
	種制度。民意調查的結果也因各種資訊的誤導及問答方式之選擇，而未必正確。不過就現有調查結果而言，贊成的人雖占多數，但反對者之比例自 1990 年以來已逐漸提高。又多數受訪者皆不願核能廠蓋在自己的家鄉，且最近一項調查有 83.4% 的民眾認為核四之興建必須先得到當地人民的同意，而當地人民顯然不會同意。從這些結果看來，我們似不宜單憑表面上贊成蓋核四的人超過一半就認為民主程序下一定要蓋，因為贊成蓋的人其實有甚多是有條件的贊成。如果把問題改為不蓋核四改蓋燃氣廠，贊成的人可能更多。此外，在真正民主社會裡，這種事情也不宜只看贊成及反對者的人數，而要同時看其強度，若贊成者可有可無，而反對者卻極力反對，政治上仍應善加判斷，以做到尊重少數之原則，並避免非必要之衝突。若在正常投票下核四不能過關，則以順應民意及目前油價已降低為理由，可延緩核四之興建，改而台電自行興建及允許民間興建火力廠，並獎勵民間投資氣電共生發電來代替核四。

附表1 各國能源係數 —— 初級能源需要量/GDP

單位: 公噸油當量/千美元 (1985年幣值)

	OECD	美國	德國	英國	法國	日本	韓國	中華民國
1973	0.5206	0.5770	0.5225	0.5707	0.4362	0.3678	0.6564	0.5326
1974	0.5096	0.5684	0.5051	0.5583	0.4131	0.3731		
1977	0.4985	0.5657	0.4806	0.5302	0.3802	0.3404	0.6477	0.5816
1978	0.4921	0.5547	0.4848	0.5089	0.3932	0.3314		
1979	0.4869	0.5428	0.4096	0.5199	0.3976	0.3276	0.7102	0.6139
1980	0.4671	0.5232	0.4651	0.4863	0.3929	0.3091	0.7605	0.6162
1981	0.4460	0.4975	0.4424	0.4747	0.3793	0.2902		
1982	0.4343	0.4893	0.4317	0.4655	0.3611	0.2760	0.6976	0.532
1983	0.4238	0.4715	0.4259	0.4486	0.3667	0.2722	0.6796	0.5534
1984	0.4205	0.4591	0.4320	0.4382	0.3754	0.2806	0.6631	0.5280
1985	0.4140	0.4472	0.4360	0.4458	0.3836	0.2677	0.6651	0.5294
1986	0.4059	0.4335	0.4290	0.4363	0.3810	0.2638	0.6515	0.5119
1987	0.4049	0.4369	0.4247	0.4214	0.3824	0.2548	0.6401	0.4849
1988	0.4007	0.4353	0.4153	0.4071	0.3662	0.2587	0.6362	0.4940
1989	0.3951	0.4278	0.3950	0.3980	0.3705	0.2550	0.6452	0.4878
1990	0.3858	0.4152	0.3863	0.3939	0.3655	0.2542	0.6737	0.4810
1979/1973	−6.5%	−28.0%	−6.1%	−8.9%	−8.8%	−10.9%	+8.2%	+15.3%
1985/1979	−15.0%	−17.6%	−11.1%	−14.3%	−3.5%	−18.3%	−6.4%	−13.8%
1990/1985	−6.8%	−6.8%	−11.4%	−11.6%	−4.7%	−5.0%	+1.3%	−9.1%
1990/1973	−25.9%	−28.0%	−26.0%	−31.0%	−16.2%	−30.9%	+2.6%	−9.7%

資料來源: 1. "Energy Blances of OECD," 1989–1990, OECD, 1991。
2. "Energy Statistics and Blances of Non-OECD Countries," 1988–1989, OECD, 1991。
3.《韓國能源統計年報》, 韓國能源經濟研究所, 1991。
4.《台灣能源平衡表》, 經濟部能源委員會, 1991。

附表2　各國1990年每美元 GDP 所耗用之電力

單位: 公斤油當量

比利時	0.0256
法國	0.0217
中華民國	0.0386
韓國	0.0331
日本	0.0220
英國	0.0239
德國	0.0216
美國	0.0408
荷蘭	0.0226
西班牙	0.0220

附表3　各國製造業電力密集度之相對比
(以我國能源密集度為基準)

	中華民國	日本	美國	德國	法國	韓國	西班牙	比利時
1973	1.00	0.68	0.53	0.39	0.40	0.69	—	0.55
1979	1.00	0.60	0.54	0.33	0.32	0.44	—	0.46
1985	1.00	0.75	0.58	0.69	0.69	0.72	1.00	1.13
1986	1.00	0.57	0.61	0.54	0.55	0.78	0.83	1.92
1987	1.00	0.62	0.76	0.55	0.61	0.88	0.85	1.00
1988	1.00	0.58	—	0.58	0.63	1.02	0.84	1.06
1989	1.00	0.61	—	0.61	0.65	0.94	0.74	1.06
1990	1.00	0.62	—	0.47	0.53	—	0.60	0.85

註: 美國及韓國1973、1979、1985–1987數字係以水電燃氣業外之工業部門能源密集度為計算依據, 韓國1988–1989數字則以製造業電力密集度為計算依據。

資料來源: 邱秀錦 (1993)〈我國製造業能源密集度之變動分析與國際比較〉, 經建會。

附表4　我國與外國製造業能源密度度差異之因素分解
(以外國能源密集度為比較基準)

單位: %

	日本	德國	法國	韓國	西班牙
我國製造業能源密集度高出外國比率	103.36	74.23	49.38	−15.91	38.87
密集度效果	81.01	74.02	38.90	−21.81	44.43
結構效果	22.35	0.21	10.48	5.90	−5.56

註: 負號代表我國能源密集度低於外國。

資料來源: 邱秀錦 (1993) 〈我國製造業能源密集度之變動分析與國際比較〉, 經建會。

附表5　全美核能與燃煤發電平均成本對照表
(1986–1991)

單位: 美分/度

	年	運轉與維修	燃料成本	電廠固定成本	總發電成本
核能發電	1986	1.25	0.75	3.34	5.34
	1987	1.37	0.76	3.25	5.38
	1988	1.46	0.79	3.35	5.60
	1989	1.62	0.75	3.73	6.10
	1990	1.55	0.72	3.70	5.97
	1991	1.67	0.67	3.20	5.54
燃煤發電	1986	0.44	1.85	0.98	3.27
	1987	0.45	1.69	1.03	3.17
	1988	0.36	1.65	1.06	3.07
	1989	0.39	1.75	0.79	2.93
	1990	0.36	1.77	0.91	3.04
	1991	0.54	1.70	0.75	2.99

(節錄自美國能源部 Energy Information Administration Report, "Electric Plant Cost and Power Production Expenses 1991," Table A2)

(取自陳謨星之對中華民國核能發電的討論)。

附表6 台電估計各類電廠每度成本

單位: 新台幣元

	1990年價格	2000年估計價格
核能	1,430	2.703
燃煤	1,597	3.023
燃油	1,812	4.136
燃氣	2,173	4.462

資料來源: 核電/核四問答提要, 1994年台灣電力公司。

附表7 台灣與 OECD 國家於1990年與

能源使用相關的每人 CO_2 排放量

排名	國家	CO_2 每人排放量
1	盧森堡	27.10
2	美國	19.97
3	加拿大	16.35
4	澳洲	16.02
5	德國	13.05
6	比利時	12.40
7	荷蘭	12.22
8	芬蘭	11.76
9	丹麥	10.92
10	英國	10.26
11	冰島	9.57
12	愛爾蘭	9.46
13	紐西蘭	9.45
14	日本	8.58
15	希臘	8.00
16	奧地利	7.41
17	義大利	7.18
18	法國	6.80
19	瑞士	6.53
20	瑞典	6.47
21	挪威	6.33
22	西班牙	5.83
	台灣	5.72
23	葡萄牙	4.37
24	土耳其	2.33

資料來源: 黃榮英與方良吉 (1993)。

陳定南君發行競選省長 (憑券兌換) 紀念券適法性之探討

1994年11月

1. 據報載, 陳定南君發行競選省長 (憑券兌換) 紀念券 (附件1), 載明持有人得於1995年1月1日起至同年3月31日止兌換現金或支票乙節, 經民眾檢舉違反銀行法及賄選。惟財政部林部長日前 (本月7日) 於立法院表示此舉純屬借款行為, 並非吸收存款, 不違反銀行法, 惟對於募得資金仍未完全用盡時, 將要求繳交國庫, 以避免成為惡性模仿之對象。(附件2)

2. 對於陳定南君發行可兌換紀念券之適法性問題, 提下列幾點意見供參考:

    (1) 是否為借款行為: 陳君發行之紀念券並未表明借款之意旨, 其券上所載「本券持有人得於1995年1年1日起至1995年3月31日止, 向 ── 兌換現金或支票, 逾期視同放棄兌換權利。」等語, 其表彰之權利, 於清償期屆至後3個月即告消滅, 更與借款行為適用民法15年消滅時效期間之規定有所不符。因此, 此項發行行為, 應非借款行為。

    (2) 究屬何種行為: 民法第719條規定:「稱無記名證券者, 謂持有人對於發行人得請求其依所記載之內容為給付之證券。」因此, 陳君發行之紀念券, 依其形式以觀, 似可認係民法上發行無記名證券之行為。

    (3) 有無違反金融法規之問題: 一般發行無記名證券雖有民法719條以下之規定可資依據, 惟對不特定多數人大量發行無記名證券時, 因

已涉及大衆交易之安全, 如未遵守金融法規, 仍非法之所許, 茲分述如次:

涉及銀行法部分:

銀行法第5條之1規定:「本法稱收受存款, 謂向不特定多數人收受款項及吸收資金, 並約定返還本金或給付相當或高於本金之行爲。」因此, 雖僅約定返還本金, 而不支付利息, 但如係對大衆收受款項, 仍爲銀行法所稱收受存款, 而有違反同法第29條規定之虞 (非銀行不得經營收受存款 ─ 業務)。

依上述分析, 陳君對大衆發行可兌換紀念券之行爲, 與銀行法所定收受存款之行爲相當, 且無特別法律依據, 不無違反銀行法之嫌。

參照公司法與證券交易法部分:

對大衆公開發行證券, 目前有特別法律依據者, 例如公司之公開發行股票或公司債, 依公司法及證券交易法之規定, 須備具公開說明書、財務報告、並須經主管機關核准、該股票或公司債並須依簽證規則簽證, 以保護大衆交易之安全。陳君對大衆公開發行無記名證券, 既無特別法律依據, 應認爲不得辦理。其擅自發行者, 如未比照上述規範辦理, 於大衆交易安全, 顯有妨礙。

(4) 有無賄選問題: 對於候選人交付不正利益, 而約定其爲一定之競選活動; 或候選人收受不正利益, 而許爲一定之競選活動者, 依公職人員選舉罷免法第89條之規定, 均構成賄選。

陳君發行競選省長可兌換紀念券, 除載明極短之兌換期間 (3個月) 之外, 並記載「逾期視同放棄兌換權利」。此種異於常規之權利拋棄, 在其發行額度已超過競選經費最高限額之情形下, 持券人及陳君不無交付或收受不正利益之嫌疑, 而有觸犯上開選罷法規定之虞。

附件1

附件2: 陳定南紀念券　未違反銀行法

林振國: 募集款項若未用盡, 將促繳交國庫

[**記者林明正台北報導**] 針對民進黨省長候選人陳定南發行紀念券募集競選經費一事, 財政部長林振國7日首度公開於立法院表示, 發行紀念券募款純屬借款行爲, 並非屬吸收存款, 根本不違反銀行法規定。惟對於募集得資金仍未完全用盡時, 財部將與內政部研商, 要求必須繳交國庫充公, 以避免成爲惡性模仿對象。

陳定南發行可兌換型紀念券1億元、不可兌換紀念券2億5,000萬元, 用做募集競選省長經費, 經民衆檢舉爲非法吸金行爲後, 已成爲國內重要判例案件之一。

對於陳定南的作法, 財長林振國7日於立法院審查國庫法並備質詢時, 回答立委蕭金蘭質詢時, 終於首度公開表示, 該事與財政部有關的部分, 應是有否違反銀行法規定的判斷。

公營事業民營化勿淪爲財團化

1995年1月

一、背景

公營事業移轉民營的目的, 在於減少不必要的束縛, 提升經營效率, 用意甚爲良好, 也是政府的既定政策。不過, 民營化的方式很多, 如因選擇不當, 有可能產生在社會經濟上居重要地位之公營企業, 淪入民間市場派財團控制的後果。果眞如此, 優良員工之流失與士氣之變化可能造成經營效率難於提升, 而且這些公營企業本身可能成爲市場派財團進一步掌握另一社會經濟資源之重要工具, 不可不愼。

　　由中國石油化學 (中石化) 與中華工程 (中工) 公司民營化的過程來看, 這些顧慮應予重視。茲將此二公司民營化的歷程與結果分列如左:

1. 中石化公司

(1) 資本額95.97億元, 股權總計9.597億股, 中油持股99%。1991年出售中油持股1.91億, 占全部股權19.9%, 其中公開承銷1.85億股, 員工認購0.06億股。

(2) 1993年計畫第二次釋股, 由中油公司主導, 該公司於元月公開遴選中華開發信託公司爲財務顧問, 於1993年5月公開遴選京華證券公司爲主辦承銷商。5月經濟部召開評價委員會會議, 評定公開承銷底價及價格計

算公式, 然因審計部有保留意見且其後立院審查時間延誤, 使得釋股無法於該年內完成。

(3) 1994年4月完成評價及立法程序, 正式開始作業, 預定公開招募釋出3.36億股 (占股權35%), 員工認購1.19億股 (占股權12.4%)。當時考量將有陽明、中鋼、中產、中工等大量公股陸續釋出, 且公股公開承銷之繳款率有日益降低趨勢, 如當時中鋼第四次釋股之繳款率已降至5.67%, 為求順利銷售, 便將公開招募中證券商自行洽商銷售之比例訂為67%。

(4) 實際釋股反應熱烈, 繳款率自行洽商部分為100%, 抽籤配售部分為99.74%, 從業人員認股部分為99.88%, 共釋出4.17億股, 占實收資本43.42%。連同第一次釋股及從業人員長期持有, 民股合計占資本額63.37%, 公股僅餘36.63%, 中石化乃於1994年6月20日正式移轉民營。

(5) 於民營化召開的第一次臨時股東大會中, 京華證券所屬之威京集團掌握董事9席中之6席、監察人3席中之2席, 達到三分之二之多數。據了解此集團掌握股權的方式有 (1) 自己吃下旗下京華證券承銷之一部分股票, (2) 向洽商銷售對象收取委託書, (3) 自市場上買入股票, (4) 向一般股東收購委託書。估計臨時股東會時該集團掌握之股權達實收資本額之48.3%, 占全部民股約7成6。(以上參見1994年12月中山大學財管系張玉山教授:「民營化、私有化與財團化 —— 證券承銷商在中工及中石化民營化過程中的角色」一文。)

2. 中工公司

(1) 中工公司資本額33億元, 合計3.3億股, 1991年計畫釋出60%, 以一舉完成民營化。釋股工作由中工主辦, 該公司公開遴選中華開發信託為上市案規畫顧問, 另公開遴選金鼎證券為主辦承銷商。

(2) 1992年年底正式展開釋股作業, 但由於當時股市低迷, 致實際僅釋出股權8.51%, 未達一次移轉民營目標。本次釋股一般社會大眾申購之實際

　　繳款率率僅10.11%, 占股權3.74%, 從業人員繳款率僅16.72%占股權3.85%, 特人認購占股權0.92%。

(3) 1993年計畫再釋出第一次執行之剩餘股數約1.7億股 (占資本額51.49%), 另由公股中提撥19.15%供從業人員認購。爲求完成釋股, 決議採公開標售方式, 以取得一席董事所需股權12.87%爲基本申購量。但同年年底立法院決議, 中工釋股方式應由原規畫公開標售方式改爲公開承銷, 故釋股作業又需從頭做起。

(4) 中工於1994年年初公開遴選公開承銷主辦承銷商, 兼辦釋股規畫工作, 由京華公司當選。因本次釋股須在1994年度結束前完成, 時間緊迫, 且鑑於與中石化案所面臨之同樣理由, 公開銷售部分有82.5%係由京華證券自行洽商銷售, 只有17.5%部分採公開抽籤, 同時由京華證券包銷餘額。實際釋股甚爲順利, 共計銷售資本額之70.53%, 其中公開承銷 (含洽商及抽籤) 占51.49%, 從業人員占19.04%。連同第一次釋股及從業人員長期持有, 合計民股達79.08%, 完成民營化。

(5) 於民營化後召開的第一次臨時股東會中, 威京集團掌握董事7席中之5席, 監察人1席 (總共即爲1席), 達三分之二多數。預估該集團掌握之股權約46.1%, 占全部民股之5成8左右。

　　此外, 無論是中石化或中工公司, 京華證券在臨時股東會後均以大量股票向復華金融公司融資 (二公司股票各約88,000張), 而此二公司股票均於臨時股東會市場除權日後大幅上漲, 中石化上漲31%, 中工則上漲45%。(以上亦可參見前引張玉山文)。在釋股之過程中, 中央銀行金檢處並曾發現大安、中興商業銀行及中聯信託投資公司違規以幾近全額無擔保貸款之方式, 將共約13億之資金提供予威京集團所安排之人頭認購中工公司股票。顯見該集團預先安排人頭先向金融機構無擔保融資籌措認購股權所需資金, 取得股票後再改爲擔保融資, 幾乎不需自行籌措資金。取得經營權後, 再炒作股票, 在公開市場出售而獲取利益。

中鋼公司是另一家正積極民營化的公司，預計在明年2、3月進行第六次也就是最後一次民營化前釋股，預定釋出13億股，釋出後將使公股比率降到43%，完成民營化。根據報載 (1994年12月11日中國時報及24日聯合報)，本次承銷作業亦係由威京集團之京華證券主辦; 一般承銷佣金為承銷總金額之百分之一，京華證券係以千分之一之超低佣金爭取到承銷權。此外，同報亦報導威京集團對本次釋股之態度是希望爭取到高比例之洽商特定人認購，所持之理由為如此方能保證釋股成功。

二、問題分析

上述背景之敍述，顯示現行公營事業民營化的過程面臨了一個基本問題，就是: 民營化以後何去何從?

　　無論中石化、中工或中鋼之民營化，似乎均只注意到要快速地釋出公股，使股權低於50%，而未從根本之處去設想民營化以後之面貌應如何，始能有益於國家、社會與經濟之總體利益。

　　如果民營化的最終目的是要讓政府完全釋出持股，百分之百由民間擁有，政府要做的就是確認釋出之條件合理。不過，為了讓一般社會大眾均能享受到民營化之好處，釋股應盡量採取公開抽籤方式進行。目前中石化、中工和中鋼的承銷，洽商特定人購買之比例甚高，容易立即落入特定財團之掌握，對社會大眾而言有欠公平。

　　像中鋼以及以後之台電、中油等，與國計民生有密切關係的公營事業，如果完全移轉民營，會不會引發一些問題，例如原有的一些社會責任是否仍要履行? 是否會引起獨占地位的濫用? 如果有疑慮，適時的做法似乎是在民營化後的一段期間，政府仍掌握略低於50%股權的比例，其餘股份由社會大眾分散持有，仍由政府掌握經營。當然，此時原有的公營事業會計、人事等控制架構已經消失，必須建立替代的更具效率的架構。

從這個方向來想，關鍵性公營事業股權的釋出，就更應儘量由社會大眾抽籤認購，如此才能確定股權分散。如果股權集中在特定財團之手，政府股份居於少數，可能即喪失經營權，最後迫使政府不得不全盤退出。這不但使得民營化的方向失控，而且也會造成優秀人才立即流失，對企業經營的長期前景不利。

無論如何，每一家公營事業在進行民營化之前，均應先想好民營化以後之經營架構應為如何，然後朝著確定的目標進行民營化，而不應在期限的壓力下，不計方式、不計後果地先釋出股票再說。中石化和中工的民營化，事實上已造成威京集團掌控經營權，而且還可能已在民營化的過程中使該集團取得可觀的利益。中鋼股的釋出，如不改弦更張，可能同樣的結果要重演，而且中鋼廣大的員工也因此人心惶惶，對於中鋼公司的長期健全發展不利。

三、政策建議

建議	說明
1. 民營化之前應先對民營化之後的經營架構有所規劃，然後實施民營化。	如果只是在期限之前不顧一切地釋出股權，最後可能產生像中石化、中工落入市場派財團之手的後果。
2. 民營化之後的經營架構可以有下列各種不同規畫： (1) 政府完全退出。 (2) 政府成為關鍵的少數，仍掌握經營權。 (3) 既有員工成為關鍵的少數，掌握經營權。 (4) 其他。例如政府與特定民間企業共同掌握經營權。 建議市場中處於正常競爭狀態，原本事業管理不健全者採 (1)；事業在產業中居關鍵地位，或仍應負有若干政策任務者採 (2)；市場中處於正常競爭狀態而原本事業管理仍屬相當健全者者採 (3)；其餘視	依這些原則，由於中鋼在產業中居關鍵地位，擁有重大市場力量，至少在民營化之初期，採 (2) 的經營架構規劃為宜。中油、台電和電信局等公營事業，除居產業關鍵地位，尚負有政策任務，在民營化之初期亦以採 (2) 為宜。等到市場完全開放，其餘民間業者紛紛建立，市場形成有效競爭後，可以逐步轉成 (3)。 像台機公司等既無關鍵市場力量，且本身亦缺乏經營績效者，則可以考慮採取 (1)。

建議	說明
情況採取第 (4) 類所包含之各種可能組合。 3. 依不同的民營化後經營架構規畫, 擬定釋股計畫。	(1) 政府完全退出: 又可分為兩種, 一是政府以出售資產的心情退出, 二是政府仍善盡「移交」義務, 找尋特定優良民間企業接手。如採前者, 釋股宜採公開抽籤為主之制度, 以求民營化果實由多數人共享。如採後者, 可以如公共工程招標一樣, 先以資格標篩選有資格之民間企業, 而後再以標售方式釋出股權 (其中亦可保留為一部分公開抽籤)。例如中鋼之民營化, 特定人宜限定於從事鋼鐵業之中下游業者, 以使民營化後能加強縱斷面的統合 (vertical integration), 有助於中鋼之未來發展。 (2) 政府成為關鍵的少數: 如此則釋股宜全部採公開抽籤, 不過在時間、數量和定價方面要講究, 不要自訂太嚴的期限, 且應注意股市的時機。民營化後的公司, 49% 的股權仍由政府掌握, 有必要時再配合員工持股, 其餘由分散的散戶持有, 應可主控經營權。但此時政府主管機關應建立新的管理架構, 設立類似目前國營會之組織, 以利監控這些「國有民營」事業。 (3) 員工成為關鍵的少數: 釋股方式同前, 但應保留較多比例供員工認購, 且在民營化初期, 政府可以其仍持有之股份作為協助員工取得經營權之工具。不論政府留有多少股權, 只要有其目的和作用, 一樣應納入如前 (2) 中所建議建立新管理架構的規範。 前述各種方式中, 如果政府係以出售資產

建議	說明
	態度釋股, 對員工而言如同遺棄, 必然引發恐慌與優秀人才流失, 故較適用於過去經營績效原本不良之公營事業; 其餘仍擁有衆多優秀人才之公營事業, 應儘量皆以「有秩序」的方式移轉, 亦即第 (1) 類找尋有助於本業未來發展之新投資者、第 (2) 類或第 (3) 類模式。
4. 中鋼第六次釋出作業應暫停, 俟確定民營化後的經營規畫後再據以進行釋股。	中鋼第六次釋股作業進行在即, 但依現行做法來看, 中石化及中工之模式勢必重演, 將使威京集團取得經營權且又能在此過程中以借入資金賺取高額利益。中鋼在產業中居關鍵地位, 且員工素質優良, 政府不宜以單純出售資產之態度處理, 而宜採取前述第 (2) 類, 特定人之資格應該有所限制, 也就是政府居關鍵少數的「國有民營」方式處理。等到以後鋼品市場趨於成熟, 競爭狀態正常後再逐步將經營權移交給員工。如果讓市場派財團入主中鋼, 不但優秀人才會大量流失, 財團還可能利用中鋼的市場力量, 控制整個國內鋼品市場, 賺取不當之獨占利益, 對於整體經濟之健全運作極爲不利。
5. 承銷商在承銷期間向銀行借款限額與期限, 承銷商於證券承銷時對客戶之融資, 或發行市場之承購人先以無擔保方式向銀行融資, 事後再以購入股票向銀行申請擔保放款, 現行法令均沒有明確的規範。爲免承擔過度的風險並方便包銷股票之證券承銷商利用人頭, 幾乎不需自行籌措資金而取得包銷的公營事業之經營權, 證券發行市場之融資, 宜儘早做明確規定。	隨著公營事業民營化及民營事業不斷公開上市, 發行市場之資金需要將日益增加。銀行對證券商包銷股票及投資人於發行市場承購股票所作之融資, 宜儘早做明確規範。銀行對證券承銷商包銷股票以及對發行市場股票承購人, 於承銷期間之資金融通, 宜以承銷價格之60%爲限。

農業區劃分與農地變更使用之探討

1995年3月

一、問題分析

我國土地小人口密度大, 在快速的經濟成長下農地價格高漲, 農民已很難以購地來擴大經營規模, 農地作為農業生產資源的角色降低, 作為保值、增值的角色越形重要。隨著貿易自由化之呼聲高漲, 農工爭地日趨激烈, 因此, 農地政策之擬定已不單純是農業部門的問題, 它還牽涉到如何制定農地政策, 才能配合全國經濟發展之需要及促進全國土地資源之有效利用。

　　1987年以後地價鉅幅上漲, 台北市1987, 1988及1989年之住宅價格年實質平均上漲率各為55.61%, 80.75%, 及44.29%, 而台北市土地公告現值之平均調幅1989年為40.23%, 1990年為98.78%。台灣省雖有一年之落遲, 但調幅更大, 1990、1991及1992年之調幅各為47.31%、103.05%及44.42%。

　　依1994年7月1日之土地公告現值計算之台灣地區地價總值為42兆4,000億元, 約為同年全國總生產毛額之7.8倍。若假設公告現值為市價之80%, 則總土地市價為總生產毛額之9.8倍。美、英、日1985年之倍數各為0.92、1.6及3.3倍, 美、日1989年之倍數各為0.9及6.5倍, 而韓國1990年為9.6倍, 由此可看出我國土地價位之高。由於土地是大部份生產所必須之生產因素, 而且是非常重要之資產項目, 地價快速且巨幅上漲將使得廠商之生產成本增加, 住宅價格高漲, 政府公共建設成本大幅增加, 以及財富及所得分配之惡化, 政府應檢討調整農地政策, 並建立農地變更使用制度, 以促進土地之公平與有效利用。

　　大部份人對於農地必須加以適度保護，及對農地變更使用必須加以規範，似無異議，然而，如何擬定公平且有效率的辦法保護農地及管制農地釋出則無定論。保護及管制農地之成敗，與農業區之劃分及調整的合理性密切相關。首先，為了使土地有效利用及農業投資得到最佳報酬，農業投資不管是私人的或是政府的，都不應該投入在預期要變更使用的農地上。因此在劃分農業區時，應該同時考量非農業用途的土地需求，並考慮各塊土地之相對區位利益可能的改變，在長期中農業之相對比較利益較高的土地宜優先劃做農業區。

　　都市近效之農地面臨轉用的壓力大、地價暴漲，是農地炒作及非法轉用最嚴重的地區，亟須透過政策之檢討來加以改善。這一地區之農地，有的每甲價值上億，但卻享有免納地價稅及移轉增值稅之農業土地優待，此種減免優待非但未能增進這些土地之農業生產力，反而徒增炒作誘因。

　　為了保障糧食安全，政府劃定農業區，保護區內農地，限制區內農地轉用，然而，農業區農地之嚴格維護非但影響農民權益，也使得非農業部門在生活環境惡化及地價房價高漲之情況下，對部份農地轉作非農業用途之危害性及困難性無法充份理解。

　　糧食安全如果是政府的政策目標，則政府應該設法增加農民從農意願及減低農地轉用誘因，單憑管制將很難達其功效。糧食安全之考量與農業區保護之合理性必須建立在農地區位適當選擇，農民福利之妥善照顧與非農業用地之有效供給上。換言之，有效增加非農業用地之供給與提昇農業區內之農民福利，將能縮減農用與非農用地租之差距，減少農業區內農地轉用誘因，以達到有效保護農地之目的。

　　在農地轉用的辯論中，反對轉用者認為非農業土地之供給已超過非農業土地之需求。然而，非農業土地之供給量是否適當不能只以需求量之推估為標準。容或供給量大於未來10年需求量，這並不能證明非農用土地已充分供給、因為土地供給與需求之配合尚須考慮區位問題，區位不合之供給並非有效供給，因此可能形成可開發土地在量之計算上有超額供給，但區位適當的可開發土地之價格卻仍然很高的矛盾現象。

在土地開發上, 土地之相對區位非常重要, 不適當區位之開發將造成資源浪費, 減少土地之有效供給, 而增加土地開發成本。因此, 充分供給可開發土地將可增加規劃及區位選擇的彈性, 使得土地間之替代性增加, 減少土地壟斷的因素。增加可發展土地之數量, 也可穩定及緩和地價上漲之預期, 而促進土地有秩序的開發。

農業區之檢討調整, 與農地變更使用機制之建立, 將有利於農業結構之改善。農業結構僵化之問題, 可能是因農地之長期預期增值率偏高, 及非常低的生產報酬率所造成。對於一般農地主而言, 廢耕農地和耕作農地之報酬率相差不大, 因此農地主對透過買賣或出租農地以增加土地生產報酬率之誘因就較小, 尤其是當出租農地會危害到其農地財產權時, 出租的意願將很低。

爲了使農地地價之長期預期實質增值率降低, 以提高農地之生產報酬率, 促進農業結構的改善, 政府應積極檢討農地轉用政策, 使農地轉用制度合理化, 包括引進市場機能, 適度有規劃的釋放農地, 以調整非農地地價之長期預期實質成長率, 並合理課徵農地轉用捐, 以減少持有農地只爲求轉用暴利的誘因。農地之稅後預期增值率降至一合理水準後, 將使得農地生產報酬占農地投資總報酬之比例有效提升。如此將能使農地價格之價位與漲幅都能調整至一有利於農業經營管理之合理價位, 使得農地作爲生產因素之角色加大, 資產角色降低, 有利農業結構之調整。

爲了促進農地之有效管理及農地發展權益之公平分配, 在農業區之劃分與管理方面, 可考慮採取下列作法:

1. 將農業發展區劃分爲可發展區及農地保護區 (或稱重要農業發展區), 可發展區之農地再分爲次要農業發展區與不適農業發展區。次要農業發展區之農地可享有部份農業補助與輔導, 其變更使用必須以不破壞附近之農業經營環境爲原則。可發展區之農地必須繳交地價稅, 其移轉也必須繳交增值稅; 又其農地可透過開發許可制進行開發, 但在開發時必須負擔公共設施成本, 並繳交發展捐。

2. 農地保護區 (重要農業發展區) 之農地應嚴加保護, 其變更使用必須先
   經過調整併入可發展區內, 並經過一段期間之納 (地價) 稅後, 才能申請
   變更使用。

3. 農地保護區之農地免繳交地價稅及增值稅, 以保障農業經營之權益。次
   要農業發展區內農地之地價稅在農用期間可申請延後繳交, 但在農地變
   更使用時 (合法或非法) 應付息。

4. 爲使市郊農地有秩序發展, 除了發展商可主動申請發展外, 政府可透過
   先買權之行使、發展捐數額之訂定、區段徵收或市區重劃等規劃手段, 對
   可發展區之農地作整體之規劃發展。

5. 一部份地價稅、增值稅及發展捐應用於改善農地保護區內農民之生活及
   社區環境。

在農業區之調整變更方面, 應容許農民透過一定的法定程序, 以區塊爲單
位 (如10公頃) 申請分區變更, 將農地由次要農業發展區劃進不適農業發展區
內。一旦劃入不適農業發展區內之農地, 便不能享有在農業區內之各種福利。
同樣的, 透過一定的法定程序, 不適農業發展區內之農地所有者, 在農業區之
區塊完整的前題下, 也可以整個區塊農地 (如10公頃) 爲單位共同申請劃入次
要農業發展區中, 以享有農業區內農地之優惠待遇。

在這種制度的設計下, 區域內之土地所有者, 無論是在可發展區或農地保
護區之農地所有者, 都會權衡利害關係及中長期發展之可能性, 在追求其最大
利益原則下考慮要併入那一區。這個制度的優點是透過權益的均衡, 使得農業
區之農地轉用及炒作壓力變小, 使農地較容易管理, 並且減少農業資源及農業
投資的浪費。

如果以這種辦法劃出的農業保護區與次要農業發展區之農地面積, 在經全
國農業生產潛力的考量後, 與全國之優先目標不一致 (如糧食安全及區域均衡
發展之目標), 則必須有區域間之農業區調整的過程, 但調整必須合乎效率與公
平的原則。對於要加以擴充農業區的區域, 政府可在此區域之農業區中加強農

業建設, 增加補助, 加強福利措施。

二、政策建議

建議	說明
1. 依農業區之社經條件與自然條件及未來發展潛能, 妥善劃分農業區。	現有之農業區應重新劃分, 依農業區之社經及自然條件將農業區劃分爲可發展區與農地保護區 (重要農業發展區), 可發展區再劃分爲次要農業發展區與不適農業發展區。農地保護區爲有利於農業發展之區域, 其農地原則上不得變更使用, 不適農業發展區由非農業部門主導規劃。
2. 政府應在各區中訂定不同之輔導措施與補助, 以平衡各區之權益與農業區之穩定。	農地保護區爲社經條件相對較差, 而自然條件較好之農業區, 區內農地原則上不得變更使用, 爲農業政策之施政重點。政府應對區內農地維持免地價稅與增值稅, 並透過各種農業施政, 包括農地補貼、農業公共設施之規劃與提供, 及農業結構之改善等, 積極改善農業經營環境, 提升此農業區之福利水準。可發展區之農地必須繳交地價稅與增值稅, 但爲維持農民福利, 政府對次要農業發展區應給予適度減稅, 並依其不同程度之農業發展潛能, 在尊重農民之意願下, 給予適度之補助與輔導。
3. 爲尊重與平衡地主權益, 與促進土地之有效利用, 政府應訂定分區調整辦法, 地主可透過申請調整分區。	政府應容許部份農地經申請核准後調整分區。分區調整之目的在於促進最適農區之達成, 在平衡各區地主權益之目標下, 增進土地之有效利用。爲防止炒作與維持農區之穩定, 分區調整後必須經一段期間後才能再申請分區調整, 或申請農地變更使用。
4. 建立開發許可制度, 訂定農地變更使用準則, 規範可發展區農地之變更。	由於大部分次要農業發展區之農地仍將維持作農業使用, 因此農地變更使用時應以不顯著影響其附近農業經營環境與品質爲原則。不適農業發展區之農地變更

建議	說明
	使用或保育,則以非農業部門之整體規劃爲主;次要農業發展區之開發,則應經農業與非農業部門溝通協商,以儘量維持次要農業發展區之農業經營環境,並有利於農村發展爲原則。開發成本應公平分擔,開發利益應分享,開發過程應透明。
5. 設立農場結構改善公司,積極改善農地保護區之農業經營環境。	爲改善農地保護區之經營環境,政府應協助創設一種有效整合農地坵塊之制度,以利於農場經營規模之擴大。以往之農地重劃以換地最爲困難,但求坵塊之整合,換地又是不可或缺,否則農地重劃之規模效益將不大。建議由政府輔導成立農場結構改善公司,由其扮演中介角色,先買進部份農地,加以整合後再賣出,以解決等值換地之困難。在這方面,法國之SAFER (土地管理暨鄉村組織公司) 制度可爲我們之借鏡。SAFER 之業務單純,主要是透過買賣農地,坵塊整合及交換農地來改善農場結構,其業務也可拓展至農地之租入與租出。
6. 政府應研擬合乎公平與效率原則之鄉村公共設施提供政策。	農地之發展潛能不只與其區位有關,政府公共設施建設、水電提供之計劃與設計也同等重要。公共設施之妥善提供非但能有效增加非農業土地之供給,亦能減少農業區之發展壓力,促進農業區之管理。公共設施合理及有效提供,成本之公平分擔,開發誘因之充份提供,發展利得之公平分配,將有利於土地公平且具效率之運用。
7. 政府應擬定保障財產權,有利於市場機能之發揮與有效利用土地資源之政策。	對土地財產權之過度限制,不利於土地資源之有效利用,政府應提供利潤誘因,使得土地保有者能將土地作最有效率之利用,或轉讓給較有能力的經營者開發利用。在農業區劃分與調整以及農地開發過程中,過多的財產權限制與過高之增值稅與發展捐,都將減低土地有效使用之誘因。財產權之界定宜隨著社經情況之改

建議	說明
	變而調整; 財產權之調整過程亦必須有一定規範, 使得投資者有跡可尋, 在作投資決策時才能作出合理、有效率之決定。無論是財產權之界定或調整, 都應考慮到財產權預期之穩定。財產權界定與執行之任意性, 將破壞財產權制度之功能而不利市場制度之運作。
8. 政府應重視都會區農地之功能, 妥善利用都會區農地, 提昇都會區人民之生活品質。	政府必須檢討都會區農業區所應扮演的角色, 若是都會區農地未能大規模釋出, 都會區生活品質將無法大幅度改善。如果都會區政府欲以國宅政策來提昇都會區之生活品質, 則必須重視國宅政策之成功要件。國宅若要能與私部門競爭, 需以大面積開發爲原則; 有計劃的取得土地, 從事長期土地開發; 以公共設施及運輸系統之配合, 促進合理價位國宅之提供; 以土地儲備制度來平抑郊區建地價格; 以價格之穩定來減少炒作誘因, 促進都市建地之有效利用。
9. 適當調整農地免稅制度。	爲了減輕農民負擔, 增加農家收入及擴大農場經營規模, 我國目前對農地停徵田賦與地價稅, 且農地交易時也免繳土地移轉增值稅。由於歷年來農場經營規模擴大緩慢, 而農地炒作問題越來越受關注, 因此部份人士建議應對農地課稅。爲增進農民福祉, 促進農業發展與平衡農地權益, 劃入農業保護區之農地應繼續予免稅待遇, 但政府應對可發展區之農地予以課稅。
10. 爲促進農業發展與增進土地之有效利用, 應檢討適度放寬農地農有制度。	農委會建議局部有條件開放給農企業法人承購農地, 以促進農業經營效率。此建議仍有部份人士反對。主要反對理由包括開放會促使資本家與特權炒作, 使農地價格更加高漲, 不利農業經營; 開放會致使部分農民賣地後失去生活的憑仗; 讓非農民擁有農地也可能導致農村結構改變, 使得農地農用的原則更難達成, 恐危及糧

建議	說明
	食安全及農業之生產環境。這些憂慮都是可以理解的。然而, 秉持農地農有之一貫政策, 將使得非農業之資金與技術難以注入農業部門, 使得農業結構改善困難。大部份兼業農在目前的農地農有政策下, 買三兩分農地, 其置產保值的動機往往大過於爲了農業經營而擴大經營規模的動機。讓這些農民置產, 卻不讓非農民置產, 其理論基礎並不十分堅強。在農地保護區中, 政府應積極輔導專業農擴大經營規模。對於小規模經營之小農的農地買賣或許可加以放寬, 僅限制一定面積以上之農場必須具有農民身份者才能承受, 以保障農地農有及規模擴大之成果。而對可發展區, 尤其是不適農業發展區之農地, 政府應考慮加以開放, 不再堅持農地農有政策。

國家圖書館出版品預行編目資料

經濟發展政策建言=Taiwanese economic development
policy / 梁國樹作. --初版. --臺北市：遠流，1998
〔民87〕
面；　　公分. -- (大學館 - 梁國樹財經政策建言
集；3)
ISBN　957-32-3531-5(平裝)

1.經濟發展 - 政策 – 論文

552.207　　　　　　　　　　　　87008025